新常态下经济转型升级研究

XIN CHANGTAI XIA JINGJI ZHUANXING SHENGJI YANJIU

郑有贵　主编

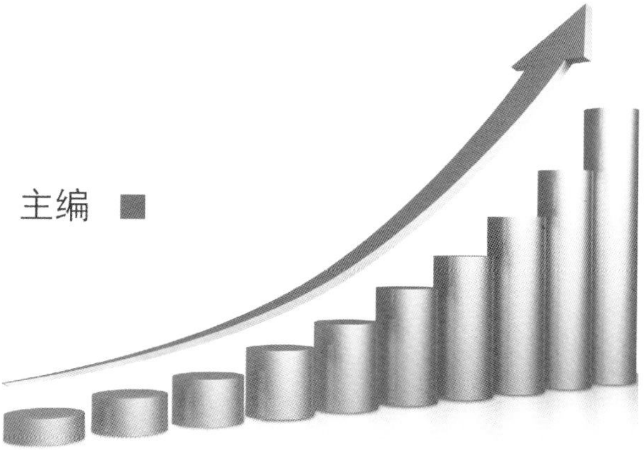

当代中国出版社
Contemporary China Publishing House
2017年·北京

图书在版编目(CIP)数据

新常态下经济转型升级研究 / 郑有贵主编 . -- 北京 : 当代中国出版社, 2017. 9

ISBN 978-7-5154-0797-5

Ⅰ. ①新… Ⅱ. ①郑… Ⅲ. ①城市经济—转型经济—经济发展—研究—中国 Ⅳ. ①F299.2

中国版本图书馆 CIP 数据核字(2017)第 166083 号

出 版 人　曹宏举
策划编辑　王延新
责任编辑　王延新
责任校对　康　莹
封面设计　信宏博·张红运
出版发行　当代中国出版社
地　　址　北京市地安门西大街旌勇里 8 号
网　　址　http://www.ddzg.net　邮箱:ddzgcbs@sina.com
邮政编码　100009
编 辑 部　(010)66572264　66572154　66572132　66572180
市 场 部　(010)66572281　66572161　66572157　83221785
印　　刷　北京润田金辉印刷有限公司
开　　本　787 毫米×1092 毫米　1/16
印　　张　20.5 印张　5 插页　插图 86 幅　389 千字
版　　次　2017 年 9 月第 1 版
印　　次　2017 年 9 月第 1 次印刷
定　　价　60.00 元

2015 年 1 月 22 日，调研组在贵州省六盘水市座谈

2015 年 1 月 24 日，调研组在贵州省黔东南苗族侗族自治州座谈

2015 年 4 月 10 日，调研组在内蒙古自治区乌海市座谈

2015 年 7 月 28 日，调研组在淮南师范学院座谈

2015 年 7 月 31 日，调研组在淮南市与有关部门座谈

2015 年 8 月 11 日，调研组在黑龙江省鸡西市座谈

2015 年 12 月 13 日至 14 日，由中国社会科学院当代中国研究所、河南理工大学主办，河南理工大学经济管理学院、马克思主义学院承办的“新常态下资源型城市转型发展研讨会”在焦作市召开

目录

总论

本研究基于2015年中国社会科学院当代中国研究所第二研究室在6个省各选取1个资源型城市（分别是内蒙古自治区乌海市、安徽省淮南市、黑龙江省鸡西市、河南省焦作市、四川省攀枝花市、贵州省六盘水市）的调研，并通过与所调研的湖南省株洲市、贵州省黔东南苗族侗族自治州和遵义市、四川省德阳市、新疆维吾尔自治区乌鲁木齐市和喀什市等非资源型城市的实地体验和比较，以及在调研基础上于2015年12月中旬组织召开的“新常态下资源型城市转型发展研讨会”的成果，分析了资源型城市兴建时的定位及必然相伴的转型发展的命题，总结了面对资源约束推进转型的经验，探讨了破解转型发展能力弱这一难题的对策。

供给侧结构性改革视域下资源型城市转型发展研究

资源型城市作为国家的老工业基地，对新中国工业化发展提供了大量的煤炭、钢铁等重化工产品，做出了重大的历史贡献，现今又要为供给侧结构性改革承受较大阵痛，这也是一种贡献。资源型城市的转型发展，既面临当地资源枯竭约束，又面临全国相关产能过剩的挤压，已经成为供给侧结构性改革必须攻克的重点和难点地区。推进供给侧结构性改革，促进资源型城市转型发展，应当着力解决因地缘劣势、历史使命及配套政策、发展基础差等原因导致的转型发展内生能力弱的问题，解决好转型发展进程中资金、技术、人才等要素聚集能力弱的问题，解决好“一矿一市”“一市一业”而结构性改革任务艰巨的问题，从而形成转型发展环境改善和产业向中高端迈进持续推进的良好态势。

一、资源型城市兴建时的定位及必然相伴的转型发展的命题

当代中国资源型城市的兴建和成长，有着与其他国家资源型城市不同的历史使命和政治经济体制。一方面，当代中国资源型城市的兴建一开始是国家从发展现代工业的产业功能提出的，即作为后发现代国家，为实现赶超目标，国家在资源富集地建设工业基地，并实施以“先生产，后生活”为取向的政策，即先保障生产国家所需要的工业产品，在此基础上，再逐步改善生活条件和发展城市。另一方面，资源型城市是在社会主义计划经济体制下，按照全国一盘棋的生产力布局兴建和成长起来的，一般是“一矿一市”“一市一业”，由于发展路径的依赖，资源型城市产业较为单一。这些都决定了资源型城市不断渐进转型的命题。

正是由于上述原因，我们调研的6个资源型城市[①]，有很多共同点，包括都曾经拥有资源富集的禀赋，都曾经历国家动员和集聚四面八方力量而迅速崛起为工业基地的峥嵘岁月（“一五”时期156个国家重点建设项目中有53个布局在资源型城市，占总投资额的近50%），都曾经不辱使命为建立中国独立完整的工业体系、促进国民经济发展做出了历史性的贡献（新中国成立以来，资源型城市累计生产原煤529亿吨、原油55亿吨、铁矿石58亿吨、木材20亿立方米[②]），都曾经在兴建国家工

① 本文凡引用这些地方政府和企业提供的资料和数据，一般截止调研之时，并省略相关注释。

② 《国务院关于印发全国资源型城市可持续发展规划（2013—2020年）的通知》，http：//www.gov.cn/zwgk/2013-12/03/content_2540070.htm。

业基地的基础上成长为新兴工业化城市和区域经济增长极。

乌海市、淮南市、鸡西市、焦作市都是在20世纪50年代，在国家工业生产力战略布局下，迅速由小煤矿发展为现代化煤城，为国家提供了大量的被视为工业“粮食”的煤炭。

四川省攀枝花市、贵州省六盘水市，都是在20世纪60年代中期，在国际冷战环境下，国家为改变沿海与内地生产力布局不均衡，建立国家战略纵深防御体系的背景下，实施三线建设战略，动员全国力量，迅速生长起来的新兴工业基地和工业重镇。作为建设钢铁基地“得天独厚”（1965年11月，邓小平视察攀枝花时，指出在攀枝花建设钢铁基地是“得天独厚”）的攀枝花市，在三线建设中，被作为战略后方基地的重点。毛泽东于1964年5月27日在北戴河召开的中央工作会议上听取国家计委领导小组汇报第三个五年计划的设想时说：在原子弹时期，没有后方不行。应该把攀枝花和联系到攀枝花的交通、煤、电的建设搞起来。①攀枝花钢铁基地与重庆、六盘水构成“两点一线”的西南三线建设布局，即以攀枝花为中心，通过成昆铁路线，向重庆和六盘水两点做钟摆式辐射，六盘水的煤炭运到攀枝花，攀枝花的钢铁运到重庆，重庆的机器运到攀枝花和六盘水。在国家动员下，全国开展大协作，集聚大量人才、资金、设备等，人烟稀少、偏僻闭塞、荒山野岭的攀枝花变成了钢铁基地，再发展成为钢城，因三线建设而命名的六盘水市发展成为“江南煤都”。

新中国兴建的资源型城市，在担当国家工业化基地重任的同时，也发展成为综合功能的重工业城市，成为经济增长引擎，造福一方。乌海市作为国家“一五”时期布局的十大煤炭基地之一，在人迹罕至的荒漠上建成新兴工业城市，成为内蒙古自治区西部的经济增长极。攀枝花钢铁基地和成昆铁路的兴建，开启了攀西地区经济社会的历史性巨变进程。②

当我们梳理这些难忘创业岁月和辉煌贡献时，也就理清了这样一个问题，即如今资源型城市以工矿业为主的结构性问题，是一个完成国家全局和长远战略所伴生的问题，由此一开始就伴随着转型发展的命题，并延续至今。最初的转型，是由先办某个工业基地，再到产业和城市共同发展。攀枝花、六盘水就是这样发展起来的城市。这种转型为产业发展提供了多方面的配套保障。相反，一些非资源类三线企业，孤零零地在某个山沟里封闭运行，各种社会服务功能不配套，加之职工子女上不了好的学校，所以随着改革的推进，根据发展需要和自身条件搬迁到城市（这时的搬迁，条件也相对成熟，即随着国际上冷战时期的结束和邓小平关于“和平与发

---

① 陈夕总主编：《中国共产党与三线建设》，中共党史出版社2014年版，第43页。

② 参见郑有贵、张鸿春主编：《三线建设和西部大开发中的攀枝花——基于攀枝花钢铁基地建设和改革发展的研究》，当代中国出版社2013年版。

展”两大主题的论断，国家也对搬迁给予支持）。随后，又推进城市由单一功能向综合功能的转型，如六盘水市主要是发展煤炭产业，攀枝花市主要是发展钢铁产业，然后调整产业结构，城市功能也逐步向综合化扩展，并成为一个区域的经济增长极。

二、资源型城市面对资源枯竭约束推进转型发展的经验

面对资源枯竭约束，资源型城市开始了转型发展的新历程。与以往转型不同的是，是在市场经济体制下，国家对资源型城市的转型发展不是承担主体责任而只是倡导，不是采取行政手段，而是在市场机制下通过政策引导展开。在市场配置资源的机制下，资源型城市转型呈现出或早或迟、或主动或被动的差异。凡是资源型城市对资源枯竭危机有前瞻性认识，并力图实现可持续发展和步入更宽广路径的，其转型发展的启动就早，也主动。无论早与晚、主动与被动，资源型城市在转型发展中都从实际出发，遵循转型发展规律，积累了经验。从调研的6个资源型城市转型发展的实践来看，除了都在调整结构中注重培育新兴产业和推进创新发展外，还有以下基于资源型城市实际的特色做法及其经验。

（一）促进资源类产业的转型升级

资源型城市占主导地位的产业，一般存在提供原料和发展方式粗放两个方面的问题。导致这一现象的原因，既有体制因素，也有供求关系因素。在计划经济体制下，产业链被行政分割，资源型城市“原字号”特征明显，主要提供工业原料，产业结构相对单一，增长方式粗放。在短缺经济结束前，随着市场经济改革的深化和经济的高速增长，资源类产品供不应求，价格也呈攀升态势。这给资源型城市及其相关企业带来较为丰厚的利润，使得其对转型发展缺乏紧迫感，仍然以提供原料为主，仍然延续粗放式经营。

调研的资源型城市在调整产业结构时，大力促进新兴产业的发展，但都不是放弃基于资源的主体产业。在推进资源类产业的转型发展时，一般从两个方面展开：其一，基于资源禀赋、产业基础等比较优势，延伸产业链，通过工矿产业退城入园，促进产业集聚，将原来单一的原料、粗加工产品输出，通过资源综合利用、循环利用、精深加工、产业一体化发展，逐步转变为原料、废弃物副品、加工转化品等多样化产业，特别是向终端消费品生产转变，实现节能、环保、增值，促进资源类产业转型升级。例如，乌海市以循环经济为理念，把自身的资源优势与承接东部产业转移有机结合起来，形成了由乌达工业园、海勃湾千里山工业园、海南西来峰工业园和低碳产业园区组成的“一区四园”的乌海经济开发区发展格局，构建起能够发挥自身优势的循环产业体系，增强了承接产业转移的集聚力和转型发展的内在动力。2013年，

乌海市成为国家首批循环经济示范城市。其二，在发展方式上，着力技术创新、装备更新、管理创新，推进由粗放向集约转变。通过这样一些举措，改变了计划经济下产业链的部门和区域分割，初步实现基于资源的多元化发展，促进了产业结构的改善和产业的转型升级，促进了经济效益、社会效益、生态效益的协调统一。

2015 年 4 月 11 日，调研组在内蒙古自治区乌海市南海区调研

（二）把解决好社会民生问题作为转型发展的支点

在转型发展上，资源型城市与非资源型城市相比，面临资源开采中机械对劳动力的替代、资源枯竭导致产业人员转岗、资源开采和加工生产中的环境污染、兴办国家工业基地中实行“先生产，后生活”政策的历史遗留等特殊问题。资源型城市通过解决转型发展中遇到的这些生态环境治理、居住条件改善、再就业等社会民生问题，为转型升级构建起和谐社会基石。

生态环境问题是资源型城市发展初期由于粗放式经营形成的一个重大问题，其严重危害也成为国内外关注和遭受批评的一个焦点。在转型发展进程中，资源型城市在国家支持转型发展并利用财政收入相对较宽裕的时机，大力改善生态环境，从点和面两个方面推进。在点上，改变过去重发展轻治理的做法，通过对资源开采技术的改进和合理布局产业园区，实现清洁生产、循环利用、综合利用，对被采矿区实行生态恢复，尽力将环境污染控制在最低水平。在面上，对整个城市生态环境进行系统改造，着力打造生态城市。攀枝花在优化产业结构基本实现从“百里钢城”到“钒钛之都”战略升级的同时，完善城市功能，充分利用阳光和花卉两大自然要素优势，打造成阳光花城，实现从生产型工矿城市向综合型宜居宜业宜游城市的突破性转变。六盘水市积极建设生态宜居城市，从 2004 年开始每年举办凉都消夏文化节，2005 年 8 月中国气象学会向六盘水市政府颁发了“中国凉都·六盘水”证书，实现了从“煤都”到“凉都”的转变。乌海市积极开展生态建设，以“环乌海湖”为核心，打造成“水贯城中、城在水中、依水而居”，实现从“乌”（煤矿业）到“海”（水上新城）的转变。焦作市在由焦家作坊到矿区、煤矿城市的快速发展过程中，曾沦为全国十大污染城市，之后成功地实现向美丽旅游城市再到中国养生城的转型。生态环境的极大改善，不仅改善了当地生产生活条件，也成为资源型城市的名片，成为聚集人才、技术、资金的重要因素。

解决棚户区和安置搬迁是资源型城市转型发展绕不开的难题。资源型城市矿区居民居住条件差有两个方面的原因。其一，矿区职工棚户区。资源型城市因矿而生，在发展初期由于承载国家快速推进工业化战略的重大使命，一般是“先生产，后生活”，即便是在建成并实现较长时期快速发展后，不少职工仍居住在危旧的棚户区，交通和市政设施条件相对较差。其二，无论是地面采矿形成不宜居住区，还是地下采矿形成沉陷区，不仅影响正常的生产，也影响正常的生活，这都需要实施搬迁安置。在转型发展中，资源型城市都采取多种措施，建设新的家园。淮南市创新性地探索出“集中式搬迁、发展式安置、开发式治理”，把搬迁、就业、园区产业开发和沉陷区治理统筹设计，尽可能地让安置区群众由农村进入城市，由农民变成市民，分享经济发展成果。

解决从资源类产业转出人员的就业是资源型城市转型发展必须破解的命题。资源型城市除了每年新增劳动力和技术进步替代劳动力外，在转型发展中还有资源类产业劳动力需要转业、资源开采沉陷区劳动力就业的较大压力。为此，都在延长产业链、发展新兴产业、构建“大众创业，万众创新”的平台上着力。例如，鸡西市在全国首创政校联合服务大学生就业创业联合体，在全省首个建立大学生和专业技术人员创业扶持基金、全民创业网站，以促进就业问题的解决，被确定为省级创业型试点城市。

（三）依托工业遗产资源为转型发展营造人文环境和增强软实力

在社会主义制度下形成和发展起来的资源型城市，有着为社会主义事业和国家富强而舍个人、舍小家的艰苦创业的感人故事，以及由此寓含的为祖国和人民奉献甚至牺牲的精神，并留下了丰富的工业文化遗产，形成了体现社会主义核心价值观的红色文化。资源型城市也都不忘这些特定历史下的创业历史，将其作为促进转型发展的历史和文化背景。六盘水市这样概括她们的历史，即“三线”历史是六盘水的“根”，“三线”企业是六盘水的“本”，“三线精神”是六盘水的“魂”。每个资源型城市也都珍视自己的创业历史，倡导弘扬这些精神，以充分释放其正能量。为此，资源型城市一般都把创业发展中留下的工业文化遗产和所寓含的精神，与当地的历史文化一道，组成激励向善向上的人文环境，以增强文化软实力。同时，还注重工业文化遗产资源的开发利用，形成红色文化旅游景观，并开发相关产业，实现社会价值与经济价值的统一，以促进产业的结构调整和转型升级。攀枝花市在打造阳光城市时，建起了“攀枝花中国三线建设博物馆”，与“十三栋”、矿区遗址等工业遗产组成红色文化群，既发挥激励作用，又成为红色工业文化遗产游览地。焦作市发挥独特的山水自然风光和历史人文资源优势，通过打造山水焦作、太极故里两大品牌，促进煤城向旅游城市的转型。

2015 年 3 月 3 日，调研组参观攀枝花中国三线建设博物馆

三、破解资源型城市转型发展内生能力弱的难题

中央提出实施供给侧结构性改革，给资源型城市提出了基于自身的实际情况，探索形成落实创新、协调、绿色、开放、共享发展理念的机制，改变“一业独大”的产业结构，提高供给结构对需求结构的适应性，实现经济的中高速增长和产业向中高端水平迈进的新的转型发展命题。

（一）资源型城市是供给侧结构性改革的重点和难点地区，把供给侧结构性改革与资源型城市转型发展有机统一起来

资源型城市现阶段的转型发展，面对全国相关行业产能过剩的挤压、去产能引发的转岗就业的社会问题，加之资金、技术、人才等要素聚集能力弱的老问题，由此成为去产能和补短板任务较重的地区、承受去产能阵痛较重的地区。

资源型城市是产业结构问题突出的地区。由于资源禀赋所致，资源型城市自

兴建初期起即长期存在"一矿一市""一市一业"的结构问题，在计划经济时期是隐性问题，在市场经济时期尤其是在短缺经济结束后，日益显现，在中央提出供给侧结构性改革之前即已非常突出。尽管资源型城市已积极实施产业结构调整，但以资源为依托的产业仍然占绝对主体地位。据2013年12月3日国务院新闻办公室举行的新闻发布会，全国262个城市的矿产资源开发的增加值约占全部工业增加值的25%，比全国平均水平高约1倍；第三产业比重则比全国平均水平低12%。[①]我们调研的淮南市"一煤独大"，煤电行业增加值占规模以上工业增加值的八成。这表明资源型城市要在产业结构改善方面实现重大突破，需要付出较长时期的艰辛努力。

资源型城市是去产能任务较重的地区。实施供给侧结构性改革，就行业而言，解决煤炭、钢铁、有色、水泥、玻璃等传统支柱产业产能过剩问题任务重、难度大，而资源型城市正是这些产业的重镇，比非资源型城市去产能的任务更重。全国资源型城市数量多、分布广，而能源资源型城市又占较大比重。解决好资源型城市转型发展中的难题，就可以从资源型城市这些重点和难点地区上为供给侧结构性改革奠定坚实的基础。

资源型城市是承受去产能的阵痛较重的地区。现阶段国内外经济下行由产业链末端向前端传导，特别是全国相关产业产能过剩问题的产生，使其遇到比非资源型城市更大的经济下行压力。例如，煤炭资源型城市淮南市、鸡西市，由于受全国煤炭产业产能过剩影响，地方生产总值增速大幅下滑。2015年上半年，鸡西市煤炭产业产值同比下降15.7%，向下拉动全市产值10.9个百分点。2015年上半年，淮南市、鸡西市地区生产总值同比增长分别为–3.6%和1.1%，不仅低于全国平均水平，也低于所在省的平均水平。这又使得地方财政收入增速明显放缓。鸡西市公共财政预算收入，2014年仅增长0.8%，2015年上半年同比下降8.4%；淮南市财政收入接连负增长，2014年为–26%，2015年上半年为–12.4%。这种财政收入状况使资源型城市政府促进结构调整和创新发展的能力不足。同时，煤炭企业发展也深陷困境，大面积亏损。例如，淮南市的国投新集能源股份有限公司营业收入2015年比上年减少27.2%，亏损由2014年的19.7亿元增加至2015年的25.6亿元[②]，也使企业创新发展能力锐减。同时，资源型城市去产能需要解决转岗就业人数较多。如此种种，都使资源型城市政府、企业、职工承受较大的阵痛。

---

① 参见斯兰、薛秀泓：《资源型城市发展转型有了"风向标"》，《中国改革报》2013年12月9日。葛倩：《中国首次界定262个资源型城市1/4资源趋于枯竭》，《南方都市报》2013年12月4日。

② 《国投新集能源股份有限公司2015年年度报告》，http：//119.90.25.33/file.finance.sina.com.cn/211.154.219.97：9494/MRGG/CNSESH_STOCK/2016/2016-4/2016-04-29/2439594.PDF。

2015 年 7 月 31 日，调研组在国投新集能源股份有限公司调研

推进供给侧结构性改革，有利于促进资源型城市的转型发展。在全国相关产能过剩的背景下，资源型城市在去产能上表现出复杂的矛盾。如果资源型城市不果断地去产能，不仅与去产能的国策不一致，还会使全国产能过剩问题恶化。如果资源型城市大幅度去产能，当地政府短期会面临极其困难的境地，不仅要帮助企业度过生产经营难关，还要解决去产能所致的就业岗位减少带来的社会问题，如果不妥善处理还会演变成群体事件，影响社会的稳定。在推进供给侧结构性改革中，资源型城市无论面临如何的困难和复杂的局面，都应当有定力，不能左顾右盼、心存侥幸，而应把供给侧结构性改革作为转型发展的新契机，与国家推进供给侧结构性改革去产能、补短板行动一致起来。

鉴于资源型城市是产业结构问题突出地区、去产能的重点和难点地区、承受去产能阵痛较重地区，以及由于计划经济下服务国家战略遗留较多历史问题、地缘劣势而内生能力不足、生产要素聚集能力弱的老问题，国家在实施供给侧结构性改革中，应当在实施《全国资源型城市可持续发展规划（2013—2020 年）》和对资源衰竭期转型发展给予支持的基础上，把供给侧结构性改革与资源型城市转型发展有机统一起来，进行试验性探索，研究和实施针对性强的支持政策和制度安排，着力增强转型发展内生能力和生产要素集聚能力，以促进转型发展和赶超发展双重使命的实现。

（二）着力增强资源型城市转型发展的内生能力

资源型城市既有短缺经济下依赖丰富资源而转型发展内在动力不足问题的延续，也有供大于需而竞争激烈下转型发展内生能力弱的问题。在供给侧结构性改革中，把政策支持聚焦到破解转型发展内在动力不足和内生能力弱的难题上，使财政支持力度日益加大的政策发挥出乘数效应。

1. 构建合力推进转型发展的体制机制，促进城矿协调发展。推进城矿协调发展改革，构建合力推进转型发展的机制。资源型城市的转型发展，需要地方政府、采矿企业、矿区居民等主体积极参与，并形成合力。无论是最初的工业基地向产城配套的转型，还是随后城市单一工矿配套功能向综合功能的转型，都是顺应经济社会发展而水到渠成，加之国家政策的正向促进，增进了各方面利益，因而实现了帕累托改进。面临资源枯竭，资源型城市在有国家政策的支持和引导，特别是因为自身有人才、技术、资源、装备等优势，能够实现利益的改善，一般都较为成功。产能过剩背景下资源型城市的转型发展，与以往相比，要协调的各种利益关系更为复杂，面临的难度更大。加之由于制度和体制的原因，呈现不同层级政府的财权与事权不一致、采矿企业所获利益与其应承担的责任不对应、矿区农民权益难以得到保障等问题，使矿产资源开发中屡屡发生不利于社会和谐稳定的矛盾。在推进供给侧结构性改革中，应当贯彻落实共享发展理念，破解这样一种利益负导向的问题，按照有利于城矿协调发展推进改革，协调各方面利益关系。一是推进政府体制改革，处理好各层级政府在财权与事权的关系，使各级政府在矿业权价款、矿区生态修复、采矿沉陷区治理、矿区居民搬迁安置等财权与事权一致。二是推进国有企业改革，加快国有企业产业整合进程，为促进产业均衡发展和转型升级提供组织化的体制机制保障。三是推进矿产、地产制度改革，短期而言，推进采矿企业按市场价格支付矿区农地和宅基地租用或征用费改革，长期而言，推进矿产资源与土地资源的相关权益的合并改革，以理顺矿产开采企业与矿区农民的关系，更好地保障农民的土地权益。

2. 对资源型城市去产能实施配套的经济社会支持政策，增强地方政府和企业去产能的主动性。去产能需要企业完成，也需要资源型城市政府承接因去产能所致的职工转岗就业等社会问题。对于在去产能过程中资源型城市需要安置转岗就业人数较多这样一个复杂的开放性问题，如果仅依靠企业去产能而不采取相配套的促进转岗就业等社会政策，将成为社会不和谐的因素。以鸡西市为例，一方面，存在历史上企业办社会负担的遗留问题，2001—2006 年分 3 批接收了 8 个原鸡西矿务局的破产煤矿，共接收企业办社会机构 347 个、人员 8894 人，2011 年国家 5 年补助政策到期后不再给予补助（教师、公安除外），导致大量垫付接收人员的工资、养老保险等资金缺口；另一方面，又有去过剩产能相伴的解决转岗就业的新问题，2014 年地方煤矿下岗失业人员达 4 万人左右，这些人普遍学历不高、技能单一，再就业难度较大。针对资源型城市去产能中地方政府、企业、职工必然经历阵痛期的情况，应通过经济社会配套支持政策的实施，消除因阵痛而存观望、侥幸心态，使之转变为主动作为。以煤炭城市为例，在改变资源型城市产品以“原字号”为主的状况时，在通过市场机制淘汰低效企业、采取行政措施关闭达不到安全生产指标的煤矿而去产能的同时，国家还可建立对严重过剩产能的置换制度和实施退采计划，对主动退出采煤或调减采煤计划的城市和企业，在促进转型发展和大众创业、万众创新方面给予较大力度的支持。

3. 对资源型城市实施改善基础设施和人才支持政策，增强转型发展的生产要素集聚能力。资源型城市由于地缘上的劣势，加之基础设施落后，在市场经济条件下资金、技术、人才等不能大量流入，反而外流现象严重。在实施供给侧结构性改革中，资源型城市对产业的重构，无论是深度开发“原字号”，还是培育壮大“新字号”，都要破解资金、技术、人才等要素聚集能力弱的问题，重点突破两个方面瓶颈因素的限制。

第一，通过改善基础设施条件，增强生产要素集聚能力。资源型城市一般处于不发达地区及其相对偏远之地，无论是交通等基础设施，还是市政基础设施，较其他地区落后，对承接东部产业转移并向产业中高端迈进构成约束。例如，截至 2015 年 8 月初调研时，鸡西市尚未改造的城市棚户区有 309 万平方米、4.89 万户；供水、供气、供热管网老化，供水管网漏失率达 52%，中心城区尚未实现 24 小时供水；矿区道路破损严重路段达 170 公里；80% 以上的矿区无集中供热、无燃气。加大对资源型城市基础设施的投入，改善交通状况，使其物流、人流更为便捷，可以增强对资金、技术、人才聚集能力，吸引东部地区产业向其转移，从而更加稳健地加快产业结构调整和发展方式转变的步伐。

第二，通过专业人才支持政策的实施，解决人才短缺对创新发展的约束。资源型城市普遍面临人才外流的问题，高端人才难引进，引进后也难留住，导致技术创新能力弱，难以适应转型发展的需要。例如，鸡西市人才流出现象明显，黑龙江八一农垦大学和鸡西煤炭医学高等专科学校早已外迁，2014 年全市考入外地的大学生 8334 人，同年毕业返回报到的仅 2070 人，其中有的报到后又外出。实施专业人才引进支撑计划，应将人才的引进与产业转型升级挂钩，使专业人才引进后能够发挥作用，避免转型发展与人才引进离散而导致引进人才被闲置浪费。

4. 解决好资源型城市发展中的历史遗留问题，释放转型发展的内生能力。资源型城市历史遗留问题多。据 2013 年 12 月 3 日国务院新闻办公室新闻发布会公布，69 个资源枯竭城市人口只占全国的 4%，但是棚户区占全国的 1/4；尚有近 7000 万平方米棚户区需要改造，约 14 万公顷沉陷区需要治理，失业矿工人数达 60 多万，城市低保人数超过 180 万。① 资源型城市作为新中国的老工业基地，在实施国家工业化战略中贯彻执行了“先生产，后生活”的国策，由此也导致至今尚有不少职工居住在危旧的棚户区，已到应全面解决之际。在重增长轻治理的建设模式下，加之国家对环境污染治理的支持力度不足，导致矿山生态环境破坏严重。例如，到 2013 年底，焦作市工

① 参见林火灿、王薇薇：《资源型城市——转型有了“时间表”》，《经济日报》2013 年 12 月 4 日第 5 版。

2015 年 7 月 31 日，调研组在淮南市山南新区调研

业固废煤矸石超过 2600 万吨，遭受破坏的耕地、林地达 120 平方公里。再如，乌海市在矿产开发过程中，由于剥除矿体表层土壤，造成约 86 平方公里地表土遭到破坏（包括采坑、渣堆、塌陷、排弃场），还污染附近的土壤。据当地国土部门测算，若仅靠乌海市自身的财力，难以彻底改变矿区地质环境面貌、恢复矿区生态环境。在国有矿产企业一般为中央或省所属的体制下，地市政府财力有限，不能完全支撑矿区治理。企业也由于承受环境指标压力，在保障良好生态环境上的成本上升。生态环境的彻底治理和全面改善，最终要通过改革来解决，一方面在生态环境方面做到财权与事权统一，避免矿产价款与环境治理费用支出的不对应而遗留更多的问题；另一方面依法加大对环境破坏的处罚力度，使破坏生态环境纳入企业成本，使生态环境保护和治理成为企业的自觉行为。在资源型城市去产能阵痛期，对于诸多历史遗留问题，除了地方政府和企业的努力解决外，中央政府也应采取更有力的支持政策。

（作者：郑有贵，中国社会科学院当代中国研究所第二研究室主任、研究员）

第一篇　产业转型升级

课题组在调研中发现，资源型城市在产业转型升级中，遇到较多的问题，包括如何承接东部地区产业转移，如何实现资源循环利用、延伸产业链、迈向产业中高端，如何解决煤炭资源型城市的产能过剩、采煤区农民权益保障和民生改善、采煤沉陷区水生态环境修复，如何促进传统产业与文化、旅游、信息等产业融合发展，如何保护利用红色文化资源等。本篇的研究报告，基于实践案例，就如何破解这些现实问题，从发展理念、政府和市场作用的发挥、行业态势、国内外实践经验等方面进行了多视角的分析，提出针对性强和可操作的应对之策。

以循环经济理念统领资源型城市转型发展与承接产业转移*

承接东部地区产业转移，是西部地区资源型城市实现转型发展的重要路径。基于2015年课题组对内蒙古自治区乌海市、四川省攀枝花市、贵州省六盘水市等地的调研，西部地区资源型城市在通过承接东部地区产业转移推进转型发展时，要以循环经济理念统领产业布局和政策改进，促进循环产业体系的构建和可持续发展。

一、创新转型发展思路和更新承接产业转移理念

西部地区资源型城市在承接东部地区产业转移，进而促进转型发展时，在创新发展思路和局布产业上，要以构建循环产业体系为方向。

（一）通过构建循环产业体系实现靓丽转型

在全国从高速增长向中高速增长的速度换挡期，2014年乌海市、攀枝花市、六盘水市地区生产总值分别增长8.8%、9.3%、14.1%[①]，比全国平均值7.4%分别高出1.4、1.9和6.7个百分点。其中，一个重要原因是这些资源型城市利用当地资源优势发展循环经济。乌海市是2011年被列入全国第三批资源枯竭城市。该市按照国务院《关于进一步促进内蒙古经济社会又好又快发展的若干意见》提出的“以乌海及周边地区为重点建设全国重要的焦化生产加工基地”的定位，以循环经济理念和构建循环产业体系的思路，承接产业转移和促进转型发展。在该市所调研的16家企业（海勃湾区7家、乌达区4家、海南区5家）中，凡在循环产业体系中利用当地资源的企业，都呈现出良好发展的态势，已投产的企业满负荷运转，分期建设的企业实现了边建设边投产，且在建项目都具有一定的规模。如东源科技公司BDO、PBS一体化项目，设计建成全国最大的BDO生产基地，建成投资预计375亿元，投产后年产值为433亿元。

（二）通过构建循环产业体系来发挥自身优势，以增强承接产业转移的集聚力和转型发展的内在动力

在循环经济理念下，乌海市形成了由乌达工业园、海勃湾千里山工业园、海南西来峰工业园和低碳产业园区组成的“一区四园”的乌海经济开发区发展格局。按

* 内蒙古自治区乌海市刘春、全党民、刘虎、朝格图，四川省攀枝花市杨自力、彭本瑜、张鸿春，贵州省六盘水市张瑞炎、张海琼等同志在组织参观、座谈、提供资料等方面予大力支持，在此一并感谢。

① 调研时有关部门提供了资料。下文中，凡为调研时有关部门提供的数据，注释省略。

照 2014 年内蒙古自治区批复的《乌海经济开发区总体规划（2012—2030）》，规划面积 239 平方公里，其中海勃湾工业园区 48 平方公里，乌达工业园区 40 平方公里，海南工业园区 52 平方公里，低碳产业园 99 平方公里。这是一种差异化的园中园的循环产业体系：乌达工业园区以氯碱化工为主导；海勃湾千里山工业园以发展新材料、新能源、新型建材，培育装备制造业、轻工业为主导；海南西来峰工业园以煤化工为主导。该市产业布局总的方向是，在淘汰落后产能的基础上，按照“食物链”设计产业链条，在延长产业链条上下功夫，在资源精深加工上做足文章，统筹推动煤、电、化及相关产业一体化发展，加快培育配套产业和下游产品，提高资源就地转化增值率和产业精深加工度。以乌达区为例，2014 年精细化工产业占工业总产值的比重为 20.5%，预计 2017 年将提高到 50%，成为乌达区工业经济转型的主导支柱产业。这种整体设计的“一区四园”被列入首批国家低碳工业园区试点。

以循环经济为理念统领产业布局，立足发挥资源型城市的自身优势，不仅是当地企业，也是东部地区企业产业转移的吸引力所在。当问及企业负责人为什么愿意到乌海市进行投资，或将本在北京、上海、浙江、大连、陕西等地的产业转移过来时，他们的回答较一致，即除了享受西部大开发的税收、产业、土地方面的政策优惠和有相对完备的园区基础设施外，更主要的是有独特的吸引力，主要体现在以下 3 个方面。

一是在循环产业体系中，上游企业产品（也包括“废物”）是下游企业的原料，实现产业链的无缝连接，企业可以获得较为齐全的原料。大连九信生物化工科技有限公司负责人告诉我们，选择在乌海市做佳瑞米精细化项目，企业生产所需要的约 20 种原料，当地就可以获得十七八种，其中有当地独特的资源，有上游企业的产品、副产品——蒸汽、“废物”等，而且价格比在大连市低许多。

二是在循环产业体系中，园区内企业与企业之间可实现产业链的衔接和副产品蒸汽等的有效利用，将富集的资源优势甚至包括“废物”在内的产品链衔接的优势，转变为低成本优势。仅以电与蒸汽价格为例，乌达区自备电厂平均发电成本仅为 0.22—0.24 元 / 千瓦时（含过网费和备用容量费），远低于东部沿海发达地区的平均工业电价 0.8—1 元 / 千瓦时，也低于内蒙古自治区平均工业电价 0.36—0.43 元 / 千瓦时；化工企业所需蒸汽的价格，当地发电副产品的蒸汽成本仅为 50 元 / 吨，比南方地区蒸汽平均价格 260 元 / 吨低许多。凭借自备电和蒸汽的低价格优势，使得乌达区大量基础产品成本较低，0.2 元 / 千瓦时的用电差价可使每吨电石成本低 700 元、烧碱成本低 400 元、工业硅成本低 2600 元；200 元 / 吨的蒸汽差价可使每吨 1,4- 丁二醇成本低 1800 元。这种循环产业体系的低成本优势，可以给企业带来丰厚的回报，是当地企业发展壮大和东部地区将乌海市作为产业转移目的地的重要原因之一。依托资源优势，企业在乌海市落户的投入产出比优势明显——投入产出比大，每年产出强度大。据设计测算，东源科技公司 BDO、PBS 一体化项目为 1：1.15 和 420 万元 / 亩，腾龙化工草甘膦项目为 1：2.6 和 833 万元 / 亩，海欣环保 PVA 系列项目为 1：0.86 和 286 万元 / 亩，永宁药业头孢系列项目为 1：5 和 714 万元 / 亩，佳瑞米精细化项目为 1：4 和 740 万元 / 亩，恒业成有机硅项目为 1：1.15 和 514 万元 / 亩，源宏医药原药项目为 1：3 和 1250 万元 / 亩，美方能源 LNG 项目为 1：1.65 和 330 万元 / 亩，其中不少是填补内蒙古自治区空白产业项目。

三是在循环产业体系中，对生产中所产生的废气、废渣、废水进行综合循环利用，可以减轻企业在环境污染上的压力，也是形成产业集聚的重要原因之一。被视为最严格的新的环境保护法自 2015 年 1 月 1 日开始实施后，不仅给地方政府增加压力，给企业的压力也增大。如果企业排放不达标，随时面临停产的风险。到乌海市投资的企业，由于当地发展循环经济，使这种风险降到了较低的水平。北京市成城交大建材有限公司在南海区的项目，处于循环产业体系中的末端，以上游企业产生的多种“垃圾”为原料（企业负责人自嘲该企业是“垃圾”处理站）生产混凝土减水剂等，既实现很好的经济效益，又减少园区污染物的排放，担当起社会责任。

正是由于以循环经济理念统领产业布局有诸多优势，凸显资源齐全优势、煤电化一体化低成本优势、行业竞争力和抗风险能力较强，使经济发展内生的动力增强，也使对龙头企业集聚力增强，产业集聚效应明显，并形成上下产业链的衔接和融合发展的良好态势。乌海市引进建设了工艺技术和节能环保水平先进的总投资超过 500 亿元的焦化、氯碱化工大企业、大项目，主要工业产品由最初的几个发展到 5 个系列 50 多种，煤、焦炭、电、电石等初级产品正在不断向煤焦油、炭黑、合成氨、液化天然气、粗苯、酚类、萘类、洗油加工类、各种沥青、甲醇和 PVC、烧碱、医药中间体、新型建材等多元深加工产品的延伸发展。承接这些产业后，在全国一些企业停产或减产的情况下，乌海市的骨干龙头企业还能实现满负荷生产。

（三）通过构建循环产业体系与促进产城融合、改善人文生态并进，使转型发展更具魂识和魅力

西部资源型城市大多是国家为实现赶超发展，在计划经济体制下，以全国一盘棋和集中力量办大事的建设思路进行布局，通过嵌入式开发而发展起来的。国家为实现赶超发展，在组织资源开发时，一般采取“先生产，后生活”的政策，不仅以生产原料为主和导致极其严重的环境污染，城市功能也较单一，几乎是以服务单一产业发展为主要功能。乌海市、攀枝花市、六盘水市等，无一例外都是按照国家统一的开发建设模式实施的，乌海市和六盘水市主要是为采煤业服务而发展起来的，攀枝花市是为钢铁基地建设而发展起来的。在这一开发建设模式中，建设者们艰苦

创业和无私奉献，为当地现代工业的迅速生长和发展壮大做出了重大贡献。

以发展循环经济和建设生态文明为统领，促进产城融合、人文生态环境和社会民生改善，是针对以资源开发为主要目的建设模式的一种补偿式调整，更是西部地区资源型城市适应新常、引领新常态而实现转型发展的必然选择。谁主动选择，谁就可以在转型发展中增添魅力、活力而焕发生机。乌海市借以防凌汛为初始目的而兴建黄河海勃湾水利枢纽为契机，统筹规划，在打造“沙地绿洲、水上新城”上做文章，改善生态和人文环境。为此，除控制工业排放、发展循环经济和发挥黄河海勃湾水利枢纽改善小气候外，还着力推进转型发展：一是坚持以水为魂，以“环乌海湖”为核心和支撑，加快推进城市转型，以实现从“乌”（煤矿业）到“海”（水上新城）的历史性转变。黄河海勃湾水利枢纽成功蓄水，118 平方公里水面正在形成。甘德尔河治理一期、二期工程实现联合调度运行，高山草甸灌溉工程、桌子山矿区复绿引水南线工程全部完工，40 余座新建景观湖实现蓄水。以此为条件，稳步推进全国水生态文明试点城市建设，优化城市空间布局，引导人口向生态环境良好的“乌海湖”周边集中，实现乌海人“水贯城中、城在水中、依水而居”的设想。二是加快生态文明建设。4 年间全社会累计用于生态建设的资金超过 60 亿元，实施了 40 多项生态重点工程，投入近 1 亿元实施了约 1040 万平方米的地质环境治理项目，相继建成八大主题公园，新增园林绿地面积 490 万平方米，全市森林覆盖率达到 17.5%，建成区绿化覆盖率达到 40.8%，人均公共绿地面积达到 18.4 平方米。该市已经成为全国绿化模范城市，正在创建国家园林城市。三是加快文化建设。在开展图书馆、文化馆（群艺馆）、社区综合文化站、文化活动室和文化活动广场等公共服务建设的同时，以地方文化特色资源推动人文氛围的打造，如依托当地浓郁的书画文化举办书画艺术节和建设全国书法城，促进文化素养的提升，为和谐社会的构建奠定了人文思想基础。通过促进产城融合、人文生态建设，该市已成为黄河明珠、乌金之海、书法之城、沙漠绿洲、葡萄之乡、赏石之城，使这座城市更具魂识和魅力。四是大力推进民生建设和创新社会治理。自 2004 年开始实行以统一城乡户籍制度为突破口的城乡一体化改革、近期以“十个全覆盖”为抓手推进城乡公共服务均等化，在全市推进以煤矿区为主的棚户区改造，并以智慧城市建设为突破口启动了“数字乌海”建设——乌海市也因此成为全国首批信息惠民试点城市，改善了民生，为和谐平安城市的发展奠定了基础。正是这些人文生态建设和社会民生条件的改善，既为转型发展奠定了坚实的基础，也使转型发展具有较强的内生动力。突出体现在：除了快速承接东部地区产业转移外，促进了人口向中心城市的集聚，促进了产城融合，促进了产业间的融合发展（如旅游与文化、工业、农业等领域融合发展）。乌海市依托特色资源、人文历史和区位交通等优势，正在设想打造“中国户外城市”，以融合丰富的沙漠、黄河、草原、高山、湿地等景观。2014 年乌海市旅游总收入 24.8 亿元，同比增长 22%，发挥了旅游业在经济转型和城市转型中的综合带动作用，由此实现了第三产业的快速发展，第三产业在三次产业中的比重由 2011 年的 26% 上升为 2014 年的 35.3%，年均提高 3.1 个百分点。

2015 年 4 月 9 日，调研组在内蒙古自治区乌海市调研

与乌海市一样，在三线建设中发展起来的攀枝花市和六盘水市，大力改善环境和推进生态立市，以此为基础，以独特的三线精神凝聚人心，开发利用三线工业文化资源发展三线旅游，发展循环经济，并与当地的气候资源结合起来——攀枝花市发展阳光之旅，六盘水市发展体验凉都文化之旅。

这种生态人文建设和产业结构改善共同作用，为资源型城市的转型发展创造了良好的环境，形成品牌效应，使转型发展步入快轨。

综上所述，西部地区资源型城市，在承接东部地区产业转移，促进转型发展时，要走出以下两个认识误区。

第一，资源型城市的转型发展，在结构调整上要走出单纯非资源化的认识误区，如以煤兴城的城市提出要非煤化。在资源如煤炭供应紧缺而价格较高时，资源型城市依靠单纯“卖”资源，就可以获得丰厚的收益，往往缺乏发展接续产业和综合开发利用资源的积极性，也就会埋下不可持续发展的种子，结构性问题日益积累。因而，资源型城市在转型发展中，调整产业结构成为必然选择，但也应当因地制宜，就多数而言，主要是改变过度依赖资源、单一提供原料、资源浪费、不注重发展接续产业、城市功能不完善配套、环境污染严重，以至发展不可持续的问题。如果陷入单纯非资源化的认识误区，为调结构而调结构，将失去发展的优势，得不偿失。

第二，在承接产业转移时，并不是东部地区产业的凌乱引入，也不是把无关企业吸引堆积在产业园区搞所谓的企业集群，而是要基于当地的资源优势，推进产业链的延伸和连接，形成资源（包括生产中所产生的废气、废渣、废水）的综合循环利用，实现多次开发，走绿色发展、循环发展、低碳发展之路。这样，既可以大幅度提高附加值，又可以将资源优势转换成低成本优势的竞争优势，以此集聚产业链上的各类优质龙头企业，进而形成优势产业。为此，政府在引导承接东部地区产业转移促进转型发展时，应当从产业链的延伸和发展循环经济上进行统筹规划和引导支持，促进循环产业体系的形成和发展。

二、促进循环产业体系形成和持续发展的政策改进

（一）构建有利于循环产业体系形成和持续发展的价格机制

形成产业链延伸连接的循环产业体系，促进绿色发展、循环发展、低碳发展，需要从以下两个方面对价格政策加以改进。

第一，完善自备电价格政策，切实把资源优势转换成低成本的发展优势，更好地促进资源的就地开发利用。国家已启动煤炭绿色利用的政策，着力提高电煤比例。依托煤炭资源发展起来的城市，实施煤电化一体化中遇到一个重要的问题，即在同一区域内，甚至是在同一工业园区内，在用电上对有自备电厂企业与无自备电厂企业实行不同的价格，后者远高于前者。如此，有碍循环产业体系的构建和可持续发展。乌达工业园区的内蒙古君正能源化工股份有限公司，在全行业不景气的情况下，2014 年还能盈利，其中一个最重要的因素，是由于自备电价格较低。而在海南工业园区内的技术装备位列全国先进水平的焦化企业——神华乌海能源西来峰燃化工公司，与属于同一上级公司的西来峰发电厂，虽然在产业链进行衔接，但这种属于同一上级公司、地处同一产业园区且厂房相邻、产业链接的两家企业，用电仍然不能享受自备电价格政策，当地电价低的优势在该企业得不到体现，先进技术装备的优势不能发挥，在石油价格处于低位、新能源发展受影响而导致对焦煤需求不足的情况下，不得不削减生产。鉴此，从有利于构建循环产业体系和将资源优势变为区域发展优势出发，需要改进自备电价格政策，即在自备电厂范围的界定上，将每个企业的自备电厂，改为以产业园区的产业链来界定，避免每个企业小而全地兴办自备电厂，更好发挥园区集中统一兴办自备电厂的规模效应，充分利用园区资

源，实现园区产业的进一步分工合作和做强主业，进而提升资源型城市转型发展能力和内在动力。

第二，构建缓和替代产品价格波动对循环产业体系和新能源产业发展冲击的机制。资源型城市在构建循环产业体系过程中，遇到替代产品价格波动带来的障碍。现阶段，石油价格在低水平徘徊，影响着新能源及相关产业的发展，如乌海市、六盘水市则影响煤气化产业的发展，有可能使当地循环产业链断裂。这种波动可能是中长期的，也可能是短期的，但它使企业对于发展循环经济和新能源产业缺乏明确预期而信心不足，不利于可持续发展的实现。为此，在价格政策上需要加以改进，建立起新能源价格补贴、税收优惠与所替代产品价格波动的联动机制，以减轻所替代产品价格波动对循环经济和新能源产业发展的负面影响。

（二）加大和改进对承接产业转移和转型发展的支持

国家对资源型城市转型发展，在基础设施、产城融合、人文生态方面予以大力支持，并非是对这些城市的偏爱或导致市场竞争的不公平，而是属于补偿性政策调整，也是促进公平发展的具体体现。在加大对资源枯竭城市实施转型发展财政转移支付力度的同时，还要对支持政策加以完善。

第一，围绕循环产业体系的构建，完善科技创新支撑体系，统筹构建工业园区统分结合的中试和检测平台。乌海市大力促进以企业为主体、市场为导向、产业化为目的的科技创新体系的形成，逐步将发展方式导入创新驱动、内生增长轨道。该市对新建新型科技研发机构按照内蒙古自治区政府、盟市政府、企业1：1：2比例共同出资，促进新型科技研发机构创新发展，已有自治区级企业研发中心14家、研究院6家（分别是内蒙古自治区君正氯碱化工技术研究院、内蒙古自治区煤焦化工新材料研究院有限公司、内蒙古自治区东源高分子材料科学研究院、内蒙古自治区恒业成有机硅研究院、内蒙古自治区汉森葡萄产业研究院、内蒙古自治区联丰稀土化工研究院）。在政策的完善上，需要进一步围绕转型发展，以促进循环经济的发展为重点，一方面大力支持重点产业领域关键技术研发；另一方面，在产业园区统筹建设统分结合的中试和技术检测平台，以满足企业特别是东部地区产业转移企业的需求。

第二，构建差异化的园区基础设施网络，为生产生活服务。根据乌达区的经验，需要立足于差异化的产业发展定位，建设适合于产业发展的差异化基础设施，形成覆盖全、强度大、专业化深、可靠性高、服务水平提高的基础设施网络。其中，有些是容易被忽视的，如在生产方面，可组织统筹蒸汽利用，协调做好水、电供应；在治污方面，着力构建工业“三废”处理系统；在生活设施上，统筹兴建园区宿舍、食堂、商业等服务设施。统筹服务体系建设，既可以节约土地、资金等，又可以获得规模效应。这些服务系统的构建，政府首先要在产业园区建设规划上加以通盘考虑，同时通过政策引导，促进企业间合作完成，如“三废”处理系统主要由政府投资，统筹供汽、食堂、宿舍、商业等可由政府统一规划、企业合作投资。

第三，加大对矿山地质环境治理的支持力度。这是资源型城市发展到一定阶段普遍遇到的问题。例如，乌海市矿山开采中形成的露天煤矿和灭火工程大量出现，带来了较为严重的生态环境破坏问题。据统计，乌海市有矿山企业 122 户，其中煤矿矿山企业 51 户。在矿产开发过程中，由于剥除矿体表层土壤，造成约 86 平方公里地表土遭到破坏（包括采坑、渣堆、塌陷、排弃场），同时使附近的土壤被污染；露天开采过程中产生的大量废石、废渣、煤矸石渣，除占用大量土地外，当硫含量达到 1% 时，在一定温度、压力和通风条件下，还会诱发煤矸石山发生煤矸自燃。此外，矿山开采中废气、粉尘、废渣排放，造成大气污染，诱发酸雨，使得土壤的酸性增强，生态系统失衡，使矿山地质环境恶化。近年来，乌海市高度重视矿山地质环境问题，坚持“在保护中开发，在开发中保护”的原则，把矿山地质环境的保护与治理作为实现矿业经济可持续发展的保障性工程和改善生态环境的民生工程，自 2005 年来不断加大投入力度，编制了《全市矿山地质环境保护与治理规划》，基本查清了全市矿山地质环境现状，确定了全市矿山地质环境治理的重点区域；按照国土资源部的有关要求，出台了《乌海市矿山地质环境治理监管实施意见》，为治理工作打下了基础；2012 年上报地质环境治理和保护项目 8 个，其中海南区 32 公里灰岩矿区地质环境恢复治理项目、乌达区三道坎砂坑地质环境恢复治理项目已在内蒙古自治区立项，乌达区巴音赛沟煤矿和红旗煤矿矿山地质环境治理项目已基本完成。据国土部门测算，若彻底改变乌海市矿区地质环境面貌、恢复矿区生态环境，单靠乌海市财力难以支撑，需要自治区乃至国家进一步加大支持力度。

（三）构建区域统筹协调发展机制

西部地区的资源型城市，都试图通过承接东部地区产业转移实现转型发展，也面临行政区域内和行政区域间如何协调产业布局的问题。例如，在内蒙古自治区西部“小三角”经济区，包括乌海市与相邻的鄂尔多斯市鄂托克旗（内设蒙西和棋盘井工业园区）、阿拉善盟阿左旗（内设乌斯太工业园区），都基于丰富的煤炭和石灰石资源，形成了以煤炭、电力、化工、建材、钢铁冶金为主的特色产业体系。但是，由于“小三角”经济区在行政管理上涉及 3 个盟市级政府、5 个区县级政府和 6 个具有部分行政职能的工业园区，在利益驱动下，各行政主体各自为政，在区域内存在工业园区布局重复、产业同质、要素配置低效、资源利用难充分、环境污染控制难度较大等问题。攀枝花市、六盘水市与周边也遇到类似问题。为此，应当在发展规划、产业分工协同、共同市场构建、基础设施建设、环境保护联防联控、城市功能定位、社会保障覆盖等方面进行统筹规划和协调推进，并发挥好区域中心城市的功能和经济增长极的辐射带动作用。

（作者：郑有贵
武　力，中国社会科学院当代中国研究所副所长、研究员
王瑞芳，中国社会科学院当代中国研究所第二研究室副主任、研究员
王　蕾，中国社会科学院当代中国研究所第二研究室助理研究员）

实行休采计划统筹煤炭资源城市转型发展难题的破解
——基于鸡西市转型发展的调研

受三期叠加和国际石油价格持续低位影响，2015 年课题组调研的黑龙江省鸡西市、安徽省淮南市、内蒙古自治区乌海市、贵州省六盘水市等煤炭资源型城市，遇到比非煤炭资源型城市更大的经济下行压力，转型发展难关重重。2014 年和 2015 年上半年地区生产总值，淮南市分别为 –0.4% 和 –3.6%，鸡西市分别为 1% 和 1.1%。以东北老工业基地、“因煤而建，因煤而兴”的鸡西市为例，转型发展遇到内生力量弱、历史遗留问题拖累、结构约束等难题，可实行休采计划的综合措施，以统筹煤炭资源型城市转型发展难题的破解。

一、转型发展内生力量不足的约束难破解

在长期以采煤业为主的发展格局下，鸡西市产业处于产业链低端，产业链条短，科技含量低，煤炭、石墨、粮食、木材等资源大部分都以“原字号”外销。近年来，该市在促进产业转型升级方面做出积极的努力，引入中粮、青岛啤酒、娃哈哈、福娃、深宝安、益海嘉里、黑龙江谷黄金集团等企业，也培育成长起黑龙江珍宝岛药业股份有限公司等本地企业，转型升级有了良好的开端。尽管如此，受要素向高回报地区流动影响，该市转型发展受到内生力量不足的硬约束。

第一，人才资源缺乏和聚集能力弱。鸡西市高校资源本来就较少，黑龙江八一农垦大学和鸡西煤炭医学高等专科学校还外迁（后者外迁后改为哈尔滨医科大学大庆校区），现仅有黑龙江工业学院一所大学。2014 年该市考入外地的大学生 8334 人（其中本科 5153 人，专科 3181 人），同年毕业档案返回 2477 份（其中返回报到的仅 2070 人，有的报到后又外出）。在调研中发现，企业普遍存在人才难引进、引进后也难留住的问题。小微企业更是普遍缺少专业的管理和技术人才，团队管理能力和研发能力较弱，加之科技基础差和创新资金缺乏，导致技术创新能力弱，难以适应转型发展的需要。

第二，产品远离消费地。鸡西市煤炭、石墨、粮食、木材、畜产品等大量是外销，但与消费地相距遥远，而相邻的俄罗斯远东地区对中国产品的需求量较小。同时，该市冬季寒冷，且持续时间较长，使得一年内基础设施建设施工时间较短。这些都在一定程度上约束着工业的发展。

第三，基础设施差。在国家追求赶超发展的宏观背景下，鸡西市先有矿、后有区，先生产、后生活，这种先天不足及后续投入乏力，城市特别是矿区的基础设施建设滞后，功能不完善。该市尚未改造的城市棚户区有 309 万平方米、4.89 万户；供水、供气、供热管网老化，供水管网漏失率达 52%，中心城区尚未实现 24 小时供水；矿区道路破损严重路段达 170 公里；80% 以上的矿区无集中供热、无燃气。

第四，资本不足。鸡西市资本积累不足，且大量外流；企业融资渠道窄，普遍面临融资难、融资贵的问题，仅有黑龙江珍宝岛药业有限公司一家上市公司。

二、采煤历史遗留问题的拖累难破解

鸡西市现在煤炭年生产能力为 3600 万吨。新中国成立以来，该市累计为国家输送煤炭近 10 亿吨，为国家工业化和现代化建设做出较大贡献，也积累遗留下一些难题。

一是采煤沉陷区治理和生态环境恢复负担重。鸡西市采煤沉陷区面积达 192 平方公里；堆存煤矸石近 1 亿吨，并且每年增加约 850 万吨，不仅占用土地，而且污染环境；全市每年排放到大气中的烟尘 3.6 万吨、氮氧化物 3 万吨、二氧化硫 2.5 万吨，空气质量居全省中下游，主要河流水体质量为四类，有时甚至是五类。现在，该市采煤沉陷搬迁安置已获得中央财政支持，2015 年 6 月 30 日龙财资产公司也与该市国有资产经营公司签订了《鸡西市采煤沉陷区棚户区改造项目借款合同》，但集中安置区外部的基础设施等仍需要当地财政解决。同时，对煤炭开采导致的生态环境破坏的治理与恢复，需要大量资金，当地政府财力难以承受。

二是接收企业办社会负担重。一方面，老问题尚未根本解决。2001—2006 年，鸡西市分 3 批接收 8 个原鸡西矿务局的破产煤矿，共接收企业办社会机构 347 个、人员 8894 人。2011 年，国家 5 年补助政策全部到期（教师、公安除外），不再给予任何补助。该市已垫付接收人员的工资、养老保险等企业办社会资金近 20 亿元，每年财政资金缺口约 3 亿元。另外，破产矿基础设施破损严重，该市接收后多方筹措资金对供水、供热、道路等基础设施进行改造，但由于资金有限，无法进行全面改造。经初步测算，8 个破产矿基础设施还至少需要改造资金 10 多亿元。另一方面，新困难又开始出现。目前，黑龙江龙煤矿业控股集团有限责任公司鸡西矿业集团（原鸡西矿务局）社保机构及业务移交涉及的人员经费、办公经费、工资福利、“五险一金”、养老保险金收支缺口，以及应一次性划转地方社会保险费及市财政承担相关经费等，经测算，共计达 13 亿元。同时，黑龙江龙煤矿业控股集团有限责任公司鸡西矿业集团移交前发生的 2.1 万名工伤人员纳入地方管理，按人均余命年测算伤残津贴、旧伤复发医疗费、护理费、抚恤金等，预计需一次性划转地方 67 亿元。两方面累计将达 80 亿元。这些资金如不能及时划转，势必影响社会稳定。

三是就业压力加大。鸡西市政府在推动创业方面进行了积极探索，在全国首创政校联合服务大学生就业创业联合体，在全省建立了首个大学生和专业技术人员创业扶持基金，建立首家全民创业网站，被确定为省级创业型试点城市。同时，国有煤炭企业担负起社会责任，尽力保障职工队伍的稳定。但是，由于受经济下行、全国煤炭产能过剩、鸡西市煤业独大及地方煤矿整治整合等多重因素影响，该市就业形势较为严峻。该市地方煤矿停产面达 90%，洗煤企业停产面近 70%，涉煤产业工人面临待岗下岗风险。2014 年，全市地方煤矿下岗失业人员达 4 万人左右，这些人普遍学历不高、技能单一，再就业难度较大。在岗矿工的薪酬降低，原来煤矿从业人员月薪平均 7000—8000 元，而现在大多只有 2000—3000 元。据测算，2015 年全市城镇需安置就业人数 11 万左右，而年安置就业能力不超过 4.5 万人，缺口在 6 万人左右。

三、煤炭产业偏重的结构约束难破解

鸡西市“一煤独大”，这种以煤炭及相关联产业为主的产业结构，使得产业结构调整的难度较大。

产业结构调整是一个时间跨度很长、见效缓慢的过程。鸡西市煤炭产业占工业总产值约 50%。目前，全市 111 户规模以上企业中，煤炭采掘、洗选及炼焦企业达 29 户（采掘 7 户，洗选 21 户，炼焦 1 户），占规模以上企业总数的 28.8%，产值占规模以上工业总产值接近 50%。在这种情况下，该市在调整产业结构上做出积极的努力，依托自身资源优势，全面推进转型发展，确立了突出“一条主线”、实施“三大战略”、做强“四大主导产业”的发展战略，即：以转型发展为主线；农业实施“两个转变”战略，推动种植业向畜牧业转变、传统农业向绿色品牌农业战略转变；工业实施“双轮驱动”战略，一个轮子是实施“两黑一绿一药”（煤化工、石墨深加工、绿色食品、医药）集群发展战略，扩张增量，另一个轮子就是大力推进“裂变升级”战略，做大存量；第三产业实施“旅贸带动”战略，突出旅游业和贸易牵动；着力做大做强煤炭、石墨、绿色食品、医药四大主导产业。尽管如此，由于煤炭及相关联产业的比重较大，食品、医药、石墨等接续替代产业的规模小，2014 年，在规模以上工业总产值中，石墨新材料占 4.2%，煤机装备制造业占 1.8%，食品产业占 14.1%，医药产业占 10.8%，对结构改善的贡献尚不突出。

转型发展缺乏财力增长的支撑。鸡西市的发展对煤炭产业发展的依赖性极强。在煤炭产业不景气的情况下，2015 年上半年，全市固定资产投资下降 13.2%；企业效益较低，规模以上企业实现主营业务收入210.8亿元，同比下降30.9%；规模以上企业亏损数占51.4%，亏损额同比增长132.6%；煤炭产业完成产值20.85亿元，下降15.7%，向下拉动全市产值10.9个百分点；地区生产总值仅增长1.1%，比全省的5.1%低4个百分点。这使得财政收入增速明显放缓，全市公共财政预算收入，2014年仅增长0.8%，2015年上半年同比下降8.4%。

四、对策思路

鉴于鸡西市等煤炭资源型城市的特殊性，可通过实施休采计划的综合措施，统筹转型发展，以破解煤炭资源型城市转型发展的重重难题。

第一，对资源枯竭的煤炭资源型城市鼓励实行退采计划。鸡西市已有百年的开采历史，由于实行"先上后下，先易后难"的开采方式，富矿、易采煤层已近开采完毕，现阶段所采煤层多为瓦斯集聚、倾角大、断层多、易发火、冲击地压大的难采煤层，占可采储量的约50%，开采成本逐年增高，产量也呈下降态势。黑龙江龙煤矿业控股集团有限责任公司鸡西矿业集团原煤产量由1991年的2000多万吨锐减到2014年的1336万吨；地方煤矿数量也由最多时的1900多处下降到目前的207处，并且有90%处于关停状态，2015年1—5月份，地方煤矿原煤产量仅为8万吨。现在，采煤业退出方式主要有，一是经济效益考量，一般而言，小型民营企业承受不起亏损而被市场淘汰，大型国有企业也减少生产，但因承担保障职工就业的社会责任而尽可能维持较大的生产量；二是强行关闭达不到安全指标的煤矿。这种退出机制仍不能解决市场产能严重过剩的问题。基于全国煤炭产能严重过剩，而老工业基地的煤炭资源又萎缩，鉴此，可对类似地区鼓励实施退采计划，对主动退出采煤或调减采煤计划的城市和企业实施支持政策，主要支持煤炭资源型城市加快大众创业、万众创新和转型发展步伐。同时，这一计划的实施还可以保护资源和缓解煤炭产能过剩，以实现可持续和高效发展。

第二，支持煤炭资源型城市解决好采煤沉陷治理和接收企业办社会负担的历史遗留问题，针对当地情况在人才引进和培养、税收和招商等方面实行相关差异政策，加大对道路、水利、输电通道、水电气暖等基础设施建设支持力度，推进企业"三供一业"等改革，支持生产性服务业发展。鸡西市还可利用黑龙江省建设"中蒙俄经济走廊"黑龙江陆海丝绸之路经济带的机遇，推进虎林跨境铁路等基础设施建设，依托虎林、密山进出口加工园区，积极引进外贸加工企业，以引领产业转型升级。

（作者：郑有贵）

根治采煤沉陷社会危害需解决体制机制负导向问题

中国煤炭资源开采中，严重危害社会和谐稳定的矛盾其根源在于体制机制的负导向，使采煤企业所获利益与其应承担的责任不对应、不同层级政府的财权与事权不一致。根治诸如采煤沉陷所导致的社会危害，需要反思煤炭资源开发过程中各利益主体的关系，纠正被扭曲的采煤企业与农民的关系、不同层级政府财权与事权的关系，建立起保障农民权益的机制，使采煤企业承担起相应的责任，并使各级政府的财权与事权一致。

一、采煤沉陷社会危害日积月累

安徽省淮南市是全国 14 个亿吨煤基地、7 个煤电基地之一，采煤及相关产业的发展对整个国家现代化建设做出了巨大贡献。这一过程中产生的大面积采煤沉陷，不仅带来需要急迫解决的沉陷区居民住有所居的问题，还留下了农民土地权益、就业、收入、生态、发展等一系列问题。

第一，搬迁安置难度大。淮南市采煤沉陷面积较大，涉及人口多，搬迁安置人口量大，耗资也大，当地政府与农民在这个问题上都陷入困境。截至 2014 年底，全市采煤沉陷区面积约为 235 平方公里，占全市国土面积的 9.1%；涉及人口 32.1 万人，占全市总人口的 13.2%。沉陷区中 60% 以上为积水区域，最大塌陷深度达 20 米以上。该市不是消极等待，而是勇于担当，采取积极措施，在安置沉陷区居民方面做了积极探索，2009—2014 年累计投入采煤沉陷区村庄搬迁资金 77.2 亿元，建成安置点 58 个，搬迁入住居民 4.67 万户，14.1 万人。还创新性地探索出“集中式搬迁、发展式安置、开发式治理”，尽可能地让安置区群众由农村进入城市，由农民变成市民，分享经济发展成果，实现生活富裕、生产发展、生态文明、和谐共进。尽管如此，采煤沉陷区居民安置问题仍然严峻，除了已沉陷区的居民还有大量没有安置好外，每年还以近 20 平方公里的扩张速度，形成新的采煤沉陷区。据预测，到 2020 年，全市沉陷区面积 369 平方公里，最终沉陷面积 682.8 平方公里，将占全市国土面积的 26.4%。淮南市探索实行的集中安置，成本较高，采煤企业支付搬迁费用不足部分需要当地政府筹资解决。另外，农民离开原来居住地，开始与原有习惯不一样的城市生活方式，也感不便，加之一些权益缺失而有不公平感，已竣工项目分房入住难即是一种表现。

2015 年 7 月 30 日，调研组在淮南市凤台县凤凰湖新区安置区调研

第二，农民土地权益缺失。采煤沉陷使农民赖以生存的根——耕地大多数变成水域，农民仅获得采煤企业给的廉价的青苗补偿费，不但不能分享煤炭产业发展成果，就连生计也存在困难。当地干部和农民普遍有一种担忧，如果采煤企业经营上出现亏损（现行采煤企业在煤炭价格低的情况下已出现较大亏损）甚至破产，农民可能连青苗补偿费也得不到。

第三，农民再就业和收入陷入困境。土地经采煤后沉陷，与此相关的农民就业和收入就没有了，面临重新就业。而采煤企业使用机械替代人工作业，并通过劳务公司招工，又导致农民在采煤企业没有就业可能。农民集中搬迁上楼后，在收入减少的情况下，支出又大幅度增加。这一减一增，如果变成现实，将导致较大的隐患。在淮南市凤台县了解到，在信访中，绝大多数是因为采煤沉陷引起的多种矛盾。

第四，生态环境遭破坏。采煤沉陷导致环境恶劣和水质恶化，部分与淮河干支流相通的沉陷水域也影响了淮河的水质。

第五，发展根基被伤。采煤沉陷导致社会生产力的破坏。淮南市在发展农业与采煤业上是矛盾的，因为矿区与农区重叠，地上主要是高产农田，地下是煤矿，采煤沉陷导致水利工程和排水体系破坏、农民住宅和一些企业被淹，更严重的是导致耕地损毁。现有沉陷区中，已损毁耕地面积达 13165 公顷，占全市规划耕地保有量的 9.2%。其中损毁基本农田面积达 11094 公顷，占规划基本农田面积的 9.4%。采煤沉陷所形成的水域，又要经过很多年修复才可以发展水产业。采煤沉陷而导致的生态环境恶化、可能沉陷导致的投资收益预期的不确定，也不利于当地经济的发展。

采煤沉陷使淮南市已经付出较大的代价。旧的采煤沉陷区的问题没有得到很好解决，新的采煤沉陷区的问题又产生。这些问题长期得不到解决，日益积累而不断恶化，将约束转型升级发展和全面建成小康社会的实现，成为社会不和谐的重要因素，不容忽视。

二、采煤沉陷危害难除的根源在于体制机制的负导向

采煤沉陷伤及农民利益，且长期得不到解决，是因为形成了两个利益二元结构，即：采煤企业受益，社会特别是农民受损；上级政府得税多，恢复治理却以地方为主。这种不公平的采煤和治理利益二元结构的形成，根源在于体制机制扭曲了采煤企业与农民的关系、不同层级政府的关系。

（一）采煤企业与农民的关系

在淮南市，采煤沉陷是与采煤相伴的，一直都在发生。企业采煤、矿区沉陷、农民失地和失业，本是采煤企业发展的不同环节。在改革前，这几个环节是很好地融合在一起的，即被采区域纳入矿区，当地农民成为采煤工人，实现了利益的一致共赢。然而，在市场经济中，采煤企业与农民逐步成为独立的利益主体。采煤沉陷导致社会矛盾聚集增加的时期，正是采煤企业快速发展的黄金期，采煤企业与农民呈现出两重天的现象，企业获得极其丰厚的利润而快速扩张采煤，农民的权益却没有得到应有的保障。

第一，农民现行政策下应有的权益没有得到保障。按国家法律规定，农村土地为集体所有，农民作为集体成员享有相应的权益，由此农民也就有了生存和发展的基础。然而，采煤沉陷导致农民失去土地、失去住所，而采煤企业所给搬迁补偿和青苗补偿，不能完全弥补相应的损失，农民的搬迁安置、就业等还需要当地政府承担相当大的责任。更有甚者，还不时发生先采后租的现象，特别是在农民不知情的情况下，在地下采煤，造成沉陷的既成事实，使农民和当地政府没有充分准备，导致较为严重的财产损失。

第二，采煤沉陷的发生，农民依托土地的发展权也失去了，在工业化、城镇化进程中土地增值的收益权也被剥夺了。同时，农民特别是中年以上农民，由于科技文化素质相对较低，就业能力较弱，很多技能性工种需要培训后才能胜任，即就业权在一定程度上也被采煤沉陷“打包”消失了。

（二）不同层级政府在解决沉陷危害的关系

淮南市政府解决采煤沉陷问题有多项直接支出：在搬迁上，要解决采煤企业对搬迁安置补偿标准偏低、集中式搬迁建设成本高、基础设施和配套设施投入大而资金不足的问题。对没有条件搬迁的，要筹措资金用于安全度汛和冬雪恶劣天气危房户应急安置，以保障沉陷区人身财产安全。在生态修复上，按照“谁治理，谁受益”的原则，对成效显著的治理项目也给予奖补，引导社会资金、社会力量积极探索非稳沉区的治理利用，对成功落地 9 个采煤沉陷区的世界银行 1 亿美元贷款项目，市政府也予以配套 4 亿元。由于该市采煤沉陷深度大、积水面积广、稳沉周期长，综合治理的难度大、成本高，加之缺乏资金的支撑，采煤沉陷区生态修复欠账多。

淮南市的煤矿企业主要是国有企业，在增值税的分配上，地市级分享 25%，75% 上缴。在治理时，该市能够申请到一些治理项目，如 2009 年以来已申报省级“以奖代补”资金 2.75 亿元，争取两权价款资金 5.35 亿元，但远远不能解决当地采煤沉陷带来的问题。换言之，在采煤及沉陷治理的财权与事权上，不同层级政府是不对应的。

三、根除采煤沉陷危害要将问题处理前置

解决好采煤沉陷所带来的问题，需要从体制机制着手，将问题的处理前置，处理好采煤企业与农民的关系、不同层级政府财权与事权的关系。

（一）构建起农民权益的保障机制

采煤沉陷导致的农民失地和失业，本应是采煤企业发展的一个重要环节，农民应当分享到采煤业发展的成果，与采煤企业实现共赢。中共十八届三中全会提出“让发展成果更多更公平惠及全体人民”，这一政策如何更充分地体现到采煤沉陷区农民这个群体，还需要通过体制机制创新来加以破题。现阶段，具有可操作性的措施是，在程序上进行完善，即无论是采煤企业向农民租地还是征地，都应是先搬迁安置、先租或先征后采煤。如此，一方面，有利于减少突然沉陷导致农民的财产损失；另一方面，使采煤沉陷问题的处理前置，发挥市场发现价格的作用，有利于农民权益诉求的满足，避免在沉陷后被动“搬迁”的低价补偿和租金或征用费的低水平“补偿”。此外，还应当统一沉陷区和非沉陷区集体土地安置补偿标准，以做到社会的公平。对于先搬迁、先租或先征，政府应当像重视安全生产、环境保护那样，予以严格监督。同时，根据淮南市采煤沉陷地 80% 以上已沉入水中，即成为事实上而不是法律意义上的失地农民的情况，将沉陷区“失地”农民纳入当地被征

地农民社会保障体系，确保沉陷区搬迁群众老有所养、老有所依、老有所为、老有所乐。

这些政策完善可以在一定程度上缓解矛盾，但从根本上还是要解决沉陷区农民财产权的保障问题。农民的财产权制度存在一些缺陷：一方面，农民与国家的产权矛盾。现在，地下、地表是两个产权主体。土地归集体所有，农民享有承包经营权，农民从经营土地中获得收益，或在土地被征过程中得到收益。在地下的煤矿，归国家所有，国家向企业收探矿权、采矿权、资源税、资源补偿等费用，却没有分一些给农民，农民的土地产权存在缺失。另一方面，企业在采煤经营过程中获得收益，而所导致的沉陷，实际上是把农民的土地权益“沉陷”了。鉴此，解决农民土地权益的问题，有两条思路。一是，将煤炭资源与土地资源合二为一，对导致类似沉陷而不能复垦的，煤炭资源与土地捆在一起由企业使用，国家应从采矿权、资源补偿等费中分一部给农民。二是，企业采煤使煤炭资源与土地捆在一起被企业使用，企业支付相应的费用，或租用，或征用。如果是租用，租金就应当是市场价，而不是现行的利益向采煤企业倾斜的青苗补偿费。对于宅基地和房屋，也应如此。问题在于，分散的农户在强势的大企业面前谈判能力较弱，因而政府出台一个高于青苗补偿费的土地租用保护价格或直接征用价格是有必要的。

（二）使财权与事权一致

资源型城市在产能过剩下遇到了财政紧缺的问题。在这种情况下，既要解决采煤沉陷问题，又要实现转型升级发展，其难度是很大的。在现行政策框架内解决采煤沉陷问题，可提高省以上“以奖代补”资金补助标准，将涉农惠农专项资金优先集中用于采煤沉陷区综合治理项目，矿业权价款省级留成部分在使用上适当向村庄搬迁和生态修复倾斜；明确资源税地方收入应专门切块，主要用于采煤沉陷区村庄搬迁和生态修复。同时，应当鉴于采煤沉陷的特殊性，在增值税的分成比例上，在一定时期内增加地方的比例，并明确将增加部分，统筹用于解决采煤沉陷的历史遗留问题和新产生的问题。这样不仅有利于采煤沉陷问题的解决，还有利于促进资源型城市的转型升级。

（作者：郑有贵）

加快采煤沉陷区水生态环境的修复

以煤炭开采为主的资源型城市面临着煤炭资源枯竭、生态环境恶化、接续替代产业发展乏力等问题。在资源型城市经济转型迫在眉睫的新形势下，采煤沉陷区生态环境问题已经影响到资源型城市的正常发展，应予以应有的重视。

一、采煤沉陷区生态环境面临的问题

作为最具资源型经济典型特征的地区之一，淮南市在为保障国家能源供给、促进区域经济发展做出较大贡献的同时，在煤矿开采过程中所形成的采煤沉陷区也不断扩大，其生态环境确实堪忧。

淮南市采煤沉陷区可分为类稳沉区、相对稳沉区和非稳沉区。稳沉区，主要分布在淮河以南的大通区境内，辖区内的主要煤矿多已闭坑，沉陷区内已无采矿活动，基本处于稳沉状态，区域内积水少，部分采煤沉陷土地已经得到基本整治。相对稳沉区，主要分布在淮河以南的谢家集、八公山区境内，辖区内的煤矿开采时间长，大部分采煤沉陷区处于相对稳沉状态，沉陷区积水约占区域沉陷面积的 40%，大部分沉陷地未得到整治。非稳沉区，主要分布在淮河以北的潘集区、凤台县和毛集实验区，辖区内新建现代化矿井较多，采掘速度快、沉陷快、面积大、下沉深。沉陷区的积水约占区域沉陷面积的 60% 以上。在现有沉陷区中，已损毁耕地面积达 13165 公顷，占全市规划耕地保有量的 9.2%。其中损毁基本农田面积 11094 公顷，占规划基本农田面积的 9.4%。

据统计，2010 年至 2014 年，全市采煤沉陷区面积增加了 8197 公顷，年均增加沉陷区面积 2050 公顷。截至 2014 年底，淮南市采煤沉陷区面积为 235 平方公里，主要分布在潘集、凤台、毛集、八公山、谢家集和大通区五区一县，占全市国土面积的 9.1%；涉及人口 32.1 万人，占全市总人口的 13.2%。沉陷区中 60% 以上为积水区域，最大塌陷深度达 20 米以上。目前，采煤沉陷区面积仍以每年近 20 平方公里的速度扩张。据预测，到 2020 年，全市沉陷区面积达到 369 平方公里；到 2065 年左右，最终沉陷面积将达 682.8 平方公里，将占全市国土面积的 26.4%。

淮南煤矿区沉陷区水生态环境问题，主要表现在三个方面：

一是采煤沉陷区生态修复欠账多。由于淮南市采煤沉陷区具有沉陷深度大、积水面积广、稳沉周期长等特点，加之缺乏资金和先进技术的支撑，综合治理的难度大、成本高。据统计，淮南市每年塌陷 2 万亩耕地。到 2014 年底，沉陷区的积水区域为 141 平方公里，占淮南市采煤沉陷区面积的 60%。

二是采煤沉陷影响了淮河水质。由于长期大面积采煤活动而形成了大量采煤塌陷区，水域地质环境不容乐观，特别是淮河以北的非稳沉陷区更是难以治理，局部区域水质恶化、土壤肥力低下、环境状况恶劣，部分与淮河干支流相通的沉陷水域也影响了淮河的水质状况，使得淮河水质恶化的隐患仍然十分突出。

三是水文化元素融入不够，水生态文明意识尚需加强。淮南市拥有“淮南子文化”“豆腐文化”等与水文化息息相关的文化元素，但是没有在水工程及非工程措施中加以充分展示和挖掘。在城市各种水景观建设中，历史文化、传说故事、人物艺术融入力度不够。社会公众对水生态文明尚存误区，人水和谐的理念还未能贯穿经济社会发展全局，人民群众的水生态文明意识还有待加强。

二、修复采煤沉陷区水生态环境的对策

采煤沉陷区水生态环境的修复，可采取以下措施。

把沉陷区的综合治理纳入淮南市政府“十三五”以及未来的整体规划中。淮南市应在城市总体基础上，结合《亚洲开发银行贷款淮南市城市水系综合治理项目》，布置水利、林业、农业、规划、旅游等部门对沉陷区水域面积及周边展开联合调研，以备将来沉陷区若干湖泊达到稳定和水质达到一定标准后，进行综合利用和开发。

取消资源型城市体制递增上解，加大对采煤沉陷区综合治理的资金扶持。1994 年中央对地方实行分税制财政管理体制后，安徽省财政相应确定了淮南市的财政管理体制，各项体制基数均以 1993 年为基期年核定，确定淮南市为财政上缴市，1993 年定额上缴基数为 15873.8 万元，定额上缴递增 6%。1996 年以后中央取消地方递增上解，市对省的上缴递增率降为 5%，2013 年淮南市上解省支出为 47563 万元。中央、安徽省可充分考虑淮南市经济发展和财政运行困难的现状，降低甚至取消资源型城市 5% 的递增上解比例。与此同时，将矿业权价款省级分成部分，除地勘基金和已明确分配给采矿企业部分，主要返还地方政府；加大上级财政资金投入，继续实行搬迁工程建设“以奖代补”和搬迁工程基础设施资金补助政策，缓解搬迁工程建设资金压力；安徽省财政每年安排采煤沉陷区治理专项转移支付资金，涉农、惠农专项资金优先用于采煤沉陷区综合治理项目。

在沉陷湖泊中建设生态塘工程，构建生态系统，以解淮河水患。淮南地区自古水网密布，有淝水、颍水、涡水、淠水等 10 多条水系。现在，可利用沉陷区广阔的

水域面积，中间用各种河渠连接起来，与已有的南北水系和东西水系将区内的众多水库和池塘串联起来，形成纵横交错的水网系统，以解淮河水患。但由于沉陷湖泊中有大量的煤矸石，而煤矸石有 Pb、Sn、As、Cr 等微量重金属元素。大量煤矸石长期浸泡在湖水中，会产生酸性水，污染周围的土地和水体。为此，应在沉陷湖泊中建设生态塘工程，净化水体，如直接在湖水中种植水生植物等。

积极探索生态修复模式。按照“谁治理，谁受益”的原则，引导社会资金、社会力量积极探索非稳沉陷区治理利用的新方法、新途径，并对成效显著的治理项目给予奖补。目前，已先后探索出“后湖生态园”“绿馨园生态农业观光园”等综合治理模式。已累计投入生态修复资金 24 亿元，治理采煤沉陷区 24 平方公里。

2015 年 7 月 29 日，调研组在淮南绿馨园生态农业观光园调研

把采煤沉陷区治理、矿山植被恢复和旅游业发展相结合。通过招商引资、引智，把耗力巨大的生态修复项目转变为生态旅游项目。特别是经过统一规划和综合治理，在稳沉区湖泊中建设水产养殖基地，周边配以旅游度假村、水上观光游、观光采摘园、荷塘园、休闲垂钓园等，加上境内八公山、上窑山、舜耕山三山鼎立，以及淮河、高塘湖、瓦埠湖三水环绕，使淮南市成为宜居之城和淮河明珠。

（作者：王瑞芳）

美国、英国、德国煤炭企业转型的经验及启示
——基于产业生命周期的分析

任何产业都是有生命周期的。从美国、英国、德国煤炭产业的发展历程来看，在进入成熟期或衰退期后，其煤炭企业普遍经历了从高危到安全、从低效到高效、从分散到集中、从高污到清洁的转型之路。这三个国家煤炭企业转型发展的经验给正处于艰难抉择中的中国煤炭企业以借鉴和启迪。

一、基本问题

（一）产业生命周期的内涵

所谓产业生命周期，指产业从产生到衰退的时间周期，在未发生异化的情况下，一般可分为形成期、成长期、成熟期、衰退期四个阶段。“形成期是指某个产业产生以后要素投入、产出规模和市场需求缓慢增长的时期；成长期是指某个产业的要素投入、产出规模和市场需求迅速增长的时期；成熟期是指某个产业的市场饱和，要素投入、产出规模进入缓慢增长的时期；衰退期是指某个产业的要素开始趋于退出，产出规模和市场需求下降趋势日益增强的时期。”[①]识别和划分产业生命周期常用的方法有特征分析法、拟合曲线分析法、计算判断法和经验分析法等。

（二）美国、英国、德国煤炭产业生命周期划分

美国、英国、德国煤炭产业从形成到衰退，从朝阳产业到夕阳产业，经历了增煤、减煤、去煤的过程。除美国外，其他两国基本走完煤炭产业周期的 4 个阶段，2015 年英国关闭最后一个深层煤矿，2018 年德国将全面停止硬煤开采。运用皮尔曲线对美国、英国、德国煤炭产业生命周期进行拟合分析，可以得出：1830—2012 年间，英国煤炭产业生命阶段划分为 1830—1879 年为形成期、成长期；1879—1921 年为成熟期；1921 以后为衰退期。德国在 1837—2011 年间，煤炭产业生命划分为 1837—1930 年为形成期、成长期；1930—1973 为成熟期；1973 以后为衰退期。美国在 1800—2011 年间的煤炭产业的产量峰值无法确定，不宜构建生长曲线模型。[②]但通过产业规模、市场增长率、利润率、竞争程度等特征进行判断，美国的煤炭产

---

① 芮明杰：《产业经济学》，上海财经大学出版社 2005 年版，第 56 页。

② 殷腾飞、王立杰：《我国煤炭产业生命周期阶段识别及其峰值》，《工业技术经济》2015 第 4 期，第 45—48 页。

业约在20世纪30年代进入成熟期，目前处于衰退期。回顾三个国家煤炭产业的发展历程，从中可以看出，在煤炭产业进入成熟期、衰退期后，煤炭企业普遍经历了从高危到安全、从低效到高效、从分散到集中、从高污到清洁的转型之路。

二、从高危到安全的转型之路

煤炭行业中，采煤（除露天采煤外）生产是地下作业，要面临水、火、瓦斯、煤尘、冒顶等的威胁，安全生产非常重要。在20世纪70年代以前，煤炭行业在美国、英国、德国属于高危行业。美国煤矿安全以1930年为分界点，可分为前后两个时期。1870—1930年为伤亡上升期，煤矿死亡人数从200多人猛增到2000多人，百万吨煤死亡率一直在3.8以上。其中1907年，美国煤矿死亡人数高达3242人，创下历史最高纪录。1930年以后为伤亡下降期，煤矿死亡人数从1931年的1463人降至2014年的16人，百万吨煤死亡率从3.65降至0.016。后一个时期又可分为两个阶段，1931—1970年为高危向安全转型阶段，1970年以后为长期安全稳定阶段；英国从1873—1935年，煤矿死亡人数基本在1000—1400人之间波动，百万吨煤死亡率一直在3.92以上，甚至高达11.06。其中1910年死亡人数达到1818人，系1850年英国有系统的煤矿记录以来死亡人数之最。1935年之后，英国煤矿年死亡人数稳定在1000以下，基本呈下降趋势，1970年，降到100人以下。历史上，德国也经常发生矿难。1946年2月10日，联邦德国卡门市一座煤矿发生事故，造成405人死亡。1950—1970年，联邦德国煤矿死亡人数从645人降至100人以下。①

美国、英国、德国从高危到安全的转型特点：（1）从形成期到成长期，由于市场增长率不断提高，产销两旺，矿工不断增多，而煤矿进入壁垒低，产业规模小，技术条件差，煤矿安全法律法规不完善，管理严重滞后，从政府官员、煤矿管理者到煤矿工人安全意识不强，对安全生产规律缺乏足够的认知，使得煤矿伤亡人数呈上升趋势；（2）从成熟期到衰退期，市场需求达到饱和，煤矿进入壁垒提高，产业规模扩大，煤矿机械化程度不断提升，企业装备水平和安全生产保障条件得到改善，矿工数量净减，煤矿安全立法、监管制度不断完善，各级各类人员的安全意识加强，煤矿安全状况明显好转，伤亡人数呈下降趋势；（3）煤矿安全状况与各国的工业化水平、产业结构、经济周期、国际环境等因素密切相关，一般来说，工业化阶段、重化工业作为主导产业时期、经济扩张期、军备竞赛期的煤矿安全状况更

① 张大艺：《国外煤炭工业统计》，煤炭工业出版社1986年版，第218—219、227页。国家能源委员会科技局：《国外能源统计》，能源出版社1982年版，第279页。

差些。

美国、英国、德国煤矿从高危到安全转型的主要经验：（1）制度方面：制定完备的煤矿安全法律法规是基础；（2）监管方面：建立垂直而严密的安全监察体系是保障；（3）技术方面：重视煤矿安全技术的研发工作，不断提升煤矿开采机械化水平是关键；（4）社会保障方面：发挥经济杠杆的作用，设立高额的工伤保险是约束；（5）操作方面：通过各种形式的安全生产教育培训，着重提高劳动者的安全意识、安全技能和应急处理能力，同时建立专业高效机动灵活的矿山救护队伍。

三、从低效到高效的转型之路

近代煤炭工业随着蒸汽机的发明而建立。19 世纪中后期到 20 世纪前期，煤炭工业迎来了它的极盛时代，煤炭在世界能源结构中的比重由 1860 年的 24% 上升为 1913 年的 92.2%[①]，世界进入名副其实的“一煤独大”时代。20 世纪 20 年代以后，世界能源结构发生了重大变化，石油、天然气比重上升。1959 年，石油、天然气首次超过煤炭，成为主要能源。在市场竞争和环境约束日益加强的情况下，效率低、价格高的能源将被淘汰。为了使煤炭与石油、天然气和其他能源相比具有竞争力，必须提高煤炭企业的技术水平和劳动生产率，降低生产成本。以井工矿的采煤技术为例，20 世纪 50 年代以前，除美国外，其他两国还处于“打眼放炮”、人工装煤的半机械、半手工采煤阶段。50 年代以后，各国在发展普通采煤机械化的同时，综合采煤机械化发展也很快。1950 年，美、英、西德采煤机械化程度分别为 69.4%、3.8%、2.6%，到 1975 年，三个国家的采煤机械化程度分别增长到 99.7%、93.5%、97.9%；60 年代以后，综采开始在英国、联邦德国推广。1960—1982 年，英国、联邦德国综采机械化程度由 4%、1.4% 分别增长到 92%、98%；美国的综采机械化程度也从 1967 年的 0.9% 增长到 1994 年的 46%。采煤机械化的发展，不仅改善了劳动条件，而且大幅度提高了劳动生产率。美国无烟煤矿井的生产效率从 1950 年的 2.83 短吨 / 工增长为 1980 年的 8.38 短吨 / 工，英国矿井效率从 1955 年的 1.6 吨 / 工增加到 1982 年的 3.06 吨 / 工，联邦德国井下工人的生产效率从 1957 年的 1.22 吨 / 工增加到 1982 年的 3.38 吨 / 工。[②]

20 世纪 80 年代以后，随着高新技术的发展，美国、英国、德国在综合机械化采煤的基础上，又利用高新技术和适用新技术对煤炭企业进行了现代化改造，使其

---

① 陈传金：《近代煤炭工业在资本主义工业化中的地位》，《徐州师范学院学报》1985 年第 3 期，第 5 页。

② 张大艺：《国外煤炭工业统计》，煤炭工业出版社 1986 年版，第 64、153—154、155—156 页。

朝着自动化、智能化、信息化的方向发展，从而进一步改善了生产环境，降低了能耗，同时提高了煤炭的开采效率和使用效率。

美国、英国、德国煤炭企业从低效向高效转型的特点：（1）煤炭企业的技术改造升级贯穿产业生命周期的各个阶段，是一个长期的、不间断的动态过程。（2）技术改造升级由慢到快。从18世纪60年代到20世纪40年代，井工矿的采煤技术从以蒸汽为动力的提升绞车、水泵、扇风机到风镐、电钻、凿岩机、气动装岩机、链板输送机、电动装载机、带式输送机、自动卸载矿车等采掘设备和大功率的电动绞车、扇风机、水泵等技术装备，用了180多年的时间，仍始终处于半机械、半手工的采煤阶段。20世纪50年代后，技术改造升级的速度明显加快。在半个多世纪的时间里，美国、英国、德国实现了从普采到综采再到高产高效集约化生产的过渡。（3）煤炭企业技术改造升级的程度和速度是由历次科技革命的特点决定的。与前两次科技革命相比，第三次科技革命的一个突出特点是高新技术层出不穷、科技成果商品化更迅速。

美国、英国、德国煤炭企业从低效向高效转型主要经验：（1）有效途径：技术改造升级是提高劳动生产率、降低成本的最有效手段。（2）动力机制：相对成熟的市场竞争机制是促进煤炭企业技术创新的主要动力，但离不开政府的引导和支持。（3）煤炭科技“三结合”：第一，国内研发与国外研发相结合。各国普遍重视对煤炭先进科技的投入和研发，并且由政府科研机构、企业研发机构、大学等组成一套比较完整的煤炭科技研究体系，同时注重与国外组织合作，共同研究，以及时了解国际科研动向。第二，自主研发与引进先进技术相结合。第三，企业技术创新人才实行外部引进与内部培养相结合。

四、从分散到集中的转型之路

从分散到集中的转型主要指煤炭主业生产日益集中化和企业经营逐渐综合化两个方面。随着市场竞争的日趋激烈和全球经济一体化的发展，英国、德国尤其是美国煤炭企业跨地区、跨行业、跨国的产业重组、兼并联合等活动加剧，煤炭生产的集中度不断提高，综合性不断增强，遂朝着大型化、集团化、国际化、综合化的方向发展。

事实上，美国、英国、德国煤炭企业的兼并重组从来没有停止过，不过在煤炭产业生命周期和企业生命周期的不同阶段，特点不同。形成期较少，成长期增多。在成熟阶段，以并购为主要形式的产业重组频繁，企业数目减少，产业集中度日益提高，甚至仅剩下少数几个企业。在衰退阶段，市场需求减少，更多的企业采取撤退的策略以便为开拓新业务提供空间，以资产重组和债务重组为主要形式的产业重组频繁。对主导企业来说，也会采取延伸产业链条或进军非煤产业等方式，突破传统产业的界限，以延长煤炭企业的生命周期。①

与英国、德国相比，美国的煤炭企业具有明显的优势。20 世纪 50 年代以后，处于衰退期的英国煤炭企业，受到伦敦烟雾事件和北海油田开发的影响，加之开采条件不断恶化，更趋衰落，煤矿数量不断减少。即使如此，英国煤炭企业仍朝着生产集中化、经营综合化方向发展，英国煤炭公司在 90 年代一度成为欧洲最大的煤炭公司。从 1958 年起，由于美国廉价煤炭的大量涌入和石油、天然气不断增加，以及环保约束增强，德国的硬煤工业开始衰退。面对危机，德国政府推动煤炭企业的兼并联合，着力培育具有强大竞争力的煤炭企业集团，使德国煤炭工业获得新生，如成立于 1969 年的鲁尔集团先后通过兼并联合国内煤炭公司、拓展海外煤炭市场、进军其他产业，而成功转型为世界著名的跨国经营集团。20 世纪 70 年代以后，美国煤炭企业明显出现大型化、集团化的趋势，到 80 年代进一步巩固形成，美国前 4 家煤炭企业的煤炭产量从 1976 年的 24.6% 提高到 2009 年的 48.3%，前 8 家煤炭企业的煤炭产量比重从 1976 年的 33.6% 提高到 2009 年的 66.6%。② 90 年代后，随着经济全球化程度加深，美国大型煤炭公司在世界范围内的并购活动加剧，同时为降低经营风险，延长企业生命周期，美国煤炭企业也采取了经营多元化、综合化的战略。

美国、英国、德国煤炭企业从分散向集中转型的特点：（1）企业通过兼并重组提高集中度，在煤炭产业生命周期的各个阶段的趋势是先弱后强；（2）大型企业兼并重组与中小型不经济企业关停并转是一个同时反向的过程；（3）各国企业集中化程度因各国煤炭产业生命周期、企业竞争实力、煤炭工业政策等的不同而不同。

美国、英国、德国煤炭企业从分散向集中转型主要经验：（1）市场层面：自由竞争的市场是企业从分散转向集中的基石；（2）政府层面：政府通过间接手段引导、支持、规范企业行为，尤其在中小型不景气企业关停并转中起到“稳定剂”的作用；（3）企业层面：企业要积极作为，找好自己在煤炭工业中的地位，及时调整企业发展战略；（4）社会层面：充分发挥社会中介组织如行业协会、非政府的公益组织等的作用。

---

① 芮明杰：《产业经济学》，上海财经大学出版社 2005 年版，第 97 页。

② 《当代世界煤炭工业》课题组：《当代世界煤炭工业发展趋势》，《中国煤炭》2011 年第 3 期，第 123 页。

五、从高污到清洁的转型之路

美国、英国、德国普遍经历了“先污染、后治理”的道路。以20世纪70年代为分水岭，美国、英国、德国的环境史可分为前后两个时期，第一个时期从18世纪末至20世纪60年代，为污染渐次加重期；第二个时期为20世纪70年代至今，为污染转向清洁期。其中第一个时期又可分为两个阶段，第一个阶段从18世纪末至20世纪20年代，为污染初发阶段；第二个阶段从20世纪20年代至60年代，为公害发展和泛滥阶段。[①]需要指出的是，美国、英国、德国历史上的环境污染，煤炭并不是唯一的来源，但始终是主要来源。19世纪中叶以后，煤炭逐渐取代木材成为各国工业化的最主要能源，1913年世界煤炭产量达到1342mt，比1860年增加7倍，其中美、英、德三国的煤炭产量分别为世界总产量的38.6%、21.8%、20.7%，三国煤炭产量总和占到世界总产量的81.1%。[②]显然，煤炭成为各国工业化的动力基础，但同时也加剧了空气污染的严重性。美国的匹兹堡、圣路易斯、辛辛那提、芝加哥等，英国的伦敦、谢菲尔德、利物浦、曼彻斯特等，德国的德累斯顿、汉堡、鲁尔区的各工业城市，煤烟污染严重。1895年《匹兹堡报》写道：“一面刚挂上两三周的新国旗已变成了黑色。”20世纪20年代以后，随着石油工业和以石油、天然气为主要原料的有机化学工业的发展，美国、英国、德国的污染源增多，环境污染更加严重，公害事故不断发生，如1948年的美国多诺拉事件、1952年伦敦烟雾事件等。在有识之士的呼吁和公众的强烈要求下，20世纪70年代后，美国、英国、德国对环境污染的治理由被动转向主动。经过几十年不懈努力，上述国家都较好地解决了国内环境问题，并实现了经济与环境的协调发展。而作为各国治污重点的煤炭企业和用煤企业也基本实现了从高污向清洁的转型。

美国、英国、德国煤炭企业从高污向清洁转型的特点：（1）煤炭消费量在产业生命各阶段虽有波动，但总趋势是先增后减，并日益向电力集中。2012年，煤炭在英国能源消费中的比重为17%，其中有80%的煤炭用于发电；2013年，煤炭在美国和德国能源消费中的比重分别为18.6%和25%，其中分别有93%和90%的煤炭用于发电。[③]（2）煤炭企业的清洁化转型是各国治污的必然要求，是科技进步的必然结果。（3）经济的发展、产业结构和能源结构的变化、人民生活水平的提高、公众环境理念的转变是煤炭企业清洁化转型的时代动因。

---

① 梅雪芹：《工业革命以来西方主要国家环境污染与治理的历史考察》，《世界历史》2000年第6期，第20—23页。

② 张剑波：《英国煤炭工业经济状况》，《经济研究》1957年第4期，第77页。

③ 刘明明、辛未、杨富强：《煤炭消费减量化和清洁利用国际经验》，《中国能源》2014年第11期，第19—21页。

美国、英国、德国煤炭企业从高污向清洁转型的主要经验：（1）治污理念：改变先污染、后治理的观念，用源头治理、过程治理和综合治理取代末端治理。①（2）治污动力：自下而上的民众推动与自上而下的政府治理相结合。（3）治污手段：综合运用法律、经济、科技、教育等手段。科学立法、严格执法是主要手段；经济手段是最佳手段；科技研发与创新是关键手段；对全民的环境教育是基础手段。（4）治理结构：构建政府主导、企业配合、公众参与的立体的环境治理结构。

六、美国、英国、德国煤炭企业转型对中国的启示

一理念。企业转型包括内生性企业转型和外生性企业转型，前者是由于企业自身竞争能力不足导致，而后者是由于所在产业属于成熟或衰退性行业，迫使企业不得不进行转型。也就是说，一个企业在已经选定的产业（即使是非常有吸引力的产业）内缺乏竞争力时，需要转型；一个企业（即使是具有优越竞争地位的企业）如果栖身于一个成熟或衰退性的产业时，也需要转型。目前中国煤炭企业基本属于外生性企业转型。运用特征分析法，新中国煤炭产业生命周期大致可划分为 1949—2002 年为形成期；2003—2012 年为成长期；2012 年以后进入成熟期。自 2012 年 5 月以来，煤炭产业一直处于低迷状态。据统计，2015 年 2—7 月全国煤炭开采和洗选业主营业务收入（累计）比上年同期增长分别为 –62.62%、–61.87%、–61.6%、–66.78%、–67%、–65.97%，利润总额（累计）比上年同比增长 –8.27%、–10.76%、–12.97%、–13.59%、–13%、–13.18%，现阶段煤炭产业所处生命阶段决定了其微观基础——煤炭企业的转型势在必行。思想是行动的先导，因此在新形势下必须树立转型发展的新理念。

二难题。中国现有的煤炭企业按照企业规模、销售量、利润、管理水平、市场占有率、研发能力等可分为三类：优势企业、一般企业、衰退企业。优势企业规模大、竞争力强、市场占有率高；一般企业规模中等、竞争力不强、惨淡经营；衰退企业主要指资源枯竭型的老矿、安全保障难度较大的不安全矿井、对生态环境破坏较大的低质煤矿井、煤炭资源赋存条件比较差的矿井以及经营不好、成本居高不下的困难矿井。从国外经验来看，煤炭产业进入成熟期后，在异常激烈的市场竞争条件下，落后产能将被淘汰，不景气、不经济的企业将关闭、停产或转产，“钱从哪里来，人到哪里去”成为相关企业无法逾越的两道难题，解决不好，会影响社会稳定。德国、英国等国关闭亏损矿井和培训职工的费用来源主要有：世界银行、从煤炭工

---

① 邬晓燕：《德国生态环境治理的经验与启示》，《当代世界与社会主义》2014 年第 4 期，第 94 页。

业改扩建工程资金中拨款、从国家的行业补贴中提取；对于企业人员的安排，主要的做法有：正常退休或提前退休；停招新的职工到煤矿工作；享受社会保障；把部分煤矿职工分流到新成立的第三产业企业；对因矿井关闭失业的井下矿工采取去其他矿井工作、长期带薪休假、享受社会保障金等措施，对失去工作岗位的矿工进行再培训，提高其专业技能，为离开煤炭行业的职工创造新的就业机会。政府还为因关闭矿井而建立起来的中小型企业培训干部，并专门成立了煤矿就业管理机构，为试图转入其他行业的矿工提供帮助和培训等。[①] 与其他国家比较，中国煤炭产业进入成熟期时，中国还是一个未完成工业化的发展中国家，社会保障制度还不完善，矿工人数多，文化素质低，资金短缺，就业困难。因此解决上述两个难题，需从中国实际出发，在广泛调查研究的基础上，吸收借鉴他国经验，抓住“大众创业、万众创新”的良机，因地制宜，因矿施策，勿搞“一刀切”“一阵风”。

三抓手。将政府、市场、社会三者有机统一起来，充分发挥三者在煤炭企业转型中的作用。美国、英国、德国都是市场经济比较成熟的发达国家，政府一般不干预煤炭企业的活动。但为防止或弥补“市场失灵”，政府会制定各项政策、制度、法律法规引导、规范市场行为，促进公平竞争，保证安全生产、加强煤炭科技研发、保护环境、完善社会保障制度、保证矿工就业或再就业等。除了政府与市场外，美国、英国、德国还比较注重发挥“第三只手”即社会的作用，通过行业协会或非政府的公益组织参与煤炭科技研究，参与安全与健康教育培训、安全监察、环境治理等。这些社会组织是各国政府与煤炭企业之间、各煤炭企业之间联系的桥梁与纽带，对政府权力和市场行为也能起到一定的监督和制约作用。任何一个国家市场经济模式的形成都有其深刻的经济、社会、历史、文化背景，都有其存在的合理性和必然性。中国市场经济和社会组织建立都比较晚，市场体制还很不成熟，各地市场的发育程度也不平衡，社会组织的作用还有待加强，因此在煤炭企业转型中，完全照搬照抄国外的经验是行不通的，过分强调政府或市场的作用也会带来很多问题，三抓手的作用只能因地、因企、因事而变化。

四路径。从高危到安全、从低效到高效、从分散到集中、从高污到清洁，是美国、英国、德国煤炭企业转型发展的共同路径，此四条转型之路有着各自的突出特点：从高危到安全的转型过程中，煤矿死伤人数先升后降；从低效到高效的转型之路上，技术改造升级先慢后快；从分散到集中转型进程中，兼并重组先弱后强；从高污到清洁的转型历程中，煤炭消费量先多后少。这些路径和特点是各国经济发展、科技进步、产业结构和能源结构变迁、人民生活水平提高的必然结果，是不以

① 王显政：《当代世界煤炭工业》，煤炭工业出版社 2011 年版，第 67、714—715 页。

人的意志为转移的煤炭产业发展的客观规律。新中国成立 60 多年来，工业化水平、煤炭科技、产业结构和能源结构、人民生活水平发生很大变化，煤炭产业也经历了市场需求不稳定上升、煤炭企业数量剧增、安全管理较为混乱、产业集中度较低、煤炭产业长期亏损、生产技术水平不高、环境污染初发的形成期阶段，和市场增长率极高、产业规模迅速扩张、高煤价支撑企业超额利润、煤矿安全事故频发、大型综采成套技术设备相继应用、产业集中度提高、环境污染加重的成长期阶段，[①] 之后进入市场需求下降、产能严重过剩、煤炭行业平均利润断崖式下跌的成熟期，煤炭企业面临转型发展的艰难抉择。毋庸置疑，美国、英国、德国煤炭企业的 4 条转型之路将是中国煤炭企业转型发展的道路选择。

（作者：李瑞芳，河南理工大学马克思主义学院讲师）

① 王震：《新常态下煤炭产业发展战略思考》，《中国能源》2015 年第 3 期，第 31 页。

中国钢铁工业发展转型的思想与实践

钢铁工业作为原材料行业，是工业化的支柱产业，是国民经济发展的重要基础产业，也是受国民经济发展影响最明显的行业。经过 60 余年的发展，我国的钢铁工业从薄弱行业发展到产量居世界第一的行业，从短缺不足到产能过剩，在中国现代化的进程中发挥了重要作用。与此同时，随着经济发展形势和环境的变化，钢铁工业也适时地转型发展，开中国转型发展先河，具有典型代表性。特别是进入 21 世纪以来，中国钢铁工业转型发展更是当务之急。总结中国钢铁工业发展转型的思想与实践，不仅有利于钢铁工业更好地适应新常态发展，还有利于总结转型发展经验，为中国经济发展转型提供借鉴。

新中国成立时，全国粗钢产量仅有 15.8 万吨。在尽快实现工业化的迫切要求和优先发展重工业的发展背景下，钢铁工业受到了高度重视，但钢铁工业一直没有满足国民经济发展的需求，到 1978 年钢产量也只有 3178 万吨。1978—2000 年，在改革开放的驱动下和中国大国市场需求的刺激下，钢铁工业得到迅猛发展，中国粗钢年均增速为 6.6%，1996 年突破亿吨，居世界第一，品种也得到很大改善，钢铁工业的迅猛发展为中国经济的腾飞做出了巨大贡献。但伴随着中国经济买方市场的形成，钢铁工业也受到直接影响，钢材市场开始出现供大于求的格局，一方面低质量、低档次、低附加值的产品的生产能力严重过剩，另一方面高质量、高档次和高附加值的产品严重短缺，只得依赖进口。钢铁工业效益逐年下滑。特别是进入 21 世纪以来，粗钢年均增速高达 16% 以上的同时，钢铁工业发展进入了“三低一高”的态势，即低增长、低价格、低效益和高压力，钢铁工业转型发展更是迫在眉睫。中国钢铁工业转型与中国经济发展形势密不可分，曾经，钢铁工业发展受到重视得到优先发展，如今钢铁工业发展转型也是首当其冲。

针对中国钢铁工业发展过程中出现的问题和瓶颈，宏观调控政策从保持市场供需基本平衡、完善产品结构，到控总量调结构、淘汰落后产能、遏制钢铁工业盲目投资，到关注环境保护、节能减排等，再到积极推进企业兼并重组、通过提高钢铁行业准入标准、加快钢铁工业结构调整、促使钢铁工业健康发展，不断深化发展方式的转变。纵观钢铁工业发展转型发展历程，可以说是控总量、淘汰落后产能等政策的实施与经济刺激发展的双重作用下进行的。当今钢铁工业转型发展迫在眉睫，其转型发展历程及其经验值得回顾和认真总结思考。

一、跌宕起伏：宏观调控政策的初步实施

钢铁工业作为基础原材料行业，其发展与整个中国经济发展密切相关。中共十一届三中全会以来，中国经济经过发展和改革开放，为继续发展奠定了可靠的物质技术基础，整个社会经济生活充满活力。特别是 1992 年初邓小平南方谈话和中共十四大确立建立社会主义市场经济的体制的改革目标，各地掀起新一轮经济建设高潮，基础建设蓬勃兴起，对钢材需求迅速升温。1992 年当年固定资产投资比上年增长 44.4%，货币发行量首次突破 1000 亿元，当年国民生产总值增长高达 14.1%，成为改革开放以来增速最高的年份。1993 年继续高速增长，达到 13.1%。钢材作为制造业的基础材料，其市场需求也越来越大。各地基本建设蓬勃兴起，对钢材特别是建筑钢材的需求迅速升温，国内市场严重供不应求，市场价格直线上升，建筑用线材尤为紧俏，价格从 1991 年的 1000 多元 / 吨上涨到 1993 年的 4000 多元 / 吨。由于投资需求的有力拉动，以及国家放开钢铁产品价格、出厂价频繁上调等因素，1993 年上半年以建筑用钢材为龙头的物资市场不断升温，价格扶摇直上。5 月末，大中城市圆钢、螺纹钢、6.5MM 线材、中厚钢板等的成交价格均由年初的每吨 3000 元左右，猛涨至 4500 元左右。三季度后，各地价格虽有所下降，但全年平均水平仍比上年上涨 60% 以上。① 但是好景不长，价格一下子涨这么高，所有的外国钢材都涌进来，1992 年进口钢材 618 万吨，到 1993 钢材进口量达到 3026 万吨，比上年增加近 4 倍；钢材价格掉了下来，钢铁企业利润减少，亏损得一塌糊涂。钢铁工业利润总额和销售利润率分别从 1993 年的 294.9 亿元、9.7% 下降到 1995 年的 113.5 亿元、3.9%。

针对钢铁工业发展出现大起大落，促使冶金行业加深了对市场的认识。1993 年 6 月，中共中央、国务院印发《关于当前经济情况和加强宏观调控的意见》，标志着在社会主义市场经济体制新形势下的宏观调控全面展开，也标志着“软着陆”的启动。1994 年 4 月，国务院发出《90 年代国家产业政策纲要》的通知，国务院证券委员会印发《关于停止钢材、食糖、煤炭期货交易的请示》的通知，国家经贸委、冶金部印发《关于促进钢铁工业持续发展意见》的通知。5 月，国家计委发出《关于加强钢铁产品价格管理的通知》。

钢铁工业这次跌宕起伏的发展，一方面在于国内市场需求的释放，另一方面在于国外产品的进口冲击。这告诉我们，冶金产品成本必须全面与国际市场接轨，必须从两个市场的角度来看，提高市场竞争力。同时，市场竞争增大了企业的压力，

① 《中国物价年鉴》编辑部：《中国物价年鉴 1994》，第 49 页。

迫使钢铁企业必须改变高能耗的状况，完善产品结构，提高附加值产品的比例。

如果说这一次的起伏变化更多的是由于进口产品的冲击，那么20世纪90年代后期钢铁工业遭受的冲击，是对中国钢铁工业发展转型的真正挑战。中国经济体制改革之前，一向是供给不足的短缺局面，改革开放以来，在市场化资源配置机制渐进形成、生产力获得极大解放的过程中，供给能力的迅速提高，短缺局面逐步改观。中国的供求总量格局发生了根本性的变化，即从供不应求转变为供大于求。到1998年上半年，中国消费品零售市场上已经没有供不应求的商品。卖方市场转变为买方市场和市场化程度的进一步提升，钢材市场开始出现供大于求的格局。加上国外产品的进口冲击，致使钢铁企业普遍面临困难的局面。钢铁工业外延型扩张、产品结构不合理的问题逐渐突出。一方面，有90%以上的普通钢铁产品的生产能力远大于消费需求；另一方面，还有一部分高档次、高质量、高附加值的钢材品种在数量上特别是质量上仍不能满足国民经济的需要。1998年国内钢材市场供大于求的矛盾尤为突出，因而导致钢材价格平均每吨比上年下降约180元，全行业减利176亿元。生产增长与经济效益呈完全相反的变化趋势：铁、钢和钢材连年大幅度增产，1998年比1993年分别增长3260万吨、2450万吨和2500万吨，增幅分别为37.3%、27.36%和32.44%；而实现利润却从1993年最高的294亿元降至1998年的20亿元左右，降幅达90%以上。[①]

在这一发展变化过程中，中国钢铁工业开始转向内涵式发展，突出特点是着力“一个适应”，实施“两个转变”，即着力适应社会主义市场经济的要求；由发展数量规模为主向调整、优化结构为主转变，由钢铁产品长期数量短缺向控制总量转变。政府调控由治理整顿，到针对市场失灵的调控，到按照市场化导向，逐渐完善宏观调控。1991—1995年第八个五年计划期间，钢铁工业提出调整建设和投资结构的新方针，即以品种质量效益为中心，以老企业改造为重点，加强矿山建设，增加钢材品种，提高产品质量，开放各行业所需专用钢材品种，满足市场需要。1996—2000年第九个五年计划指出，钢铁工业建设和投资的方针，以市场为导向，优化结构，增加品种，降低消耗，提高质量和效益，增强市场竞争力，最大限度地满足市场需要；坚持实事求是、量力而行，以老企业改造为重点，走内涵式发展的路子，把有限的资金用在优化结构和提高经济效益上。

针对供需矛盾，1999年1月，国家经济贸易委员会（以下简称国家经贸委）发出《关于做好钢铁工业总量控制工作的通知》；随后，国家经贸委分两批公布了淘汰落后生产能力、工艺和产品的目录；2000年1月，国家经贸委又发布《关于清理

① 《中国钢铁工业五十年》编辑委员会编：《中国钢铁工业五十年》，冶金工业出版社1999年版，第53页。

整顿小钢铁厂的意见》，并相继公布了关停小钢铁厂名单。2000 年钢产量不超过 1.1 亿吨，钢产量全年再压 1200 万吨。2000 年 2 月 2 日，国家经贸委牵头成立总量控制领导小组，下设钢铁总量控制工作办公室，设在国家冶金工业局。各省、区、市政府主要负责人为总量控制第一责任人。我国不再注册新的钢铁生产企业。

1990—1998 年钢铁工业利润变化

年份	1990	1991	1992	1993	1994	1995	1996	1997	1998
利润总额	66.5	71.1	102.6	294.9	263.1	113.5	44.1	10.4	9
销售利润率	5.1	5.1	6.5	9.7	—	3.9	1.5	0.3	0.3

资料来源:《中国钢铁工业五十年数字汇编》编辑委员会编:《中国钢铁工业五十年数字汇编》(上卷)，冶金工业出版 2003 年版，第 127 页

从 1993 年钢材价格大涨大落，到 1996 年随着买方市场的形成钢铁工业供大于求局面的出现，钢铁工业经历了需求旺盛供给不足，到需求不足生产过剩的发展历程。同时，在经济改革与调整、整顿同时进行的背景下，在钢铁工业发展大起大落及市场混乱的背景下，政府宏观调控也在发生变化。20 世纪 80 年代政府提出注重提高经济效益；1993 年钢铁工业的大起大落，政府对市场有进一步的认识；随着买方市场的形成，提出发展要有新思路，以市场为导向，优化钢铁工业产品结构等。面临钢铁工业利润下降、产能过剩等问题愈加严峻时，政府的宏观调控从针对短缺条件下的整顿与调整，到针对买方市场条件下供给过剩问题的调控，对政府宏观调控要求越来越高。这一时期钢铁工业发展历程表明，要使中国经济富有活力和效率，必须充分发挥市场机制的作用，这是改革开放以来所积累的重要经验。同时要看到，市场也存在着自发性、盲目性和滞后性的一面，国家必须对市场活动加以正确指导和调控。

二、机遇与挑战：钢铁工业进一步转型发展

随着买方市场的形成，钢铁工业发展的主要矛盾开始从总量问题转向结构和效益问题，实现钢铁大国向钢铁强国的转变成为主要任务。但 21 世纪以来中国的发展进入一个以大力发展基础设施和提高资本有机构成为特点的重化工业阶段，在工业化、城市化的带动下，中国经济得到高速发展。钢铁工业作为一个原材料的生产和加工部门，处于工业产业链的中间位置，其发展与国家的基础建设以及工业发展的速度关联性很强，随着中国经济实现跨越式发展，钢铁工业也得到迅猛发展。

一方面，在扩大内需与实施积极财政政策指导下，政府和社会对基础设施的投

入大量增加。中国消费结构升级和工业化、城市化的快速推进，仍然为钢铁工业外延型发展提供了空间。伴随着钢铁工业的迅猛发展，民营企业得到很快发展，钢铁工业市场结构发生了变化。在2002年，全国新增的2992万吨钢铁产能中，重点钢铁企业约为1240万吨，民营钢铁企业约为1750万吨。民营钢铁企业是重点钢铁企业的1.41倍。2002—2007年，全国新增加的粗钢产量中有2/3是由民营企业增加的。2007年，民营企业粗钢产量占全国粗钢产量的40%，达到2亿吨。其中民营钢铁工业产能的约80%由企业规模在200万吨以上的民营骨干企业占有。[①]中国钢铁产业集中度呈现持续下降的趋势。2000年至2006年期间，由于钢铁企业自身规模的扩张速度明显快于通过并购重组扩大规模的速度，1995年钢产量前四位企业钢产量合计占全国产量的31.23%，2000年提升到32.1%，2001年以后连续大幅下降，2003年这一比例降低到20.98%，2004年进一步降低到18.52%。

另一方面，随着加入WTO，对外开放的格局也逐渐深化，中国钢铁工业在利用境外资源、出口贸易方面，成效更加显著。2004年钢铁工业一个显著特征是进出口形势出现历史性转折，钢材（坯）出口大幅度增长，创历史新高，结束了多年来我国钢坯净进口的历史。随着产量的迅猛增长，中国钢铁工业原料的对外依赖程度越来越高。2000年全国进口铁矿石6997万吨，进口铁矿石产铁量4514万吨，占全国生铁总产量34.46%；2005年全国进口铁矿石17758万吨，进口铁矿石产铁量3447万吨，占全国生铁总产量一半之多，达到了51.51%，2010年全国进口铁矿石61864万吨，进口铁矿石产铁量39915万吨，占全国生铁总产量达到67%。钢铁工业对上游原料依赖度愈加严重。[②]

全球化下的中国钢铁工业，通过深化利用“两种资源、两个市场”，钢产量从2000年的1.28亿吨增加到2010年的7亿吨。同时，伴随着全球化下的迅猛发展，钢铁工业发展出现新的变化与问题。在高利润的刺激下，加之地方政府从中推动，钢铁工业在“大干快上”的发展浪潮中，出现混乱局面，2003年江苏铁本钢铁有限公司未经国家有关部门审批开建800万吨钢铁项目的铁本事件就是一个典型的案例。环境污染成为制约钢铁工业发展的主要问题之一。钢铁工业自身生产环节多，流程长，钢铁企业的各个工序都有大量污染物排放，是资源、能源密集型及污染排放的重点行业。随着钢材产量的增加，其能源消耗和环境污染问题愈加突出。据统计，2001—2010年，黑色金属冶炼及压延工业累计消费能源量约为38.9亿吨标准煤，占整个工业能源消费量的20.9%；消费煤炭累计19.7亿吨，占工业消费量的

① 王可山、白成太：《中国钢铁行业产业集中度研究》，中国财富出版社2013年版，第82页。
② 《中国钢铁工业年鉴》编辑委员会：《中国2011钢铁工业年鉴》，冶金工业出版社2011年版，第133页。

9.28%；废水排放总量累计达162亿吨，二氧化硫排放1312万吨。[①] 钢铁工业重复建设、盲目投资问题严峻，市场竞争激烈，产能过剩问题日益凸显。特别是2008年下半年爆发国际金融危机以来，受世界经济衰退的影响，中国钢铁产品直接和间接出口急剧下降，钢铁企业效益大幅下滑，企业生产经营陷入严重困难局面。

21世纪以来，钢铁行业行政管理体制发生重大变化，政企彻底分开，国家冶金工业局和地方冶金厅局被相继撤销，政府开始运用法律和产业政策等符合市场经济规则的手段取代过去单一的行政命令，通过设立、发布和执行产业准入标准、产业结构调整指导目录等方式，维护钢铁产业发展秩序，促进钢铁工业加快淘汰落后和结构调整。

2002年中共十六大明确提出“要实现工业化仍然是我国现代化进程中艰巨的历史性任务，要走新型工业化道路。坚持以信息化带动工业化，以工业化促信息化，走出一条科技含量高、经济效益好、资源消耗低、环境污染少、人力资源优势得到充分发挥的新型工业化路子”。[②] 2003年10月，十六届三中全会审议通过《中共中央关于完善社会主义市场经济体制若干问题的决定》，第一次在中共中央正式文件中完整地提出科学发展观，要求“坚持以人为本，树立全面、协调、可持续的发展观”，按照“五个统筹”的要求，完善社会主义市场经济体制。[③]

在科学发展观的指导下，政府针对钢铁工业的宏观调控在不同发展阶段，采取了相应的措施。从刚开始直接控总量和淘汰落后产能，到2005年出台钢铁工业产业政策，钢铁工业从“钢铁元帅”发展到调控重点；再到“十一五”时期在节能减排任务的约束下，采取调整出口退税率的政策抑制钢铁工业出口，采取各种促使淘汰落后产能；2008年金融危机的爆发，中国钢铁工业产能过剩问题成为最大顽疾，政府再次加大兼并重组力度，加快钢铁工业结构调整。2011年11月3日，工信部正式发布《钢铁工业“十二五”发展规划》，其中明确了钢铁工业“十二五”时期的发展目标：“十二五”末，钢铁工业结构调整取得明显进展，基本形成比较合理的生产力布局，钢铁总量和品种质量基本满足国民经济发展需求，初步实现钢铁工业由大到强的转变。但在中国整体经济发展的大势下，在追求GDP增长和就业问题的压力下，即使有一系列的宏观调控政策指导下，也难以抑制钢铁工业的迅猛发展和问题的产生。

---

① 国家统计局工业交通统计司，国家发展和改革委员会能源局编：《中国能源统计年鉴》2010，中国统计出版社2011年版，第64—68页。

② 《十六大以来重要文献选编》(上)，中央文献出版社2005年版，第16页。

③ 同上，第465页。

从“钢铁元帅”到调控重点

年份	调控措施
2003	《关于制止钢铁工业盲目投资的若干意见》
2004	《国务院关于做好省级以下国土资源管理体制改革有关问题的通知》《关于调整部分行业固定资产投资项目资本金比例的通知》《关于投资体改革的决定》
2005	《钢铁产业发展政策》《促进产业结构调整暂行规定》
2006	《关于加快推进产能过剩行业结构调整的通知》《工业推进铁合金行业加快结构调整的通知》;《关于控制钢铁工业总量淘汰落后加快结构调整的通知》
2007	《关于做好中小企业节能减排工作的通知》 签订第一批《钢铁工业关停和淘汰落后生产能力责任书》
2008	《关于报送关停和淘汰落后钢铁产能任务完成及第二阶段实施方案等有关情况的通知》
2009	《钢铁产业调整和振兴规划》《关于遏制钢铁行业产量过快增长的紧急通报》《关于抑制部分行业产能过剩和重复建设引导产业健康发展的若干意见》《关于进一步做好金融服务支持重点产业调整振兴和抑制部分行业产能过剩的指导意见》《关于印发钢铁企业烧结余热发电技术推广实施方案的通知》
2010	《关于进一步加强淘汰落后产能工作的通知》《关于钢铁工业节能减排的指导意见》《关于进一步加大工作力度确保实现十一五节能减排目标的通知》《关于开展现有钢铁生产企业环境保护核查的通知》《关于清理钢铁项目的通知》《关于进一步加大节能减排力度加快钢铁工业结构调整的若干意见》《钢铁行业生产经营规范条件》
2011	《“十二五”节能减排综合性工作方案》《钢铁工业“十二五”发展规划》
2012	《工业转型升级规划(2011—2015年)》《钢铁行业规范条件(2012年修订)》
2013	《工业领域应对气候变化行动方案(2012—2020年)》;工信部公示了第一批符合《钢铁行业规范条件》的45家钢铁企业;发出《大气污染防治行动计划》《关于化解产能严重过剩矛盾的指导意见》
2014	工信部确定第三批符合《钢铁行业规范条件》企业147家;发出《关于做好部分产能严重过剩行业产能置换工作的通知》
2015	国家取消含硼钢出口退税

有关钢铁产品出口税则的变化情况

日期	内容
2005年4月	国家税务总局下发《关于钢坯等钢铁初级产品停止执行出口退税的通知》,对税则号为7203、7205、7206、7207、7218、7224项下的钢铁初级产品,停止执行出口退税政策,这意味着钢坯、钢锭13%的出口退税政策被取消
2006年9月15日	财政部、发改委、商务部、海关总署、国家税务总局下发《关于调整部分商品出口退税率和增补加工贸易禁止类商品目录的通知》,自9月15日起,钢材(142个税则号)出口退税率由11%下调到8%
2006年11月1日	对铁合金、生铁、钢坯等30余项钢铁产品加征10%出口关税
2007年4月15日	部分特种钢材及不锈钢板、冷轧产品等76个税号,出口退税率降为5%;普碳钢热板、型材、盘条等83个税号的钢材产品取消出口退税
2007年6月1日	继续对83个税号的钢材产品加征5%—10%的出口关税,并将钢坯、钢锭、生铁等钢铁初级产品的出口关税由10%提高至15%

续表

日期	内容
2007年7月1日	取消10个税号的焊管出口退税，降低131个税号的无缝管、铸铁管、钢轨等钢铁制品的出口退税率到5%，涉及石油及天然气用管（包括无缝和焊接管）或钻探石油及天然气用套管、导管（包括无缝和焊接管）的产品仍保持13%的出口退税率不变
2008年1月1日	发布部分钢材品种出口关税调整文件，其中：长材（不包括H型钢和工字钢）出口关税从10%提高到15%；焊管从0增加到15%；钢坯、钢锭、生铁从15%增加到25%；200系列不锈钢从5%提高到10%；五氧化二钒从0提高到5%；高钒铁取消10%的出口关税；200系列不锈钢定义从含镍小于等于于7%更改为含锰大于等于5.5%
2009年6月1日	提高125个税号的冶金产品出口退税率，包括热轧板卷、冷轧宽钢带、窄带钢、锻造铁或非合金钢的条、杆以及大型槽钢、工字钢、H型钢、角钢和涂镀钢铁丝、热轧不锈钢窄带、热轧合金钢板、涂镀合金钢板钢轨、焊管、钢结构等
2010年7月15日	取消48种钢铁产品原有9%的出口退税

中国钢铁工业兼并重组情况

年份	主要重组情况
1992	宝钢、武钢、鞍钢、攀枝花等企业集团陆续成立
1997	邯钢兼并舞钢；武钢、冶钢、鄂钢实现联合
1998	宝钢、上海冶金、梅山实行强强联合，组建了上海宝钢集团公司，开我国钢铁工业区域性组织结构调整的先河；湘钢、涟钢、衡阳钢管重组建立起湖南华菱管线股份有限公司；邯钢兼并连续多年亏损的舞钢，唐钢兼并宣钢等工作也在顺利进行
1999	攀钢兼并成都无缝钢管厂；京津冀地区钢铁企业的重组也正在进一步的论证中
2000	宝钢股份、大连金牛、安泰科技、凌钢股份、南钢股份、酒钢宏兴、抚顺特钢等7家冶金企业先后完成股份制改革，向社会公众发行股票并上市流通，到2000年底，按现代企业制度要求实行公司化改组的大中型冶金企业已占70%以上，52家企业实行了规范化的股份制改造，通过上市共募集资金约400亿元，有力地指明冶金工业的发展
2002	安钢重组洛钢；攀钢重组成都钢铁厂和锦州铁合金有限责任公司
2003	攀钢重组四川长城特殊钢铁集团有限责任公司
2004	在特钢领域，大连、抚顺和北满3个特钢企业联合重组为东北特殊钢集团公司，中信泰富收购冶钢组建湖北新冶钢集团公司，与兴澄特钢供销实现整合，为在华东—中南地区组建大型特殊钢集团公司创造了条件；在普钢领域，武钢和鄂钢、攀钢与长城特钢均实现了重组，鞍本联合及河北钢铁企业重组列入议事日程
2005	8月由鞍钢和本钢联合组建的鞍本钢铁集团正式挂牌成立；武钢重组鄂钢和柳钢；通钢、吉林铁合金和建龙重组为通钢集团；首钢重组水钢；河北省民营钢铁企业的整合也取得实质性进展
2006	由唐钢、宣钢、承钢三家企业联合组建为唐山钢铁集团有限责任公司
2007	宝钢重组新疆八一钢铁；武钢重组昆钢
2008	成立山东钢铁集团有限公司；唐钢与邯钢组成河北钢铁集团公司；武钢重组广西钢铁

续表

年份	主要重组情况
2009	宝钢重组宁波钢铁公司，山东钢铁集团与日照钢铁签订重组协议；首钢重组长治钢铁公司；已完成联合重组的河北钢铁集团、武钢集团进一步加强了集团内部统一管理；山东钢铁集团一体化运作迈出实质性步伐
2010	鞍钢与攀钢实现联合重组；本钢兼并了北台钢铁；首钢重组通钢；天津四家钢铁企业联合成立天津渤海钢铁有限公司；河北钢铁集团对省内 12 家民营钢铁企业进行重组等
2011	首钢搬迁；马钢重组安徽长江钢铁；安钢重组凤宝特钢、新普钢铁、亚新钢铁 3 家民营钢企；沙钢集团安阳永兴钢铁有限公司、安阳华城特钢有限公司、河南汇丰管业有限公司、河南利源煤焦集团有限公司 4 家企业共同组建河南沙钢联合钢铁集团有限公司；河北邯郸峰峰矿区 7 家民营钢铁企业通过自主联合；济源钢铁集团与河南煤业化工集团签订合资合作协议；同意鞍山钢铁集团公司与福建省三钢（集团）有限责任公司联合重组方案；太钢集团与山西襄汾星原集团签订战略合作协议
2012	广东湛江、广西防城港钢铁基地项目通过核准；宝钢重组韶钢，宝钢集团广东韶关钢铁有限公司挂牌成立

三、经济发展新常态：钢铁工业转型发展迫在眉睫

2008 年下半年以来，随着国际金融危机的扩散和蔓延，国外市场需求减少，我国钢铁产业受到严重冲击，出现价格急剧下跌、企业经营困难、全行业亏损的局面，钢铁产业稳定发展面临着前所未有的挑战。

但在国家应对国际金融危机冲击一揽子计划的作用下，2009 年全社会固定资产投资完成额达 22.49 万亿元，比上年增长 30.1%，交通运输设备制造业增长 18.4%，汽车产量增加 447 万辆，增长 47.8%。在出口萎缩的情况下，这极大地拉动了国内钢铁市场需求，2009 年国内市场粗钢表观消费量 56497 万吨，比上年增加 11229 万吨，增长 24.8%，使得中国钢铁工业在连续亏损 7 个月后，于 2009 年 5 月全面复苏，6 月份钢铁生产超过上年历史最高水平。尽管国家刺激经济的政策措施极大地拉动了钢材需求，但钢材市场供大于求的基本格局没有改变。2009 年钢协会员企业钢产量比上年增长 11.27%，产品销售收入同比下降 10.14%，实现利税下降 34.37%，其中实现利润下降 33.64%。

在国家扩大内需政策导向下，固定资产投资高速增长，钢材生产和需求结构发生变化，长材生产、需求增长好于板材，深加工薄板好于中厚板材；钢筋产量增长 27.1%，表观消费增长 28.3%，但中厚板轧机产能增加，供大于求矛盾突出。以生产长材为主的中小企业利润水平普遍好于生产板材为主的大企业，在利润的带动下，以及 2008 年 11 月、12 月和 2009 年 1 月，在国际市场现货铁矿价格较低和海运费也很低的诱惑下，中国中小钢铁企业和铁矿石贸易商又开始了新一轮的大量进口铁矿，

使原来处于亏损的中小钢铁企业产能快速释放，加剧了以后钢铁工业的产能过剩。

危机爆发后，中国外贸出口增幅回落，对用于外贸出口的钢材消费影响较大。在2008年经济危机的影响下，国外市场需求不足，钢材出口量从2008年的5918万吨下降到2009年的2459万吨，下降58%，钢铁工业受到严重的打击，生产大起大落，价格暴涨暴跌，多年来首次出现亏损局面。中国钢铁工业受铁矿石影响越来越大，直接影响了钢铁工业利润空间。以2011年为例，力拓、必和必拓两大矿业巨头的利润超过我国77家大中型钢企800多亿元的利润总和；仅巴西淡水河谷一家公司，2011年的净利润为228.85亿美元，相当于18个宝钢。

随着全球经济的复苏，2010年世界钢铁产量大幅增长，铁矿石需求回升，再加上三大矿商对铁矿石资源的高度垄断，导致2010年铁矿石价格大幅上涨。全年进口铁矿石平均到岸价格为128.4美元/吨，同比上涨60.6%，国产铁精粉价格同比上涨62%。2010年炼钢生铁平均制造成本同比上升23.09%，钢材单位制造成本同比上升20%左右。钢铁工业利润逐渐下降。2008年以后，受世界金融危机和铁矿石提价的影响，钢铁工业在上游原料价格提升和下游需求不足的双重打压下，已经失去盈利空间。据统计，2006年全国大中型钢铁企业利润为1038.9亿元，2010年全国大中型钢铁企业利润932亿元，较2006年减少10%；成本占收入比由2000年的82.87%，上升到2009年的93.73%和2010年的91.69%。[①] 到2010年第四季度，中国规模以上钢铁企业的平均销售收入利润率已下降至2.8%，处于全国工业领域最低水平。2010年全年，中等规模以上钢铁企业的平均销售收入利润仅为2.91%，远低于全国工业企业6.2%平均水平。[②] 到2012年第一季度，钢铁行业甚至出现全行业亏损，全国重点大中型钢铁企业亏损10.34亿元，钢铁主业平均销售利润率–0.12%。因此武钢发出“炼钢不如种菜”的叹息，沙钢董事长沈文荣称自己炼了快40年的钢铁，20年前，一吨普通钢的利润在2000元以上，10年前还有1000多元，现在一吨普通钢的利润连一盘小炒肉的利润都没有，甚至一般特种钢铁的利润100元都不到。

2014年，全国粗钢产量8.2亿吨，国内粗钢表观消费7.4亿吨，抑制产能过剩任重道远。据统计，重点大中型钢铁企业2011年至2014年全年平均销售结算价格分别为4468元/吨、3750元/吨、3442元/吨、3074元/吨，呈不断下滑趋势，钢铁工业陷于全行业亏损困境。新颁布的《中华人民共和国环境保护法》于2015年开始实施，钢铁企业环保压力将加大。《中国制造2025》提出到新中国成立一百年时，

① 《中国钢铁工业年鉴》编辑委员会：《中国钢铁工业年鉴》2004年第177页，2011年第162页。

② 中国社科学院工业经济研究所：《2011中国工业发展报告》，经济管理出版社2011年版，第182页。

把我国建设成为引领世界制造业发展的制造强国，为实现中华民族伟大复兴的中国梦打下坚实基础。钢铁作为制造业原材料，更应该成为中国制造业转型升级的排头兵。

随着中国经济实力的进一步提升和工业化进程的加速，中国经济发展面临的资源和环境约束问题越来越突出，钢铁业遭受双重挤压，一边是“微利”和“亏损”，一边则是更加令人头疼的“高污染”。随着国家环保法的公布和新的排放标准的实施，钢铁企业将普遍面临环保不达标的压力。当前，我国经济已进入由高速增长向中高速增长转换的新常态，钢铁行业也随之发生新变化，呈现出低增长、低价格、低效益和高压力“三低一高”的发展特征。准确认识和把握钢铁行业发展新常态，探索企业新的发展方向，是我国钢铁行业未来健康发展的关键。

四、小结与启示

第一，钢铁工业发展的与经济发展密切相关，钢铁工业发展转型受到了整个经济发展的影响。中国钢铁工业历经 60 余年的发展，就是中国工业化的缩影。过去的 30 余年，中国 GDP 年均增长达 9.8%；而 2001—2010 年的这十年，我国经济的成长更为明显，个别年份达到了两位数的高速增长。伴随着中国经济的高速增长，中国钢铁工业也得到迅猛发展，为我国经济发展做出了巨大贡献。期间，钢铁工业也有跌宕起伏，面临转型发展之需，但在中国大国发展的市场供需特点、对外开放的影响下，和经济刺激发展的带动下，钢铁工业转型发展的紧迫性有所缓和。例如，随着中国经济买方市场的形成和短缺经济的改变，钢铁工业就面临着转变发展的需求，但是在国内经济发展刺激和加入 WTO 的带动下，缓和了钢铁工业发展自身的矛盾，重化工业的发展也为其外延性发展提供了空间。当今，中国经济进入新常态，面对国内外形势的深刻复杂变化特别是经济下行压力加大的挑战，钢铁工业转型发展可以说是迫在眉睫。2015 年 10 月 26 日至 29 日在北京召开的中共十八届五中全会，提出创新、协调、绿色、开放、共享的发展新理念。钢铁工业作为传统原材料行业就其本身发展而言，早就应该践行转型发展，在中国经济新常态的发展环境下和新发展理念的指导下，钢铁工业转型发展更是愈加紧迫。

第二，中国钢铁工业转型发展必须从中国国情出发，既要发挥市场作用，使得钢铁工业很好地为经济发展服务，同时，在中国大国市场需求的特点下，解决中国钢铁工业发展转型中遇到的问题，也要依靠行政手段和法律手段发挥政府宏观调控作用。60 多年的发展，市场化的推进，促进了钢铁工业的迅猛发展；宏观调控的逐步完善，使得钢铁工业一定程度缓解了落后大国巨大市场需求带来的市场混乱问题。但市场建设还任重道远，市场诚信失范、秩序混乱、不公平竞争、价格扭曲等市场不成熟的表现随处可见。在消除市场失灵的宏观经济调控方面还存在很多问题，充分发挥市场机制的作用和加强宏观调控，都是建立社会主义市场经济体制的基本要求，两者缺一不可，绝不能把它们割裂开来，甚至对立起来。

第三，创新驱动发展战略是中国工业转型的必然之路，也是国内钢铁行业唯一的突围之路。技术资源和技术创新越来越重要。作为“工业脊梁”的钢铁，必须转变思路，从规模效益向品种质量效益道路转变，从粗放发展向精细化管理转变，从引进向自主创新转变，最终实现行业整体的转型升级。当前，钢铁行业进入以低价微利、产能过剩、需求不旺为特征的新常态，新环保法的实施将督促企业加大环保投入，促进企业技术创新。可以说，已经到了生产关系重新适应生产力的大变革时期。这就必须从依赖资源、资本、劳动力优势，迈向依靠技术创新驱动的发展方向。

（作者：荣文丽，北京中医药大学讲师）

促进地方特色传统产业的转型升级

——基于安徽省淮南市的调研

经济新常态下，数量众多、分布面广的地方特色传统产业转型升级面临较多问题。根据对安徽省淮南市的实地调研，对做好经济新常态下地方特色传统产业升级有以下思考。

一、观念转变先行

观念先行，摆脱传统产业民间小作坊“小富即安”的生产观念，认识到地方特色传统产业的升级创新有可为、必须为。淮南地处安徽的中部地区，跨淮河两岸，地方特色传统产业众多，包括豆腐、牛肉汤、山芋粉丝等，个体加工专业户、直接从业人员数量多，在管理上有一定难度。淮南市政府发挥行业协会、行业商会等作用，避免无序竞争；组织八公山区豆制品行业协会申报“淮南豆腐”国家地理标志商标；申报“淮南牛肉汤”集体商标。同时，对碗碗香豆业、白蓝集团等龙头企业进行引导，促使它们发展成为行业骨干企业，从规模速度型增长转向质量效率型增长，并在地方税收、融资、搭台推介等方面设立多项优惠措施。淮南的地方特色传统产业基本实现了整合性的联合生产，促进资本专项投入、销售渠道电子化、设立

2015 年 7 月 29 日，调研组在淮南白蓝企业集团公司调研

科研所和物流中心等，为升级创新提供了条件。从行业整体来看，豆制品产业在全市发展成了 4 家年产值在 5000 万元左右、4 家年产值 1000 万元、4 家年产值 500 万元的生产规模，总产值近 5 亿元。从企业自身的升级改造来看，主要体现在主动引进现代化生产线、成立产成品检疫检测中心等，形成豆制品生产、加工、销售一体化，如白蓝集团建立了 4 条 3000 吨 / 年山芋粉丝生产线。

二、提升地方特色传统产业的文化内涵

提升地方特色传统产业的文化内涵，形成行业品牌建设与城镇品牌建设、产业文化建设、新型城镇化建设的多面互赢。地方特色传统产业大多蕴含着当地饮食、山水文化特色，历史悠久，传承有续。

充分提升地方特色传统产业的文化内涵，首先是企业品牌建设的需要。传统产业的转型升级对挖掘文化内涵的要求是长期的、动态的。长期以来，淮南豆制品等地方特色传统产业在淮南市政府的支持下，在提升产品文化内涵方面取得了一些经验。淮南豆腐以豆腐为主要原料，辅以不同配料，经过不同烹调方法和制作工艺制作出来各种菜肴。相传淮南八公山是豆腐的发源地，创始人是淮南王刘安，他在炼丹时发明了豆腐。在豆腐问世至今的 2000 多年间，淮南传统豆制品制作精益求精，品种逐步繁多，形成“清、净、香、雅”的浓郁地方产业特色。各种蕴含丰富哲理的豆腐故事、豆腐诗词、豆腐谚语、豆腐歌谣随之日益丰富、广为流传，形成源远流长的“豆腐文化”。自 1992 年起，淮南市连续举办中国豆腐文化节。2014 年，八公山豆腐传统制作技艺被列入国家级非物质文化遗产。

其次是城镇品牌建设的需要。提升传统产业文化内涵不仅有助于宣传产品，也有助于弘扬地方文化，塑造以文化为核心的城镇品牌。从长期来看，有利于拉长地区特色旅游、餐饮、零售等产业链，促进地区经济的整体转型升级。以豆制品等地方传统产业为依托，开发“淮南豆腐宴”等特色产品，淮南市将历史文化名城优势转化为文化产业优势，谋求将地方特色产业变为独特名片。“五彩”淮南的定位中其中“一彩”就是白色豆腐。白色豆腐“名片”以其独特的地方魅力，向全世界展示了中华饮食文化的深厚。2014 年，淮南市与台湾雄狮旅行社合作，推出八公山豆腐美食品鉴之旅线路产品，陆续接待了 8 个台湾旅游团，反响较好。2015 年 9 月举行的“豆腐文化欢乐汇”与“楚汉文化寻源”主题大八公山旅游相结合，旨在培育相关旅游企业。2015 年，淮南豆腐亮相意大利米兰世博会中国馆，提升了淮南市的形象。

最后，是顺应新型城镇化建设的要求。人的城镇化和城镇化的可持续是城镇化进程中，必须高度关注的核心所在。新型城镇化重在提升城镇宜居宜业的质量和

水平，首先是将“人”的城镇化摆在了首位，对城市居民美丽家乡、文化家乡的自豪感培育十分重要。要发展有历史记忆、地域特色的美丽城镇，就必须依托现有独特人文山水，打造地方文明形象，传承本土文化。特色传统产业作为地方文化最有活力的脉络载体，充实宣传其文化内涵，有助于产业发展与文化保护形成具有内在生命力的良性互动。淮南豆制品、牛肉汤、粉丝等特色产业传承千年，历史底蕴丰厚，其文化实践的大众化使淮南形象更加生动、具象、亲民。

三、促进融合发展

利用互联网+平台，从粗放式发展转变到融合均衡发展。在经济下行情况下，各地为大力优化产业结构、推动产业转型升级，重点发展互联网、物联网等新一代电子信息数据产业，地方特色传统产业则往往被置身事外。事实上，在地方转型发展中，政府与企业合力推动产业深度融合十分必要，不能使得传统产业和互联网+成为“两张皮”。互联网+最有价值的核心在于，利用网络时代的外在资源和环境对产业潜力进行深度挖掘。用大数据、一体化的思维模式创造新的发展生态，重新提升地方传统特色产业。传统产业结合互联网和大数据，积极推进转型，将使企业竞争力更强、效率更高。淮南市在充分发挥沟通协调作用，使地方特色传统产业在融合“互联网+电子商务”和“互联网+创新创业”方面，取得了一些经验。2014年5月，淮南本地7家信息技术企业成立“江淮云产业联盟”，这一组织平台整合利用地方大数据，使资源利用最大化，为地方特色传统产业的转型发展提供了实实在在的动力，在江淮云产业平台已注册企业90余家。在电子商务发展领域，2014年，淮南市从事电子商务的企业达数百家，2015年新增50余家。这些电商企业建设了“淘宝·特色中国淮南馆”、“淮货优品”电子商务平台、电商外包公共服务平台、“村品镇店”农村电商示范项目平台，赢得发展优势，形成新的经济增长点。同时，实现地方传统特色产业销售方式和销售渠道的变革，形成“特色馆+淮货+城市O2O+外包”的新型电子商务运营一体化服务平台。

四、促进地方特色传统产业“走出去”

“一带一路”战略的实施，有利于促进地方特色传统产业“走出去”。2014 年，作为资源型城市，淮南煤电占工业的比重近 80%，淮南市经济下行，战略性新兴产业发展不足。全年外贸出口 35662 万美元，比上年下降 12.2%。[①] 中国提出“一带一

① 淮南市地方志办公室编:《淮南年鉴 2015》，黄山出版社 2015 年版，附录《市委常委会向全委会的工作报告》。

路”战略，着力打造全方位对外开放新格局。在淮南市目前的外经贸形势下，地方特色传统产业要转型发展，把握住这些机遇，与沿线国家优势互补、开放发展是关键。淮南牛肉汤是家喻户晓的传统地方名小吃，选用几十种滋补药材及卤料按一定比例经传统工艺久经熬制而成。淮南牛肉汤经过速食化处理，采用方便包装、迎合当地市场增加口味等方式“走出去”，不仅在中东阿联酋国家的“贸易之都”迪拜当地投资，开设传统淮南牛肉汤餐饮旗舰店和国际贸易公司，获得日本长期订单，又成功打入英国、新加坡等地。此外，在原产地认定、国际质量安全体系认证等国内外贸易规则上下功夫，力图突破贸易壁垒。淮南市质监局牵头制定技术规范——淮南牛肉汤地方标准，淮南豆制品产业获得 ISO9000 质量体系认证的有 4 家，省市著名商标 7 个，省市农业产业化龙头企业 5 家，绿色食品标识 1 个。

地方特色传统产业的转型呈现出一些新特点、新趋势，更面临着新机遇、新挑战。淮南市的经验表明，地方特色传统产业的转型升级必须顺应新常态的经济大背景，归根结底要靠政府助力、企业发力，共同积极谋求地方特色传统产业稳步、高效的转型。一方面，政府应廓清指导组织与市场运作的边界。在了解企业需求的基础上精准发力，既不好高骛远，也不只顾眼前，提供适合企业长期发展的指导和服务。另一方面，企业的发展最终依靠自身攻坚克难。根据产业特点调整结构，加长产业链条，构建文化内涵，发挥互联网、金融等要素在产业升级中的长期作用。

（作者：王蕾）

红色文化资源保护利用面临的问题与对策

近年来，红色文化蓬勃兴起，并广泛传播。红色文化热顺应了群众对红色文化的灵魂寄托和情感期盼，是人们发自内心的精神渴望的表现。红色文化资源过去受限于落后的经济水平、技术条件和创作环境，长期得不到有效的开发利用。随着中国经济总量成为世界第二、新兴文化业态飞速发展、文化市场逐步形成，使国家对红色文化资源的保护、开发和利用，具备了前所未有的物质条件，当然，也存在一些需要解决的问题。

一、红色文化资源保护利用存在的问题

（一）发展规划与保护制度不够健全

红色旅游资源不仅是重要的历史文化遗产，也是爱国主义教育和革命传统教育的重要手段，更是红色旅游开发的基础和依托。由于不同红色景区的地理区位不同，经济发展水平不同，开发时间不同，造成红色资源开发保护的不平衡。

由于缺乏保护开发规划和行之有效的保护措施、管理体制不到位、保护资金有限及许多资源地处深山老区，部分红色旅游资源保护现状令人担忧。一些旧址、故居被移作他用；部分红色旅游资源缺少维护，在风吹日晒中逐渐倒塌、毁损。

盲目开发致使有些红色旅游资源保护不到位，忽视各地的实际情况，求新求全求大，盲目地投入财力、人力、物力，一些不应有的破坏做法时有发生。一方面是保护性破坏。有些地方虽然意识到保护红色文化的重要性，但不具备保护的基本知识，其做法造成新的破坏。如大量使用现代建筑材料对红色遗址进行修缮，使原来红色建筑的风格与内涵遭到破坏。另一方面，开发性破坏现象开始增多。部分红色旅游资源经历了“彻底改造”，随意建设与环境和氛围完全不匹配的各种设施，或“红色”景观周边被一些大型现代化建筑物环绕，整体风格不协调，红色文化的载体或场景遭受很大的人为破坏。

在红色文化资源创新发展工作中，对非物质文化重视不够。如果按照文化资源存在形态的标准划分，革命遗址遗迹、建筑与设施，属于红色文化物质资源；而革命活动中人与事的记录以及文学戏剧艺术，属于红色文化非物质资源。各地对红色文化资源的保护与开发，还主要集中在红色遗址、文物等物质资源的保护开发，对红色文化非物质遗产的保护开发，则相对薄弱，缺乏系统的调研与分类整理。

（二）统筹规划与合作

各地在红色资源开发时，往往各自为局、盲目开发，依然属于自发的点状发展，没有把自己置身于全国或区域发展的大局之下统一规划，缺少特色，缺乏对资源的整合，同质化倾向较为严重。

在全国红色旅游大兴起的形势下，各地开发的红色资源往往主题相近，多为烈士陵园、纪念馆和重大事件的旧（遗）址，容易产生审美疲劳。各地现存红色文化资源多数单体规模不大，分布比较分散，“有说法”的很多，“有看头”的不多，形成视觉震撼和心灵震撼的不多，缺乏精品项目和特色项目。

各红色景区（点）在形象定位上也比较混乱，缺乏统一的形象识别，低层次开发和重复建设较严重。如安徽省的金寨与岳西两县同属大别山红色旅游区，定位上极其相近，分别为“红色金寨，绿色天堂”和“红色岳西，绿色天堂”。蚌埠孙家圩子与合肥瑶岗都是淮海战役总前委旧址，但是两地在开发上也缺乏统筹安排，容易造成低水平重复建设和物力、财力浪费。

（三）过于依赖财政，配套设施不足

目前，各地红色资源大多是革命传统教育和爱国主义基地，接受教育列为免费项目。不少红色旅游景区景点“工资靠财政、奖金靠门票，维护靠拨款”，过于强调政治影响、社会效益，忽视了红色文化的产业价值、经济价值。多数红色景区虽然年接待量达到几万人次，但是旅游收入却几乎为零，完全依靠上级财政拨款，缺乏造血能力，产业化运作水平比较低。红色资源开发不能完全依靠政府财政支持，也应适当考虑经济效益，发展红色文化创意产业，增强自我供血的能力，如适当开发红色旅游、红色影视产业、文艺产业等。

红色旅游资源大都处于基础设施相对落后的革命老区，部分革命老区还是贫困地区，经济实力较弱，地方经济的发展有的甚至还要依赖国家财政转移支付，用于红色资源的保护和开发的资金少，经费投入不足，配套设施不完善，服务意识还有待提高。因此保护、发展和开发红色文化资源必须重点解决好综合配套服务设施建设，做到交通、通信、住宿等设施的建设与改善，提高服务意识，使参观者进得来、出得去。同时，随着人们生活水平的普遍改善和对生活质量的进一步提高，加强休闲生活设施的建设，让参观者有看头、有玩头、有吃头，为旅游者提供娱乐和生活方面的便利设施也应配套完成。

（四）呈现方式单调，内涵发掘不够

红色文化资源在新的历史时期，具有特定的时代内涵。全国现有红色资源开发内涵发掘不足，主题单一，相当一部分红色旅游景区的开发较为肤浅，没能深入发掘红色旅游的内涵和精髓，脱离了红色景区的传统历史文化和时代发展的要求，难以让游客融入其中。

活动形式单调，吸引力不足。在红色文化呈现方式上，多以革命活动遗址、名人故居、纪念碑、纪念馆、陈列馆等传统平面的、静态的展览陈列为主，再配以图片、文字、解说，只是简单地表现历史事件或人物，未对形象进行深化加工，显得过于单调，缺乏吸引力。活动内容模仿较多，缺少影响力和震撼力的表现载体，直接导致参观者的参与性较少。由于缺乏新奇感受，实际上对于处于和平时期的当代人来说，没有很大的吸引力，没有用更加生活化的语言、更加专业化的方式来展示高尚的精神内涵，没有将革命精神以鲜活的形态、参与体验的方式、生活的形式表达出来，难以发挥寓教于乐、寓教于游的效果。

（五）管理体制复杂，专业人才匮乏

红色资源隶属关系复杂，存在着对景区管理权利的横向与纵向分配问题。从资产管理者来看，绝大多数由文物部门管理，少数由民政部门（如烈士陵园）、教育部门、集体（如政府没有收购的具有革命纪念意义的祠堂、社屋等）乃至农民管理（如政府没有收购的具有革命纪念意义的民居）等。由于各个管理部门的管理权限划分不清，在红色旅游资源开发思路、经济利益分配等方面见解不尽相同，造成“好处大家抢，责任互相推”的管理乱局。沟通和协调难以通畅，导致不同的行政区之间为争夺各自利益而疏于合作，例如资源和生态环境保护、基础设施建设、资源争夺、客源市场的恶性竞争等，极不利于红色旅游资源的联合开发。

管理人员专业理论不足，专业化程度不高，主要工作是日常接待和维护。缺少相应的专业研究机构，也缺少高水平的研究论文、学术专著。红色文化资源的保护开发是专业性很强的工程，只有发挥专家学者及相关科研机构的作用，有效帮助管理部门制定红色文化资源开发的原则、步骤、方法等，才能使红色文化资源保护传承创新工作稳步进行。

二、红色文化资源保护利用的思路

（一）立足大局，总体规划

把红色文化资源保护、传承和创新发展摆在更加突出的位置，将烈士纪念设施建设和保护纳入国民经济和社会发展规划的全局中，整体统筹规划，因地制宜地制定出科学合理、主题鲜明的总体规划。坚持规划领先的原则，在总体定位上要注重定位的高度、深度、广度。

在高度上，要顺应发展大势，符合发展方向，继承先烈遗志、发扬革命传统，凝聚共识、汇聚力量，满足人民日益增长的文化需求，为经济社会发展提供精神动力和智力支持，促发展、供动力、惠民生、谋幸福、凝共识、提品质，扩大社会影响力，发挥最大综合效益。

在深度上，充分挖掘红色精神内涵，突出时代精神和地方特色，体现出其承载的革命历史、革命事迹和革命精神的内涵，让参观者产生对革命先烈无限追思和缅怀的理念，在参观的过程中接受爱国主义教育。

在广度上，从全国和区域整体发展的角度，动员社会力量，整合资源，协调区域发展，与生态、休息、民俗、历史人文等相结合，全方位综合考虑城乡、产业、社会、经济、环境可持续协调发展。

（二）整合资源，突出特色

整合红色文化资源、自然旅游资源和其他人文资源。在充分挖掘红色资源的同时，整合自然环境资源（绿）和传统人文历史资源（古），红绿相映，红古互补，红研结合，变“单色”为“多色”，让“孤景”成“群景”。以红带绿、以绿映红，加强革命英烈精神研究，红色精神与优美的自然风光和人文历史景观交相辉映，进一步丰富爱国主义教育的内容，促进生态环境建设和文化遗产保护。红色文化与当地的风土人情、自然环境、地域特色、人文遗址等结合起来，让参观者通过参观、品味、感触、体验，将人文历史融入秀美山水之中，使秀美山水浸润厚重人文。

对于共有红色主题或资源，要挖掘地域性特点，突出地方特色，尽量避免重复同构。需要考量各地独特的资源禀赋、人文历史、经济社会发展形势和所处阶段，总结、整合、提炼、突出其独特的内涵和价值，充分体现地方特色、红色文化和传统文化的时代特征，要形象生动，易于传播。传承、弘扬和发展革命英烈精神，力求“同中求异，全中求新，精益求精”，争取做到“人无我有，人有我新，人新我精”，促进红色文化资源保护、传承与创新。

综合利用各种现有资源，保护第一、适度开发。新建纪念设施要按照有关规定，严格履行审批手续，科学地推进开发性保护，严格控制相同题材和内容的项目，防止低水平重复建设。新建项目要与革命历史文化遗产的环境氛围相协调，确保革命历史文化遗产的真实性和完整性，做到朴素实用，杜绝庸俗化和过度商业化。

（三）综合协调，形成合力

红色文化资源的保护和传承是富有时代意义的政治工程、文化工程、经济工程，需要各方面通力合作，择其善者而用之。由政府支持和推进，成立统筹协调机构，积极动员社会力量参与，充分发挥行业专家的智库作用，合理利用市场机制，积极转变观念，改革管理体制，实施持续、有序的开发和建设。引导各类企业、组织参与红色文化资源的保护和建设，加强配套设施和综合服务建设。许多红色文化资源都是珍贵的历史遗存，对这些文物遗址在开发利用过程中要坚持保护与开发并重、开发服从保护的原则。

跨行政区的红色文化资源要建立组织协调机制，加强基础设施建设和其他开发项目的统筹协调、分工、维护和共享共建红色文化主题品牌。如大别山、新四军、淮海战役、渡江战役等红色文化资源跨越若干个行政区，即使是在一个地区开展的活动，也需要其他地方的支持配合，所以各地应积极主动地搞好区域间协调，密切配合，在项目选择上统筹兼顾，形成合理分工和相互促进的格局，防止各自为政、争抢项目、自成体系和低水平重复建设。

红色文化资源保护传承和创新发展，需要汇聚社会力量通力合作。一是加强专业人才的智力支持，需要大力营造支持红色文化学术研究的氛围，扶持院校、科研单位加大研究力度。二是完善人才激励机制，鼓励高精尖人才投入红色文化保护、开发和利用的业务工作中。三是有计划、有步骤地提高现有红色文化专业队伍的业务素质，激活内部人力资源，提高服务质量。四是提高当地居民、参观者对红色文化资源保护的重视程度和参与程度，形成良好的社会氛围。

2015 年 8 月 1 日，调研组在淮南新四军林参观

（四）完善制度，永续发展

构建红色文化资源保护和发展的问责机制。加强督促、考核和评价，细化红色文化资源保护、传承和创新发展的目标任务，及时通报重大项目建设进展情况，确保重点目标任务的全面实现。将红色文化资源保护、传承和创新发展任务纳入政府

目标管理考核范围，进一步健全完善考核评价办法，加强目标责任考核，把考评检查结果作为衡量领导班子和领导干部科学发展业绩的重要依据。

推行现有红色文化资源的分级分类价值评估，促进红色文化资源保护与传承创新发展。目前红色文化资源的价值评估主要有文物保护单位、国防教育基地、爱国主义教育基地、党史教育基地4个序列。这4种价值评估和命名授牌，分别由不同的主管部门主持评定，认定标准不同，评定方式不同。根据形势的发展，仍需要重视评估和级别认定工作，加强对已有4类评估和授牌工作的协调，探索共同评估的可行性及可持续性，对不同级别和不同价值的红色文化资源，采用不同的管理方式，更好地实现红色资源的最合理化保护、开发和利用的目标。

建立健全遗址的开发保护制度，制定烈士遗物、实物史料的征集保护制度。动员和引导社会力量支持烈士纪念活动，研究制定社会捐赠、志愿服务、义务劳动等方面的制度。

建立健全弘扬英烈精神日常化制度。把凭吊纪念、瞻仰、祭扫活动等制度化，明确相关礼仪规范标准，研究制定社会捐赠、志愿服务、义务劳动等方面的制度规定，为群众提供独具特色的红色文化活动场所，将弘扬烈士精神融入群众性文化活动中。

（五）灵活多样，继承弘扬

随着经济社会的发展、国民素质和社会文明程度显著提高，红色文化资源的保护和开放应不断地进行创新，在陈展方式、活动组织、活动形式、服务手段等方面进一步加强研究和改进，加大对红色文化的宣传教育力度，在全社会尽快形成保护红色文化、传承革命传统的社会氛围。

内容丰富，形式多样。加强资料收集和整理这一基础性工作，做好烈士遗物、实物史料的收集、鉴定工作，面向社会广泛征集影像资料、图书报刊、日记信件、实物等，尽力做好战争亲历者头脑中活资料的收集工作，尽量掌握第一手材料。开展对红色文化资源系统性的学术理论研究和宣传普及，推动加大红色文化作品的创作，促进红色文化成果转化。充分利用文字、广播、影视音像、网络等宣传形式，挖掘整理，编辑出版以红色故事、红色足迹、红色记忆、红色遗址等为内容的系列丛书。

弘扬英烈精神常态化。积极开展共建活动，开展红色文化进学校、进机关、进企业、进军营、进社区、进农村等活动，宣传烈士英雄事迹。结合建党、建军、建国等重大纪念活动以及其他重要节假日和抗战胜利日，精心组织推出一批具有较大社会影响的纪念活动。把弘扬英烈精神纳入公共文化服务体系，为群众提供独具特色的红色文化活动场所，将弘扬烈士精神融入群众性文化活动中。

动态展示，参与体验。在静态、平面的展示基础上，运用综合手段，设计动态的呈现形式，创造大量参观者能够参与、互动的机会，在参与过程中，使参观者获得丰富的体验，融学习性、故事性、参与性和扩展性于一体，活泼多样，寓教于乐，在潜移默化中感受红色文化丰厚内涵和独特价值。

加快红色旅游信息化建设。打造红色文化资源的大数据库，规范信息收集、管理与适时更新，以数据化整合资源，面向国内外提供服务，扩大影响力。在条件允许下，可建立专门门户网站，为社会公众提供网上祭扫和学习交流平台。

（作者：吴超，中国社会科学院当代中国研究所副研究员）

株洲市产业转型升级探析

一、株洲市产业转型升级历程

新中国成立以来，株洲由一个 7000 人的农村集镇，发展成为城市人口超过 110 万、GDP 达 2160 亿的大城市。株洲市产业的演变中，大体经历了工业化、工业化与市场化联动两个阶段。

株洲市以工业而兴，凭工业而强。新中国成立初期，株洲是一个典型的农业城市，1951年三次产业比重为75.5：9.3：15.2，同期湖南省的三次产业比重为70.5：9.5：20.0，即株洲的工业化水平略低于湖南平均水平。从1952年起，株洲工业产值比重迅速提高并超过湖南平均水平，至1960年，占地区生产总值比重达68.8%，超过湖南省工业占比平均水平29个百分点。株洲只用了短短8年的时间，实现了由农村集镇向工业重镇的转变。1961年国民经济调整时期和1966年开始的“文化大革命”时期，株洲工业比重有所下降，但1961—1978年间，工业产值比重平均仍达48.9%。改革开放30多年来，株洲农业产值比重下降了20个百分点，但工业产值比重平均48.4%，同期，湖南省工业产值比重平均37.1%。

1951—1983 年，株洲第三产业发展水平很低，徘徊在 12.0—18.0 之间，33 年间平均比重为 14.7%，同期湖南省第三产业占比平均为 22.7%，低于湖南省平均水平 8 个百分点。1984 年，株洲第三产业比重首次突破 20%，此后稳步增长。1984—2009 年，该市第三产业平均比重达 28.5%，湖南省第三产业占比平均为 30.6%，差距缩小为 2.1 个百分点。对改革开放以来株洲第三产业发展贡献率最高的是批发零售贸易餐饮业，特别是其中的商品批发业。为何商品批发获得了较快发展呢？原因在于 20 世纪 80 年代以来，株洲形成几个在国内有较大影响的专业市场：芦淞服装市场、中南蔬菜市场、中南摩托车市场、中南建材市场，其中，发端于改革初期的芦淞服装市场已经发展成为中南地区最大的服装交易市场和服饰物流中心，有商铺 3 万多个，从业人员 10 万多人，日均流动人口达 20 多万人，在 2005 年首次“中国十大服装批发市场”评选活动中，以其绝对优势从全国数十个专业服装批发市场中脱颖而出，跻身中国十大服装批发市场行列。中南蔬菜批发市场自 1995 年建市以来，迅速壮大，已成为中南地区重要的农产品集散中心，辐射力已达海南、广东、广西、福建、浙江、江西、湖北、河南、山东、陕西、内蒙古、贵州、四川、云南、黑龙江、吉林、辽宁、河北等 18 个省区。中南摩托车市场始建于 1993 年，

1995年销售额达5.13亿元，成为全国最大的摩托车专业市场，1996年《人民日报》对中南摩托车市场予以专门报道。专业市场不仅带动了餐饮、零售、物流、金融、房地产的发展，而且带动了第二产业的发展，也就是专业化市场带动了专业化产业区的发展，如服饰市场催生了服饰加工业。

二、株洲市产业转型升级的条件

株洲的自然禀赋是其走上工业化道路的关键决定因素。株洲地理位置优越，扼东西南北之要冲，京广、浙赣、湘黔三大铁路动脉在此交汇，与北方铁路枢纽城市郑州并称“北郑南株”；长江第二大支流湘江穿城而过，上溯衡阳、广西，下通洞庭湖、长江，千吨级船舶顺湘江、经长江、通上海达世界各地。新中国成立之初选择了优先发展重工业的发展战略，工业基地选址的先决条件是交通发达。20世纪50年代，株洲所具备的铁路和水路交通优势几乎无与伦比，加上株洲在地理位置上接近湖南省内和邻省江西铅、锌、钨、锑、锰、煤、铁等矿床产地，有充足的工业原料，以及气候、水文、地质等方面的地理条件，中央政府选址株洲发展工业，把株洲列入中国八大重点建设城市之一。将原苏联援建的156个重点项目中的4项，安排在株洲建设，随后又将与156项工程配套的694个限额工业项目中的10余项安排在株洲兴建。接着与中央企业配套的数百家省属和地属企业在株洲开建，至1965年，株洲已形成7个工业小区，工业企业402个，产品4000多种，形成以冶金、机械、化工、建材为支柱的工业体系，一举奠定“工业重镇株洲”的地位，昔日农村集镇株洲成为国家工业化的骨干新城。①

历史禀赋与自然禀赋的有机结合成就了株洲市场。所谓历史禀赋，就是该区域居民所特有的一种商业文化传统与商业精神。湖南热土所孕育的湖湘文化，其产生、发展与兴盛，均处在山河破碎、天崩地裂的急剧政治变更时期。这就决定“湖湘文化在本质上是中国的儒家政治文化”。正因为如此，湖湘文化孕育的是士人而非商人，熏陶出来的是政治家而非实业家。湖湘文化策源于两个书院，即衡山的碧泉书院和长沙的岳麓书院。受地理条件的约束，能就学于两书院者以周边士子居多，这就决定湖湘文化的影响区域出现级层现象，即以长沙、衡山为核心，以湘乡、邵阳、益阳、岳阳、湘西、常德为外围，对湘东、湘南地区则影响较弱。株洲地处湘东，与江西接壤，少有人赴岳麓书院或碧泉书院求学，受湖湘文化的影响不大，在近代湖南的第一、第二、第三代人才群体中，几乎没有一个株洲人。由于株

① 株洲市统计局编：《辉煌50年：1949—1999（一）》，第66页。

洲是新兴工业城市，最初的城市人口基本上都来自外省，对湖湘文化没有认同感。历史禀赋决定株洲人并不排斥商业，一旦风气开放，没有文化负担的株洲人会主动搏击商海。20个世纪80年代初期，株洲人利用自身得天独厚的地理优势，在株洲火车站旁的堤升街用铁架搭起一个简易的马路市场，进行服装交易，株洲服饰专业市场由此发端。20余年后，这个市场辐射到俄罗斯、越南及国内15个省230多个县（市、区），市场年成交额超过200亿元，占株洲年产值的1/5，超过同样靠交通优势发展起来的武汉、郑州服饰市场交易额。用20余年的时间，实现由服装马路市场向全国十大服装批发市场的转变，这样的案例，湖南绝无，全国鲜见。

三、株洲市产业转型升级的特征

株洲市产业转型升级有两个鲜明特点。第一个特点，政府主导。对于政府在经济社会发展过程中的作用，一直是经济学中最有争议的一个论题。在波特的国家竞争力“钻石”模型理论中，政府是推动经济发展的辅助因素。中国则不然，在波特钻石理论中居于附加要素地位的政府，却是经济发展的关键性变量，因为政府能解决经济发展中的两个根本问题：一是配置资源，二是设计制度。株洲兴起的最关键的启动条件就是中央政府在株洲实施了一系列大型工业项目。正是这些大型工业项目，使株洲在不到10年的时间内就由一个农村集镇发展成一个工业重镇，彻底改变了株洲的发展路径。对于一个区域而言，中央政府是外力，外力的作用可以使一个区域兴起，但这个区域能否把外力所设定的道路走下去，则取决于区域本身了。也就是，中央政府的外力可以把区域“扶上马并送一程”，能走多远就靠区域内地方政府的内力了。20世纪50年代中央政府重点建设的工业城市，至20世纪末期，不少地方就难以为继，不得不放弃工业化路径。株洲则始终在工业化道路上坚定走下去且路越走越宽，有很多原因，但根本的一点是，在国家基本经济制度下，株洲通过不断创新制度，解决工业发展中的问题，探索新的工业化道路。20世纪80年代，全国国有企业普遍活力不足，株洲国企也不例外，株洲市政府排除阻力，大刀阔斧进行企业劳动、人事、工资改革。通过人事制度改革，废除企业干部终身制，形成“干部能上能下”的竞争机制。通过劳动制度改革，实行职工考核择优上岗，打破工人一次分配定终身制度和“铁饭碗”制度，形成“职工能进能出”的机制。通过改革工资制度，突破按年限职级拿等级工资的旧分配模式，实行工资总额与效益挂钩、职工收益按生产成绩浮动的工资制，形成“工资能升能降”的机制。20世纪90年代初，内地国有企业股份制改革尚在观望之中，株洲市政府于1992年在国有企业进行股份制改革试点，当年列入试点企业18家，审批成立股份制企业13家。1993

年，株洲第一家股份制企业火炬火花塞公司股票在深交所上市，此时距深交所成立仅 1 年时间。[①] 产权改革之后，株洲市政府加大对优势企业、支柱企业的扶植力度，组建企业集团，提升竞争力，在冶炼、化工、机械、建材、农产品深加工等领域通过资产重组和跨境并购形成企业集团，这些企业集团所交利润占全市利润总额的 90% 以上。1995 年全国企业 500 强中，湖南 16 家，株洲市就占 6 家。[②] 株洲市政府较早对国有企业实施明晰产权、建立现代企业制度、形成企业集团、打造品牌等，所有这一切，极大地提升了株洲国有企业的核心竞争力，在 90 年代末期的国有企业改革浪潮中，株洲的大型国企逆势而上，与株洲地方政府的制度创新息息相关。进入 21 世纪，从 2009 年以来，株洲市政府推行“5115 工程”，即政府用 5 年时间支持 10 家企业年产值过 100 亿，用 10 年时间支持 5 家企业产值过 1000 亿，此工程实施了 6 年，取得一定的效果，轨道交通、服饰产业产值已经达 500 亿。

2015 年 7 月 10 日，调研组在株洲天桥起重机股份有限公司调研

第二个特点，以核心技术锻造自主品牌。株洲拥有一批掌握国际国内尖端技术的大型企业，创造了许多个“第一”：试制成功国内第一批爱姆十一型活塞式航空发动机，毛泽东主席亲自写信祝贺，称赞“这在我国飞机制造业和增强国防力量上

① 株洲市统计局编：《辉煌 50 年：1949 —1999（一）》，第 71 页。
② 株洲市统计局编：《辉煌 50 年：1949 —1999（一）》，第 68 页。

都是一个良好的开端”；成功研制国内第一台航空模型发动机、第一台摩托车发动机、第一辆微型汽车、第一台涡轮螺旋桨航空发动机；合作研制成功第一台国产电力机车；首创人造金红石，并建成世界上第一条人造金红石生产线；国内率先试验成功流态化（沸腾）净化除铜装置，集中作业高强度采矿法试验成功。核心科技成就了自主品牌和一批重量级企业，如株洲电力机车厂被称为“中国电力机车摇篮”，株洲硬质合金厂称为世界五大硬质合金厂之一，南方动力机械公司被誉为中国航空基地之一，株洲南车集团在2009年进入亚洲品牌500强。据英国品牌价值咨询公司2010年发布的信息，株洲南车集团以19.87亿美元的品牌价值（约合134.75亿元）首次入选全球最有价值500品牌排行榜，排名第476位，在国内所有企业中名列第18位，是国内重大装备制造业唯一入选品牌，也是唯一入选的B2B企业。这在国内地级城市中是不多见的，也是株洲模式一大核心竞争力。

（作者：易棉阳，中南财经政法大学经济学院教授）

东方电机转型发展探索

中国东方电气集团东方电机有限公司（以下简称“东方电机”）是研究、开发和制造大型水力、火力、核能发电设备重要的大型骨干企业。历经58载风雨的东方电机，以“中国装备、装备中国”为宗旨，不断突破自我，形成水电、火电、核电、气电、风电多电并举的发展格局，其强大的科研制造能力达到行业领先水平。面临外部环境的巨大变化和内部经营机制的不适应，东方电机正在探寻转型发展之路：以深化改革为突破口，加快体制机制创新，激发企业转型发展活力；紧跟全球能源体系变革的趋势和制造业转型升级的方向，由注重规模扩张和数量增加到注重质效提升的转变，由注重产能的提高向注重技术进步的转变，由传统制造型企业向现代制造服务型企业的转变，由以传统的水火电设备制造为主向绿色环保、高效节能和智能化能源装备制造为主的转变，由大而全小而全的产品实现方式向核心制造、专业化分包的转变，由以国内市场为主向国内国际市场并重的转变，逐步建立差异化竞争优势，促进企业转型发展。

2015年6月10日，郑有贵（右）在中国东方电气集团东方电机有限公司调研，与中国东方电气集团东方电机有限公司高级顾问、高级经济师王超（本文作者）合影

一、58 年的艰苦创业与创新发展，东方电机在中国发电设备制造史上创造了一个又一个奇迹

（一）东方电机概况

东方电机有限公司地处重大装备制造基地的四川德阳，主要从事水力发电机组、汽轮发电机、核能发电机、燃气发电机、风力发电机、交直流电（动）机以及控制设备的研发制造，在国民经济建设中处于重要地位。东方电机于 1958 年 10 月 13 日开始兴建，1966 年 12 月投产。1993 年，经股份制改制，成立东方电机股份有限公司，是首批在香港及上海上市的规范化股份制试点企业之一。2008 年，由原东方电机股份有限公司主要经营性资产重新注册，更名为东方电气集团东方电机有限公司。

东方电机有限公司厂区

（二）东方电机求实图强、艰苦奋斗、励精图治发展的难忘足迹

历经 58 载风雨的东方电机，从 1959 年在德阳城区一民房里生产出东方第一台 7 千瓦异步电动机起步，通过一代又一代东方电机人的求实图强、艰苦奋斗、励精图治、开拓奋进，东方电机在她发展史上，留下了一串串难忘的足迹：

水电领域：1966 年，试制完成双牌电站第一台 45MW 水轮发电机组。1969 年，自主设计并试制成功第一套援助阿尔巴尼亚伐乌·代耶电站的 50MW 水轮发电机组。1980 年，参加美国加州卡曼奇电站 3×3750KVA 转浆式水轮发电机组国际投标首次获胜。1986 年，东方电机为葛洲坝电站设计制造的 170MW 水轮发电机组，荣获国家科学技术进步特等奖，成为迄今为止全国机械行业内唯一获此殊荣的企业。20 世

龙羊峡电站32万千瓦混流式水轮发电机转子吊装

纪80年代末，东方电机坚持自主创新，研制成功龙羊峡32万千瓦混流式水电机组，并与东方型30万千瓦水氢氢汽轮发电机双双获得国家质量金奖。20世纪90年代中期，开发出具有完全自主知识产权的李家峡40万千瓦蒸发冷却水轮发电机，获国家科技进步二等奖。同时，东方电机加强同国外一流发电设备制造商合作，高起点地引进发电设备高端技术。其中，90年代末期，与GE联合设计、合作生产，为二滩电站提供了当时国内单机容量最大的55万千瓦混流式水电机组。

火电领域：东方电机1967年成功研制首台5万千瓦汽轮发电机。1974年为山东辛店电厂自主研制了首台20万千瓦水氢氢内冷汽轮发电机。1987年11月，自主研制的东方型30万千瓦汽轮发电机组在山东黄台电厂投入运行。90年代引进日立公司60万千瓦汽轮发电机技术并国产化，成为东方电机火电的主力机型。

（三）进入21世纪尤其自2005年以来，东方电机进入十年"黄金发展期"，形成水、火、核、气、风多电并举的发展格局

进入21世纪尤其自2005年以来的10年，东方电机以"中国装备、装备中国"为宗旨，不断突破自我，创造了许多令世人惊叹的记录，形成水、火、核、气、风多电并举的发展格局。

水电方面：东方电机人紧紧抓住三峡左岸电站技术引进契机，迅速消化吸收世界上最为先进的70万千瓦等级巨型混流式水电机组研制的关键技术，并通过再创新，自主开发出比左岸国外机组性能更优越的水轮机转轮核心技术，一举获得自行设计、制造三峡右岸水电机组合同，改写了中国发电设备企业没有资格自主研制巨型混流式水电机组的历史，首次实现了70万千瓦级水电机组国产化，投产后各方面性能表现都达到国际水准。东方电机从自主设计制造三峡右岸70万千瓦水轮发电机组，到研制出世界第三大水电站溪洛渡水电站77万水轮发电机组，再到当今研制白鹤滩水电站100万等级水轮发电机组；从4.2万千瓦长洲、5.7万千瓦桥拱等国内灯泡贯流式水轮发电机组投运，到世界单机容量最大的巴西杰瑞水电站7.5万千瓦灯泡贯流式水轮发电机组投运；从攻克30万千瓦仙游等抽水蓄能机组技术难关，到研制国内最大单机容量仙居37.5千瓦抽水蓄能项目，再到绩溪、敦化等高水头、大容量抽水蓄能项目……，这一系列大手笔为中国水电研制立下了一座座丰碑。

三峡转轮发运，万人空巷观看

火电方面：东方电机通过项目合作，引进代表当今世界最前沿的百万千瓦级超超临界汽轮发电机高端产品关键技术。通过引进、消化、吸收，再创新，产品的升级步伐不断加速，产品结构逐渐优化，生产了包括 30 万千瓦、60 万千瓦、100 万千瓦汽轮发电机等一大批品种齐全、形式多样的热力发电设备。目前，大型 35 万千瓦全空冷汽轮发电机、120 万千瓦汽轮发电机正在研制中。

东方电机制造的 100 万千瓦汽轮发电机发运

燃机发电机方面：东方电机现制造30万千瓦、40万千瓦、48万千瓦等品种齐全的燃机发电机，先后为国内的深圳东部电厂、福建莆田电厂，国外的白俄罗斯明斯克电厂等提供所研制的燃机发电机。目前国内单机容量最大的浙江绍兴电厂48万千瓦燃机发电机已顺利投入使用，各项运行指标优良。

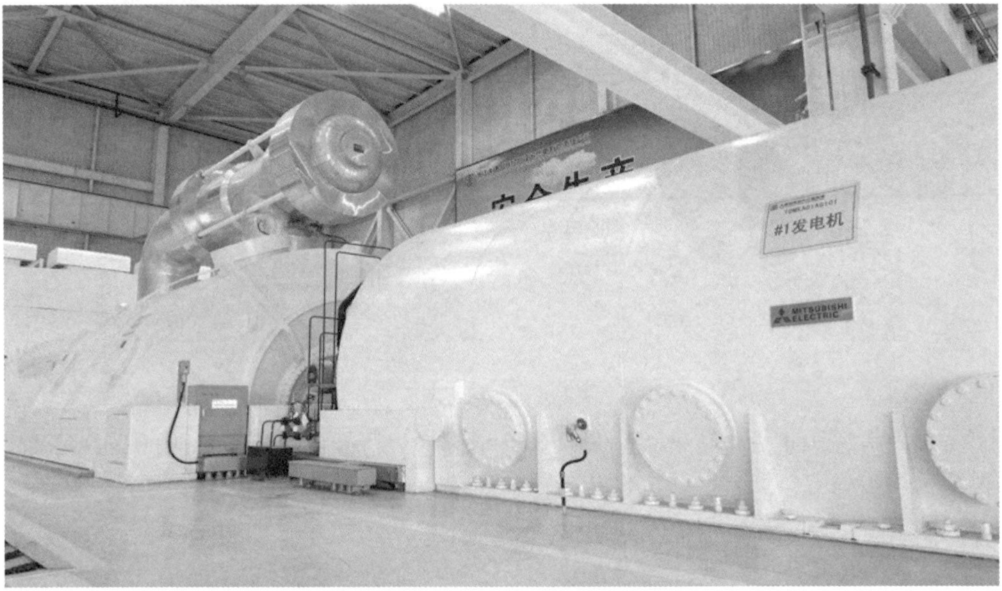

东方电机制造的国内单机容量最大的48万千瓦燃机发电机在浙江绍兴江滨电站运行

核电方面：2008年9月，东方电机首次作为主承包商承制成功国产首台百万千瓦级核电机组——岭澳二期核电站100万千瓦半转速核能发电机。目前，东方电机已经获得国内核电常规岛市场半壁江山，先后参加了红沿河、宁德、方家山、福清、台山等核电项目的研制。东方电机分别与中广核、中核、中电投和国家核电签订了二代半、三代等6种机型的核电发电机供货合同，拥有齐全的二代半和三代核能发电机产品，包括二代半CPR1000压水堆1150兆瓦核能汽轮发电机、第三代EPR压水堆175万千瓦核能发电机、AP1000压水堆125万千瓦核能发电机以及正在自主研制的CAP1400、ACP1000、模块式小堆ACP100压水堆核能发电机技术。特别是2012年11月签订的国家重大专项——国核压水堆示范工程常规岛TG包设备研制采购合同，东方电机担负起了为中国第一座具有独立自主知识产权的第三代压水堆示范电站装备两台140万等级大型核能发电机设备的使命。目前已自主研制国产化程度最高的“华龙一号”核能发电机。截至目前，东方电机已产出核能发电机17台（总容量约为1970万千瓦），成为目前国内产出核能发电机台数最多的电机制造企业。

东方电机制造世界最大的台山 EPR175 万千瓦核能发电机

风电方面：东方电机早在 20 世纪 90 年代就开始了风力发电的研究和技术储备，发展至今已可专业从事直驱式风力发电机组、永磁风力发电机、双馈风力发电机、电力磁风力发电机组等各类风力发电机的研制。东方型 1.5 兆瓦直驱永磁风力发电机组于 2011 年获得 GL 认证，成为国内首家在该机型获得型式认证的企业。2014 年 12 月，东方电机获得由 TUV SUD（南德认证公司）颁发的 DF110–2500 型机组设计认证 A 级证书，此证书标志着由东方电机自主研发的 DF110–2500 型永磁直驱风力发电机组的设计完全符合 GL2010 导则要求，具备出口条件，也标志着东方电机成为国内首家获得 2.5 兆瓦级 A 级设计认证的风电整机制造企业。

山东龙口风场一期工程的 23 台 1.5 兆瓦、6 台 2.5 兆瓦东方型直驱永磁发电机组一次性通过 240 小时试运行

东方电机发电设备累计产量突破 4 亿千瓦

2005—2015 年，东方电机的发电设备年产量连续保持行业领先：2005 年 11 月，累计产出发电设备突破 1 亿千瓦；2009 年 3 月突破 2 亿千瓦，进入世界主要发电设备供应商之列；2012 年 4 月，突破 3 亿千瓦；2015 年 2 月 27 日，在不到 3 年的时间里，东方电机又产出 1 亿千瓦的发电设备，累计生产发电设备突破 4 亿千瓦，其强大的科研制造能力达到行业领先水平。

中国电力企业联合会发布的数据显示，截至 2014 年底，中国发电装机容量 13.6 亿千瓦，超过美国成为世界装机容量第一的国家。东方电机研制的发电设备占了全国发电设备容量的近 1/3。东方电机在中国发电设备制造史上创造了一个又一个奇迹，昔日名不见经传的三线企业，今天已经成为饮誉全球的大型发电设备研制基地。从长江到黄河、从江南到塞北，几乎全国每一个省市都有东方电机的发电机组；从亚洲到非洲、从欧洲到南美，几乎全球每一个大洲都有东方电机的产品。东方电机正大踏步向“建设最具国际竞争力的发电设备企业”迈进。

二、面对外部环境的巨大变化和内部经营机制的不适应，东方电机确立转型发展总体思路——“六个转变”

（一）外部形势发生巨变：发电设备行业的新态势

发电设备行业发展与宏观经济增长速度紧密相关。宏观经济进入新常态，必然带来发电设备制造行业的新态势，其主要特征有以下几个方面：

1. 发电设备市场需求降低和产能严重过剩带来的矛盾十分突出。近年来，中国发电设备行业总体上保持了持续增长的态势，2013 年中国发电设备新增装机容量首次超过美国成为世界第一。截至 2014 年底，中国发电设备装机容量达到 136019 万千瓦，同比增长 8.7%。从需求、投资、市场价格等方面情况来看，发电设备行业形势已经发生深刻变化，电力需求显著回落，电力行业增速放缓。2010—2014 年，全国用电量增速及发电设备累计平均利用小时数出现显著回落。2014 年全社会用电量增长仅为 3.8%，同比降低 3.8%。同时，2014 年发电设备利用小时数仅为 4286 小时，同比下降达 235 小时，是 1978 年以来的历史新低。

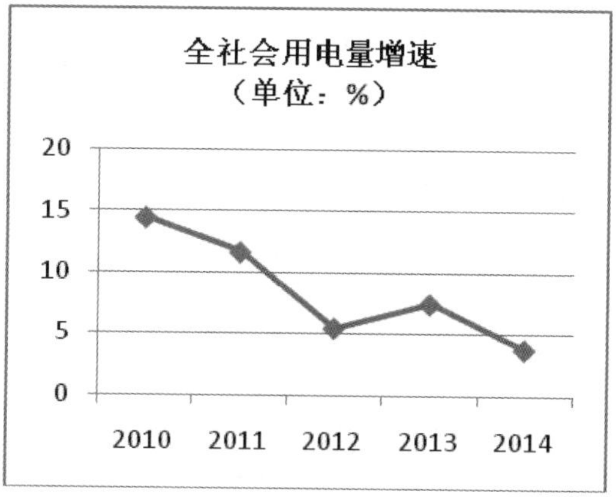

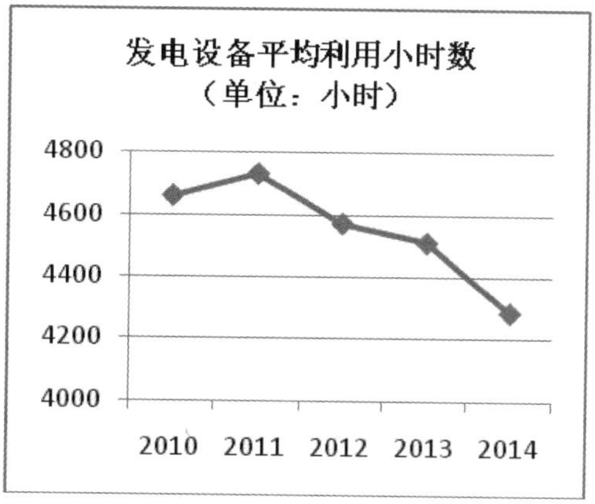

全社会用电量增速及发电设备平均利用小时数

发电设备行业十年黄金高速发展期一去不复返。发电设备行业的产能过剩导致市场恶性竞争，发电设备价格大幅下滑，行业环境趋于严峻，企业经营风险加大。水电方面：国内市场每年的总需求仅 500 万千瓦左右，但仅国内设备制造商的总产能已经超过 2500 万千瓦，产品价格在非理性竞争下大幅下滑 50% 以上。火电方面：国内市场每年的总需求不超过 5000 万千瓦，而国内设备制造商的总产能超过了 1 亿千瓦，火电产品价格一再走低，下降 30% 以上。发电设备企业进入微利或零利润时代。

2. 传统的常规高污染化石能源为主向清洁、高效、可再生能源为主转变。能源与环境问题是制约世界经济与社会可持续发展的两个突出问题，转变能源电力发展方式、构建安全、经济、绿色的能源工业体系成为世界各国能源经济与科技发展的战略方向。与能源科技发展相一致，世界能源动力装备技术总体朝着高性能、高可靠、低排放、绿色环保、智能化及全寿命周期成本与服务发展，绿色制造等将成为所有能源动力装备未来发展的核心技术。从资源环境约束来看，中国现在环境承载能力已经达到或接近上限，国家必须推动形成绿色低碳循环发展新方式。习近平主席同奥巴马举行会谈，中方承诺 2030 年二氧化碳排放达到峰值且将努力早日达峰，并计划到 2030 年非化石能源占一次能源消费比重提高到 20% 左右。高效零排放火电、水电、核电、风电、太阳能、洋流能、潮汐能、页岩气、可燃冰等清洁、高效、可再生能源所占比重会越来越大。

3. 节能相关产业将会得到快速发展。《能源发展战略行动计划（2014—2020 年）》提出，“把节约优先贯穿于经济社会及能源发展的全过程，集约高效开发能源，科学合理使用能源，大力提高能源效率”。高效节能电机、合同能源管理、节能技术改造现有机组等节能相关产业将会得到快速发展。中国探明的可利用的煤炭储藏

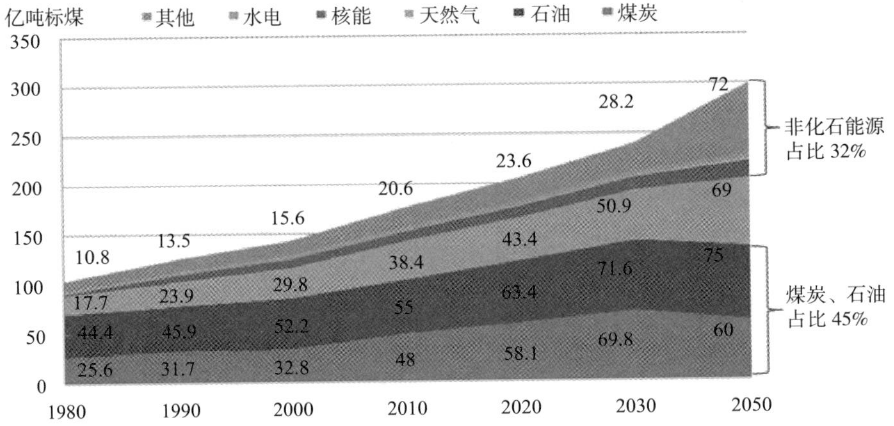

世界能源结构向低碳无碳演变（IEA）

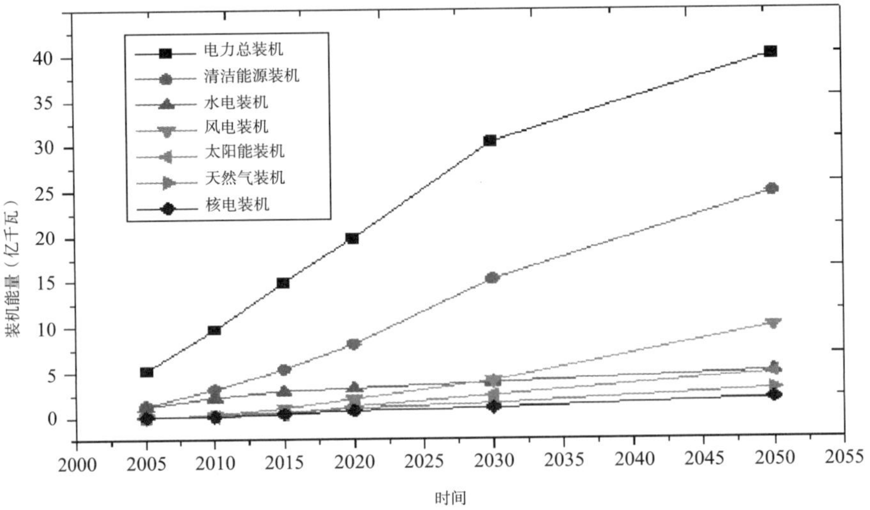

中国电力能源向清洁能源为主转变（中电联）

量相当巨大，煤炭为主的能源结构不会很快过去。但是，只有高效、低排放或零排放的煤电机组才会被市场认可。国家《煤电节能减排升级与改造行动计划（2014—2020 年）》对煤电机组提出更加严格的能效准入门槛和大气污染物排放标准，并提出要把深入淘汰落后产能和实施综合节能改造相结合，要采用汽轮机通流部分改造、锅炉烟气余热回收利用、电机变频、供热改造等成熟适用的节能改造技术改造现有运行的煤电机组，力争 2015 年前完成改造煤电机组容量 1.5 亿千瓦，“十三五”期间完成 3.5 亿千瓦。

4. 分布式能源将会进入快速发展新阶段。分布式能源技术具有能源利用效率高，环境负面影响小，提高能源供应可靠性和经济效益好的特点，是未来世界能源技术的重要发展方向。中国分布式能源发展处于起步阶段（占整个装机的比例很小，仅几百万千瓦）。近年来，为鼓励分布式能源发展，国家和地方出台了一些支持政策，这一切都预示着中国的分布式能源发展潜力无限，即将进入快速发展的新阶段。

5. 技术创新成为驱动企业发展的新动力。事实证明，不掌握核心技术，靠大规模投资、规模扩张和产能的提升驱动发展，风险大，不可持续，注定要失败。没有核心技术，没有实现技术领先，没有形成差异化竞争，只有恶性竞争，打价格战。技术领先、掌握核心技术越来越成为赢得市场竞争优势的最重要手段。

6. 用户的要求发生很大变化。一是追求发电设备整个生命周期的效益最大化。现在，决定用户选择的首要因素已经不再是机组价格高低，而是机组的技术性能指标。用户往往选择效率高、稳定性好，高附加值的产品，以实现机组整个生命周期的效益最大化。二是质量的内涵在延伸。用户的质量要求已不简单的指实物质量，而是一个广义的质量的概念，包括实物质量、安装质量、售后服务质量、环保指标、外观质量等，而且对质量的要求也越来越高。三是对机组价格和交货期的要求越来越苛刻。在性能指标、质量水平相同的情况下，用户对价格仍然十分敏感，机组价格水平仍然是决定用户选择的重要因素。为了缩短投资周期，降低投资成本，用户要求的交货周期越来越短。四是保姆式、一站式、终身服务受到越来越多用户的青睐。机组调试、机电成套、远程诊断、终身维护、增机扩容、技术改造、备品备件、EPC、BOT 等保姆式、一站式、终身服务等增值业务受到越来越多用户的欢迎，电站服务产业前景广阔，潜力巨大，利润丰厚。

7. 从全球看电力发展潜力巨大，但走出去困难重重。世界范围看，电力工业发展极度不平衡，非洲、中南美洲、东南亚等发展中国家和欠发达国家电力人均用电量很低，电力工业发展潜力十分巨大。但很多市场被西方跨国公司垄断，加上贸易保护主义抬头、汇率波动、地区安全形势影响，以及我国国际贸易经验及专业人才的缺乏，使得中国企业走出去困难重重。

（二）企业内部经营机制难以适应新常态下的市场竞争

面对宏观经济和发电设备行业出现的新态势、国有企业改革的新要求，东方电机还显得很不适应。

1. 思想、观念上的不适应。很多干部职工习惯了高速发展。面对突然出现的新常态、新要求显得很不适应，在思想上没有做好充分的准备，对形势的严峻性和改革的必要性、紧迫性、艰巨性认识不到位。

2. 机制、机构上的不适应。近几年，三项制度改革没有持续推进，责权利还没有落实到位，员工和单位之间的“大锅饭”都还比较严重，员工活力、二级单位活力没有得到完全激发。机构过多，流程复杂，部门壁垒严重，效率不高，大企业病特征突出，不适应外部市场的变化和市场竞争的需要。

3. 自主创新能力的不适应。虽然通过“十年赶超”“五年跨越”，东方电机在技术创新方面取得很大的进步，也创造了业内最好的业绩，但是自主创新能力还很弱，真正的核心技术掌握还很有限，产品附加值不高，产品国际竞争力不高，盈利能力不强。自主创新能力的不足，直接导致一些传统产业没有绝对竞争优势，新产业拓展缓慢，电动机、控制设备等一些传统产业还在苦苦支撑。

4. 管理水平的不适应。从企业管理的三条主线，即以提升质量为主线的管理，以降低成本、提升现金流和盈利能力为主线的管理，以提高效率缩短产出周期为主线的管理来看，东方电机的管理水平与同行国际先进水平有较大的差距。质量问题屡禁不止、存货占用居高不下、各种浪费现象严重、产出节奏难以满足用户需求，这些都是亟待解决的问题。

5. 产品实现方式的不适应。大而全、小而全的生产模式造成低效率、高成本，还带来企业转型升级缓慢、变革困难的弊端。

6. 员工队伍的不适应。冗员严重，劳动生产率低，人工成本高。员工素质总体偏低，技术、管理、技能队伍核心人才不足，创新型、开拓型、领军型、复合型人才严重缺乏。

（三）东方电机转型发展的总体思路——“六个转变”

辩证地看，任何事情都有两面性，既有不利的一面，又有有利的一面。新常态给东方电机带来的既是新挑战，更是新机遇；新常态给企业改革带来机遇期和窗口期，东方电机深化改革的主要任务就是“瘦身”和“健体”。“瘦身”包括六个方面：即干部瘦身、岗位瘦身、员工瘦身、机构瘦身、产业瘦身、资产瘦身。“健体”就是练内功，使自身强壮起来，包括建机制、抓管理、强技术等方面。深化改革、苦练内功的最终目的是推动企业转型升级。东方电机企业转型发展的总体思路是实现“六个转变”。

1. 由注重规模扩张和数量增加到注重质效提升的转变。2015 年东方电机改革发展坚持以提高经济发展质量和效益为中心。在经济新常态下，国资改革发展不再以规模和速度为标准，而是更加强调质量和效益。质量代表一个企业的管理水平和产品竞争力，也决定了一个企业的竞争力，效益是企业最终经营成果的体现。建设质量效益型企业是东方电机永远的追求，做精做强是东方电机最终的目标。

2. 由注重产能的提高向注重技术进步的转变。在新常态下，过去依靠低要素成本驱动的经济发展方式已难以为继，必须把发展动力转换到科技创新上来。东方电机经济增长应更多依靠人力资本质量和技术进步，必须让创新成为驱动发展新引擎。把实施创新驱动发展战略放在更加突出位置。实践和经验也告诉我们，不掌握核心技术，不具备自主创新能力，主导产品没有竞争力，发展新产业的风险也巨大。今后企业的发展，必须也只有依靠技术进步作为主要驱动力。

3. 由传统制造型企业向现代制造服务型企业的转变。现代制造服务（Modern Manufacturing Service）是一个新的概念，也是传统制造业的发展方向，它的内涵主要是指：制造企业对产品售前、售中及售后的安装调试、维修维护、产品改造升级、客户关系等活动更加重视，开始把注意力从实物的制造转移到制造与服务相结合上来，甚至一些制造企业由“卖产品”转变为“卖服务”，经济活动以制造为中心逐渐转向以服务为中心，即制造业服务化。这方面的成功案例是很多的，例如IBM、GE、罗罗公司等。这里指的制造服务业包括机组的改造升级、机电成套供货、远程诊断、终身维护等。

4. 由传统的水火电设备制造为主向绿色环保、高效节能和智能化能源装备制造为主的转变。传统的水电项目越来越少，传统的火电机组由于对环境的污染发展受到限制。清洁、高效、可再生能源利用设备，既包括传统水电、火电的清洁化和高效化利用设备，也包括可再生能源利用设备，是今后的发展方向，前景广阔。东方电机应适应能源行业的这种发展趋势，逐步实现向清洁、高效、可再生能源利用设备制造和智能化能源装备制造为主的转变。

5. 由大而全、小而全向核心制造、专业化分包的转变。现代企业的结构应该是哑铃型的，也就是产品研发和产品总装、技术服务工作等系统比较庞大，生产系统比较小，产品的生产除了核心部件和总装以外，主要是依靠专业化分工合作来完成。而现在的结构是纺锤形结构，生产系统大而全小而全，是一种落后的生产方式，效率低，成本高，造成产品没有竞争力。

6. 由以国内市场为主向国内国际市场并重的转变。由于国内装机容量超过14亿千瓦以及经济增速放缓对电力需求的降低，加上国内发电设备企业的产能过剩，“走出去”成为一种必须的选择，成为一种战略上的需要。东方电机应努力提高企业的国际化经营能力和水平。但是，现在制约企业“走出去”的除了贸易保护主义抬头以外，主要还是企业自身业绩不突出、品牌知名度不够。所以，走出的问题，归根到底还是“健体”的问题，即抓好技术创新和强化管理，使东方电机的产品在技术、质量等方面更具竞争力。

东方电机必须以背水一战的决心、壮士断腕的勇气，抓住机遇，深化改革，实施“六个转变”，转型升级才能适应新常态，得到新发展。

三、紧跟全球能源体系变革的趋势和制造业转型升级的方向实施东方电机转型发展

（一）以深化改革为突破口，加快体制机制创新，激发企业转型发展活力

1. 全面实施东方电机《全面深化改革，推动企业转型升级工作方案》。2014 年 9 月 10 日，东方电机正式下发酝酿已久的《全面深化改革，推动企业转型升级工作方案》（以下简称《方案》），计划用 3 年左右时间推进全面深化改革工作，在企业转型发展的重要领域和关键环节取得突破，全面提升公司综合实力。

改革势在必行，东方电机深化改革始终坚持 4 个结合，即，坚持顶层设计与逐步实施相结合；坚持统筹推进与重点突破相结合；坚持大胆创新与规范运营相结合；坚持深化改革与和谐稳定相结合。在经过一系列的摸底、调研和科学评估后，《方案》最终确立 8 项主要任务，即：优化流程、精简机构，建立战略目标导向的组织结构；推进“三项制度”改革，有效激发企业发展活力；完善绩效考核体系，划小核算单位，挖掘企业发展潜力；推进精益管理，以缩短交货期、提升质量、降低成本为导向，全面提升公司管理效能；规划产业发展板块，优化资源配置，推进核心业务体系；加快人才培养，为企业可持续发展提供智力保障；加强不良资产清理和退出，推动社会职能属地化管理；探索多种形式的经营模式，推动企业发展再上台阶。以深化改革为突破口，加快体制机制创新，有效激发发展活力、增强创新动力、提升核心竞争力，促进企业健康、可持续发展。

2. 组织机构优化、定岗定员及离岗离职、划小核算单位 3 项改革初现成效。目前，8 个板块都严格按照《方案》的规划稳步推进。其中，组织机构优化、定岗定员及离岗离职、划小核算单位已经有所行动并初现成效。

——优化流程、精简机构，建立战略目标导向的组织结构。东方电机启动了组织机构优化改革方案，通过梳理和诊断企业主要业务流程和现有组织机构，系统构建、优化企业组织体系，优化管理层级，精简部门数量，构建以公司战略目标为导向、职责清晰、管理高效的组织体系，提高企业快速反应能力和运营效率。根据《方案》规划，企业将拟定新产业及其他单位组织机构优化方案并分批实施。

——定岗定员、优员增效，有效激发企业发展活力。定岗定员、优员增效，是企业推进“三项制度”改革的基础。2014 年开始，东方电机在定岗定员试点工作的基础上，形成定员基础标准体系，全面展开岗位优化、定岗定员工作。依据“大岗位”设置及岗位负荷适当等原则对现有岗位进行优化。通过定岗定员工作的全面开展，东方电机岗位将由 538 个优化成 419 个，减少 119 个，缩减率 22%。编制 2014 年度定员总体方案，使公司 2014 年度人员预算控制数在现员基础上下降约 16.6%。

经过两到三年左右时间，以期达到用人规模与生产经营规模的合理匹配。

——完善绩效考核体系，划小核算单位，挖掘企业发展潜力。东方电机将“完善绩效考核体系、划小核算单位，挖掘企业发展潜力，提高企业的盈利能力”作为企业深化改革的重要举措。2014 年开始，东方电机率先在子（分）公司、事业部划小核算单位，探索管理新模式，以成本领先为导向，重点构建成本 KPI，2015 年覆盖公司所有单位，基于整个价值链从成本维度划小核算单位。2015 年以后，系统构建和完善其他指标，在所有推行单位中划小核算单位，建立系统、科学、高效的绩效管理体系。

（二）突出核心竞争力，逐步建立差异化竞争优势，促进企业转型发展

1. 围绕重点产品，攻克核心技术，把科技创新置于优先发展的战略地位。紧盯未来发电设备高端产品市场，开展自主研发和技术攻关，力争在不同的市场和阶段实现技术储备、技术领先、成本领先的差异化竞争优势。进一步加大基础科研，全面消化并巩固现有的技术成果。广泛开展水电关键核心技术研究，有效突破瓶颈，提升常规水电、大容量高水头抽水蓄能核心技术，实现水力、电气等性能指标的行业最高水平，促进水电产品向容量更大、技术更好、性能更优、质量更稳方向发展。适应火电发展形势，消化掌握热电关键技术，提高产品稳定、可靠性。全力开展火电新产业研发，加速中小型火电系列化开发。强力推进核电产品的完全自主研发。加强水火电成熟产品的技术工艺优化，确保各类产品在性能、成本、竞争力上全面超越。抓住用户需求和行业发展方向，有规划的开展新能源和可再生能源前瞻性基础科学研究。以国际能源巨头的技术、产业航向和国家政策导向，开展清洁能源及节能技术的研究，包括能源互联网技术、智能电量预测与控制技术、垃圾处理与发电技术等；通过绿色、可再生能源开发和节能技术的应用，促进东方电机技术和市场领先。

2. 创新营销策略，拓展海外市场。紧跟国家“一带一路”战略，积极开拓海外市场。将国际市场作为东方电机未来市场开拓的重中之重。积极实施“走出去”战略，充分利用国际市场和资源，提升国际项目经营能力，增强企业国际竞争力。构建“走出去”战略管理体系，探索企业“走出去”管理体制、风险防范机制及投资管理模式，提高企业跨国经营管理能力。“十三五”期间海外项目收入占营业总收入比重达到 30%，高端产品出口比例进一步扩大。推进产能“走出去”工作，消化过剩产能，寻找国际市场新机遇。

3. 大力拓展新能源产业。加大对各型风力发电机的开发，完善产品序列，在未来市场竞争中实现技术成本优势。结合东方电机现有的技术特征和装备基础，围绕国家能源战略，在海洋装备、油气输送、太阳能利用和高效电机开发等方面，进

行新产业研究和相应产品开发，以技术带动市场的突破，为公司的发展增添新的动力。

4. 夯实管理基础，稳定提升质量。质量是企业的生命，尤其对高端装备制造业来说，重大质量问题往往会带来严重影响。东方电机稳定提升质量的总体思路为“三步走”：一是稳定并提升产品质量；二是促进形成质量持续改进的良性循环；三是打造差异化质量竞争优势，从产品的项目执行、按时交货、安装服务、性能指标等广义的质量方面上下功夫，全面提升企业的市场竞争力。

5. 立足分块搞活，实施产业布局。系统梳理现有的产业品种，将不同的产业分开，将近似的产业组合，形成若干板块，形成以战略为导向的“核心制造 + 核心技术控制 + 产业板块”型组织模式。不同的产业板块面临的内外部环境不同，其经营模式也不尽相同。对核心主业要牢牢把控关键技术研发和核心零部件制造，并进一步强化研制能力。对具备条件的辅业板块，加大体制机制改革的力度，试点引入社会资本或采取内部承包经营等，探索建立与市场接轨的混合所有制经营模式。

（三）大力发展服务产业，实现从制造型企业向制造服务型企业的转型发展

1. 构建东方特色的服务体系。服务一直是东方电机的特色和优势，“二十四小时”服务精神已经在业内建立良好声誉。东方电机正在巩固提升服务差异化竞争优势，优化以客户服务为主体的资源保障支持体系，及时响应三包单、外部 NCR 处理等客户需求。同时，根据市场结构的变化，加大海外服务资源配置，规范服务流程和标准，着力提升服务的主动性和专业化水平，探索并实现与国际接轨的海外项目服务新模式。

2. 紧紧抓住节能减排和升级改造机遇，大力发展服务产业。伴随国内发电设备装机总量，尤其是公司产品装机总量的不断提升，电站服务产业潜力不断提升。服务产业将成为东方电机未来利润的一个主要增长点。重点加强火电主机改造服务，系统策划拓展以提升质量可靠性和效率，升级换代，新技术、新结构和新材料应用为主的服务业务。加快高效节能电机及节能电气系统（含辅机控制系统、电站辅助系统）开发。扩展、延伸电站服务产业范围，以电站改造、备品备件业务为核心，加强电站远程监控、诊断及设备维护等方面的业务，给用户提供产品全周期内的“一站式”“保姆式”服务。利用东方电机品牌、技术和生产资源优势，实现从被动满足客户要求到主动提供多样化选择的转变，并最终实现从制造型企业向制造服务型企业的转变。

3. 利用水火电产业优势，拓展系统成套产业。巩固抽水蓄能机组机电系统成套市场。以委内瑞拉古里水电改造项目为契机，形成常规大水电机电系统成套能力，建立市场业绩。拓展中小贯流式水电站、分布式能源机电系统成套市场。

在新常态下，要实现新突破、新超越，冲破“天花板”，弥补“短板”，东方电机要走的路还很长，也很艰难。必须正确处理需求、结构、质量、效益、环境、人员等之间的主要矛盾，不断改善和提升产业整体素质，才能打造出“洁净高效，绿色低碳，价值提升、风险可控，市场化运作、资源配置优化，主营业务突出、产业链价值链完善，国际化经营水平高，可持续发展能力强”的“升级版”东方电机，才能向着成为“最具国际竞争力的发电设备企业”的目标不断前进。

（作者：王超，中国东方电气集团东方电机有限公司高级顾问、高级经济师）

协调政府与市场在结构调整中的作用

1978年以来，中国经济体制改革的核心问题是如何处理计划与市场的关系，也可以说是政府和市场的关系，即如何使市场在资源配置中起基础性作用、决定性作用和更好地发挥政府作用。准确把握、协调其中的关系，决定着改革的全局和成败。在贯彻中共十八届五中全会精神，深入领会“四个全面”“五大发展理念”“供给侧改革”的过程中，这个议题具有建设性意义。

政府与市场不是孤立的，更不是对立的、静止的，而是统一的、动态的。没有市场就没有活力，没有政府就没有秩序，二者缺一不可。

目前，中国发展面临着转变经济发展方式的艰巨任务。转变经济发展方式必须以经济结构的调整为主攻方向。改革开放以来，中国的产业结构均实现了多元化。特别是在互联网迅速发展的新形势下，生产、营销、渠道和盈利模式都发生了变化。消费在国民经济中所占的比重越来越大，对“供给侧”的要求越来越高，在倒逼压力之下，供给侧结构性改革的效果直接关系到中国经济转型的平稳落地。当前，经济结构不合理的问题进一步凸显，产业结构呈现低端锁定和结构失衡的问题。

要素之间相互联系所形成的结构决定着自然界和人类社会的进步与发展。在产业结构方面，做优第一产业，做强第二产业，做大第三产业，培育和发展战略型新兴产业，才能实现经济发展方式的转变；在消费投资结构方面，需要提振内需，扩大消费，实现从以投资为主导的经济增长方式向以内需为主导的发展方式转变；在要素投入结构方面，增加对科技创新、管理创新、体制创新的投入，才能实现从资源依赖型的发展方式向创新驱动型的发展方式的转变；在能源消费结构方面，减少对煤炭、石油、天然气等化石能源的依赖，大力发展风能、水能、太阳能、核能等可再生能源、清洁能源和新型能源，才能实现向低碳经济、绿色经济、循环经济发展方式的转变；在城乡结构方面，走中国特色的城镇化道路，建设社会主义新农村，才能实现向城乡一体化的经济发展方式的转变。林林总总的经济结构调整，对发展方式先进与否起着决定性作用，是提高国民经济整体素质和国际竞争力的关键。

那么，如何“调结构、稳增长”，关键在于政府与市场如何发挥作用，如何协调。这是普遍关注的重要问题。

一、“调结构”的核心动力主要来自健全的市场经济机制

在市场经济下，产业结构调整的本质就是企业在市场中不断寻找生存、发展的方向。纵观发达市场经济国家的结构调整的历史，成功的基本原因是靠市场的力量。当年福特开发汽车产业不是美国政府调节的，比尔·盖茨、乔布斯在20世纪70年代开始电子产品的开发也不是美国政府号召的。其前提均是有健全的市场机制。中国的李书福、马云、任正非、雷军等开发的创新项目，也不是当地政府指令调节出来的。历史上的众多案例表明，健全的市场机制是产业结构调整的强大动力和资源配置的决定性因素。这一机制需要长期建设。政府的优势不在于预见产业的方向，更不在于预判和规定哪个产业必胜，而在于创造法律法规健全、充满活力的市场经济体制，促进公平竞争，优胜劣汰。

在全球化的新形势下，作为后发市场经济国家，必须缩短建设历程，尽快完善市场机制的建设，这就需要政府发挥作用。

二、健全市场经济体制需要更好地发挥政府的作用

一国政府的地位和作用取决于历史。东亚国家在市场经济的初期，政府发挥作用的领域都比较广，特别是在产业政策上。然而，到了市场经济相对成熟的时期，就都把更多的选择权交给了市场。究其原因，在市场经济的初期，市场发展尚不成熟，各种信息以及产业结构比较简单，政府可以比较全面地掌握市场主体的信息，并加以调整。随着市场经济制度日趋成熟，产业更为精细，关系更为复杂，产业发展的方向有了极大的不确定性，就需要直接活跃于最前线的企业去探索方向。此时，政府的作用在于努力建立一个优胜劣汰、激励创新的体制，产业政策应该有利于竞争，而不是具体指出产业方向。

1. 高瞻远瞩的产业政策和发展规划启示结构调整的布局。在新形势下，产业政策已成为产业发展不同阶段择机而用的政策工具。在产业发展的不同阶段，面对全球竞争形势的变化，各国产业政策的目标和导向将进行重大调整。地方政府由于特殊的利益诉求，可能脱离实际，拔苗助长地发展时髦产业，也可能为了GDP而保护落后产业，在产业政策设计上受到一定的限制。中央政府高瞻远瞩制定的产业政策和发展规划能够启示结构调整的总体棋局，特别是在经济空间、区域发展方面。面对“一带一路”开放的新格局，如何在战略对接中有所作为、减少风险，将启示结构调整的方向与布局。

2. 大数据助推“调结构”的趋向科学精准。政府的智库应该拥有最大量、最精

确的数据，从而成为大数据产业加速发展的最大的要素需求者、供给者、生产组织者、推广应用者，使大数据所具有海量的规模、多样的类型、动态的体系和巨大的价值等特点得到充分发挥。促使工业化、信息化、城镇化、农业现代化融合。这意味着政府同时是大数据应用的先行者。最近两三年来，各级政府已利用大数据在社会治理方面做了许多工作。

3. 政府的政策指向有助稳定市场主体预期。“调结构”需要创新驱动，而创新驱动需要稳定市场主体预期。政策的可信性、连续性能够最终改变公众预期。只有市场支持创新，企业得到回报，其才有更大的动力，投入力量进行产品开发。政府应建立一个自由开放的平台，让后来者能够公平进入、自由竞争。这正是中央全面深化改革领导小组第十六次会议审议通过《关于实行市场准入负面清单制度的意见》的宗旨。《意见》对实行市场准入负面清单制度提出顶层设计，明确总体要求、主要任务和配套措施。实行市场准入负面清单制度，对发挥市场在资源配置中的决定性作用和更好地发挥政府作用，建设法治化营商环境，构建开放型经济新体制，具有重要意义。再如，中央大幅度增加扶贫投入，出台更多惠及贫困地区、贫困人口的政策措施，提高市场机制的益贫性，推进经济社会包容性发展，实施一系列更有针对性的重大发展举措，必将推动农村广阔地域“调结构”创新的主体预期。

三、政府的作用以弥补市场失灵为主要原则，以实现社会福利最大化为主要宗旨

21 世纪以来，随着世界经济规模增长、结构复杂化，挑战与危机并生。世界各国总的趋势是政府干预力量越来越强、涉及面越来越宽、干预内容越来越深入。政府的干预应以弥补市场失灵为主要原则，以实现社会福利最大化为主要宗旨，干预既不能缺位，也不能越位，更不能错位。

中共十八大以来，改革的总体要求是：坚持社会主义市场经济改革方向，把发挥市场在资源配置中的决定性作用与更好地发挥政府作用统一起来，把转变政府职能与创新管理方式结合起来，把激发市场活力与加强市场监管统筹起来，放宽与规范市场准入，精简和优化行政审批，强化和创新市场监管，加快构建市场开放公平、规范有序，企业自主决策、平等竞争，政府权责清晰、监管有力的市场准入管理新体制。

譬如，新形势下一个突出特点是“互联网+”给我们带来突破困境、实现弯道超车的可能。随着互联网的发展，分享经济蓬勃兴起。分享经济又称共享经济。在互联网条件下，形成人们分享商品、服务、数据和智慧的社会经济模式。这种模式正在不断降低成本、推进创新，拥有巨大的经济潜力。在十八届五中全会关于发展

的五大理念中，“共享”已成为重要理念之一，这与分享经济的背景密切联系。同时，互联网促进的分享经济中蕴含的信用风险等问题也逐步暴露出来。如何应对这些问题，政府应该主动顺应并改进与市场的关系。一方面既要继续以经济建设为中心，保持经济发展职能，另一方面，也面临着日益迫切的社会建设任务，需要不断加强社会管理和公共服务职能，将政府界定为增进全社会福祉的服务者角色，改变“官重民轻”“官显民微”的格局。习近平总书记在《关于〈中共中央关于全面深化改革若干重大问题的决定〉的说明》中指出：“经过二十多年实践，我国社会主义市场经济体制已经初步建立，但仍存在不少问题，主要是市场秩序不规范，以不正当手段谋取经济利益的现象广泛存在；生产要素市场发展滞后，要素闲置和大量有效需求得不到满足并存；市场规则不统一，部门保护主义和地方保护主义大量存在；市场竞争不充分，阻碍优胜劣汰和结构调整，等等。这些问题不解决好，完善的社会主义市场经济体制是难以形成的。”①显然，近几年来互联网的蓬勃发展已经证明分享经济作为一种新型社会经济模式有助于解决“要素闲置和大量有效需求得不到满足并存”“市场竞争不充分，阻碍优胜劣汰和结构调整”等一系列问题。面对分享经济时代的来临，需要进一步处理好政府和市场关系，着力解决市场体系不完善、政府干预过多和监管不到位等问题。政府应以弥补市场失灵为主要原则，以实现社会福利最大化为主要宗旨，促进社会福利最大化。

四、协调政府管理与市场调节应走向“法律之治”

在“调结构、转方式”的经济转型时期，发挥法治的作用。

从“政策之治”走向“法律之治”，由权力干预走向法律治理非常重要。经济法在某种意义上是“法律凝固的政策”，是政府对老百姓做的承诺。政府依法行事，接受老百姓的监督；政府不仅保护个人的基本权利不受其他人的侵犯，而且要限制政府的行为以尊重这些权利。其意义一方面在于约束政府权力和经济行为，另一方面更在于保证政府作用的充分、适度。

中共十八届五中全会提出，要完善法治化的营商环境。这既是坚持依法治国原则的具体体现，也是“十三五”期间推动经济转型升级、全面建成小康社会的关键所在。完善法治化的营商环境，首先应完善相关法律制度，以引领和保障改革，即应当按照十八届四中全会的要求，编纂民法典，制定期货法等一系列新法律，修改证券法、票据法等既有的商事交易法，协调整合三资企业法、公司法与合伙企业法

① 《十八大以来重要文献选编》(上)，中央文献出版社 2014 年版，第 498 页。

等商事组织法，统一内外资法律法规，保持外资政策稳定、透明、可预期，为完善法治化的营商环境奠定制度基础。[①]

在此基础上，应进一步强化依法行政的理念，进一步从制度层面保障行政机关依法行政，从根本上约束、限制公权力，真正把权力关进制度的笼子，保障权力的正当行使。应扎牢制度的笼子，使权力的运行守边界、有约束、受监督，逐步建立一个职能科学、职权法定、执法严明、公开公正、廉洁高效、守法诚信的法治政府。与此相适应，需要进一步简政放权，压缩行政审批权；转化政府职能，合理规范政府的行政许可行为，明确审批的内容和程序，推进政府的信息公开。对市场主体而言，法不禁止即可为；对政府而言，法不授权不可为。政府的行政管理职能需要进一步转变，将监管模式从事前监管转变为市场秩序维护。

2015 年 11 月，在中央财经领导小组召开的会议上，习近平总书记提出供给侧结构性改革：在适度扩大总需求的同时，着力加强供给侧结构性改革，着力提高供给体系质量和效率。供给侧结构性改革应从生产、供给端入手。目前，中国中低端产品库存较大的同时，高品质产品供不应求。以民用日常消费品为例，一方面传统的中低端消费品如服装、鞋帽、玩具等消化不了，供给严重过剩，价格持续下滑；另一方面，高品质消费品供给不足，中国居民在海外疯狂扫货，马桶盖、婴幼儿用品、药品等即是明证。在这种情况下，协调政府与市场的关系，调整结构，在提升有效产能上有所作为，两三年内经济增长将有明显成效。

（作者：董志凯，中国社会科学院经济研究所研究员）

① 参见王利明：《坚持依法治国 完善法治化的营商环境》，《中国社会科学报》2015 年 11 月 20 日。

中国产业结构调整升级研究

在经济新常态下，中国制造业的比较优势正在发展深刻变化，经济增长的动力由过去主要依靠要素驱动和投资驱动，向主要依靠创新驱动转变，经济结构由重化工业和低端产业为主向高端制造业和生产性服务业为主转变。加快产业结构调整，推动产业向中高端升级，是"十三五"时期中国转变经济发展方式的主攻方向，实现"双中高"目标的客观要求。

一、全球产业结构调整变革的趋势与特征

当前，世界经济缓慢复苏，全球进入新一轮产业结构深度调整和变革的历史时期。科技创新，尤其是信息技术的广泛应用，以及 3D 打印、新能源、新材料、生物等技术领域的重大突破，对制造业生产方式、产业组织和产业形态带来重要影响。各国动态比较优势正在发生深刻变化，带来国际分工的动态调整，并重塑着全球产业发展和竞争格局。

（一）制造业再次成为全球产业竞争的战略焦点

2008 年国际金融危机后，许多国家意识到危机前过度"去工业化"的严重缺陷，纷纷实施再工业化战略，促进以制造业为主的实体经济的发展。如美国提出"制造业本土化"战略，试图抢占世界先进制造业的制高点、新工业革命的领导权；德国提出"工业 4.0"战略，以期未来继续引领全球制造业的发展；英国将信息经济确立为产业发展总纲；法国提出建设"新工业法国"，将工业作为发展的核心；日本政府出台《日本再兴》战略；欧盟实施"未来工厂伙伴行动"等。各国实施的"再工业化"战略，并不是回归或者是重复传统的工业发展模式，而主要是发展先进制造业，增强制造业竞争力，实现制造业的转型升级。其核心是将信息技术、低碳技术、柔性制造技术等高端前沿技术应用于制造领域，占据科技竞争的制高点。

（二）新一轮技术创新浪潮为产业调整提供重要驱动力

全球新一轮技术革命正在孕育，技术创新渐趋活跃，信息技术、生物技术、新材料技术等高新技术不断推陈出新，催生大量新产业、新业态、新模式。各国纷纷加大科技投入，支持科技创新。例如，美国为了垄断全球软件产业，推出"美国创新战略"、创新网络计划等，推动高校、企业和政府部门的产学研政结合，促进新

产品、新技术的开发。① 德国政府出台“2020 高科技战略”，推动在气候与能源、健康与营养、流动、安全性、通信等领域进行创新。新技术的多点突破和融合互动推动新产业、新业态、新模式的兴起，从而形成新的经济增长点。如麦肯锡研究表明，2020—2030 年，全球节能投资将达到近 2 万亿美元。未来 10 年至 15 年，全球纳米相关产品市场将超 1.3 万亿美元。费雷斯特研究机构预测，全球云计算市场到 2020 年将达到 2410 亿美元。②

（三）智能制造引领新一轮产业变革的方向

在全球资源、能源和环境问题日益严重的情况下，制造业逐步向“智能制造模式”变迁。智能制造是先进制造技术、信息技术和智能技术的集中和深度融合。无论是发达国家还是新兴国家的产业发展重点都是智能制造。例如，德国的“工业 4.0”项目的核心内容就是智能工厂和智能生产，是以智能制造为主导的生产方法。美国政府为打造国家创新网络，建立区域性制造创新中心，并相继成立增材制造创新研究所、数字化制造与设计创新研究所等。日本发布的第四期科技发展基本规划（2011—2015 年），要加强智能网络、高速数据传输、云计算等智能制造支撑技术的研究。智能制造技术是应对全球智能制造模式变迁的重要战略举措。

（四）制造业服务化成为重要趋势

制造业服务化延伸了制造业的价值链，促进由工业经济向服务经济转变，实现制造业的高端转型。目前，制造业服务化已成为引领制造业产业升级、经济可持续发展的重要力量，服务业对制造业增值的作用越来越重要。统计资料显示，在发达的制造业市场上，产品生产价值占总价值的比重仅为 30% 左右，产品服务价值占比高达 70% 左右。③ 从经济绩效的角度来看，服务创新的价值有时甚至超过技术创新。许多国家纷纷从国家战略高度推动制造业服务化，抢占国际竞争制高点。全球制造业正由“生产型制造”向“服务型制造”转变，制造和服务之间呈现明显融合和相互增强的态势，制造业和服务业之间的界限日渐模糊。

二、中国产业结构调整面临的突出矛盾

新常态下，中国产业结构矛盾表面上存在三次产业之间关系的不协调，实质上是关键核心技术缺乏、生产性服务业与制造业融合程度较差，由此带来产能过剩问题突出、产业的能源效益偏低等问题。这也是资源型城市转型发展面临的突出矛盾。

---

① Cusumano M.《The Business of Software》，Cambridge：Free Pree，2004：15—16.

② 王忠宏：《把握全球科技创新的机遇》，《经济日报》2013 年 9 月 13 日。

③ 王鹏：《2014—2015 年中国产业结构调整蓝皮书》，人民出版社 2015 年版，第 5 页。

（一）高耗能产业比重大，产业的能源效益低

2003年以来，中国工业高速增长，能源消费的弹性系数总体较高，能耗效率较低。2011年、2012年、2013年能源消费弹性系数有所降低，分别为0.76、0.51、0.48，但还是高于国际平均0.45的水平。[①] 2012年，中国平均每千克石油当量的能源消耗所产生的按购买力平价计算的GDP仅仅5.14国际元，远远低于美国7.42、日本9.87、印度7.79、世界7.46国际元。根据WDI Database数据显示，2013年，中国GDP占全球的13.36%，人均GNI接近美国的1/4（PPP法），但消耗了全球22.4%的能源，单位GDP能耗是全球平均水平的2.6倍。2012年，中国全社会能源消耗总量为361732万吨标准煤，其中工业能耗252463万吨，占70%；从工业内部结构来看，六大类高能耗、高污染产业占工业能耗的70%左右。这显示出高耗能的基础型重化工业比重偏高与能源效益偏低的矛盾，并与循环经济减量化原则相悖。这与2003年以来，随着重化工业的重启，钢铁、水泥、平板玻璃等高耗能产业迅速扩张，基础型重化工业比重过高密切相关。上述现象既是中国作为发展中大国，在工业化迈入中后期阶段产业结构升级面临的突出问题，也是资源型城市转型发展亟待解决的问题。

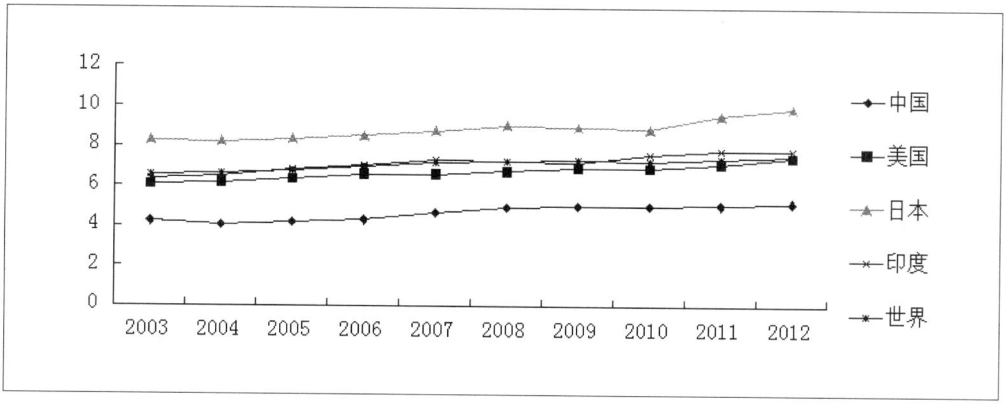

2003—2012年中、美、日、印和世界GDP单位能源消耗（单位：2011年不变价国际元）

资料来源：世界银行数据库

（二）生产性服务业与制造业融合程度较差

中国产业结构矛盾，从产业链和价值链的角度，表现为多居于价值链的低端，市场调研、研发、设计、咨询、营销、供应链管理、物流和品牌等关键环节薄弱；在产业结构上则体现为加工制造业的过快扩张与生产性服务业的滞后。按照WDI

① 国家统计局：《中国统计年鉴》（2014），中国统计出版社2014年版。

Database 数据，2013 年，中国服务业占比升至 46.1%，尽管高于工业占比 43.89%，但低于世界平均水平 70.49%、中等收入国家 54.55%，远远低于美国 78.05% 和日本 72.58% 的水平，甚至低于同为发展中大国的印度人均 GDP 为 830.16 美元时服务业的占比 52.87%，以及同为中等收入的巴西在人均收入为 5888.29 美元时服务业的占比 67.11%。国际比较表明，中国的服务业比重过低主要是由于生产性服务业如国际金融、保险、咨询、技术服务等比重偏低。服务业价值链增值环节与制造业价值链增值环节尚未形成融合型产业价值链，[①] 各自的利润空间和增长潜力尚未形成动态优势互补效应，产业融合的结构升级效应较弱。这不仅阻碍高端制造业提高生产率，也会影响高技术、高附加值的服务外包发展。

（三）部分新兴产业出现成长性产能过剩

目前，传统产业产能尚在加快去产能过程中，部分新兴产业的成长性产能过剩十分显著。从具体行业看，多晶硅、光伏电池、风电设备和煤化工行业是产能过剩现象比较严重的新兴行业。其中，部分行业过剩程度较高，多晶硅行业、光伏行业和风电设备行业的产能利用率分别是 35%、57% 和 67%。[②] 从新兴产业的发展过程来看，成长性过剩是产业发展的必经阶段，在市场需求拓展过程中，过剩情况会逐渐得到缓解。低技术水平上重复发展是中国新兴产业成长性过剩需要重点关注的问题，这主要是由部分重点行业缺失核心技术造成的，这一现象在光伏和多晶硅行业尤为突出。在经济转型的关键时期，产能严重过剩对调整产业结构造成极大障碍，如果这个问题不能得到及时有效解决，从微观层面来讲，造成企业之间的恶性竞争，产业整体效率和效益下滑，甚至引起企业破产。从宏观层面来讲，加重生态环境压力，容易引发系统性经济风险，影响社会稳定。

（四）技术来源对外依赖程度高，关键技术缺乏

从国际经验来看，通过持续不断的技术创新，提高产业竞争能力和改善产业结构是成功国家的基本经验。尽管中国企业设备更新很快，新产品也不断涌现，但总体来说，中国企业自主技术创新不足，技术来源主要依靠引进。由于有色金属资源核心提炼技术缺乏，2014 年镍原料对外依存度高达 82%，2013—2025 年镍需求量将超过 1300 万吨，但目前全国保有镍储量仅有 193 万吨，不足消费量的 15%，资源瓶颈短期难以解决。[③] 中国企业大约只有 0.03% 拥有自主知识产权关键技术；仅有 40% 的企业拥有自己的商标，1% 的企业申请专利。多数企业处于无“创造”和无“知识”的状态。集成电路制造设备和高端医疗设备，基本依赖进口；80% 的石化

① 武力、李杨：《新世纪三个五年计划（规划）的思考与回顾》，《中共党史研究》2015 年第 7 期。

② 王鹏：《2014—2015 年中国产业结构调整蓝皮书》，人民出版社 2015 年版，第 13 页。

③ 同上，第 104 页。

装备，70% 的数控机床、胶印设备依赖进口。[①] 高端零部件、高端材料严重依赖进口，导致重大装备和主机产品设备陷入“空壳化”困境。与美国、德国等发达工业国家相比，制约中国技术创新有三大短板：一是缺乏具有基础研究、共性技术研发、突破前沿技术的大型骨干企业，二是缺乏技术多样性、多元化技术路线的战略性创业企业，三是缺乏促进科技成果转化率的共性技术供给机构。对于资源衰退型城市而言，技术创新的匮乏更是阻碍其转型的决定性因素。

三、产业结构问题形成的原因

当前的产业结构问题是在全球价值链分工模式下，工业化、城市化进程加速推进的背景下产生的，与粗放型的经济发展方式有较大关系，而新世纪以来重化工业加速发展则是重要原因。

（一）缘于全球价值链分工模式

改革开放以来，在以跨国公司主导的全球价值链分工模式下，中国充分抓住国际生产环节转移的机遇，确立全球最大的代工模式，加快工业化进程，迈入工业化的中后期阶段。然而，中国高速的工业化进程并没有实现产业结构的高级化。经济新常态下，中国产业结构向高端化、服务化、智能化发展要求日趋紧迫，而且促进产业结构向高端迈进，也成为转变粗济发展方式的关键。发达国家主导的全球化价值链分工模式下，中国力推的“市场换技术”放型经实践并没有成功换来高端技术，“世界加工厂”的“要素租金”并没有给中国带来丰厚利润。国际产业的碎片化植入，与本土产业融合性不足，对于产业结构高级化的贡献较低；同时，GVC 分工网络固有的高利润性、封闭性，不利于实现制造企业向制造服务企业的高端转型。

（二）缘于粗放型的经济发展模式

改革开放以来，尤其是进入 21 世纪以来，中国粗放型的经济发展模式可以归结为“三个过度和一个缺失”，即：产业发展中过度依赖投资扩张、全球分工中过度依赖加工制造环节和加工贸易、竞争战略过度依赖成本价格，而产业链和价值链中研发设计、营销、品牌和供应链管理等高附加值环节缺失。这种模式支撑了过去中国经济 30 多年的持续快速发展，但也在很大程度上带来结构性缺陷和矛盾，贸易条件恶化，能源、资源和环境压力加大，甚至难以为继。目前及未来中国产业结构要实现成功转型和经济发展方式的转变，就必须摆脱“三个过度和一个缺失”。

---

① 王传涛：《“专利大国”为何成了“创新小国”》，《人民日报》（海外版），2013 年 12 月 21 日。

（三）缘于新世纪以来重化工业的高速增长

21 世纪以来，投资带动的原材料型的重化工化特征凸显。经济增长动力发生重要变化，消费对经济增长的拉动作用显著下降，投资成为经济增长的主要带动作用。投资对经济增长的贡献由 20 世纪 90 年代以前的 34.1%，上升到 90 年代的 35.4% 和 21 世纪的 52.1%。相反，消费对经济增长的贡献由 1979—1984 年的 69.4%，下降到 90 年代的 62.2% 和 2001—2013 年的 45.1%。① 2011 年，重工业在规模以上企业工业总产值中的比重高达 61.6%，比 1990 年高出 11 个百分点。从工业内部结构来看，1998 年、1999 年、2000 年轻工业占比分别为 42.93%、41.97%、39.8%，低于 50%。从 2001 年起，中国工业统计口径改变，在同一口径内，六大高耗能、高污染行业中，2013 年与 2003 年相比，除了电力热力的生产和供应外，其余高耗能产业资产增长率均高于全国工业总资产的增长率（下表）。中国希望在短时间内实现赶超目标，加快工业化、城市化进程，直接导致了能源、原材料、化工及机械装备等重化工业的发展。

高耗能行业资产值（单位：亿元）

年份	石油加工炼焦及核燃料加工业	化学原料及化学制品制造业	非金属矿物制品业	黑色金属冶炼及压延加工业	有色金属冶炼及压延加工业	电力热力的生产和供应业	全国工业总产值
2003	3978.98	10704.09	7583.31	12021.24	4042.55	25651.02	168807.7
2007	9398.79	22420.71	13971.51	29097.44	11407.18	53484.8	353037.37
2010	15669.15	38771.99	25567.37	45984.25	20298.13	76725.41	592881.89
2013	23276.4	59604.98	40190.5	62638.33	31863.76	99854.98	850625.85
2013 年比 2003 年增长	485%	457%	430%	421%	688%	289%	404%

资料来源：根据历年《中国统计年鉴》整理

四、产业结构调整升级的有利因素

从国际范围来看，新一轮科技革命和产业革命方兴未艾，制造业服务化正在引领产业变革的新趋势，全球制造业分工正处于重塑演化阶段。从国内来看，信息化和工业化正处于深度融合发展阶段，“互联网+”为传统制造业转型升级找到了新的突破点。国际国内两种机遇两种挑战相互叠加，为中国产业结构调整带来更多的有利因素，也为资源型城市转型发展提供了新的契机。

① 根据《中国统计年鉴》（2014）相关数据计算整理。

（一）经济发展新常态提出新要求

中国经济增速较往年有所放缓，但在世界范围内，仍属于较高增速，而在此过程中，更加强调的不是增长速度，而是增长质量和增长效率。而质量效率的实现就需要产业结构以“调整存量、做优增量”为目标的深度调整，更好地平衡“稳增长”与“调结构”的关系，推动经济在中高速稳定增长中实现经济结构的进一步显著调整。换言之，新常态下，要求中国加快产业结构调整的步伐，促进经济发展质量更上新台阶，通过质量效率的提升支撑产业的转型升级。

（二）战略性新兴产业成为新引擎

高端装备制造、智能化的数控技术、新型轻合金材料等战略性新兴产业加快发展，“互联网+”异军突起，物流快递、电子商务等新业态快速成长，旅游业、文化创意产业等蓬勃发展，成为经济发展的新增长点。新一轮以信息技术与制造业深度融合为特点的科技革命成为推动产业升级的重要动力，制造业数字化、网络化、智能化的重大产业变革初现端倪，这也为“十三五”时期加快产业升级、实现“中国制造2025”的制造强国目标奠定了重要基础。

（三）生产性服务业快速发展提供了新空间

中国作为一个人口众多的发展中大国，生产性服务业发展空间非常广阔，这将在中高速背景下为“转方式”“调结构”赢得必要的时间和空间。就服务业内部结构来说，2014 年，生产性服务业中固定资产投资增速增长最快的 5 个行业分别是信息传输、软件和信息技术服务业、租赁和商务服务业、科学研究和技术服务、批发和零售业、水利、环境和公共设施管理业，同比增长 38.6%、36.2%、34.7%、25.7%、23.6%（下表）。生产性服务业的快速发展，可以促进结构调整和中高速稳定发展，既可以扩大内需、创造就业岗位、提高人民生活水平，也有利于引领产业向价值链高端跃升，实现服务业与工业等在更高层次上有机融合，促进产业转型升级。逐步降低资源型城市重化工业比重，适度提高生产性服务业对经济增长的贡献率，是资源型城市转型成功的必要条件。

2014 年部分生产性服务业固定资产投资及增速

行业	投资额（亿元）	比上年增长（%）
批发和零售业	15669	25.7
交通运输、仓储和邮政业	42984	18.6
信息传输、软件和信息技术服务业	4287	38.6
金融业	1360	10.5
租赁和商务服务业	7970	36.2
科学研究和技术服务	4205	34.7
水利、环境和公共设施管理业	46274	23.6

资料来源：2014 年国民经济和社会发展统计公报

（四）大国人口“二次红利”提供了人力资源保障

中国“刘易斯拐点”已经到来，廉价简单劳动力的“人口红利”逐步减弱。尽管如此，中国可以抓住高素质劳动力人数众多、成本低廉的第二次“人口红利”机遇，发展金融、咨询、创意等高端服务业。同时，立足中国工业大国国情，积极推动生产性服务业的发展，延伸中国的产业价值链。1980—2010 年，中国人力资源占全球的比重稳步上升，从 17.6% 增加至 24.1%，是美国的 2.58 倍；到 2020 年高达 26.8%，是美国的 3.31 倍。[①] 科技人力资源是人口资源的中坚力量。中国从事研究与试验发展活动人员，2000—2014 年从 92.2 万人增长到 393.7 万人，后者是前者的 4.27 倍，由世界第四位，先后超过日本、欧盟（27 国）、美国，位居世界第一。2014 年中国从事研究与试验发展活动的研究人员是美国的 1.76 倍。[②] 将资源型城市的人力资源转变为高质量的人口红利，是促使其转型成功的关键要素。

（五）“一带一路”战略提供了新机遇

“一带一路”战略的实施为深化产业结构调整开辟了新的广阔空间。过去的对外开放是以利用外资和对外出口为主要模式。近年来，随着产业国际竞争力的增强，中国企业对外直接投资的规模不断扩大。2014 年，中国首次成为资本净输出国，表明中国已经开始进入对外投资高速增长的历史拐点，由单纯靠“产品出口”发展到“资本输出”增长更快的新阶段，极大拓展了资源配置的范围和手段。“一带一路”沿线近 60 个国家和地区，覆盖人口达 44 亿，占全世界的 43%；经济规模占全世界的 29%；货物和服务出口占全世界的 23.9%。[③] 全面深化对外开放和实施“走出去”战略将为中国带来新的全球化红利，不仅为国内化解产能过剩和促进产业升级留出了发展空间，而且有利于在全球范围内整合配置创新要素和资源，推动了中国产业向价值链中高端迈进。

五、产业结构调整升级的对策

“调结构”与“稳增长”在短期内好像是有矛盾的，但从长期来看，二者是一致的，都是为了增强经济的潜在和可持续增长的能力。新常态下，产业结构调整要基于全球价值链条件下实现产业结构高度化，关键是工业结构的调整升级，主题由强调增长导向的数量比例向强调发展导向的产业融合转变，重点由规模比例调整向

① 胡鞍钢等:《2030 中国 迈向共同富裕》，中国人民大学出版社 2012 年版，第 87 页。

② 国家统计局、科学技术部:《中国科技统计年鉴（2014）》，中国统计出版社 2014 年版。

③ 王鹏:《2014—2015 年中国产业结构调整蓝皮书》，人民出版社 2015 年版，第 178 页。

提质增效转变。[①] 这为资源型城市转型发展提供理论依据和政策参考价值。

（一）基于全球价值链分工下的产业结构升级

在全球价值链（GVC）分工条件下，产业结构演化升级是高生产率产业价值链或高附加价值的价值链环节替代低附加值价值链或环节的过程，是对传统的产业间结构转换的发展和演进。也就是说，它超越了传统的劳动密集型——资本密集型——技术密集型产业的单向演化路径。在这样的逻辑下，中国产业结构演化升级，就必然导致与全球经济体不同价值链环节的产业主体间"攀升与反攀升"的较量、同一价值链环节不同主体间"效率与生存"的竞争、不同价值链条市场生存的竞争。在 GVC 分工时代，基于全球产品价值链分工的拓展，中国产业结构调整升级可以拓展为三个路径：一是总体上遵循传统的由劳动密集型—资本性密集—技术密集型产业演变的产业间的高级化路径；二是从全球价值链的劳动密集型的价值环节—价值链前端的技术和资本密集的高附加值环节攀升；三是从低端的加工制造环节—价值链后端的服务与管理密集的高附加值环节的攀升。[②] 换言之，在全球价值链分工条件下，中国产业结构演化升级，不仅在于产业间的结构高度化演进，而且关键在于产业价值链的结构高度化演进，以及产业价值链结构转换能力提升。[③]

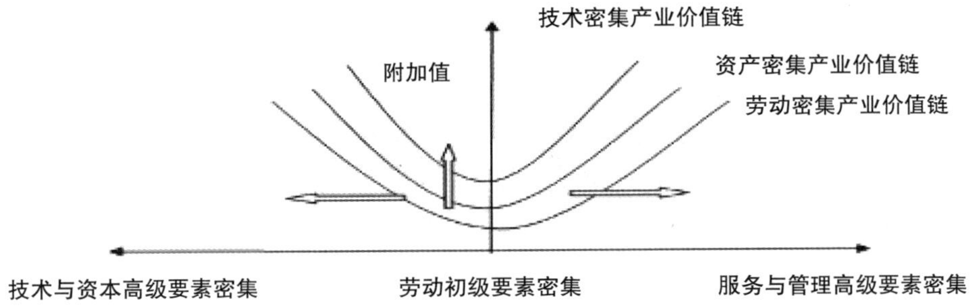

GVC 分工模式的产业结构转型升级路径

（二）培育和发展本土的高级要素

目前，发达国家主导的GVC分工整合全球优势资源，发挥高级要素在全球的竞争优势，以获取更大的市场控制力，谋求全球新兴产业的市场垄断。跨国公司正是

① 黄群慧、贺俊：《中国制造业的核心能力、功能定位与发展战略——兼评〈中国制造 2025〉》，《中国工业经济》2015 年第 6 期。

② 商务部、国务院发展研究中心联合研究课题组：《跨国产业转移与产业结构升级：基于全球价值链的分析》，中国商务出版社 2007 年版，第 1—8 页。

③ 崔焕金：《全球价值链分工与中国产业结构演化研究》，东北师范大学出版社 2015 年版，第 37 页。

利用关键技术垄断和终端（销售、服务）渠道控制实现对中国的“结构封锁”。[①]因此，在一定程度上，国际市场需求也就成为GVC分工的关键点。中国正处于经济增速换挡期，培育中高速增长的市场空间，通过国内市场容量所包含的对于创新活动的引致功能，内生培育出本土高级要素，即内生需求所引致的基于创新的良性循环机制。[②]这样，中国就能够有效利用中高速增长创造的市场需求空间，培育和发展出本土的高级要素条件，这就具备了相对于发达国家高级要素竞争优势的同等竞争力，从而摆脱发达国家对GVC的“结构封锁”和“俘获型”GVC，[③]从而完成产业“互联网+”与大规模生产的有效结合，形成中国独特的智能制造能力，实现制造业与服务业、信息化的高度融合，争取在未来全球智能制造中显示出中国智能制造的优势和核心竞争力。

第一，制造业和现代服务业的融合，提升工业化的“广度”。首先，发挥高端装备制造业的“引领”作用。大力发展智能制造、高档数控机床、航空航天、海洋工程装备、新能源汽车等高端装备制造业，选择重点行业进行智能制造试点，加强高端装备制造业的数字化、绿色化与智能化建设。其次，通过高端制造业引领先进生产性服务业发展。服务业的规模扩张和质量提升应围绕“做强工业”展开的，重点推进研发设计服务、检验检测认证服务、数字内容服务、科技成果转化服务等8个领域的高技术服务业，实现制造业与服务业在更高层次上有机融合，促进产业转型升级。

第二，制造业和信息化的深度融合，提升工业化的“新度”。[④]重点依托大国国内网络市场优势，建立全球物流公共信息平台和货物配载中心，使物联流与制造业联动发展，在保留产业集群优势的基础上进行创新。实现制造业从标准化、长渠道向个性化和短渠道转变，打造信息化的制造业产业。

（三）围绕智能制造的发展要求为关键装备和技术的研发创造条件

目前，全球制造业智能化的加速发展将对我国制造业形成倒逼机制，推动中国制造业加快向智能化迈进。智能制造业是中国产业结构转型升级的突破口，是制造业竞争优势的新引擎。然而，从产业准备条件和基础来看，智能制造在中国尚处

---

① 张杰、刘志彪：《需求因素与全球价值链的形成》，《财贸研究》2007年第6期。

② Zweimuller J，ect.Innovation and Growth with Rich and Poor Consumers.Metroeconomcia，2005，56：233—262.

③ “俘获型”发展模式，即“A小＋B小＋C中＋D大”模型。在该模式中，发展中国家既没有本土和国外高端市场的支持，在本土的低端市场容量也相当有限，完全依赖于国外的低端市场。这种市场结构和规模严重不对称的情形下，发展中国家由市场需求引致的本土企业技术能力的提升和产业升级活动的空间受到极大的抑制，由此也决定了发达国家与发展中国家的GVC分工多为“俘获型”。

④ 黄群慧：《新常态下工业增长动力机制的重塑》，《新重庆》2015年第3期。

在起步阶段，制造业的很多领域尚未实现全面的自动化，更缺乏支撑制造业智能化发展的关键装备和技术。因此，中国智能制造仍需夯实基础，重点是围绕智能制造的发展要求，加快关键、共性技术的研发，并为之创造条件。一是支持发展加工精度更高的加工装备。二是加快发展适合智能制造发展的新材料。三是加大高端传感器、伺服电机、控制器、执行器等智能制造发展的关键设备、技术研发力度，不仅要以税收、金融等政策支持从事相应领域企业的研发创新，同时国家也应相应制定专门的发展规划，科学合理地引导传感器、伺服电机等新产业的发展。

（四）加大化解产能过剩的政策力度，倒逼企业加快技术更新

化解产能过剩的政策措施近年来已被证明是倒逼企业加快生产技术和设备更新的有效措施。目前，传统产业正在去产能过剩的过程中，部分新兴产业已出现成长性产能过剩，应继续用化解产能的政策措施，迫使企业淘汰落后产能，更新技术设备。政府应选好着力点，关键是建立严格环境和技术等准入标准，健全常态化的化解产能过剩工作机制。首先，建立部分产能严重过剩行业产能置换制度。在钢铁、电解铝、水泥、平板玻璃行业新（改、扩）建项目，实施产能等量或减量置换，将淘汰落后产能、化解产能过剩和促进结构优化升级有机结合起来。其次，应以“丝绸之路经济带”和“长江经济带”建设为契机，推进高端装备和优势产能“走出去”，在全球范围内整合配置创新资源，促进国内过剩产能化解，推动产业链向中高端迈进。

（作者：郭旭红，中国社会科学院当代中国研究所博士后、助理研究员）

新的发展理念与结构调整

中共十八届五中全会胜利闭幕，在中国人民为实现第一个百年奋斗目标的关键时期，在中国经济经过30多年高速发展，已经进入速度趋缓、结构调整和动力转换的新历史阶段之后，在面对诸多矛盾叠加、风险隐患增多、生态环境严峻、发展要求更高的新形势下，为贯彻“四个全面”战略布局，向全党和全国人民提交了一份切实可行的圆满方案。

一、经济发展进入一个新的历史阶段

新中国自建立以来的60多年里，已经制定和实施了12个五年计划（规划）。虽然这12个五年计划（规划）都是在实行赶超战略、加快工业化步伐的大目标下制定的，但是若从发展理念和体制基础上来看，又可以1978年改革开放为界：前5个五年计划是在国家安全受到威胁和“一穷二白”基础上、试图通过“计划经济”突破“贫困陷阱”、加快工业化步伐，实行的也是“自力更生”和“优先发展重工业战略”；而后7个五年计划（规划），则是在国际形势缓和、独立工业体系基本建立、计划经济弊病充分暴露的条件下，通过利用“市场机制”、国外资源和市场来加快工业化步伐，实行的则是政府与市场“两轮驱动”、充分利用国际资源和市场的均衡发展战略。正是因为后7个五年计划（规划）期间通过改革开放充分调动各种积极因素，才取得年均增长9.8%的骄人成就，2014年人均GDP达到7380美元，城镇化达到55%，经济总量突破10万亿美元。[①]

但是，经济发展总是波浪式前进的。“十二五”期间，中国在经济实力、科技实力、国防实力、国际影响力又上了一个台阶的同时，经济发展也开始进入增长速度放缓、结构调整紧迫、发展动力转换的新阶段。20世纪90年代中后期，中国告别困扰多年的“短缺经济”，逐步完成从“卖方市场”向“买方市场”转变。1998年在内需不足和亚洲金融危机双重压力下，为保持经济增长速度，政府采取积极财政政策，推动城市化、房地产发展，加快进入WTO等措施，最终1998年经济增长速度保持了7.8%，2000年开始中国经济保持了8%以上的增长速度。在经济高速增长的同时，中国产业结构呈现出重化工业重启的特点。2000年重工业占工业比值为60.2%，

① 根据历年《中国统计年鉴》、世界银行数据库相关数据计算。

2005 年达到 68.9%。2008 年世界经济危机，再次带来经济增长下滑的压力。中国政府再一次采取积极财政政策，投资 4 万亿并且带动了 20 万亿的投资，城市化与房地产行业在这一时期高速推进。重化工业占工业比重进一步上升到 71.8%。[①]

这一时期中国经济发展方式呈现出“高污染、高耗能”的外延式特点。从供给层面来看，这一时期以物资消耗为主；从需求层面来看，投资需求、出口需求拉动是主要动力。这种保持经济增长速度的方式难以维系。重点表现在：（1）随着中国经济总量不断增大，旧有的“高污染、高能耗”的经济发展方式带来能源、资源压力不断增大。（2）随着中国步入老龄化社会，人口红利逐步消失。全面放开二孩政策，在短期内将进一步加大劳动力负担，低廉劳动力成本的竞争优势将进一步削弱。（3）美国“再工业化”与印度、越南等发展中国家低成本的竞争，将使得中国出口受到高端和低端双重挤压，旧有“大进大出”的贸易模式难以持续。

经济发展是有它自身规律的。中国经过 30 多年的快速发展，已经进入工业化后期和建立起市场经济体制，这在经济和社会方面，则表现为：（1）中国已经有一个资本短缺、劳动力富余的贫穷农业国变成资本有余、人口红利消失的工业国，以引进为主的模仿、追赶阶段变成需要自己创新、超越阶段。（2）随着经济和社会的发展，经济结构、社会结构越来越复杂和多样，城乡之间、区域之间、行业之间、阶层之间需要协调的问题也越来越多。（3）中国经济体量的迅速扩大，使得原有粗放型、外延型经济发展方式下资源和环境都已经不能承载，空气污染和雾霾天气的增加已经变得不能忍受就是一个例子。（4）经过加入 WTO 后 10 多年的发展，中国不仅在全球经济中的比重大为提高，而且已经高度融入世界经济体系，变成世界第一货物贸易大国、第一制造业大国、第一外汇储备大国，第二吸引外资大国，并且在 2014 年对外投资首次超过吸引外资的数量。（5）经过 30 多年的快速发展和市场化，中国在摆脱了贫困的同时，居民之间的收入分配差距也扩大了，市场经济所具有的马太效应和资本所具有的天然优势，使得发展成果分享在全体人民之间并不均衡，并且这种不均衡已经开始导致内需不足、人口素质提高过慢、创新不足、投机盛行、实体经济削弱。正如习近平总书记在中共十八届五中全会所指出的那样：“综合判断，‘十三五’时期我国发展仍处于可以大有作为的重要战略机遇期，但战略机遇期内涵发生深刻变化，我国发展既面临许多有利条件，也面临不少风险挑战。”[②]

---

① 根据历年《中国统计年鉴》相关数据计算。

② 习近平：《关于〈中共中央关于制定国民经济和社会发展第十三个五年规划的建议〉的说明》，《人民日报》2015 年 11 月 4 日第 2 版。

二、确定迎难而上的“双高”目标

在中国经济发展进入“新常态”的背景下，中共十八届五中全会迎难而上，提出“我们要准确把握战略机遇期内涵的深刻变化，更加有效地应对各种风险和挑战，继续集中力量把自己的事情办好，不断开拓发展新境界。”①

为此，五中全会为“十三五”规划提出了全面建成小康社会的经济发展“双高”目标，即：经济保持中高速增长，在提高发展平衡性、包容性、可持续性的基础上，到2020年国内生产总值和城乡居民人均收入比2010年翻一番，产业迈向中高端水平，消费对经济增长贡献明显加大，户籍人口城镇化率加快提高。

这个目标既切合实际，反映了全党、全国人民的要求，也基本具备了实现的条件，但是又不是轻而易举可以达到的。从世界各国经济发展的历史和工业化规律来看，当一个国家的工业化进入成熟阶段后，那种赶超型的后发优势、劳动力转移和资源配置优化的“红利”开始消失，而有效需求不足、产业升级所导致的传统产能过剩和“资本沉没”，都会使得经济增长速度转入中速或低速。

中国的经济发展阶段虽然还没有达到工业化成熟的阶段，城乡之间发展不平衡、区域之间发展不平衡、城市化水平较低、人均公共产品供给不足等因素还为经济增长保持中高速提供了较大的空间，使得经济在未来5年里可以保持7%左右的增长速度，并且产业结构升级到中高端。但是应该看到，中国的经济经过长达30多年的接近年均10%的高速增长，无论是从发展的波浪式还是产业结构的调整，都进入一个调整期，实际上这个调整期在2008年就已经来到，只是在“保增长”的刺激政策下又延续了几年。

另外，从世界经济来看，经过10多年的发展，从2008年开始，也进入一个增长缓慢的深度调整期，而已经高度融入世界经济的中国，必然要受到其影响。最近国际货币基金组织（IMF）将2015年世界经济增长速度由3.3%下调至3.1%，国际贸易增速仅为2%，前几年都保持在7%左右。2015年二季度发达国家的经济增速情况为：美国2.7%，欧盟1.5%，日本0.8%，新兴经济体也都比较低，有的甚至是负增长，巴西就是–2.6%，俄罗斯–4.6%，只有印度为7%，但是印度是由于近期调整了统计口径后取得的数据②。可以说，将“十三五”规划中的经济增长速度适度下调，又保证完成比2010年“翻一番”的全面建成小康社会目标，不仅是合理的，如果实现，也是成就很大、非常了不起的。

---

① 《中国共产党十八届中央委员会第五次全体会议文件汇编》，人民出版社2015年版，第4页。

② 武力：《十八届五中全会提出新的发展目标 创新摆在核心位置》，http：//politics.people.com.cn/n/2015/1031/c1001-27760482.html。

经过30多年的快速发展，中国经济规模已经很大了，2014年GDP突破了10万亿美元。按照这个基数，现在每增加1个百分点，就相当于5年前增长1.5个百分点，10年前增长2.6个百分点。现在增长7%，相当于10年前增长18%还多[①]。在世界经济复苏乏力、国内“三期叠加”、产能过剩、环境制约严厉的条件下，中共中央坚定地提出要在2020年使国民经济总量比2010年“翻一番”的目标，即要保证国民经济的年均增长率达到6.53%以上，不仅难能可贵，而且是制定了保障措施的，那就是在新的发展理念下依靠创新来形成新的发展动力。

三、发展仍是硬道理，但内涵已经变化

在全面建成小康社会目标和经济新常态背景下，中共十八届五中全会在科学发展实践和十八大以来新实践的基础上，提出“创新、协调、绿色、开放、共享”五大新的发展理念，并在此理念指导下，形成发展规划的建议以及保障措施。

第一，将“创新”摆在核心位置。五中全会提出：“坚持创新发展，必须把创新摆在国家发展全局的核心位置，不断推进理论创新、制度创新、科技创新、文化创新等各方面创新，让创新贯穿党和国家一切工作，让创新在全社会蔚然成风。必须把发展基点放在创新上，形成促进创新的体制架构，塑造更多依靠创新驱动、更多发挥先发优势的引领型发展。”[②]这是将创新发展提到了一个新的高度。

改革开放之初，中国虽然经过前30年的努力，建立起相对独立完整的工业体系和研发体系，但是与世界经济发达国家相比，不仅工业化水平大大落后，而且就科技水平上来说，总体上也处于落后很多的状态。而改革开放不仅打开吸引利用外资的大门，也打开中国技术引进和科技交流的大门。但是就技术进步来说，这30多年里，中国主要还是走着引进、消化、改造、扩散的路径，真正自主创新的地方并不多，这确实使中国发挥了后发优势，实现了工业快速发展。虽然这是工业化过程中难以避免的阶段，也体现出工业化过程中“雁行规律”，中国工业总体上在世界上还处于中间水平。

但是，由于中国的大国地位、国内资源环境的约束，使得产业结构升级的压力已经超过同期发展中国家，承接发达国家产业转移和技术转让的空间越来越小，必须走自主创新的道路来跨越所谓的“中等收入陷阱”。在这个方面，尽管中央早在20世纪90年代中期就提出“科教兴国”战略，在“科学发展观”中也有比较充分

① 武力：《十八届五中全会提出新的发展目标 创新摆在核心位置》，http：//politics.people.com.cn/n/2015/1031/c1001-27760482.html。

② 《中国共产党十八届中央委员会第五次全体会议文件汇编》，人民出版社2015年版，第7页。

的表述，但是像五中全会上提到这样的高度，还是首次。这既是十八大以来中央提出转变发展方式和实施“双创”，依靠创新来建立新的经济发展动力思想深化，也是“十三五”和未来中国发展战略和政策的基本导向。

第二，突出“协调发展”理念，解决产业之间、城乡之间、区域之间发展不平衡问题。《建议》不仅强调：“促进经济社会协调发展”，还强调了“促进新型工业化、信息化、城镇化、农业现代化同步发展”“在增强国家硬实力的同时注重提升国家软实力”①，这些都赋予了“协调”更广泛的涵义。当前中国工业化已经进入中后期，未来“新型工业化”需要与“信息化”“城镇化”以及“农业现代化”协调推进，共同实现。随着中国经济成为第二大经济体，中国国际影响力不断提升。但是中国外部环境仍然较为复杂，祖国完全统一大业仍未完成。发展新理念的“协调”，包含“国家硬实力”与“软实力”共同发展之意，更加注重中国在世界大国竞争中的地位。

第三，生态文明建设离不开“绿色发展”。进入21世纪以来，中共中央越来越注重生态文明建设，先后提出建设“两型”社会并将生态文明列入“五位一体”建设。五中全会在经济发展转入新的历史阶段后，将“绿色”作为发展的重要理念，强调“形成人与自然和谐发展现代化建设新格局”。②

在“绿色发展”的新理念下，“十三五规划”提出许多切实可行的措施。例如，有限的“水资源”和“土地资源”是制约中国未来发展的重要因素。《建议》提出“实行最严格的水资源管理制度，以水定产、以水定城，建设节水型社会。”“坚持最严格的节约用地制度”。③环境破坏、资源耗竭对于企业来说具有较强的外部性，主要依靠市场来解决问题见效慢，这是政府可以更好发挥作用的领域。《建议》还提出，“以市县级行政区为单元，建立由空间规划、用途管制、领导干部自然资源资产离任审计、差异化绩效考核等构成的空间治理体系。”④进一步明确了地方官员在生态文明建设中所担负的职责与应该发挥的作用。《建议》还提出“实行省以下环保机构监测监察执法垂直管理制度。建立全国统一的实时在线环境监控系统。健全环境信息公布制度。探索建立跨地区环保机构。开展环保督察巡视，严格环保执法。”⑤这些新的内容意味着中国在新的历史发展阶段，在环境保护监管上将采取更加严格的

① 《中国共产党十八届中央委员会第五次全体会议文件汇编》，人民出版社2015年版，第9页。

② 同上，第10页。

③ 《〈中共中央关于制定国民经济和社会发展第十三个五年规划的建议〉辅导读本》，人民出版社2015年版，第34—35页。

④ 同上，第33页。

⑤ 同上，第36页。

措施，以推动“绿色发展”。

第四，对外开放提出更高要求。坚持对外开放与坚持改革一样，是1978年以来中国经济和社会发展的两大动力和成功经验之一。根据中国经济发展阶段和国际地位的变化，面对新的国内外形势，五中全会提出：“坚持开放发展，必须顺应我国经济深度融入世界经济的趋势，奉行互利共赢的开放战略，发展更高层次的开放型经济，积极参与全球经济治理和公共产品供给，提高我国在全球经济治理中的制度性话语权，构建广泛的利益共同体。”① 这个新要求不仅体现了中共中央把握世界大势的战略眼光、统筹内外两个“大局”的谋划能力，也是中国经济发展、走向世界的客观要求，是落实“一带一路”的保障。

改革开放以来，中国通过深化改革和不断扩大对外开放的深度和广度，两个“充分利用”为经济发展提供了推动力。但是，随着中国经济总量的扩大、国内资源和环境的约束以及劳动力成本的上升，过去那种依靠劳动密集型、加工贸易和低端产品为主的产品贸易，越来越失去发展空间和竞争优势，而企业和资本“走出去”已经成为中国进一步利用国际资源和国际市场的重要形式。这种形式虽然在过去的10年里得到长足发展，但是就中国未来的经济发展、大国经济地位及人民币国际化的需要来说，还是远不够的。2013年中国提出“一带一路”战略，利用中国外汇储备充足和产能多余两大优势，加快资本、产业和企业“走出去”，以尽快扩大和提高利用国际市场和国际资源的能力，必将成为未来10年至20年中国对外经济关系要面对的主要问题。而这种对外开放新格局的形成，也就必然要求我们有新的理念、战略、策略、政策和新的合作方式。特别是随着中国经济越来越多地融入世界经济并在其中发挥主要影响作用，中国应提高在全球经济治理中的制度性话语权，为与时俱进地建立更公平合理、有效的国际经济秩序和规则发挥更大作用。

第五，强调必须坚持“共享发展”。五中全会提出：“坚持共享发展，必须坚持发展为了人民，发展依靠人民，发展成果由人民共享，做出更有效的制度安排，使全体人民在共建共享发展中有更多获得感，增强发展动力，增进人民团结，朝着共同富裕方向稳步前进。”②

改革开放以来，中国的经济和社会发展实际上是工业化、市场化、城市化、国际化四个转型同时进行的。在这个转型过程中，虽然中国共产党制定了明确的共同富裕目标，但是由于温饱问题还没有解决，大量剩余劳动力闲置在收益非常低的农

① 《中国共产党十八届中央委员会第五次全体会议文件汇编》，人民出版社2015年版，第11—12页。

② 同上，第13页。

业。发展是硬道理决定了加快发展处于优先位置，而分配则要服从这个大道理，因此资本、技术等要素在分配上就处于主导地位。

上述4个变化，尤其是市场化所产生的“马太效应”，必然导致城乡之间、区域之间，以及阶层之间的收入差距扩大。1997年中国经济由“卖方市场”转为“买方市场”后，内需不足头一次成为制约经济增长的因素，中国实行了扩大内需政策。尽管如此，由于国际市场的发展空间还很大、国内消费也由“衣食为主”的温饱型向“住行为主”的富裕型升级，加上基础设施欠账很多、投资空间很大，因而在21世纪的前10年里，受出口和投资的拉动，经济不仅持续高速增长，而且呈现出“重化”工业化的特点，房地产、铁路、公路、基本建设等迅猛发展。

虽然党的十六大以来在科学发展观的指导下，国家实行了“反哺”和大量“惠民”政策，财政也开始了由“建设型”向“服务型”转变，加大了公共品的供给和“均等化”，使得收入和贫富差距有所缩小，但是成效尚不突出。

这次五中全会提出在“十三五”期间“我国现行标准下农村贫困人口实现脱贫，贫困县全部摘帽，解决区域性整体贫困”[①]，并作为指令性指标，不仅充分体现了全体人民共享发展成果的理念，也显示出中共中央迎难而上、敢于啃硬骨头的决心。实际上，“共享发展”不仅是公平问题，也是中国经济稳增长、调结构、可持续发展的需要，是调动广大人民群众积极性，实现“大众创业、万众创新”的动力。十八大以来所强调的建立经济发展“双引擎”就是要解决这个问题。

第六，强调中国共产党的“坚强保证”作用。五中全会首次在中共的五年规划建议中将“加强和改善党的领导”作为重要内容提出，并为此提出6个方面的任务和19条要求。这是过去中共中央历次关于制定五年计划（规划）建议中所没有的，这不仅反映出《建议》贯彻了习近平总书记提出的“四个全面”战略布局，也反映出随着中国经济进入“新常态”，矛盾叠加和风险增多。要在“十三五”期间实现上述新的发展内涵和目标，必须加强和改善中国共产党的领导，加快推进国家治理体系和治理能力的现代化。《建议》强调“要坚持全面从严治党，落实‘三严三实’要求，严明党的纪律和规矩”，“努力实现干部清正、政府清廉、政治清明，为经济社会发展营造良好政治生态”。[②]这说明五中全会认识到上述发展理念和目标的实现必须要有可靠的政治保障。从历史经验来看，战后世界上很多发展中国家在进入中等收入阶段之后，由于政府未能有效解决社会矛盾以及腐败等问题，导致经济长期低速增长甚至停滞，陷入“中等收入陷阱”。目前，中国市场在资源配置中发挥决

---

① 《中国共产党十八届中央委员会第五次全体会议文件汇编》，人民出版社2015年版，第29页。

② 《〈中共中央关于制定国民经济和社会发展第十三个五年规划的建议〉辅导读本》，人民出版社2015年版，第54页。

定性作用、多种所有制并存、国内国际经济高度融合以及民主法治尚不够完善等，在这样的条件下，如何保证具有8700多万党员的中国共产党保持先进性和应对复杂局面的治理能力，的确是“十三五”期间能否实现全面建成小康社会既定目标的关键。

四、关于调整经济结构的建议

在2020年要实现GDP比2010年“翻一番”的目标，就必须使年均增长速度保持在6.53%以上，要做到这一点是不容易的，尤其是在调整经济结构、消解过剩产能和转变发展方式的背景下，需要有协调的能力和有效措施。为此，建议从改善供给、扩大有效需求两个方面入手，积极发挥政府和市场两只手的作用，并将调结构放在世界经济这个大舞台上，充分利用国际空间。

（一）从改善国内供给结构入手

经济新常态下，实现“稳增长、调结构”首先要从改善供给结构入手。而改善供给结构需要解决两个问题：一是大力发展新兴和高科技产业，这方面五中全会已经有所规划；二是改造和升级传统产业，提高现有产业的产品质量和增加产品品种，“只有饱和的产品，没有饱和的市场”，大批中国人到日本购买智能马桶圈等普通消费品即能说明问题；三是压缩传统产业的过剩产能和关闭改造“三高一低”企业。

第一，应充分发挥社会主义“集中力量办大事”的优势和大国优势，发挥政府在增加科技创新投入、改革科技体制和扶持新兴产业方面不可替代的作用。抓住科技革命浪潮，推动中国核心技术进步。当前美国再工业化，德国制造进入4.0版，都给中国科技创新和产业升级提供了很好的借鉴。“十三五”期间，政府至少应当在以下几个方面发挥作用：（1）挖掘中国人才大国优势，集中力量在3D打印、移动互联网、云计算、大数据、生物工程、新能源、新材料等领域实现核心技术赶超。（2）建立合理的智力补偿机制，鼓励自主创新，激发广大科研人员的创新积极性。（3）积极利用海外资源，引进真正掌握核心技术的高端人才，推动核心技术赶超。

第二，深化改革，消除市场壁垒，推动大众创业、万众创新。从历史经验来看，对于后发大国，实现对确定性的技术进行赶超可能更多需要政府的作用。但随着中国经济实力不断提升，与先进国家差距不断缩小，技术进步具有越来越多的不确定性。未来创新应当更加注重发挥市场的力量，重点应该考虑：（1）通过简政放权，降低创业门槛。（2）完善产权保护体制，激发大众创新活力。（3）推动“产、学、研”互动，消除科研人员、科技成果与市场接轨的壁垒。（4）进一步推动要素的价格改革，将环境破坏纳入成本，实现产业结构升级的“倒逼机制”。中国资金、资源等要素价格偏低，环境未能纳入成本是外延型经济增长方式难以扭转的重要原因。未来应当进一步深化要素的价格改革，倒逼高“污染、高耗能”的重化工业实现升级。

第三，积极发展混合经济，鼓励小微企业发展，实现大众创业、万众创新，完善市场经济微观运行基础。未来中国要推动产业结构升级，需要企业来具体承担。国有企业具有规模优势和科技优势，有利于核心技术的赶超。民营企业不断发展壮大，具有经营优势，而且在总量上占有优势。在未来实现产业结构升级，需要将两者优势结合起来，打造中国大型企业，增强国际竞争能力。

（二）从扩大国内有效需求入手

无论是凯恩斯经济学的启示，还是中国1997年以来经济发展的历史经验，在既要保证中高速增长速度、在2020消除贫困，又要调整经济结构的“两难”情况下，政府的有效干预就成为必不可少的手段。尤其是在扩大中低收入阶层有效需求、消除贫困以及经济落后地区基础设施建设和公共产品均化等方面。

第一，政府适度规模的投资不仅是经济增长必要的，也是改善民生所必不可少的。但是投资重点应放在对经济落后地区的基础设施和公共产品供给能力方面，以改善区域之间、城乡之间发展的不平衡状态。实现中国的均衡发展是“十三五”时期面临的重要任务，政府投资应当重点集中在落后地区基础设施投资上来；通过对落后地区交通、城市建设等方面进行大规模投资，缩小落后地区与中西部地区差距，并且在一定程度上消耗过剩产能，刺激经济增长。

第二，政府应针对不同产业特征，采取分类政策、精细管理来推进产业结构调整和升级。在资源、环境压力逐步增大的背景下，稳增长必须与调整基础型重化工业过重同步进行。未来应当：（1）继续按步骤，对“高耗能、高污染”产业进行调整，“关、停、并、转”，推动传统重化工业的绿色生产。（2）为避免重化工业调整所带来的经济下滑，政府还应当积极推动工业内部升级，通过推动新一代信息技术与制造业融合，在高技术、高附加值的装备制造业上取得突破。（3）政府还应当积极挖掘第三产业的发展潜力。一方面扶持生产性服务业的发展，通过研发、设计、品牌、营销等方面的发展延伸制造业的价值链；另一方面把握中国进入中等收入国家的国情，积极推动医疗、养老育婴等生活性服务业的发展。

第三，政府可以通过二次分配机制和扩大公共产品供给，来挖掘大国居民消费的市场潜力。过去政府的主要目标是扩大生产力规模，注重生产资料优先增长，重工业发展在一定程度上是通过内部循环实现的。“十三五”期间，应当在“共享”的新发展理念指导下，通过调整税收、补贴、津贴、救济等手段，以及扩大教育、医疗、住房、养老等社会保障，来提高居民的消费能力，扩大居民的市场有效需求，尤其是农民、城市低收入阶层和边疆地区的居民。具体建议为：（1）规范市场秩序，刺激居民国内消费。（2）规范分配秩序，完善社保、医疗制度，降低居民不确定预期，推动居民消费增长。（3）实现城乡均衡发展，挖掘农村消费潜力。积极推动新型城镇化，刺激经济增长。未来城市化应当避免走外延型城市化的老路，而需要按照“资源节约和环境友好”的要求，努力发展低耗经济、低碳经济、循环经济，节能减排，实现新型城镇化与经济增长、经济结构调整的良性互动。

（三）充分利用对外开放新格局扩大境外需求

积极扩大境外对中国资本和产能的需求。党的十八大以来，新的中央领导集体紧紧抓住国际和平发展和经济全球化的战略机遇期，不仅将“开放”作为新发展理念的主要组成部分，而且开创了全面对外开放的新格局。这为中国在“十三五”期间将产业结构调整和消解过剩产能提供了更广阔的空间和回旋余地。1997 年以来 10 多年的高速增长，带来中国外汇储备充足和生产能力庞大两大特点。未来应当更好地扩大和提高利用国际市场和国际资源的能力。

第一，积极推动企业特别是民营企业走出去。2014 年底，中国在境外的企业已经近 3 万家，投资方兴未艾，势头有增无减。经过 30 多年的经济高速发展，中国已经由资本短缺转变为资本有剩余，2014 年境外投资首次超过了吸引外资的数量，正在从产品输出为主转变为产品与资本输出并重的发展中大国，“两个利用”已经进入新的历史阶段。“十三五”期间，应该及时抓住国际、国内都有利于企业“走出去”的大环境，采取下列政策和措施：（1）鼓励大型国有企业走出去。国有企业应当发挥资本规模优势，在石油、铁矿等战略性资源能源方面占据制高点。另一方面通过收购并购海外公司，在较短时间提升核心技术水平。（2）鼓励民营企业“走出去”。民营企业以利润最大化为目标，具有机制灵活的特点。随着中国发展成本的不断提高，民营企业当前有动力在海外寻求市场与资源。民营企业在走出过程中，政府应当为其提供相应的保护与支持，为其走出去起到“后盾”作用，并且引导其“‘打包’走出去”，增强其竞争力。

第二，积极利用“一带一路”契机。（1）通过加强“一带一路”中交通基础设施、跨境通信干线网络建设等重大基础项目建设，消化钢铁、玻璃、光伏、水泥等相对过剩产能；（2）通过“一带一路”建设，加强与沿线国家和地区联系，寻求更广阔的海外市场；（3）充分利用中西亚国家和地区的能源、资源优势，积极推动不适应于中国资源禀赋的企业“走出去”。

第三，完善自贸区建设，提升对外开放水平。（1）按照国际化、市场化、法治化的要求，不断转变政府职能，简化审批程序；（2）探索自贸区内金融改革的新路。通过实现利率市场化、汇率自由汇兑等创新，进一步推动自贸区内的金融业的发展；（3）加大自贸区的辐射力度，提升全国的开放水平，为稳增长寻求新的动力。

（作者：武力
肖翔，中央财经大学马克思主义学院副教授）

第二篇　地区转型发展

本篇围绕经济新常态下转变发展方式、调整产业结构这一重大问题，基于调研，重点梳理了河南省焦作市、内蒙古自治区乌海市和阿拉善盟、四川省攀枝花市、安徽省淮南市、贵州省六盘水市等资源型城市转型发展的实践历程、经验教训、现实困难和创新发展思路，并针对实施“一带一路”战略下如何保障边疆少数民族地区安全、如何在新农村新牧区建设中改善民生和补齐发展短板、如何推进民族政策在新疆的实践创新、如何强化东北老工业基地人才支撑、如何探索发达地区高起点升级转强的实现路径、如何促进城镇化由速度扩张向质量提升的转变、如何发挥好政府和市场在促进区域协调发展中的作用等问题进行了探讨。这些调研使所提出的应对之策更具针对性和现实意义，也为下一步研究的深化提供了长时段和多类型的案例。

从焦家作坊到养生城的变迁

21 世纪初，中国 667 个城市中，有 118 个属于资源型城市。资源型城市是因自然资源的开采而兴起或发展壮大的一种特殊类型的城市。外国称其为资源型城镇（Resource Dependent Towns）或资源型社区（Resource Dependent Communities）。按照自然资源种类来划分，资源型城市又可细分为煤炭资源型城市、森林资源型城市、有色金属资源型城市、石油资源型城市、黑色金属资源型城市、非金属资源型城市。在全国 118 个资源型城市中，煤炭资源型城市数量最多，有 63 个，占资源型城市的 53.4%。河南省焦作市是典型的按照“一矿一市”“一市一业”模式建立起来的城市，是中国有代表性的“因煤而兴、以矿起家”的煤矿城市，同时也是面临资源枯竭转型比较成功的城市。本文梳理焦作，从古代的手工作坊开始，发展到近代以英国人命名的城镇，新中国成立后成为国家重要的能源基地，20 世纪末开始向旅游城市转型，目前正在向建设“中国养生地、世界太极城”奋斗的历程。

一、从焦家作坊到哲美森镇

焦作历史悠久，据《焦作市志》记载：“孟县子昌村裴里岗文化证明，远在 8000 年前的新石器时代，这里就有了村落。”[①]《禹贡》分天下为九州，焦作属冀州之域覃怀领地。焦作春秋属晋，战国属魏，秦归三川郡，西晋至隋朝属河内郡。焦作地名最初为焦姓手工作坊的简称。明隆庆六年（1572 年）的《重修圣佛寺记》碑中有“焦家作”的记载。目前的焦作市仍有焦作、马作、白作、靳作、耿作、李贵作、六家作、大家作等地名。在古代，“作”和“行”“团”相似，均是工商业领域的组织形式。加入“作”的工商业者，在个人经营上是自由的，但商品经济和市场活动已使他们结成有一定共同利益的整体，并由此逐渐形成相应的行业群体特征。

资源的禀赋往往决定一个地区的属性和产业格局，在这一地区烙下深深的印记，对这一地区的发展产生重大而深远的影响。焦作有着丰富的矿产资源，探明储量的有煤炭、硫铁、石灰石、耐火黏土、白云岩、陶瓷土等 30 多种。其中煤田面积近 1000 平方公里，地质储量为 91 亿吨，探明储量为 37 亿吨，煤种主要为无烟煤。据《焦作市志》记载：“煤炭远在隋、唐时期就开始土法开采；宋代就用手工作坊生

---

① 焦作市地方史志编纂委员会：《焦作市志》第 1 卷，红旗出版社 1993 年版，第 1 页。

产；元代土窑已相当普遍；明朝煤炭开采已具相当规模，民间和手工业对煤炭的利用更为广泛；清朝小煤窑星罗棋布，从事采煤的工人已逾万名。”[①] 2004 年 7 月，焦作市考古工作者从解放区上白作村南出土了宋代人士李从生的墓志，上有记载：“至元祐三年戊辰岁，巍巍乎万户山前，浩浩乎乌金出世，吉乃以地为主，夜以继日役工匠数百人，自赡千余口，获山泽之厚利者，皆出乎吉之分，而莫知其数焉。”[②] 2006 年 5 月，焦作市文物工作队在位于南水北调主河道发掘出汉代至宋金时期的古道路一条。“在宋代层中，古道路西侧发现大量的燃煤灶火及煤堆遗迹，并遗存有少量煤炭。在古道路的路面上发现有大量的煤屑黑灰土，厚达 5 ~ 10 厘米。从发掘情况判断，应当为长期运煤的散落物。”[③] 由此可知，宋代时，焦作一带的煤业发展已是非常兴盛。

焦作从农业社会进入工业社会，德国地质学家费迪南·冯·李希霍芬（Ferdinand von Richthofen，1833—1905）起到重要作用。李希霍芬最初的中文译名为利忒何芬，后因读起来拗口，故用现名。李氏于 1833 年出生在巴登符滕堡州卡尔斯鲁区（今属波兰）一个贵族世家，1856 年毕业于柏林大学，因对地质学怀有强烈的兴趣，遂投身于地质调查工作。他曾任波恩、莱比锡、柏林等大学的教授，以及柏林大学校长、柏林地理学会主席、国际地理学会主席等职，先后当选为普鲁士科学院院士和德国科学院院士。英国的地理学家罗伯特·迪金森称他是世界近代地理学的创建人和第一代大师。1868 至 1872 年的 4 年间，李希霍芬总计在中国进行了 7 次勘探调查。1870 年初，李希霍芬来到河南勘探调查。他首先在黄河以南的巩县、鲁山、南召、汝州等地调查了采煤场所，随后来到河南北部的焦作地区勘探调查。在《李希霍芬中国旅行报告书》中，有关介绍焦作煤田的标题是《太行山脚下的无烟煤矿》。文中介绍：太行山的斜坡沿着近乎直线向下至怀庆府平原，在山脚和平原之间有一些低山带，它们是太行山重要的煤窑所在地。这些地方开采的煤和山西东部的无烟煤同样以坚硬、干净、有光泽而著称。从所处位置来看，清化镇（今焦作市所辖博爱县——作者注）的煤比山西的煤开采运输更为便利。清化镇的煤田区域大约长 20 里，宽 5 里，煤层厚度 4—30 英尺，平均厚度超过 12 英尺。这里大约有 100 个垂直的矿井，井深 120—400 英尺。矿井的形状都是圆柱形的，井口直径 5 英尺。提升是靠 8 个人才能转动的大辘轳，煤炭装在大篮子里，大篮子的边用柳条固定。每个篮子能装 120—130 斤煤炭，每次提升间隔的时间为 3 分钟。最大的煤窑日产煤炭约 70 吨。煤窑用工的数量和煤炭的产量会随着季节的变化。这一地区的煤炭开采没有

---

① 焦作市地方史志编纂委员会：《焦作市志》第 1 卷，红旗出版社 1993 年版，第 6 页。

② 郭建设：《山阳石刻艺术》，河南美术出版社 2004 年版，第 74 页。

③ 韩长松等：《英福公司与焦作早期的城市化进程》，《焦作大学学报》2008 年 3 期，第 30 页。

任何值得一提的竞争对手，并且有现成的销售市场。煤炭的购买者首先是怀庆府内众多的居民，其次是沿黄河区域的居民，还有沿着渭河到道口一带的居民。煤炭的价格是每担 100—150 元现金。距离李封矿 28 里的清化镇煤炭售价最高，每担 250 元现金。如果当地用蒸汽动力开采煤炭，并且通过火车和 sin—wu 连接起来，生产的无烟煤得以被非常便宜地运送到天津，可以和从北京附近的房山运来的煤炭竞争，焦作的煤质优于北京的煤质。通过调查，李希霍芬也意识到，由于这里的煤床下沉更深，并且在地表下 400 英尺出现了太多的水，以至于使当地人一点都不能继续向深部开采。这些煤炭则预留给有更完美的采矿方法后开采。

完成在焦作的调查后，根据事先的约定，李希霍芬以书信的形式及时向上海英美商会介绍了焦作等地区的经济地理情况，特别是对煤炭资源的报告尤为详细。他的调查内容很快得以在上海的报刊发表，从而引起各方面的极大关注。这些书信和调查报告后来集结成册，名为《李希霍芬男爵书信集》或《李希霍芬中国旅行报告书》。1872 年，李氏结束了在中国的勘探调查工作。回到德国后，他一方面到处讲演，宣传中国矿产资源、特别是煤炭资源的富有，一方面着手整理资料，开始编著《中国——亲身旅行和据此所做的研究成果》(简称《中国》)。

可以看出，李氏在焦作地区考察过程中，对于煤窑所在的地点、开采设备、提升工具、井下排水、煤炭产量、销售价格、地面运输方式等都非常关注。由于当时焦作的煤炭开采仍处于手工开采阶段，所以他在记述中也有建议引进新的采煤设备和技术、合理开采煤炭等内容。虽然焦作近代煤业发展的直接原因是英国福公司 19 世纪末来到焦作后的事情，但是李希霍芬在早先的考察中就对此进行了关注，提出采用先进技术和设备，为外国资本主义对焦作煤业的介入铺路，客观上推动了焦作近代煤业的发展。煤田地质勘测与调查是开发煤炭资源最基础性的工作。它需要掌握先进的地质理论，运用先进的技术手段和方法，对煤田做出正确的评价，为开发提供可靠的依据。从这个意义上来讲，李希霍芬以一位外国学者的视角，对焦作地区的煤田地质及分布、产量、运输、市场等方面进行的勘探调查，其方法和结论对焦作的煤田地质研究产生了重要的作用，堪称采用近代科学方法勘探调查焦作煤田第一人，无疑为英国福公司 19 世纪末在焦作兴建煤矿、修筑铁路等提供了重要的依据。

1898 年 6 月 21 日，在西方国家竞相在中国划分势力范围的背景下，英国福公司（Peking Syndicate）与河南豫丰公司在北京清政府总理各国事务衙门签订了《河南矿务章程》。其中第一条的内容是："豫丰公司禀奉河南巡抚批准，专办怀庆左右、黄河以北诸山各矿。今将批准各事转请福公司办理，限 60 年为期。"其中的怀庆即当时管辖焦作的怀庆府。英国福公司获得在焦作周边地区的采矿权后，随即委派一批勘探人员前来勘测。这些人员所到之处，“无论坟墓庐舍，往往插一红旗，扬言国家需用，不许稍动，动则治以死罪。”[①]

1899 年，以英国工程师葛拉斯为首的勘测队经过实地勘察，提出了具体的调查报告。报告认为焦作地区煤铁储量丰富，质量优良，开采成本低廉，外运煤炭需要建筑铁路。正当福公司派遣大批人员源源不断地来到焦作着手开凿煤矿、勘察铁路线时，声势浩大的义和团运动波及焦作。福公司被迫将其在焦作的人员暂时撤离。义和团运动被镇压下去后，福公司卷土重来。为了提高福公司的地位，当时的英国驻中国公使萨道义推荐长期在中国居住的英国驻上海总领事哲美森（Jamieson.G，1843—1920）担任福公司在中国的总董事长。

哲美森，有时译为泽煤盛、詹美生，英国外交官，1864 年来到中国，1891 年担任英国驻上海领事兼“大英按察使司衙门按察使”。1897 至 1899 年任英国驻上海总领事。英国人在焦作创办的煤矿名称和镇的名称最初就是以哲美森的名字命名的。

1901 年 11 月，英国福公司在准备投资建设焦作煤矿之前，曾委派工程师柯瑞前往矿区勘探矿地，绘图贴说，这应是较早对矿区的设计与规划。[②]据史料记载：“福公司泽煤盛窑厂坐落修武下白作地方，其窑厂东西 175 丈 9 尺，南北 39 丈 9 尺。此次所指矿界，自窑厂墙外起算，正东界至周庄靳万邦地内，记 3 中里；正南界至东王褚程邦瑞地内，计 3 中里；正北界至阎河毋清泉地内，计 3 中里；正西界至田涧卢会堂地内，计 5 中里 5 分；西南界至嘉禾屯卢来运地内；西北界至春林高学书地内；东南界至姜河岳天贵地内；东北界至岗庄李芶创地内；四面栽立界石 10 处，合计面积 60 方里 5668 方丈又 41 方尺。除去村庄 10 处、祠庙 4 座、旧窑 4 个，合 3 方里 10062 方丈”。[③]文中的中里即华里。

福公司在焦作早期的“工厂、矿山和铁路雇佣了 3000 中国人，此外，还有 25 名欧洲技师。矿区占地 1000 亩（约合 150 英亩），并修筑了一条宽阔的街道。两旁是苦力的茅屋和销售中国人通常使用的奢侈品的商店，包括澡堂、理发店和按摩院。如我们已经看到的，‘詹美生’虽然其存在不过两年，却是一个充满了生活和进步的租界区，而全区的统治者李德先生已经在后悔他不曾取得比原来 1000 亩更多的土地”。[④]

---

① 台湾“中研院”近代史所编：《矿务档》（1865—1911 年）第 3 册，近代史所刊行，第 1643 页。

② 中国煤炭志编纂委员会：《中国煤炭志·河南卷》，煤炭工业出版社 1996 年版，第 169 页。

③ 《福公司黄界矿地凭单》，焦作市档案局等编印：《焦作百年文献》第 1 卷，第 7 页。

④ 《捷报》1904 年 12 月 30 日，第 1475 页。转引自汪敬虞编：《中国近代工业史资料》第 2 辑（上册），科学出版社 1957 年版。

上文提到的李德，全名是亚历山大·李德，当时的职务是福公司总工程师。1904 年 3 月，李德在上海向捷报记者提道，“他从来不放松每天上午 8 点钟在矿区门首悬挂英国国旗，并且要由威海卫兵团组成的中国警卫向国旗致敬。他宣称，福公司并不如它的一些朋友想象的那样软弱。他并且指出，对这个英国企业提出最不友善的批评的人，是英国人自己。福公司一旦在河南把英国的旗帜挂起来了以后，就不愿把它取下来让位给俄国人或其他任何人”。[①]

焦作煤炭的大规模开发始于 19 世纪末。1898 年，英国福公司和河南豫丰公司签订《河南矿务章程》，标志着焦作进入近代化时期。1902 年，英国福公司在焦作下白作村购买民田，开凿矿井，建造房屋，标志着焦作煤矿进入建设阶段。随着煤矿的兴建，1904 年，焦作开始有了第一条街道——哲美森街；1906 年，外运焦作煤炭的道（口）清（化）铁路建成通车，使焦作开始有了城市的雏形。伴随着铁路的修通，焦作“交通便利，工商发达，与时俱进，俨然为豫省西北之重镇”。[②]英国人将这里称为哲美森镇。这一时期，焦作的煤炭、竹器、“四大怀药”等源源不断地运往外地；京津杂货、苏杭绸缎等商品也越来越多地进入焦作。英孚、美孚和俄国的大华等石油厂商相继在焦作设点销售。“所有四乡农产咸会于此，以备各地采购者；而津沪各地之运销无烟煤者，莫不派员驻此采办。”[③]为了维护哲美森镇的治安，福公司“要求河南县官，仿照上海工部局章程设立巡警”。[④]

随着哲美森镇的成立，英国人将本国的物质文明、市政管理、生活方式、价值观念等带到焦作。英国职员居住的地方虽然比较集中，但它与当地华人居住地并没有不可逾越的藩篱，人员能够自由流动。

为了保证煤矿、铁路、铁矿等方面技术人才的需要，福公司于 1909 年 3 月 1 日在哲美森镇兴建了焦作路矿学堂。该学堂先后易名为福中矿务专门学校、福中矿务大学、焦作工学院等名称。中华人民共和国成立后先后迁往天津、北京、四川、江苏徐州等地。目前的中国矿业大学、中国矿业大学（北京）、河南理工大学等均由其衍生。1910 年，清政府以西焦作为中心成立了焦作镇，隶属修武县辖。从此，哲美森镇（即焦作镇）就成为英国福公司在中国的活动基地和大本营。

这一时期的焦作镇与周边传统的村镇已有明显的区别。在空间上村落处于封闭

---

① 《捷报》1904 年 3 月 25 日，第 636—637 页。转引自汪敬虞编：《中国近代工业史资料》第 2 辑（上册），科学出版社 1957 年版。

② 《道清铁路旅行指南》（1933 年），“各站概要”，第 160 页。

③ 道清铁路局编 .《道清铁路旅行指南》（1933 年），“各站概要”。

④ 胡汝麟：《福公司矿案述略》（稿本），王天奖编：《河南辛亥革命史事长编》（上卷），河南人民出版社 1983 年版，第 55 页。

半封闭状态，而焦作镇与外部煤炭销售市场有着密切和千丝万缕的联系；村落一般以耕地为依托，焦作镇则靠开发煤炭而生存；村落空间的布局以耕地为基本前提，焦作镇的空间布局则围绕矿井的开发和矿工的生活为中心；村落一般以宗姓血缘为纽带，焦作镇的人员既有当地的居民，更多的是外来务工者，尤其是道清铁路沿线的居民。

二、从矿区到煤矿城市

1925 年“五卅”运动兴起后，焦作的工人阶级举行了声援游行和罢工。据 1925 年 6 月 27 日的《时报》报道：“游行者约六七千人之多，而市民夹道观者，不下两三万人，声势甚为悲壮。”由此可见，当时在焦作居住的群众至少有 3 万人。1938 年 2 月，日本侵略者占领焦作，成立焦作矿区管理施行委员会，与焦作炭矿矿业所合署办公，对焦作人民实行了长达 7 年多的法西斯统治。

1945 年 9 月 8 日，中国共产党领导的八路军太行军区第八军分区解放焦作，随后成立焦作市政府。根据《晋冀鲁豫边区议会组织条例》和太行行署《关于普遍进行县选成立县参议会的指示》等，焦作市于 1946 年 4 月 27—30 日通过会议成立了参议会，参议会推举张璋为民选政府的市长。1948 年 10 月下旬，焦作成立城工委会，下辖工商管理处、资财管理处、宣传部、警备司令部、市政府。通过户籍登记，这一时期焦作“全市统计 3544 户、14000 多人，籍贯属于 14 个省份、两个特别市、168 县”。[①]1948 年 3 月，焦作市曾一度改为县，1949 年 5 月重新设市，8 月移交平原省。1949 年 9 月 5 日，新乡专署请示平原省人民政府，要求将原焦作市所辖农村划出，矿区连同市区合组为焦作矿区，以适应煤矿发展的需要。

1949 年 10 月 15 日，平原省政府将焦作改为矿区并建立区政府，由新乡专署直接领导；将原矿区西部 17 个行政村划归博爱县管辖，东部 25 个行政村划归修武县管辖。1956 年 7 月 9 日，国务院第 34 次会议批准撤销焦作矿区，设置焦作市，由河南省直辖。当时的焦作市下辖焦作、李封、马村 3 个区。1958 年 8 月 27 日改为解放、中站、马村 3 个区。当时全国兴起“大跃进”运动。9 月 3 日，以王封、李封、朱村煤矿为主与李封镇实行政企合一，联合组建了全国第一个城市人民公社——中站人民公社，并撤销了中站区。[②]对此，《人民日报》作了专题报道，中华全国总工会主席刘宁一、中共中央书记处候补书记胡乔木等曾专程前来视察。原人

---

① 中共太行四地委：《焦作城市工作初步总结》（1949 年 1 月 22 日），原件存河南省新乡市档案馆。

② 焦作市中站区志编纂委员会编：《中站区志》，中州古籍出版社 1995 年版，第 11 页。

民公社下辖的乡合并改为5个管理区。在此影响下，焦作的解放区、马村区相继撤区建社，冠名为城市人民公社。11月，中站人民公社与煤矿人民公社合并，组建政社合一的中站煤矿人民公社。新组建的人民公社均是由煤矿为主体、工农商学兵相结合、政社合一的机构。1961年10月19日，焦作市人民委员会决定恢复解放区、中站区和马村区，并建立区人民政府。原公社的派出机构——管理区改为办事处。值得一提的是，因发展煤炭工业兴起的焦作市的部分街道名称大部分有着鲜明的煤矿特色，例如中站区就有新采煤街、西采煤街、东采煤街、安全街、运输街、支柱街、矿中街、劳模街、中站街、链条街、铁路街、新市场街等街道名称。

1974年1月19日，中共河南省委决定：焦作市实行省、地双重领导。1982年3月2日，中共河南省委、河南省人民政府决定：焦作市为省辖市。此后，焦作市下辖解放区、中站区、马村区、郊区。周边的修武、博爱、沁阳、温县、武陟、济源、孟州等县市先后划归焦作市管辖。

20世纪50年代初，在国民经济恢复和第一个五年计划时期，国家对焦作总投资1.35亿元，重点发展煤炭工业。这一时期，恢复了3个老煤矿，新建了3对矿井。其中新建的中马村矿是苏联援助中国的156项重点工程之一。1958至1965年，焦作的煤炭工业持续发展，建成韩王、冯营等新矿，全市的煤炭年产量最高达到690万吨。此后焦作的煤炭工业持续发展，除统配煤矿继续发展外，地方煤矿异军突起。1986年，全市共有乡以上煤炭生产企业37个，共有矿井257对（统配煤矿11对），其中年产90万吨的1对（统配煤矿）、60万吨的3对（统配煤矿）、30万吨以上的9对（统配煤矿6对）、10万吨以上的3对（统配煤矿1对）；原煤总产量892.6万吨。[①] 2000年3月9日，焦作矿务局改名为焦作煤业（集团）有限责任公司（简称焦煤集团）。焦煤集团下设21个子公司、11个分公司，共有职工51832人，离退休人员23760人，是全国500家最大国有工业企业之一，河南省工业100强之一，河南省直管的15家国有企业之一。除此之外，焦作还有地方煤矿。焦煤集团和地方煤矿2000年的行业产值占焦作市工业总产值的1/20。近年来，焦煤集团大力发展非煤产业，拥有发供电业、冶金业、建材业、化工业、机械电子业、建筑业、轻工业、第三产业（商贸、旅游、服务业等）8个多种经营行业，专业生产厂（公司）55个，商业经营网点300多个。多种经营总额占企业生产经营总额的63.6%，成为焦煤集团的主要经济支柱。焦煤集团已由一个从事单一煤炭生产的企业发展成为以煤为本，电力为先导，冶金、建材、化工、机械电子为中坚，融第三产业为一体的大型综合性企业，基本形成“一业为主，多业并举”的发展格局。

① 焦作市地方史志编纂委员会编纂：《焦作市志》第2卷，红旗出版社1993年版，第511页。

焦作的工业，多是因煤衍生。河南省最早的发电厂即诞生于焦作。此后电力工业持续发展。1985 年时，最高负荷达 31.4 万千瓦，供电量 23.77 亿度，售电量 22.32 亿度。1986 年，焦作的供电量位居全国第九位、河南省第二位。1988 年总装机容量达 110.64 万千瓦，年发电量 706 817 万度，年产值达 46 618 万元，1988 年和 1970 年相比年发电量增长 14.9 倍，年产值增长 12.7 倍。[①] 现今焦作是华中电网重要的火力发电基地之一。

化学工业方面，焦作从零起步，后来居上，1988 年产值达 47415 万元，居河南省首位，是全国 44 个重点化工城市之一。1978 年到 1988 年 10 年间，全市化学工业平均每年递增 11.6%，主要产品烧碱、纯碱、聚乙烯、轮胎等具有很高的市场占有率。硫酸、乙炔炭黑、合成氨、电石、橡胶管、板、带、布胶鞋等 80 多种产品多为市场上适销对路产品。其中：乙炔炭黑产量占全国总产量的 1/4，纯碱产量占全省总产量的 70%，河南轮胎厂在全国同行业中产值、产量居第六位，是全国 16 个重点轮胎生产厂家之一。工程大轮胎的产量曾经占全国同类产品的 75%。

焦作的煤炭工业还带动了机械、冶金、建材等工业的发展。机械工业方面，有仪器仪表、通用机械、轻纺机械、化工机械、机床、工具、锅炉、原动机制造等企业。冶金建材方面，有钢铁、铝业、黏土、耐火材料、碳素、水泥、玻璃等企业。

这一时期的焦作市是典型的一城多镇结构。中心城区是政治、经济、文化、教育、科技服务中心；西部中站区主要是煤炭、化工基地；东部马村区主要是煤炭、电力、建材、冶金基地。

三、从旅游城市到养生之城的转型发展

进入 20 世纪 90 年代，焦作市面临的煤炭资源枯竭、经济结构失衡、社会负担沉重、生态环境破坏严重的问题日益突出。焦作矿务局因资源枯竭已先后关闭王封、李封、焦东、焦西、朱村、小马村、冯营、韩王、演马等煤矿，造成企业效益下滑，下岗失业人员增多等问题。1999 年，全市 GDP 比上年下降 13%，财政收入和工业增加值分别下降 24% 和 12.2%。整个“九五”期间，焦作 GDP 年增长仅为 3.5%。1999 年，焦作的生产总值急剧下滑 16%，财政收入和工业增加值分别下降 24% 和 12.2%。21 世纪初，焦作市编制了《矿山环境保护与治理规划（2006—2015 年》，对塌陷地面、废弃矿区和采煤沉陷区矿业废弃地进行大规模整治。焦煤集团筹措 6.3 亿元资金实施采煤沉陷综合治理工程，建成 6 个安置小区，安排沉陷区受

① 焦作市统计局：《腾飞中的焦作》（内部资料），1989 年印刷，第 5 页。

灾居民 5900 余户。

2008 年 3 月，焦作市被国务院确定为全国首批 12 个资源枯竭型城市之一。全市经济社会可持续发展面临前所未有的严重挑战。一般而言，煤矿城市的转型大体有依托型和跨越型之分。依托型是在煤炭开发的基础上，发展下游加工业，建立煤炭深度加工和利用的产业群，包括火力发电、洗选加工、煤化工、矿山机械、铝业等高耗能产业。在这个方面，焦作市先后投资 30 亿多元，对煤炭、化工、机电、建材等工业进行高新技术和适用技术的全面改造，强力实施“三个战略性转移”，即煤炭工业向电力、热电联营、铝电联营转移；原料化工向生物化工、医药化工转移；煤矿机械向环保机械、粮食机械、汽车机械转移。经过努力，2009 年，焦作市地区生产总值首次突破千亿大关，达到 1071.42 亿元，居河南省第六位；规模以上工业增加值 568.76 亿元，居河南省第三位；地方财政一般预算收入完成 54.42 亿元，居河南省第七位；城镇固定资产投资完成 695.02 亿元，居河南省第六位。

以旅游业为龙头，带动全市第三产业快速发展，是焦作市推进城市经济转型的重要一环。就全国范围而言，焦作地处自南向北自然气候条件、自然资源分布过渡带，由东部沿海向西部地区逐步推进的过渡带，地处新欧亚大陆桥在中国境内的中心地带，具有承东启西、沟南通北的枢纽地位。焦作市北依太行、南临黄河，黄河在焦作过境 98 公里，有湿地面积 3.8 万公顷，已经构成以自然山水、历史文化和休闲娱乐为特征的旅游城市。太行山和黄河在这里交汇，中原古老文化和现代文明在这里交织，独特的区位优势、地质结构及气候条件，造就了焦作独具特色的山水景观。建成的景区有云台山、青天河、神农坛、群英湖、青龙洞、丹沁竹、锁蟒湖、影视城、龙源湖等。“景区面积达 500 平方公里，景区景点达 1000 余处。绵延 130 多公里的旅游风景线上形成了以山水风光为特色的‘四大景区、十大景点’，浓缩了国内名山名水之精华，兼有北方之雄，南方之秀。云台山风景区是国家级重点风景名胜区，这里峰峦雄峻，泉瀑争流，兼有泰山之雄、华岳之险、峨眉之秀、黄山之奇、青城之幽。云台山风景以山称奇，以水叫绝，云台大瀑布 314 米落差，堪称华夏之冠。温盘峪丹山碧水被誉为‘缩小了的山水世界，扩大了的艺术盆景’。青天河风景区素有‘北方三峡’之称、‘豫北桂林’之誉。坐着游船漂流于青天河之上，看两岸高耸入云又不乏秀丽的群山犹入仙境，含桂林山水之秀丽，蕴三峡风光之雄伟。神农山以神农氏在此播五谷、尝百草而得名，风景集奇、绝、雄、险于一体，层峦叠嶂，洞幽林翠，有惊心动魄、回肠荡气之美。”① 除了自然景观，焦作还有丰富的人文景观。例如，武王伐纣遗址、山阳城遗址、“竹林七贤”遗址、万里黄河第

① 焦作市地方史志编纂委员会：《焦作市志》（1987—2000）上卷，中州古籍出版社 2005 年版，第 2 页。

一观——嘉应观、千年古刹月山寺、太极拳发源地陈家沟等。焦作还是三国时期著名军事家司马懿、唐宋八大家之首韩愈、晚唐著名诗人李商隐、元代理学家许衡、明代音律学家朱载堉等历史名人的故里。蓬勃发展的旅游业成为焦作城市转型的重要标志。焦作市积极调整发展思路，充分挖掘地方自然和人文资源，大力发展旅游文化产业，形成以云台山、青天河、神农山、青龙峡、峰林峡五大景区和焦作影视城、嘉应观、陈家沟等十大景点为代表的焦作山水新格局，初步形成“大云台山”的旅游格局。在城市外围修建了多条高速公路和黄河公路大桥，增强了城市及旅游景区的可进入性和通达性。以发展旅游业为突破口，联动城市转型和企业转型，走出了一条独具特色的城市转型发展之路。2009 年，该市共接待海内外游客 1700 万人次，旅游总会让收入 128.07 亿元。目前，焦作市已成为“中国优秀旅游城市”，“焦作山水”和“云台山”被评为“中国旅游知名品牌”。2004 年 2 月 13 日，云台山、神农山、青天河、青龙峡、峰林峡被联合国教科文组织命名为全球首批世界地质公园。云台山景区成为国家首批创建 5A 级旅游示范单位，焦作市获得中国城市旅游竞争力百强城市和中国魅力城市称号。

产业转型推动了焦作经济的快速发展。焦作市 2001 年、2002 年国内生产总值分别实现 256.7 亿和 286.5 亿元，较上年增长 11.4% 和 12.1%，增速分别居河南省第一位和第二位。2008 年，焦作的 GDP 突破千亿大关，达到 1032 亿元，是转型前 1999 年 212 亿元的 4.9 倍，规模以上工业增加值完成 539.6 亿元，居河南省第三位。2011 年，焦作市旅游综合收入突破 170 亿元，比 2006 年增加 96 亿元，占地区生产总值的比重达到 11.4%。根据 2008 年的统计，焦作市规模以上工业 33 个大类中，增加值居前 8 位的行业为：煤炭开采和洗选业实现增加值 24.38 亿元，农副食品加工业增加值 26.60 亿元，化学原料及化学制品制造业增加值 46.74 亿元，橡胶制品业增加值 29.24 亿元，非金属矿物制品业增加值 67.57 亿元，有色金属冶炼及压延加工业增加值 43.94 亿元，通用设备制造业增加值 42.59 亿元，电力、热力的生产和供应业增加值 30.39 亿元，其中有 5 个为非自资源型加工业，加工业占八大行业增加值的 56.4%。

城市经济的转型，使焦作的城市建设发生了根本性的变化。30 余家重污染企业关停并转，使笼罩焦作城区几十年的烟尘终于散去。市区北部太行山的大规模绿化，使焦作有了绿色屏障。中心城区的拆旧建绿、拆墙透绿、园林绿地建设，使焦作的绿地率和绿化覆盖率分别达到 37.9% 和 44.1%。2009 年，市区空气优良天数达到 319 天；二氧化硫、化学需氧量排放总量累计减排率分别为 38.19%、15.46%；采煤沉陷区、矿山生态累计治理恢复面积 12 平方公里。如今，焦作已和煤城渐行渐远，绿色成为这座城市的主题。截至 2008 年，焦作的城镇化水平达到 45.3%。

开发新区，是焦作市转型的又一重要举措。早在1987年时，焦作就提出“依托老城、开发新区、环形扩张、滚动发展”的城市建设思路，坚持新区开发与旧城改造并举的建设方针。1999年2月，经河南省人民政府批准，河南省省级开发区——焦作高新技术产业开发区在焦作中心城区南部建立，于2000年5月29日正式开工建设。焦作高新区规划面积45.38平方公里，内设工业区、行政商贸区、教育科研区、高效农业园区、市政设施区、居住区和仓储区7个功能区。区内交通发达，绿化覆盖率达40%以上，区内有四横五纵9条明河，6个小型湖泊和水上乐园，形成独特的“北国水乡”景观。焦作新区建立后，注重信息技术、现代农业、新能源、新型交通、装备制造等现代产业的引进和发展，提高产业的集中度。

目前，焦作已由过去单一的煤矿城市发展成为以煤炭、化工、有色金属冶炼及加工、汽车零部件制造和农副产品深加工五大支柱产业为主导的新型工业城市。焦作的转型升级，经历了从“只要金山银山，不管绿水青山”，到“既要金山银山，也要绿水青山”，再到后来的“绿水青山也当作金山银山”的阶段，实现了从“黑色印象”到“绿色主题”的转型，从自然的绿色，到经济的绿色，再到社会的绿色。

目前，中国社会老龄化进程逐渐加快，养老将会成为一个潜力巨大的新兴产业。养老与养生密切相关。纵观国内外社会经济发展的趋势可以看出，健康养生已成为新兴产业。在这方面，焦作有其独特的优势。一方面，它是“四大怀药”的产地，另一方面，它是“太极故里”。

四大怀药是焦作地方特产，主要指古怀庆府（它的地理范围指焦作市所辖的温县、沁阳、武陟、孟州）所产的山药、牛膝、地黄、菊花等四大中药。中国最早的药物学经典《神农本草经》，把“覃怀地”（怀川）所产的山药（薯蓣）、地黄、牛膝、菊花都列为上品。之后历代医药名家由表入里、去粗存精中进一步发现了四大怀药的优秀原始本性。因而此说流传至今，成为品牌。

太极故里指的是焦作市所辖的温县陈家沟。太极拳是由明末清初陈家沟陈氏第九代陈王廷（1600—1680）依据祖传拳术，博采众家之长，汇集《易经》太极阴阳之理、中医经络学说和道家导引吐纳、养生功法而创编。民谣有言，“喝喝陈沟水，都会踢踢腿”。当地村民忙时耕田，闲时练拳，习武之风甚为浓郁。2006年，陈氏太极拳被列入首批国家非物资文化遗产名录；2007年，温县被正式命名为“中国武术太极拳发源地”“中国太极拳发源地”和“中国太极拳文化研究基地”。

就养生而言，它既是产业，也是一种生活方式，涉及人们日常生活的方方面面。目前，随着中国综合国力的不断增强和人民生活水平的不断提高，人们对生活质量的要求越来越高，越来越重视衣食住行，越来越希望健康长寿，越来越多的人热衷于各种体育锻炼。焦作是太极故里。当前世界上练习太极拳的人数多、范围广，如果能把他们吸引到焦作来学习深造，开发培育有特色的文化产品，对促进焦作向养生之城发展能起到积极的作用。

工业化、城市化是人类文明演进到近代出现的孪生骄子。前者是后者的基础，后者是前者的物化。由于焦作这座煤矿城市的出现和发展建设，及其对所在地区的辐射与带动，在很大程度上改善了豫北地区经济的格局，促进了区域经济的协调发展。随着煤炭开发的周期性变化，焦作市的社会经济环境与产业结构等方面表现出相应的阶段性特征。从历史发展的角度研究焦作市的形成、演进和发展规律，对该市进行溯源研究，揭示它发展的脉络轨迹，总结这座城市发展的动力和规律，探索它兴衰的原因，论证它转型的效果，展望它未来发展的方向，总结它发展过程中形成的特点和存在的问题，不仅对于焦作这座城市是必要的，而且对于城市特点和发展规律大同小异的其他类型的资源型城市转型发展也有参考和借鉴作用。焦作市的经济转型经历启示我们，资源枯竭型城市的转型要经历一个漫长的过程，转型要解决城市发展过程中积累的一系列重大的经济、社会、环境矛盾，是一场深刻的产业结构变革和经济社会变革。转型无止境，永远在路上。

（作者：薛毅，中国矿业大学中国煤矿史研究所副所长、教授）

在建设经济示范市中推进焦作市转型发展

焦作市全市总面积4071平方公里，总人口368万人。2014年，全市地区生产总值达到1846.3亿元，地方财政收入实现143.6亿元，其中公共预算收入105亿元。焦作因煤而生，因煤而兴，有100多年的煤炭开采历史，最早是1898年英国福公司在这里开矿办厂，新中国成立初期原煤产量占河南省的52.7%，成为全国重要的优质无烟煤生产基地和全国著名的“煤城”，为全国的发展做出了巨大贡献。到20世纪末，资源型企业有1233个、从业人数8.8万人，资源型产业比重一度超过90%。焦作和其他资源枯竭型城市一样，过去经济以资源开采、利用、加工为主，随着资源枯竭，面临着城市转型的重大课题。

一、以示范市建设为统领，推动资源型城市全面转型

2012年，焦作被河南省人民政府确立为中原经济区经济转型示范市，这既是对焦作过去转型的肯定，同时又对焦作转型发展提出更高的要求。2013年4月22日，中共焦作市委十届六次全会提出积极探索不以牺牲农业和粮食、生态和环境为代价的新型城镇化新型工业化新型农业现代化“三化协调”“四化同步”科学发展的路子，打造中原经济区乃至全国经济转型示范市。会议进一步明确城市转型发展的目标、路径、任务、措施，即坚持“一个总战略”——中原经济区经济转型示范市建设总战略，明确“一个总要求”——“凝心聚力、转型攻坚、争创一流、绿色发展”的总要求，突出“四个重点”——抓开放、抓城镇化、抓改革创新、抓创造新优势四个重点，以重点突破带动整体发展。抓好“八个转型”和“十大建设”，努力把焦作打造成为青山相拥绿水环绕、人与自然和谐相处、经济社会协调发展的美丽家园。

二、以旅游为突破口，推进资源型城市由“黑色印象”向“绿色主题”的转变

20世纪90年代末，随着煤炭资源逐渐枯竭，焦作市的发展面临“矿竭城衰”的严峻考验。不转型，发展难以为继；不转型，环境难以为继；不转型，民生难以为继。由此，焦作市开始了转型的艰难探索。2008年，焦作市被国家列入全国首批资源枯竭型城市，紧紧抓住国家支持资源枯竭城市可持续发展的重大机遇，坚持主动转、深入转、全面转，转型发展取得明显成效，走出一条焦作特色的转型发展之路。

过去人们一提到焦作，总是将其与煤城画等号；今天，人们再说到焦作时，就会将其与云台山、太极拳联系在一起。焦作市在煤炭资源萎缩尚未枯竭之时，将发展的视野由地下转向地上，由煤炭资源开采向旅游资源开发转变，走出一条以旅游业为突破口、联动产业结构调整、带动经济社会全面转型的新路子。目前，焦作市青天河、神农山、云台山成为世界地质公园和国家5A级景区，“太极故里、山水焦作”成为享誉世界的旅游名片，2014年全市接待游客3298万人次，旅游综合收入262亿元，相当于GDP的比重由1999年的不到1%提高到14.2%，成为国民经济战略支柱产业。为加快旅游城市建设，焦作市积极推动城市生态环境整治和城市绿化美化，城市生态环境明显改善，昔日煤城建设成了中国优秀旅游城市和国家园林城市，被誉为“焦作现象”，并作为范例写进全国高中地理教材。

三、突出主导，培育新兴，构建现代产业体系

经济转型既是城市转型的重点也是城市转型的难点，城市转型成功与否关键在于产业转型是否成功。焦作市把产业转型发展摆在城市转型工作的突出位置，强力实施“科技强市”战略，加大招商引资、项目建设、创新驱动、“两化”融合工作力度，不断推动产业由中低端向中高端转变。

一是突出主导产业集群培育，力推工业结构优化。初步形成1个千亿（装备制造）、3个500亿（食品、现代循环化工、汽车及零部件）、2个100亿（新材料、生物医药）产业集群。全市汽车零部件产业形成五大品系，拥有1500多个品种，工程胎生产能力居全国第一，全钢载重子午胎居全国第五，汽车零部件居全省第一。2014年，铝工业、汽车及零部件、煤盐联合化工、装备制造、食品、能源等六大战略支撑产业完成增加值达到607.9亿元，生物、新材料、新能源、节能环保等四大新兴产业完成增加值59.4亿元，战略支撑产业比重达到65%以上，现代工业体系初步形成。按照“五规合一”“四集一转”“产城互动”要求，规划建设9个省级产业集聚区，总规划面积189平方公里。2014年，入驻产业集聚区的规模以上企业达489家，规模以上工业主营业务收入完成2910亿元，对工业的贡献率达到85%，成为工业转型发展的重要平台。

二是积极培育电子商务、现代物流、互联网金融等服务业新业态。全面推进文化旅游园区、商务中心区和特色商业区、“焦作电子商务产业园”建设。北斗智能交通物联网、浪潮集团云计算中心等30多家知名电商企业入驻示范区智谷·焦作电子商务产业园，电子商务产业实现重大突破。河南德众保税物流中心（B型）获批，焦作海关开关运营，焦作市积极融入“一带一路”战略，成为丝绸之路经济带物流

联动发展合作联盟成员城市。

三是发展特色高效现代农业，推动农业现代化。坚持稳粮、提质、增效，新建高标准粮田 27 万亩，粮食总产实现“十一连增”，夏粮单产保持全省第一。围绕“焦作市年亩产吨半粮集成技术推广”等项目建设，在全市建立百亩攻关田 6 个，小麦平均亩产 725.8 公斤，玉米平均亩产 910.6 公斤。在项目带动下，玉米、面品、饮品等传统加工业平稳发展，怀药、畜牧等特色加工业快速发展。进一步健全农技推广服务体系，成功创建“四大怀药”国家级出口食品农产品质量安全示范区，成功创建国家级农产品品牌 3 个。

四、提升品质，完善功能，打造生态宜居城市

实施城市水系工程。规划建设“六纵四横”城市水网，打造泛舟河上、人水相依的宜居之城，碧波荡漾、河清水秀的中原明珠和水在城中、城在水中的新焦作。南水北调总干渠全线通水，引黄入焦干渠、大沙河带状湿地主体工程完工，新增水面 7000 亩，城市水系防洪、补源、生态、景观等功能已经显现，焦作市被确定为第二批全国水生态文明城市建设试点。

2015 年 12 月 14 日，调研组在焦作市调研

全力创建森林城市。以创建国家森林城市为载体，加快推进“一区”（南太行山区生态体系）、“两带”（黄河生态涵养带、南水北调生态景观带）、“三网”、“多点”的林业生态体系建设。2014 年森林覆盖率达到 30.1%，城市绿地率达到 36.3%，人均公共绿地面积达到 11.03 平方米。

实施“蓝天清水工程”。实施“气化焦作”工程，深化工业企业大气污染综合治理。2014 年，4 个省控责任目标断面水质平均达标率为 68.8%，高于省定目标平均值 62.5%；饮用水源地取水水质达标率为 100%，城市环境空气质量优、良天数为 248 天，达标率为 68%。

加快城市交通体系建设。推进城市快速交通体系建设，郑焦城际铁路通车，两地运行时间缩短到半小时。桃花峪黄河大桥建成通行，迎宾路南延及焦作黄河大桥全面开工，郑太客专太焦段将开工，形成“八横十纵”的干线公路路网格局，区位交通优势明显增强。

五、城市转型面临的深层次问题

城市转型是产业再生和城市再造过程，是一个持久而浩大的工程，需要几代人的艰辛努力。当前焦作正处在转型发展的“深水区”和“攻坚期”，仍存在着一些突出问题：一是产业结构性矛盾依然突出，传统优势产业支撑力明显下降，新的经济增长点还没有形成规模；二是发展质量效益下滑，转型动力不足；三是城市基础设施薄弱，功能亟待完善；四是政府财力有限，社会负担较重等。

未来转型工作虽然面临着诸多风险和挑战，焦作市围绕建设“全国绿色转型发展示范市”和美丽焦作这个总目标，坚持创新、协调、绿色、开放、共享发展理念，坚定走创新驱动、科技推动、人才拉动、开放带动、五城联动的转型发展之路，着力构建现代产业体系，着力改善生态环境、改善民生，推进转型工作向更高层次、更高水平迈进。

（作者：陈湘，河南省焦作市发展和改革委员会主任）

焦作市转型经验、问题及对策

焦作市曾是中国五大煤炭基地之一，是典型的煤炭资源型城市，煤炭及相关产业的增加值的比重，曾很长一段时间都在90%以上，为国家经济建设做出过重要贡献。进入20世纪90年代，焦作市的煤炭资源逐渐枯竭，原有围绕煤炭优势相应产生的资金、技术、管理等方面的比较优势逐步丧失，要素禀赋发生逆转，产业结构不合理、财政负担加重、环境保护压力加大等问题集中暴露。为改变煤竭城衰、单纯依赖资源的发展模式，焦作市加快经济结构调整和产业转型升级，通过科学编制规划促转型、大力发展文化旅游业促转型、产业升级促转型、发展平台促转型、科技创新促转型，积极培育发展非煤、先进制造业等产业，突出做大做强接续替代产业，积极强链、补链、延链，加快产业结构的调整，使焦作这个因煤而建、以矿起家的传统煤城，从单一的工业型向多样化、综合性发展，工业结构实现以单一的煤炭采掘为主向装备制造、煤盐化工的转变，旅游业异军突起，“太极故里、山水焦作”成为世界级品牌，并作为范例写进全国高中地理教材。焦作市现已成为跨国公司最佳投资城市、中国投资环境百佳城市、国家园林城市、全国科技进步先进市、中国优秀旅游城市、中国最佳休闲旅游城市、全国优质小麦加工创业基地、河南首批省级生物产业高技术产业基地，初步实现“黑色印象”向“绿色主题”的转变①。

一、焦作市推进转型发展的做法及成效

（一）科学编制规划促转型

“凡事预则立，不预则废。”加快资源枯竭城市转型，规划是龙头、总纲和引领，必须坚持规划先行、顶层设计。焦作市委、市政府科学定位，围绕可持续发展，突出接续替代产业发展、城市功能完善、资源综合利用和生态保护、民生保障和改善四大领域，强化转型发展主体、转型发展平台、转型动力活力、转型政策环境四大支撑，编制《焦作市资源枯竭城市转型规划》及10个城市转型专项规划。其后又组织专门力量相继编制完成《焦作市循环经济规划》《焦作市老工业基地规划》。为进一步提升全市转型发展水平，率先在“三化”协调、“四化”同步发展上取得更大突破。2011年10月，抓住河南省加强中原经济区建设的重大机遇，研究编制《焦作

① 侯强：《资源枯竭型城市产业转型的评价》，《资源与产业》，2007年第9卷第2期。

市建设中原经济区经济转型示范市总体方案》，提出坚持经济转型示范市建设总战略和“凝心聚力、转型攻坚、争创一流、绿色发展”的总要求，突出抓开放、抓城镇化、抓改革创新、抓创造新优势4个重点工作，强力推进“十大建设”，打造中原经济区乃至全国经济转型示范市，建设美丽焦作，制定具体工作考核奖惩办法和指标评价体系，出台“十大专项行动计划”，并多次与国家和省有关部门进行衔接。2012年1月21日，河南省政府以正式文件将该方案印发实施，2012年11月17日又将这一总体战略纳入《中原经济区规划》。焦作市自我加压、主动作为，加快转型，着力推进城市转型、工业转型、服务业转型、农业转型、生态文明建设、对外开放、深化改革、保障改善民生8个重要领域的转型重点工作，要求各县市区、各部门提升工作标准，勇于负责，敢于担当，齐心协力推进资源枯竭城市转型，建设经济转型示范市和美丽焦作。

（二）大力发展文化旅游业促转型

1. 充分发挥焦作市独特的山水自然风光和历史人文资源优势，深度挖掘焦作特色，以大力发展旅游业为突破口，联动城市转型和产业转型，着力打造“山水焦作、太极故里”两大世界品牌，走出一条具有焦作特色的城市转型发展之路。云台山顺利通过“国家生态旅游示范区”评估验收，成功获评“中国首届最美地质公园”，被世界旅游组织列为可持续发展观测点，《云台山景区保护条例》也正式实施。焦作市成功创建省旅游标准化示范市，2014年全市共接待境内外游客3000多万人次，实现旅游综合收入近300亿元，旅游业综合收入相当于GDP的13.7%，焦作旅游已成为河南省乃至全国旅游业一张靓丽的名片。

2. 着眼旅游业的战略性，强力推动发展。旅游业资源消耗低、带动系数大、就业机会多、综合效益好，是发展前景最为广阔的战略性产业之一。在国家、省政策大力支持下，焦作市进一步加大旅游资源开发力度，强力推动旅游业加快发展。主要从以下四个方案入手。一是统一思想。出台《关于实施“旅游立市”战略加快旅游产业发展的意见》等文件，明确提出把旅游业作为接续替代产业重点发展、把旅游业作为第三产业龙头产业重点培育。二是加强领导。成立焦作市加快旅游业发展领导小组，市长任组长，市委、人大、政府、政协多名市级领导参加的高规格领导小组，切实加强对旅游业发展的领导。三是编制规划。聘请中国旅游研究院高标准编制《焦作市旅游产业发展规划》，旅游业的发展与城市建设相得益彰，实现旅游业和城市的协调发展。四是加大资金投入。设立旅游发展基金，市财政每年安排3000万元支持旅游业发展。

3. 着眼旅游业的竞争性，深度挖掘焦作特色。特色是旅游的生命。国内名山美景比比皆是，焦作旅游要占有一席之地，必须深度发掘焦作特色、彰显焦作特色，做到“四突出”。一是突出山水特色。国内很多地方有山无水、有水无山，而焦作的山汇集北方山之雄伟、南方山之灵气，山为水骨，水为山魂，因此主打“焦作山水”品牌。二是突出地质特色。云台山是地壳新构造运动的典型遗迹，对研究中国地质文化具有重要价值。通过政府的积极运作，2004 年云台山风景区被联合国教科文组织命名为首批世界地质公园。三是突出文化特色。发挥云台山汉献帝的避暑台、魏晋“竹林七贤”的隐居地、唐代药王孙思邈的采药炼丹遗迹、唐代大诗人王维“每逢佳节倍思亲”千古绝唱的茱萸峰等历史文化特色，形成独特丰富的文化旅游内涵。四是突出季节特色。春赏山花、夏看山水、秋观红叶、冬览冰挂，一年四季有景，一年四季游人如织。

4. 着眼旅游业的外向性，强力宣传营造氛围。旅游业是一种跨区域的、广泛的人际交往活动，具有明显的外向性。焦作市坚持以“太极故里、山水焦作”为品牌，强力向国内外宣传、推介、促销。一是创建“大品牌”。成功创建云台山、神农山、青天河 3 个国家 5A 级景区，数量占河南省的 1/3。二是开好“大篷车”。在全省率先推出旅游宣传大篷车，并先后奔赴全国 100 多座城市开展宣传推介。三是用好“大媒体”。连续多年在中央电视台推出“太极故里、山水焦作”整体形象宣传片。四是办好“大活动”。云台山国际旅游节升格为国家旅游局和省政府主办，中国·焦作国际太极拳交流大赛升格为国家体育总局和省政府主办，产生极大的宣传效应。五是营造“大氛围”。在北京、上海、南京、广州等城市的地铁站和机场密集设置焦作文化旅游主题形象广告牌，在省内高速公路和连接各主要景区的主干道建立健全旅游信息标识，打造流动的焦作旅游风景线。六是开拓“大市场”。开行北京到焦作、武汉到焦作的“云台山号”旅游专列，开行上海到焦作的“神农山号”旅游包机，并实现常态化。此外，还成功拓展了韩国和中国台湾的旅游市场，来焦作旅游的人数逐年递增。

5. 着眼旅游业的服务性，全面提升服务质量。服务无止境。提高服务质量是保证旅游业快速发展的必要因素。在服务理念上，坚持“不让一位游客在焦作受委屈”的承诺。在服务标准上，争取云台山旅游服务标准上升为国家标准，积极推进太极拳段位授予工作。在服务管理上，出台旅游行业各类文件 48 个，对旅游行业各单位的服务标准均作了硬性要求，力求硬件过硬、软件规范。在服务深度上，持续开展“旅游服务创品牌”“旅游服务质量提升年”等专项活动，不断提升服务质量。多年来，焦作市的旅游服务质量深受广大游客好评，游客投诉率低于 0.05‰，打造出“焦作服务”品牌，连续 4 次被评为中国旅游竞争力百强城市。云台山荣获“中国驰名商标”，是国内自然山水景区中唯一的一家；荣获河南省首届“省长质量奖”，是全省获奖的唯一一家服务企业。

6. 着眼旅游业的市场性，积极创新发展机制。旅游业发展初期要靠政府的强力推动，但发展到一定阶段，必须充分发挥市场配置资源的作用。焦作市积极创新机制，大力培育旅游市场主体。一是成立旅游集团。整合云台山、神农山和青天河优质资产，成立云台山旅游（集团）股份有限公司。二是搭建发展平台。积极与中国港中旅集团沟通，促成其投资入股焦作商行，在全省率先实现城市商行与央企中的旅游行业旗舰企业的战略合作。三是吸纳社会资金。积极对外招商引资，促成北京世贸天阶集团和河南建业分别投资 50 亿元建设云台山休闲度假区旅游项目，促成河南建业投资 50 亿元建设神农山前旅游拓展区项目等。机制的创新，为焦作旅游业持续健康快速发展增添了后劲、增添了活力。

7. 着眼旅游业的带动性，统筹其他产业发展。积极推动旅游业与三次产业联动共进、融合发展。一是联动农业转型发展。实施乡村旅游富民工程，积极开发四大怀药等文化旅游商品，“铁棍山药”成为全国知名旅游商品品牌。二是联动工业转型升级。搬迁改造 22 家老城区企业，关闭重污染企业 36 家，新上厦工机械北方基地、中国兵器焦作光电产业园等一批重大转型升级项目。三是联动道路交通建设。开工建设郑焦城际铁路项目，在河南省率先实现“县县通高速”，构筑了中心城区到各主要景区 1 小时旅游交通圈。四是联动城市生态建设。把西部采煤沉陷区建成生态植物园，把北部废弃矿区建成缝山公园等，治理采煤沉陷区面积 3.3 平方公里，矿山生态累计恢复面积 8.6 平方公里。建设中小型游园 50 多个，新增绿地面积 230 公顷，人均公共绿地面积达到 9.74 平方米。五是联动服务业快速发展。全市有星级宾馆 33 家、旅行社 112 家，旅游从业人员 30 万人。仅云台山景区周边 2 万多居民，就通过发展餐饮住宿实现家家有汽车、户均年收入 6 万元以上，修武县岸上乡由原来的山区贫困乡成为河南省有名的富裕乡。

（三）产业升级促转型

改造提升传统产业。加快产业链条由单一线条向闭合循环转变，产品结构由粗加工向精深加工、终端消费转变，由以煤炭采掘为主向煤盐化工、装备制造等产业转变，煤炭采掘业比重由过去的 90% 以上下降到现在的 2.9%。2014 年，装备工业、食品工业、煤盐联合化工、汽车零部件、铝工业增加值分别实现 220.7 亿元、133.9 亿元、78.3 亿元、72.5 亿元、35.9 亿元。

培育发展先导产业。以终端应用为方向，加快发展生物、新材料、新能源等先导产业，广济药业核黄素、国药容生注射用甲波尼琥珀酸钠、新开源 PVP、卓立烫印材料、华晶大颗粒精钢石等产品技术居国内领先水平。2014 年，生物、节能环保及电子信息产业增加值同比增长 24.3%、36.2%。加大“互联网 +”等新业态培育，焦作市经济技术产业集聚区和焦作市工业产业集聚区两家产业集聚区成功申报 2015

年省智慧园区试点。大力发展电子商务，设立3000万元电子商务发展基金，开展“双百电商工程”，浪潮、苏宁云商、韩国跨境电商等61个项目入驻市电子商务产业园。实施电子商务进农村工程，孟州市成为全省第一个农村淘宝试点县，博爱县成为全省首批国家级电子商务进农村示范县，被农业部确定为农业信息进村入户示范县。全市建成电商园区8个，拥有电商企业1654家，从业人员6.8万人，实现电子商务交易额373.6亿元。

（四）科技创新促转型

大力实施科技强市和创新驱动发展战略，探索以科技创新为引领的工业转型升级之路，连续出台《关于加快科技创新促进产业发展的意见》等政策文件，率先在全省建立高新技术产业统计制度和科技进步贡献率综合评价等体系，市本级财政科技投入达到6000万元。加大科技项目建设，焦作科技大市场已开业运行，科技总部新城建成投用，河南理工大学科技园和新材料产业园正在建设。2014年，高新技术产业增加值占规模以上工业增加值的比重达到44%，连续6次获“全国科技进步先进市”称号，风神轮胎、制动器、江河纸业、爱尔福克化工等一批骨干企业成为国际标准、国家标准和行业标准制定单位，在同行业拥有话语权、具有核心竞争力。

（五）发展平台促转型

聚焦项目建设、聚集优质资源、聚合政策支持，焦作市把产业集聚区打造成转型升级的重要载体、创新驱动的重要平台、集约发展的典范，明确了以产业集聚区为载体，努力打造国家先进装备制造基地、国家汽车零部件特色产业基地、全国现代循环化工产业示范基地等三大国家级产业基地。牢固树立“亩产论英雄”理念，既注重投资规模、科技含量，更注重亩均效益、集约节约，规划建设焦作新区和8个省级产业集聚区。2013年，装备制造等六大产业集群完成主营业务收入达1968.1亿元，占全部工业的46.9%。加快发展服务业“两区”建设，河南德众保税物流园区、焦作天星现代运输物流仓储综合服务园成功获批为省示范物流园区。

二、焦作市经济转型的困难与对策

（一）困难和问题

1.经济转型的基础还不稳固。结构性矛盾依然突出，优势特色产业发展不协调，非资源型产业发展缺乏活力和动力，多元发展、多极支撑的产业体系尚需完善，高端产业链延伸不足，初级产品比重偏高。2013年，全市能源、原材料等传统产业占规模以上工业的70%以上，战略性新兴产业增加值占地区生产总值的比重为4.9%。传统优势产业支持力有所下降，新的经济增长点还没有形成规模。

2. 发展质量尚需提高。工业经济中高投入、高能耗、高污染、低效益企业比重较大，公共财政预算收入增速不快，税收占比不高。2013年全省地税纳税百强企业（年纳税门槛为8372万元），焦作市只有3家。

3. 承接产业转移能力还需增强。园区基础设施不完善，资金保障、环境容量、土地供应等要素制约日益突出。有些园区项目之间协作关联度不高，缺乏竞争力强的产业集群。

4. 城市功能仍需完善。供暖、供气、污水管网等基础设施尚不完备。生态环境治理艰难，焦作因矿产资源开采破坏耕地和生态环境面积达120平方公里，虽经多渠道筹措资金，也仅治理20平方公里左右，因财力有限，还有约100平方公里未得到治理，严重影响城市的可持续发展。

（二）对策建议

资源枯竭城市转型的目标是走上可持续发展轨道，形成科学发展的新机制、新模式。基于这一目标，资源枯竭城市转型的核心路径包括政策支持、产业升级、城市功能完善、生态建设。其中政策支持是保障，产业升级是关键，功能完善是基础，生态建设是根本。

1. 充分利用国家支持资源型城市、老工业基地和中原经济区等相关政策。国家可从国债资金和中央预算内基本建设资金中安排部分资金，集中扶持建设一批能够充分吸纳就业、资源综合利用的农副产品加工业、新材料加工业、现代物流业等能够接续的替代产业项目。国家在安排天然林保护等生态治理工程时，适当向资源枯竭型城市和老工业基地倾斜。

2. 围绕产业发展方向和市场需求走势谋产业升级。在信息化、数字化、智能化发展迅猛的情况下，应研究自身的产业基础、技术成长特点、资源整合能力、人才结构、政策优势，强力实施高成长性产业提质加速、传统支柱产业改造提升、战略性新兴产业跨越发展“三大工程”，积极打造国家先进装备制造业、现代循环化工、生物3个国家级产业示范基地和“中国养生地、世界太极城”国际品牌，延伸产业链条，提升产业层次，实现传统产业高端化、高端产业集群化。

3. 完善城市功能。推进水系、铁路、能源等城市基础设施建设，加快太原至焦作城际铁路建设，推进武云高速公路建设，建设南太行绕城高速公路，提升公共服务平台支撑能力，建设畅通、宜居、美丽、和谐城市。

4. 加强生态环境建设。以提高人民生活质量为目的，以绿色生态理念引导城镇和乡村建设，以实施“蓝天工程”“清水工程”“绿地工程”为抓手，积极创建全国生态文明先行示范区、国家海绵城市和国家森林城市，深化生态文明体制改革，深入推进国家资源综合利用示范基地建设，突出产业链条循环化改造，努力打造天蓝、水清、地绿、空气清新的生态宜居环境[①]。

（作者：景国红，河南省焦作市发展和改革委员会）

① 马巍：《绿色生态环境建设是现代城市建设的发展方向》，《中国资源综合利用》2014 年第 5 期。

乌海市海勃湾区转型发展的实践探索

乌海市是国家认定的 31 个煤炭资源型城市之一，因煤而建，因煤而兴。20 世纪 50 年代后期，随着包兰铁路的开通以及包钢等国家重点项目建设，乌海作为资源富集区开始大规模开发。50 多年来，累计产煤近 7 亿吨，动用储量约 14 亿吨，发电 750 多亿千瓦时，向国家上缴税费 200 多亿元，在过去人迹罕至的荒漠上建成一座新兴工业城市，为国家及内蒙古自治区的经济建设做出巨大贡献。素有“黄河明珠”“沙地绿洲”“葡萄之乡”“乌金之海”等美誉，并先后被命名为“中国书法城”“中国硬笔书法名城”和首个“中国赏石城”。

海勃湾区是乌海市中心区，也是国家中小城市综合改革试点城市之一，总面积 529 平方公里，辖 1 镇 6 个街道，常住人口 31.6 万人，共有蒙、满、回、汉等 40 个民族。海勃湾区矿产资源富集，探明矿产资源有 37 种，尤其是煤炭、石灰石、高岭土储量大、品位高、易开采，能源、化工、建材、特色冶金产业的发展前景广阔。区域水土光热资源条件优越，黄河流经城区 75 公里，年流量达 321 亿立方米，地下水储量达 70 多亿立方米。日照时间长，昼夜温差大，盛产优质葡萄，享有“塞外吐鲁番”等美誉。交通区位优势明显，包兰铁路、110 国道、京藏高速等主要陆路干线穿城而过，机场航线拓展到北京、天津、上海、广州、西安等地，形成纵横交错、四通八达的立体交通网络。

作为一座因煤而兴的新兴工业城区，近年来，海勃湾区紧紧围绕加速推进经济转型和城市转型，加快建设自治区西部区域中心城区总体目标，深入实施“工业强区、三产富区、生态立区、科教兴区”发展战略，全力推动经济发展由资源导向型为主的传统产业体系向三次产业互促共进的现代产业体系转变，城市功能由服务工矿区向服务乌海市三区及周边“小三角”区域80万人口转变，经济社会各项事业得到长足发展。先后获得“中国宜居宜业典范区”“全国绿化模范城市”“自治区文明城区”“自治区园林城市”等称号。2014年，海勃湾区地区生产总值完成245.49亿元，同比增长9.6%；公共财政预算收入完成25.61亿元，同比增长4%；固定资产投资完成235.79亿元，同比增长17.4%；社会消费品零售总额完成107.81亿元，同比增长11.8%；城镇常住居民人均可支配收入达到32190元，同比增长9.5%；农区常住居民人均可支配收入达到14614元，同比增长13.3%；三次产业结构比为0.7∶54.5∶44.8。

一、转型发展的做法和成效

（一）坚持产业“三化”，加速推进经济转型发展

一是加快推进传统产业新型化，产品结构逐步由原字号、初级化，向深加工、新型化转变。注重提高现有资源和产业基础利用水平，在已经形成的2850万吨洗煤、630万吨焦炭、200万吨钢铁、460万吨水泥、520万重量箱浮法镀膜玻璃产能的基础上，引进中石油、宝钢、宝安、华电重工等大型企业集团，推动产品结构由原煤、焦炭、建材等初级产品，向液化天然气、工业乙醇、沥青、炭微球、蒽油加氢等深加工产品延伸，同步推进焦粒制气及煤矸石、粉煤灰综合利用，构筑起煤—焦—化工、煤—焦—钢铁—装备制造、煤—焦—天然气、煤矸石—电—粉煤灰—水泥—混凝土等循环经济产业链，推动煤炭资源就地转化率达到90%以上。同时，按照产业链上下游配套的思路，将原有43家地方煤矿整合重组为14家煤炭企业，煤炭资源配置进一步优化，产业延伸、集聚效应逐步显现。

2015年4月10日，调研组在内蒙古自治区乌海市海勃湾区调研

二是加快推进新兴产业规模化，推动装备制造、新材料、新能源等产业逐步发展壮大。注重回避区域同质化竞争，主动承接发达地区优质产业转移，积极培育发展装备制造业、新材料、新能源等产业作为接续替代产业。引进陕汽新能源重卡，

带动中钰镁合金轮毂、瑞格工贸等10余家配套零部件项目发展，初步形成汽车制造产业园。天宇高岭土项目建成投产，东方日升光伏组件项目加快实施，助推新兴产业向规模化发展迈进。开工建设雅泰生物制药园，推进医药研发科技产业发展。亨东再生资源产业园落地开工，城市废旧物资循环再利用产业实现破题。2014年，全区非煤产业占工业增加值的比重较“十二五”初提高了3个百分点。

三是加快推进支柱产业多元化，金融、互联网经济等业态实现蓬勃发展。引进交通银行、内蒙古银行、包商银行等金融机构，全区各类金融机构达到50家，2015年前三季度各金融机构存贷款余额分别达到396.07亿元和445.45亿元，完成税收3.95亿元，占全区总税收的19.88%，拉动经济作用更趋明显，成为支柱产业。积极推动“大众创业、万众创新”，探索“互联网+”发展模式，引进美团网、赶集网、京东商城等知名品牌，同步推动天健煤焦化交易中心、微能帮、G购网等本土企业良性发展，全区注册电商企业达到65家；积极引导天宇化工、宝化万辰等大中型企业与高校及科研机构建立合作关系，全区共有17家企业、1个工业园区与国内30余家科研院所建立合作关系；支持汉森集团成立内蒙古葡萄产业研究院，海勃湾工业园、网讯乌海分公司被认定为自治区第一批众创空间试点，海勃湾区被列为自治区可持续发展实验区。

四是着力打造工业经济发展平台，支撑产业转型的综合承载能力逐步增强。“十二五”时期累计投入14.5亿元加强工业园区水、电、路、污水处理、绿化等基础设施，园区基础设施日臻完善，承载能力进一步增强，形成“一园四区”为载体的工业发展平台（“一园”即海勃湾工业园，“四区”即千里山主园区、煤炭洗选区、综合加工区、商砼区）。2014年，海勃湾工业园被确定为国家循环化改造示范试点园区，总产值达213.2亿元。截至2015年11月，累计入园企业达183户，其中规模以上工业企业达到54户，黄河能源、源通煤化跻身中国民营企业500强。

（二）立足打造自治区西部区域中心城区，加快推进城市转型提质

一是坚持宜居宜业，合理规划功能区布局。“十一五”末以来，按照工业“退城入园”、合理布局生活区与生产区的思路，将原有在城区布局的玻璃厂、化工厂等企业全部迁至工业园区。引进恒大、万达等知名地产企业，累计投资110亿元，实施旧城改造项目290个。按照异地安置的思路，积极推进煤矿棚户区搬迁，通过划拨土地、税费减免、配套设施等措施，累计投入68亿元，开工建设安置住房18688套，基本建成11982套，12079户煤矿棚户区居民和住房困难家庭喜迁新居。规划建设100多个主题公园、休闲广场、景观绿地，构建“十分钟休闲圈”，绿化覆盖率、人均拥有公共绿地由“十一五”末的35%和13.7平方米，增至2014年的42.04%和22.12平方米。

二是大力发展服务业，加快推进产城融合。按照抓工业的思路和力度抓服务业发展，服务业比重由“十一五”末的39%提高到2014年的44.8%。万达广场加快建设，月星家居、红星美凯龙等一批知名服务业品牌相继入驻，众利惠农物流园、商贸物流园等生产性和生活性物流业实现同步发展。加快旅游产业发展，依托黄河海勃湾水利枢纽建成蓄水和118平方公里“乌海湖”的形成，引进建设蒙根花休闲农业园、金沙湾旅游景区、汉森酒庄等旅游项目，以及格兰云天、如家等一批酒店项目，启动85平方公里的海勃湾北部生态休闲基地和龙游湾国家级湿地公园建设，策划实施乌海一日游精品旅游线路，带动农家乐、渔家乐等产业的发展。2015年前11个月，全区各景区景点共接待游客120万人次，带动消费达1.2亿元；前三季度，全区服务业增加值完成81.67亿元，同比增长10.3%，占地区生产总值的49.7%。

三是加快社会事业发展，提升城市集聚辐射能力。立足服务周边80万人口目标，以打造区域教育、卫生、文化中心为目标，全力推进各项社会事业发展。“十二五”以来，累计投入6亿元用于教育事业，学前教育和义务教育软硬件建设均达到区域一流水平。加快医疗卫生事业发展，3所区属医院与国内知名医疗机构建立合作关系，通过派员深造、远程会诊、预约巡诊等举措提高公共医疗卫生服务水平，区域医疗卫生服务中心正在形成。以中国书法城、赏石城建设为龙头，带动会展经济和以文房四宝为重点的书法、奇石文化产业发展。建成文体中心、博物馆等七大文化场馆和人民广场等10个大型演艺广场，平均每万人拥有公共文化设施建筑面积达5110平方米，每6万人拥有1座博物馆，人均保有量步入全国先进行列。设立文化发展基金和文体协会基地，扶持组建户外运动、文化等各类团体协会146个。连续16年成功举办社区文化艺术节，每届社区艺术节组织活动近500场次，形成独具地方特色的文化品牌。

二、转型发展面临的主要瓶颈及思路

近年来，海勃湾区在资源型城市转型发展做了一些积极探索和实践，取得一些成效，但是结合科学发展、可持续发展的要求和转型发展实际，仍存在许多突出问题和困难。一是煤炭资源经过历年大规模开采，约束日益加剧，按“十二五”规划控制煤炭资源年消耗量测算，海勃湾区煤炭资源服务年限仅为未来的10—12年。二是海勃湾区地处库布其、毛乌素、乌兰布和三大沙漠交汇处，自然生态系统脆弱，同时由于海勃湾及周边区域共有6个工业园区，环境承载能力和综合治理压力较大。三是产业转型任务艰巨，产业结构相对单一，经济基础薄弱、抵御风险能力较弱的总体局面仍未根本转变；新兴产业处于起步阶段，尚未形成规模，带动和支撑力明显不足；服务业发展水平不高，生产性服务业发展滞后，旅游产业还在破题、基础薄弱，集聚要素的区域中心城区作用尚未充分发挥；存在周边区域竞争趋同化、资源消耗大、环境容量受限等多种潜在障碍；科技研发能力较弱，企业创新能力不足等。四是城市转型期和经济发展新常态的大背景下，解决好煤炭开采产业工人转岗就业、生产运营困难企业减员、移交接管“企业办社会”人员财政负担等问题的压力较大。

对于下一步转型发展，海勃湾区的考虑是：必须坚持超前谋划，将资源型城市转型贯穿于发展的全过程；必须坚持因地制宜，用足用好资源禀赋、产业基础等比较优势支撑转型；必须坚持多元发展，积极培育和壮大接续替代产业助推转型；必须坚持产城融合，推进城市扩容提质加速转型。按照这一思路，加速推进经济转型和城市转型，加快建设自治区西部区域中心城区。

（一）坚持延链转型，做强提升工业经济

坚持“限旧促新”，严格限制煤炭开采、洗煤、焦炭、初级化工、水泥、钢铁、玻璃、火电、白灰等产能和规模，实行只减不增。以提高资源综合利用效率和产业精深加工度为主攻方向，发挥千万吨煤焦化基地优势，积极发展精细化工、液化天然气、煤焦油深加工等延链项目，带动传统产业转型升级，构建现代煤化工循环产业体系。围绕科技创新孵化基地、产业孵化基地建设，加快汽车配套产业园、雅泰生物制药园、综合加工区、再生资源产业园四个产业园发展，推进产品创新、产业链延伸、产业转型，进一步优化工业产业结构。积极推进高岭土制高档填料、太阳能电池等项目建设，进一步发展壮大新兴产业规模。

（二）坚持扩容提质，繁荣发展服务业

坚持把发展服务业作为调整产业结构的重要方向，全力打造自治区西部区域服务业集聚区。坚持优先发展旅游业，充分挖掘“山”“水”“沙”“画”和王元地古汉城墙、古汉墓等旅游资源，精心组织策划一批精品旅游线路，把旅游产业打造为新的支柱产业。围绕中国书法城和赏石城建设，推动书画、奇石等特色文化产业繁荣发展。创新发展金融服务业，鼓励国内外知名银行、保险、证券公司设立分支机构，全力打造区域金融服务中心。规范提升商贸物流产业，明确现有商场及即将建成的万达广场、九龙国际、维多利时代广场等商业综合体市场定位，推进浙商国际商贸城、凯阳建材城、电商产业园等专业市场建设，加快乌海北站物流园、冷链物流配送中心等项目建设，推动生产性和生活性物流业快速发展。

（三）坚持产业联动，培育优化特色观光农业

以“三带两路一基地”为抓手，结合“十个全覆盖”工程，通盘考虑海勃湾北

部85平方公里生态建设、环境保护、土地集约利用、休闲观光旅游和特色高效农业发展，规划建设包兰线绿化带、110国道西侧及黄河东岸“彩叶林带”，新建沿黄景观路和农区环路，打造海勃湾北部生态农业旅游基地，构建一、二、三产融合互促的旅游发展平台。围绕打造精品、特色、高效、优质农业，重点发展葡萄产业，加快汉森、岱山等六个葡萄酒庄及葡萄观光长廊建设，着力打造西部葡萄酒生产基地。规划建设世界风情酒庄项目，加速发展葡萄酒品鉴旅游项目。大力发展特色农产品采摘、农家乐、渔家乐等休闲观光产业，加快蒙根花休闲农业园建设，带动农区居民增收致富、农业产业长足发展。

（四）坚持宜居宜业，持续推进城市转型提质

坚持把城市转型提质作为资源型城市整体转型发展的方向，全力推进城市扩容提质和改造升级。抢抓国家深入实施区域发展总体战略、推进丝绸之路经济带建设，以及自治区积极推进乌海及周边地区一体化发展的有利契机，按照集中、集约、集聚发展思路，坚持建管并重，重点做好“山”“水”“城”的文章，着力抓好“六城联创”、棚户区改造、城中水系、特色街路建设、生态建设和环境保护，打造人口集聚、布局合理、滨水宜居的区域中心城区。坚持共建共享理念，进一步加大投入力度，加快各项社会事业发展，稳步提升公共服务这一城市软实力的集聚辐射能力，全力打造自治区西部区域教育、卫生、文化中心，推动实现由工矿服务区向区域中心城区转变。

（作者：刘春，中共内蒙古自治区乌海市常委、海勃湾区委书记）

乌海市探索解决民生的经验启示

乌海市地处内蒙古自治区西南部，东临鄂尔多斯高原，南与宁夏石嘴山市隔河相望，1976年由原巴彦淖尔盟的乌达市、伊克昭盟的海勃湾市合并成立，是内蒙古的新兴工业城市。乌海市是一座典型的资源型工矿城市，矿产资源富集，有“乌金之海”的美称，已探明金属和非金属矿藏有37种。其中，煤炭储量30多亿吨，以优质焦煤为主，占内蒙古焦煤储量的60%左右；铁矿石储量600多万吨；煤系高岭土11亿吨以上，约占全国探明储量的1/5。此外，石灰石、石英砂等矿藏也储量巨大。乌海市是国家“一五”时期布局的煤炭基地之一，经过建设，形成煤炭能源、氯碱为主的综合化工、建材和特色冶金四大支柱产业，兼有机械制造业、轻工业，地区经济呈现资源为主、结构相对单一的特点。2011年11月，乌海市被列为国家第三批资源枯竭型城市，在国家转型政策的大力支持下，乌海市以经济转型、城市转型为核心，加快转变发展方式。近年来，乌海市通过实施可持续发展战略，改变以粗放型初级加工业为主导，以高耗能为依托的产业结构，延伸产业链，积极尝试循环经济发展，在集约化、多元化发展的根本性转型方面取得了较大成效。

依托得天独厚的资源优势和中国经济快速增长的整体态势，乌海市低保提标等各项民生工作指标走在内蒙古各盟市的前列。尤其是基于资源型工矿城市矿区绝大部分区域已成为采空区，基础设施差，环境恶劣，既无产业支撑，也不适宜居民居住和就地改造的现实，把棚户区改造作为重大的民生工程和发展工程来抓，调动一切力量，多方筹集资金，加快建设进度，抓好工程质量，有效地改善了困难群众的住房条件，缓解了城市内部二元结构，提升了城市综合承载能力，促进了经济增长与社会和谐。乌海市的民生工作出现以下新情况，也获得一些经验。

一、盘活、用好现有民生硬件资源

资源型城市在经济结构调整的大环境下，民生支出大幅度增长受到限制，应盘活、用好现有民生硬件资源，注重后续管理。2010—2014年，乌海市生产总值由19.7%降至8.8%，在本次的实地调研和企业访谈中，明显感受到外部经济下行，市场价格不稳对地方财政和企业的压力。经济增速下降了，社会问题随之出现，民生的保障和改善更应引起重视。在经济高速增长期间，大多数资源型城市财政充足，民生基础设施的硬件建设有较大发展，至今仍有优势。如乌海市近年来各项民生和社会事业投入占全市地方公共财政预算支出的70%以上。2014年，全市用于民生和社会事业方面的支出70.68亿元，同比增长13.5%，占全市公共财政预算支出比重为74.6%。

基于当前经济运行情况，参照往年经济走势，资源型城市地方财政的减收态势明显。教育、卫生医疗、住房保障等民生工作应适应新常态，破除体制性障碍，利用现有资源，盘活民生资源的硬件存量，适应不同人群的需求精准定位，进行细分。其中，最应扎扎实实地盘活、用好的，是已有的住房、学校、医院等日常民生基础设施。例如，乌海市新建与改建卫生室的标准为使用面积60平方米，检查室、治疗室和药房三室独立；村级文化活动室全覆盖，面积均在108—200平方米，这些基础设施应予切实综合利用。乌海市在棚户区和采煤沉陷区搬迁改造工程中，就出现大量空置保障房。2014年底，累计开工建设各类保障性住房8.5万套，分配安置只有5.6万户。最大的原因是保障房的面积大，超出了居民尤其是低保户的支付能力。

在新保障房建设过程中，乌海市吸取经验教训，实施预先沟通、精准定位的办法。第一，根据情况变化，充分征求群众的意见。2014年初，乌海市在以往调查摸底的基础上，又组织力量深入棚户区，发放调查表，对全市矿区、城区、城乡接合部等所覆盖区域的所有棚户区居民再次进行了一次详细、彻底的摸排调查，了解群众的新要求。

第二，精准定位，实事求是，以创建优美的人居环境为目标。乌海市让拆迁居民根据自身家庭经济能力提出实际需求的居住面积，按照整体需求设计、建造保障房。在民生基础设施工程中，注重把好质量关，在精准中优化，避免少、短、缺，建筑材料必须使用符合质量标准的产品，海勃湾依林佳苑社区获得自治区人居环境范例奖。

第三，将民生工程建设与城市的转型发展联系起来，鼓励循环经济的产品使用。乌海市在民生工程的采购有一个经验，就是鼓励地方企业技术升级和废物利用，适当考虑使用适合当地自然条件和经济情况的此类产品，尤其鼓励将废料变原料、产业上下游衔接的产品。这种做法引导企业提升资源综合利用率，减少污染物排放。例如，在保障房建造中广泛采用利用工业固废做成的空心烧结砖，在乌达区煤矿棚户区搬迁二期工程永昌佳苑中，就使用了这种适合当地保暖需求的夹心复合保温墙体。

第四，对棚改保障房小区居民进行积极的后续管理。棚户区改造是一项复杂的系统工程，将大量的矿区居民集中异地搬入城区，面临群众在上学、就业、医疗、卫生、文化、教育、交通、治安、社区管理等方方面面的民生问题。乌海市注重扎扎实实地做好后续管理工作。例如，对矿区居民因搬迁造成暂时失业的，就业部门免费培训，提高矿区居民就业能力；社区居委会根据被搬迁居民特长，帮助推荐到小区物业公司实现就业，为暂时就业困难的40—50岁人员提供公益岗位优先就业；接收安置人员就业的企业，政府给予一定的政策支持等。

二、充分发挥社区在民生保障中的沟通、服务作用

受经济结构调整影响，就业困难群众增多，各类社会矛盾趋于复杂，更要充分发挥社区在民生保障中的沟通、服务作用，鼓励推广创新机制。资源型城市普遍存在矿区棚户区、矿区棚户区改造后居民搬迁到楼房形成的新社区，社区服务的人口数量大，对社区服务的实际需求多，民政工作人员数量不足，面临的情况复杂多变。在城市转型方面，乌海市乌达区社区取得一些经验。一是理顺区属部门、街道、社区关系和职能职责。八音赛街道办事处去行政化管理试点成效显著，开展区属部门行政职权清理工作，摸清职权底数，制定与街道社区相关的“权力清单”，合理界定区属部门与街道社区事权划分。这使社区工作人员将时间和精力放在精心组织实施创业就业、社会保障、文体活动以及群众矛盾调解等工作上，达到政策效应的最大化。

二是推进社区管理和基础设施的现代化，积极发挥民生服务信息化平台在保障和改善民生工作中的作用。在抓好棚户区改造等硬件工程的同时，注重将卫生、教育、养老保险等措施配套结合，加强民生领域信息化，是乌海市民生工作中一个较好的经验。乌海市社区普遍实施了网格化管理，构建了以街道党工委—社区党组织—居民党小组为依托的“三级组织、四级网格”管理服务体系。

社区管理基础设施的现代化提高了社区人员的工作效率。乌海社区管理的经验是找准当地民生服务人群的特点。海勃湾区海北街道办事处海馨社区各类棚户区改造搬迁人口多。社区建立了包括三维地理信息系统等在内的数字社区工作平台，借助技术手段建立志愿者服务、短信服务、民情服务，及时收集、反馈、解决居民的民生问题。再如信息惠民的试点工作，让全体市民都能享受信息化带来的方便与快捷。2014年在全市推广使用的“智慧乌海”平台，有社区工作、计生业务、民政业务、综治工作、党建业务等11个大项和57个小项模块，按照社区、镇办、区级和市级四级机构日常工作流程，由社区统一采集数据，整合乌海市人口、民政、医保、残疾人、保障住房、就业等民生数据资源，并提供对上级部门的接口。同时，共享常住人口库、车辆库、社保库、房产信息库等数据库，采取与银行定期交换数据方法取得银行信息，其他部门不再对社区布置采集任务，有效减轻了社区服务的工作量。

三、加大环境污染的治理

坚持以人为本，对水污染、大气污染、噪音等有关与居民生活切实相关的政策不放松。资源型城市自然生态脆弱，工业污染和城市污染交叉，经济区域污染与行政区污染重叠。在乌海周边1800平方公里范围内，分布着7个工业园区，都存在一定的环境污染。在资源型工矿城市，空气、水、土地的承载能力及污染程度等环境问题始终是群众最关注的民生。群众对改善生存环境的要求越来越高，越来越急迫，容易引起、激发矛盾。特别是在企业面对经济下行压力时，由于利润动机或是半开工状态的管理漏洞，也是不按规排放的高发时期。

乌海市一方面加大对环保的投入，在经济新常态下，坚持继续推进和建成覆盖全市废水、废气、固废从投入到产出全过程的环保监控体系。2014年，乌海市用于包括大气污染治理在内的环保投入总计达53亿元，组织实施76个减排项目，推动环境污染监控转向第三方运营，对全市相关企业安装的自动监控设备。另一方面，重点监控、严格管理、严肃查处为降低成本不按规定偷排偷放的企业，不因经济新常态下的财政压力放松对企业的要求，确保《环保法》落到实处，取得实效。同时，为企业节省成本考虑，积极协调企业间共用已有的排污设施，形成工业园区内的循环，如乌海黑猫炭黑有限公司就与相邻企业共用本厂自建排污设施。

在环境问题上，乌海市存在与周边地理位置紧邻的跨行政区划工业区难以协同规划环保方案的问题。如蒙西、棋盘井和乌斯太工业园跨行政区划，石嘴山和陶乐县工业园区跨省，加大协调内蒙古西部乌海及周边地区大气质量等生态环境同步整治工作力度，建立健全生态环境治理一体化和环境保护联防联控机制有待解决。

四、解决好转型发展中的就业问题

对经济结构调整出现的企业因产能过剩亏损减员、移交人员等涉及民生新情况做好预案，合理安排援企稳岗工作，及时协商解决相关的资金缺口。在经济长时期高速增长的背景下，煤炭、焦炭、水泥企业受到销售收入增长的激励，基于对长期经济形势过于乐观的预期，普遍增加注册资本和资产总额，扩大招工人数，以期形成规模效应。在经济结构调整的压力下，资源型城市的经济下行速度比全国快，产能严重过剩，市场价格下跌，企业资金周转不灵，出现亏损。2014年以来，乌海市部分工业企业生产经营困难，逐步出现减员裁员。在对乌海市下辖海勃湾区、乌达区、海南区的实地调研和企业走访中，我们了解到，一些企业坚持开工或半开工，等待市场价格回升，还有一些企业积极谋求化解产能的转型，寻找新的市场发展机会。在调研中，仅乌达区就有数家企业正在兴建厂房，一些企业则通过合作转产复工，政府也帮助协调解决企业运营过程中存在的问题和困难，全力确保企业稳定生产、停产企业尽快恢复生产。同时，鼓励煤炭、电力与化工等相关企业联合重组。

无论是停产等待还是新建厂房、转产重组，企业都面临阶段性的困难。乌海市政府结合当地实际进行制度建设，设置市级援企稳岗政策领导小组和各区援企稳岗政策实施领导小组，对困难企业进行实地摸底考察，扶持政策包括阶段性降低失业保险费缴费基数和给予稳定岗位补贴两项。进入 2015 年 4 月，一些企业迎来产品市场价格的回升，一些企业通过释放活力获得新的市场渠道，民生稳定也得到维护。在乌海市援企稳岗政策实施方案中，特别规定在化解产能过剩、淘汰落后产能的过程中，采取有效措施稳定职工队伍的企业，也可纳入援助范围，增加了企业产业升级的积极性，有利于逐步完善延伸乌海市循环产业体系，推动乌海市传统能源经济提质增效。

资源型城市推进经济转型，离不开民生保障做后盾，而民生保障也需要经济转型加快，获得持续稳定的财政来源。乌海市一直以“补短板、兜底线”为重点，注重打好民生改善攻坚战。资源型城市面临就业基金征缴空间收缩、基金支出压力加大、基金收入增长缓慢等问题。资源型产业在整个城市的产业结构中占据主导地位。从产业结构来看，第二产业是主体，因此，两类企业产生的失业人口增加幅度可能增大。第一类是产能低下，依靠资源生产初级和中低端产品的企业，第二类受国际市场能源资源价格影响较大的企业，这两类企业在资源型城市数量多，行业覆盖面广。以乌海市为例，2014 年全市共 9647 名就业困难人员申请享受社会保险补贴，应补贴金额达 3817 万元，缺口近 1500 万元；2015 年预计支出四项补贴资金 6773 万元，其中社保补贴资金 4664 万元。此外，自 2004 年实施城乡一体化改革以来，乌海市从最初简单的免除税费、更改户籍，到后来逐步在低保、医保、养老、教育、就业、住房等领域逐步实现了城乡同城待遇，这部分补贴金额也逐年上涨。乌海市认真贯彻落实中央八项规定，严格执行相关制度，尽量减少公务开支，保证民生支出。2015 年全市预算日常公用经费安排 1.32 亿元，比 2014 年预算数减少 1456 万元，降低 10%；专项业务费安排 4074 万元，比 2014 年预算数降低 0.3%。2015 年度对民生的预算投入则有增加，社会保障和就业支出、住房保障支出安排 5.75 亿元，比 2014 年预算数增加 7671 万元，增长 15.4%。

由于各项社会保险待遇逐年提高、移交测算时所依据的基数较低、预留资金不足等问题，一些历史已经解决的民生问题出现新情况，相关费用出现缺口。如 2007 年，按照神华集团与自治区移交协议，神华集团原海勃湾、乌达两矿业公司的

27427 名离退休人员移交乌海市管理，这在当时是神华集团乌海能源公司成立的前提。截至 2014 年底，移交人员享受地方财政补贴资金、医疗保险基金、移交管理机构人员及公用经费等共由乌海市财政支出 5.57 亿元，以后每年还约发生资金 1.49 亿元，给乌海市财政造成较大负担。民生无小事，资源型城市社保补贴资金缺口的问题，关系到基本民生，需要各级政府和企业的通力合作，共同协商处理，必要时应考虑给予一定的资金补贴。

（作者：王蕾）

攀枝花市转型发展的实践突破与重大工程

一、攀枝花市转型发展的突破

以钒钛磁铁矿闻名于世的攀枝花，是毛泽东力主并亲自批示建设的全国首个资源开发特区，邓小平曾盛赞这里得天独厚。市域钒钛磁铁矿储量超过 200 亿吨，其中，铁储量占全国的 20%，钒、钛储量分别占全国的 63%、93% 和全世界的 11%、35%，分别位居世界第三和第一，伴生的镓、钪、钴、铬等稀贵金属储量均达到相应元素的特大型矿山等级，战略地位十分突出。这座典型的资源开发型城市依矿而建、因铁而兴，有着辉煌的历史。在过去的 50 年里，这座年轻的城市后发先至，发展速度超越了很多历史悠久的城市，工业化率和人均 GDP 两项指标长期位居四川省第一位。

2015 年 3 月 4 日，调研组在四川省攀枝花市参观二滩水电站

20 世纪末，随着经济社会的发展，早期的粗放式、单一型发展带来的产业结构不优、产品层次不高等弊端逐步显现，一些传统产业难以为继，攀枝花这座资源型城市的发展陷入困境。特别是 1999 年，距攀枝花不足 150 公里的云南省昆明市东川区矿竭城衰、撤市降区，让攀枝花市人深受触动。自 2000 年起，攀枝花市痛下决心转型发展，走出一条交通先行、产业同步、城市提升的转型发展道路，实现三个方面的突破。

第一，着力优化产业结构，基本实现从“百里钢城”到“钒钛之都”的战略升级。攀枝花市主动向结构调整要活力、要效益、要后劲，以优势资源的综合开发利用为依托，以改革创新和科技进步为动力，推动资源导向性思维向市场导向性思维转变，单一主导型结构向多元支撑型结构转变，粗放型增长方式向集约型增长方式转变，形成以钒钛、钢铁、能源、化工、矿业、机械制造，和生物、太阳能为主导的“6+2”产业格局，钒钛产业集群入选“中国产业集群 50 强”。攀枝花市被命名为国家钒钛新材料高新技术产业化基地，被授予“中国钒钛之都”称号，实现了从钢铁经济向钒钛、钢铁经济并进的战略性转变。

第二，着力完善城市功能，基本实现从“工矿基地”到“阳光花城”的华丽转型。攀枝花市紧紧依托山地城市特征和亚热带气候特点，突出阳光和花卉两大要素，把打造“中国阳光花城”作为可持续发展的战略定位之一，稳步推进旧城改造，加快实施新区建设，积极打造沿江景观，科学布局阳光康养旅游产业，全力建设“中国阳光康养旅游城市”，加快建设区域性社会事业高地，先后荣获“中国优秀旅游城市”“国家卫生城市”“四川省环保模范城市”等称号，实现了从生产型工矿城市向综合型宜居宜业宜游城市的突破性转变。

第三，着力搭建开放合作平台，基本实现从“闭塞之地”到“开放门户”的历史突破。攀枝花市致力于化劣势地缘为区位优势，着力打造四川南向开放门户。一方面，全力打造区域交通枢纽，提升区域承载能力。北上成都、南下昆明实现全程高速，丽攀高速公路攀枝花段建成通车，成昆铁路新线、攀大（理）高速公路开工建设，攀大（理）铁路、丽攀昭遵铁路、攀（宾）宜沿江高速等项目前期工作加快推进，区域性交通枢纽建设取得重大突破。另一方面，深化区域合作，努力形成发展合力。主动对接成渝经济区、云南桥头堡等区域性发展战略，牵头召开川滇黔 12 市州合作与发展峰会，并使之成为长效机制，与周边市州、周边区域乃至跨区域的合作日益频繁，省际商贸物流中心功能日臻完善。

在过去近 20 年的时间里，攀枝花市围绕资源型城市转型发展，进行了一系列积极探索，主要有 4 个方面的体会。第一，资源型城市转型必须把握时机，主动先转。在资源型城市转型这个避不开的问题面前，必须痛下决心，即使经历一段时期的阵痛，也要在经济稳步向好的时期，依托有利的基础条件，抓紧转，加快赶，在资源难以为继或传统产业产值跌入低谷前实现“软着陆”。第二，资源型城市转型必须政府主导，规划先行。在转型过程中，一哄而上最终只会导致产业的低端同构，无序竞争。只有政府主导科学对接国家重点，编制高水平、系统性的规划，明确主攻方向，完备产业链条，才能最大限度发挥集群效应，让新生产业做大做强。第三，资源型城市转型必须继往开来，对标挖潜。彻底抛弃现有产业基础的转型既不可取也不可行，攀枝花如果没有了钢铁行业，极具发展价值的钒钛产业、稀贵金属产业也就无从立足。必须承前启后，为传统行业寻找新的出路，为新兴产业开辟成长空间。第四，资源型城市转型需要政策支撑，国家扶持。资源型城市在禀赋天成的同时，由于受地理环境和历史遗留问题等影响，也普遍存在仅靠自身努力难以完全弥补的短板。要解决这些问题，资源型城市在自强不息奋力转型的同时，还需中央、省出台有针对性的政策措施。

二、实施转型发展的重大工程

在经济发展进入新常态的形势下，资源型城市比其他城市承受了更大的经济转型压力，但这种压力同时也成为加快实施转型、尽快实现转型的契机和动力。特别是近期，受低端产品产能过剩、国际矿价大幅下跌、要素成本居高不下、工业经济持续低迷等影响，攀枝花市的转型发展真正走到了等不起、慢不得、虚不了的关口。当前及今后一个时期，攀枝花市将继续走转型发展道路，以“产业重构、功能提升、交通完善、创新发展”四大工程为重点，加快建设中国钒钛之都、中国阳光花城和四川南向开放门户，以期将攀枝花建设成为川滇交界毗邻地区区域性中心城市、具有南亚热带风光的宜居城市、以资源综合开发利用为主的现代特色工业城市。

实施产业重构工程，筑牢转型基础。对攀枝花市来说，产业重构既是构建现代产业体系、迈向中高端发展水平的必由之路，也是破解经济结构不合理、产业层级偏低困局的治本之策。攀枝花市坚持传统产业改造与新兴产业培育并举，深挖比较优势，突出内涵发展，聚焦“互联网 +”，从七个方面持续精准发力。一是多管齐下盘活矿业，引导停产、破产矿山开展兼并重组或破产重组，推动组建大型矿业集团，提升矿业的整体竞争能力。二是围绕市场优化钢铁，依托攀枝花钢铁在耐寒、耐磨、抗腐蚀等领域的性能优势，积极抢占国内外高铁市场，对接国家在基础设施和国防建设方面的特殊用钢需求。三是壮大机械加工与制造业，充分发挥攀枝花市钢铁微合金化的独特优势，加快发展以含钒钛铸锻件、汽车零部件、工程机械零部件等为主的机械制造业。四是做强现代农业，不断完善现代农业体系，提升芒果、蔬菜等特色农产品品质，建成全国一流的现代农业示范区。五是做大康养产业，以创建国家康养产业发展试验区为抓手，在养老、养生、医疗服务、休闲度假、体育竞技等领域打造出若干知名品牌，使之成为吸引各地康养人群、引领全市康养项目标准化建设的龙头，力争在全国形成“一说到康养就想到攀枝花”的效果。六是培育生物医药产业，建立一批中药材种植基地，培育若干中药材精深加工和生物制药项目，使其成为攀枝花市新的经济增长点。七是加快发展以现代物流为重点的服务业，推动建立川滇黔 12 市州商贸物流合作联盟，完善城乡配送网络，把攀枝花市建设成为辐射川滇黔的重要物流枢纽。

实施城市功能提升工程，强化转型支撑。遵循山地城市的一般规律和攀枝花片区组团式结构特点，不断优化城市功能分区和产城布局，加快推进新区建设，统筹实施旧城改造，用5到10年时间，将花城新区建设成为城乡统筹发展、功能体系完善、空间结构合理、地域特色鲜明、在全省具有较大影响力、在区域具有较大集聚和辐射带动作用的集行政、商务、住宅、现代服务业、生态优美于一体的现代化新型城区。加快能源、通信、教育、科技、环境等城市基础设施建设，不断完善城市功能，为新型城镇化发展提供畅通的物流、信息流、资金流等要素支撑。

实施交通网络完善工程，提供转型保障。交通作为经济的血脉，直接关系着城市转型的成败。为此，攀枝花市将着眼长远、前瞻谋划、统筹实施，做深做实“畅通‘大动脉’、完善‘微循环’”这篇大文章。抢抓“一带一路”、长江经济带建设等国家战略机遇，主推成昆铁路扩能改造、丽攀昭铁路、攀大（理）铁路、攀宜（宾）沿江高速公路、攀大（理）高速公路，积极争取金沙江攀枝花至水富段航道项目，加快构建区域性综合交通枢纽。围绕促进城乡一体建设，加快完善城镇路网体系，不断提高市域路网的集散能力和通达性。在“十三五”内，形成完善的城市半小时经济圈、县域1小时经济圈、与周边县域2小时经济合作圈、与邻近大城市3小时经济协作圈，彻底打破空间壁垒，进一步支撑攀西战略资源创新开发试验区建设和区域性交通枢纽地位，化地缘劣势为区位优势。

实施创新驱动发展工程，激发转型活力。创新驱动是调结构、促升级的重要引擎，攀枝花市将以创新为转型升级的“突围”利器，加大对科技等领域的投入力度，对重大技术攻关实行重奖政策，以行业创新、技术创新提高产业价值和市场竞争力。一是围绕提高资源综合利用率，深化与中国科学院、中国工程院等科研机构的合作，全面加强创新平台建设，大力实施顶尖和优秀人才、钒钛产业院士后备人才、技术创新团队的培养计划，切实用好国家级产业技术创新战略联盟。二是举全市之力攻克钒钛磁铁矿直接还原、氯化法钛白、高钛型高炉渣提钛利用、钒电池组件等一批制约产业升级的技术瓶颈，推进钒钛在航空、航天、海洋、化工、汽车、医疗等领域的应用，提高产品品质和附加值，打造攀枝花品牌。三是依托攀枝花市为全国第三大石墨矿区的资源优势，在搞好市场调研的基础上，引进、研发系列石墨烯相关技术，抓紧谋划包装一批高端项目，力争建设成为中国西部最大的石墨烯原材料生产基地。四是加快风能、太阳能、生物质能等新能源开发，注重发挥应用功效，将新能源利用与钒钛资源开发、城市建设、民生工程、建筑节能以及干热河谷植树造林等有机结合，助推攀枝花市转型发展。

（作者：柳康健，攀枝花市人民政府副市长）

淮南采煤沉陷区综合治理模式的创新

采煤沉陷区综合治理是一项极其复杂、高度综合的系统工程。安徽省淮南市在采煤沉陷区治理过程中，探索出的“先搬后采”和“集中式搬迁、发展式安置、开发式治理”的采煤沉陷区综合治理新模式，解决了采煤沉陷区失地群众生活、生产和发展等难题。

一、淮南采煤沉陷区概况

淮南是一座“缘矿而建、因煤而兴”的典型资源型城市，煤田煤炭资源远景储量 444 亿吨，探明储量 180 亿吨，煤炭资源量占安徽省的 74%，占华东地区的 50% 以上，品种以气煤和焦煤为主，是国家规划建设的 13 个亿吨煤基地和 6 个煤电基地之一。2011 年全市煤炭总产量达到 1.0 × 108 吨。

淮南煤田的地质构造复杂，横跨淮河南北，以淮河以北为主采场。淮河以北为平原地貌，地下煤层为缓倾斜平槽煤，采煤沉陷浅，沉陷率较高，开采沉陷比率约为 0.271 公顷 / 万吨煤；淮河以南为急倾斜立槽煤，采煤沉陷深度大，沉陷率较低，开采沉陷比率约为 0.11 公顷 / 万吨煤。淮南矿区共形成六大沉陷区，根据地名分别命名为九大沉陷区（九龙岗—大通）、谢李沉陷区、新李沉陷区、潘集沉陷区、张谢沉陷区和新集沉陷区。除九大沉陷区为稳定沉陷区外，其他均为非稳定沉陷区。①

淮南矿区属于典型的高潜水位类型，总面积 1514 平方公里。截至 2014 年底，淮南市采煤沉陷区面积约为 235 平方公里，以潘谢矿区和凤台新区采煤沉陷为主，沉陷区分布在潘集区、凤台县、毛集实验区、八公山区、谢家集区和大通区 5 区 1 县，占全市国土面积的 9.1%；涉及人口 32.1 万人，占全市总人口的 13.2%；沉陷区中 60% 以上为积水区域，最大塌陷深度超过 20 米。预计 2020 年采煤沉陷面积为 241.3 平方公里，2030 年采煤沉陷面积为 341.6 平方公里；2043 年，第一水平原煤采完后，采煤沉陷地将达到 370.80 平方公里；到 2135 年，潘谢矿区服务年限终止，采煤沉陷地将增加到 584.48 平方公里；最终沉陷面积将达 682.8 平方公里，占全市

---

① 白林、华小全、张代海：《煤矿塌陷区治理模式的比较分析——来自淮南矿区的三种模式》，《安徽省采煤塌陷区综合治理学术论文集》，安徽科学技术出版社，2012 年版。

国土面积的26.4%，涉及人口约61.1万人，占目前全市人口的25.1%。2020年底，淮南矿区采煤沉陷将影响区域总面积1359.4平方公里。其中，可耕地面积将减少46.75%，园林面积将减少46.29%。届时矿区的生态环境、自然景观、土地利用结构以及农村社会经济条件都将发生巨大变化。[①]

二、淮南采煤沉陷区治理的实践探索及成效

煤炭城市，因煤而兴，也为煤而忧。煤炭开采在为国家经济社会发展做出突出贡献的同时，伴随而来的采煤塌陷也造成大量耕地资源损失、道路供水供电等基础设施严重损坏、矿区煤尘增加、生态链断裂等一系列问题。最直观的表现就是，昨日还是绿荫良田，今日已沉入水中。采煤沉陷区面积的不断扩大，不仅影响广大群众的正常生活，而且严重困扰城市经济社会的可持续发展。

（一）淮南采煤沉陷区治理模式的探索形成

淮南市面临的难题是：煤是要采的。煤炭开采及其相关产业作为城市的主体产业，不仅提供了大量的财税收入和居民的就业岗位，而且事关社会稳定和人民安康。就业问题是安民之策、兴城之本，在替代产业发展没有跟进的状况下，稳定现有产业结构格局是经济社会发展的次优选择。而地是要塌陷的。煤炭开采的最大“后遗症”就是矿区的土地塌陷。淮南地处平原地区，塌陷的都是“吨良田”，是农民生产生活的依靠。据测算，淮南矿区平均万吨煤开采的塌陷面积为1100—2670平方米，按照近年来的开采速度，矿区每年将新增沉陷区面积15.0平方公里以上。[②]采煤塌陷后需要进行综合治理，这一工作至少包括塌陷区原居民的搬迁安置、塌陷区土地的重新利用、塌陷区生态环境的修复等。淮南市在采煤沉陷区治理过程中，探索出“先搬后采”和“集中式搬迁、发展式安置、开发式治理”的采煤沉陷区综合治理新模式。

1. 集中式搬迁与推进城镇化进程相结合。传统的采煤沉陷区居民安置基于“先生产，后生活”的原则，其一般程序是：生产矿井在煤炭开采过程中，造成矿井开采范围内的住房损坏的，先进行维修，实在坚持不了的，考虑在矿井家属区附近“见缝插针”建设简易住房安置塌陷区农户。这种小、散、乱、拖的解决问题的办法，造成生产矿井与周边农户说不清、理还乱的矛盾。2006年以来，淮南市坚持推进“先搬后采”作业方式，矿井规划区居民全部实施集中式搬迁，等待居民全部

① 参见陈波：《促进我市采煤沉陷区综合治理的政策思考》，《财经界》2013年第6期。

② 同上。

外迁后矿井才能正式开采。这种以集中式搬迁解决塌陷区住户居无定所之忧，使人口向城镇集中，以人口的集中带来市场的聚集和经济发展，推进沉陷区居民城镇化进程。

淮南市集中式搬迁选址参考“毗邻矿区大门、拓展乡村集镇、依托政务中心、再建安置新城”等地点，采取“市场运作，公司代建”的办法，建设以多层住宅为主，少量高层住宅，使人口向城镇集中。2006 年至 2013 年，全市累计投入搬迁资金 100 亿元，建设沉陷区搬迁居民集中安置区 61 个，搬迁居民 29.8 万人。凤台县凤凰湖是淮南矿区最大的“集中式搬迁”项目，总规划 24 平方公里，其中专门规划的 6 平方公里采煤沉陷区居民安置区，将容纳沉陷区居民约 10 万人。

2. 发展式安置与搬迁人口就业相结合。采煤沉陷区居民外迁了，农民上楼了，如何为这一群大多是种了半辈子田的失地农民提供更多的就业岗位，就成为集中安置区亟须破解的难题。发展式安置，就是遵循统筹城乡发展的要求，将集中安置区建设成为“宜业、宜商、宜居、宜学”的新型社区，并与城市公共服务均等对待，配套高层次的公共基础服务设施。安置区配套建设农民创业园、劳动密集型工业园。潘集区的淮上人家集中安置区紧靠平圩工业园，工业园庞大的劳动力需求解决了失地农民的就业问题。凤台县的凤凰湖区集中安置区，配套建设了承接产业转移工业区、农民创业园等。

为了提升失地农民劳动技能，提高获取收入的能力，安置区针对采煤沉陷区失地农民采取了就业援助行动，以尽快完成农民向市民的生产生活方式转变。从 2009 年开始，淮南市 3 年内累计支出培训经费 6000 万元，2010 年就业援助行动共培训失地农民约 1 万人；“企业培训、政府补贴、劳务派遣、择地就业”的方式，让农民获得了新的生存技能。[①]

3.开发式治理与“两型城市”建设相结合。采煤沉陷区治理与创建“资源节约型和环境友好型城市”的“两型城市”相结合，实现土地利用、生态修复、环境涵养等功能和价值，最终建成开发区、旅游区、生态区。实现沉陷区的再利用、资源化和可持续发展是淮南矿区对采煤沉陷区进行开发式治理的目标。泉大环境修复工程一期项目已建成大通湿地、洞山井、老龙眼3个生态区；潘集区后湖生态园采取“公司+合作社+农户”的模式，实现土地塌陷不荒废，农民失地不失业、失地不减收；谢家集区内望峰岗镇位于淮南主城区与西部连接带，谢一、谢二部分塌陷区被鑫森物流公司相中，通过塌陷地回填，开发成为集废旧物资加工、储存、物流于一体的综合性再

① 李松、秦元春：《淮南市采煤沉陷区失地农民安置现状分析及对策研究》，《淮南师范学院学报》2013 年第 5 期。

生资源回收利用业务，成为皖西北最大的再生资源集散中心。

（二）淮南采煤沉陷区治理的成效

淮南市坚持“立足煤、延伸煤、不唯煤、超越煤”的发展方式，将采煤沉陷区综合治理与推进农村居民城镇化进程、实施城乡一体化工程、立足人的发展与生态修复、创建“两型社会”结合起来，这一创新既破解了新难题，又带动历史遗留问题的解决，让开发式治理助力“两型城市”建设。

2015 年 7 月 30 日，调研组在淮南市凤台县凤凰湖新区安置区调研

1. 集中式搬迁，解沉陷区居民安居之忧。集中式搬迁，不仅可以解决过去零散安居的二次搬迁问题，还可以统筹不同矿井采煤塌陷区住户的村庄搬迁、就业安置和生态修复的全面协调发展，特别是新的安置区拥有一定的人口规模，带动交通、供水、供电、通信和文化教育等公共基础设施建设，使得搬迁后的居民能够实现“生活城市化，生产多元化，生态资源化”的目标，推动了沉陷区新农村建设、城镇化进程和矿区协调发展。

2. 发展式安置，除沉陷区居民就业之虑。靠近城郊的集中式搬迁，不仅使人口的集中带来就业岗位的增加，而且可以让农户近距离接近城市庞大的劳动力需要市场。同时，通过政策引导农民自主创业和提升农民就业机能，为搬迁农户融入城市并扎根城市、谋求发展提供机会。发展式安置带来沉陷区居民区的收入、生产和生活方式等一系列变化。[①] 集中安置区周边配套建设的承接产业转移工业区，也可以依托大量劳动力资源得到快速发展，从而形成对沉陷区综合治理项目强有力的支持。

3. 开发式治理，破沉陷区后续发展之难。淮南矿区形成采煤沉陷区开发式治理三种模式：一是环境修复同资源枯竭矿井土地盘活相结合的“泉大模式”；二是将小城镇建设与服务矿区生产相结合的“新集模式”；三是把环境修复同农业产业结构调整相结合的“后湖模式”。三种模式都因地制宜，宜城则城，宜工则工，宜林则林，宜水则水，相得益彰，并以良好的开发效果带动了一直困扰矿区发展的采煤沉陷区内棚户区改选工程，推动了历史遗留难题的破解。

4. 注重生态修复，创建“两型社会”。成立于 2010 年的淮南绿馨园采煤沉陷区综合治理有限公司，是以采煤塌陷区综合治理为基础的发展苗木培植、养殖、农产品加工、观光旅游、休闲娱乐等相关产业的民营股份制企业。该项目所用土地通过土地流转获得，规划面积 12000 亩，总投资 3 亿元，分 10 年完成。2013 年“绿馨园”主导产业包括：林业，栽培西湖垂柳 20 余万株，红叶石楠 20 余万株，中山杉、速生紫薇、桂花等近 10 万株，总计栽植面积 2200 余亩；林下经济，林下栽植中药材紫苑 200 余亩，养殖溜达鸡 3 万余只，皖西白鹅 2 万余只；水面立体养殖业，利用千亩水面，放养了四大家鱼 120 万尾，黄颡鱼、美国鮰 10 万余尾，水面麻鸭 1 万只；生态旅游业，建成 260 多亩生态采摘园和千米葡萄走廊；生态农产品加工业，以加工名、特、优生态农产品和多种时令蔬菜，利用“绿馨园”商标推向市场。[②]“绿馨园”走出一条采煤深陷区生态修复建设的新思路，为淮南创建“两型社会”提供了很好的示范。这给我们的启示是，在市场经济条件下，在配套政策支持下，可以做到采煤沉陷区生态修复、社会效益、个体效益的统一。

三、采煤沉陷区治理难点和进一步改进的思路

（一）采煤沉陷区治理的难点

淮南市采煤沉陷区涉及 27 个乡镇，约 31.1 万人居民，占全市总人口的 12.8%。据统计，截至 2013 年底，减产、绝产耕地 15 万亩，受损县级以上道路 51.7 公里，河流 663 公顷，桥梁 1110 座，电力及通讯线路 252.2 公里。[③] 目前，煤炭开采所带

① 李松、秦元春：《淮南市采煤沉陷区失地农民安置现状分析及对策研究》，《淮南师范学院学报》2013 年第 5 期。

② 华小全、白林：《采煤沉陷区治理的路径分析》，《财经理论与实践》2013 年第 8 期。

③ 陈波：《促进我市采煤沉陷区综合治理的政策思考》《财经界》2013 年第 6 期。

来的问题还远远没有显露出来。

1. 采煤沉陷区失地农民权益没有得到有效保障。在淮南矿区，还存在沉陷区土地“以租代征”现象，矿山企业在未办理征用地手续情况下或者未达到开采时间提前进行煤炭开采，导致土地沉陷，住房安置不及时，仅采取每年支付青苗费“以租代征”方式，未支付群众足额土地补偿费，且青苗费补偿水平偏低。目前约 15 万亩未征沉陷地处于政策边界，这一方式的弊病显而易见，当矿山企业遭遇市场风险时，失地农户种田无地、就业无岗、收入无路，势必导致矿山企业与农户之间直接的利益对立，成为引发重大社会问题的潜在因素。

2. 采煤沉陷区住户安置补偿经费不足，安置工作滞后。一是沉陷区农户的住房补偿，不仅低于全市农村平均住房面积，也低于城市平均住房面积。2009 年以后，淮南市将过去“据实补偿”改变为“按人口补偿”，根据家庭常住户口补偿人均 28 平方米房屋面积。这一方式给农村富裕家庭带来较大的损失。二是住房补偿经费不足。2011 年 7 月以来，矿山企业对沉陷区住户人口补偿的建房补偿标准为每平方米 650 元。在建筑成本和劳务成本上涨的情况下，这一企业补偿标准也会随之提高，但远不足以建设高质量的高层或多层住宅楼。2014 年当建房成本上涨到 1300 元 / 平方米时（凤台县政府凤凰湖集中安置区多层中标价），每平方米资金缺口达到 1/3 强。三是公共配套设施和建筑节能建设成本如何进行补偿问题，参考住房补偿成本的 20% 比例，显然是杯水车薪，地方政府处于矿山企业不愿意支付过高的补偿成本负担，沉陷区农户安置补偿要求又难以协调的两难境地。四是历史遗留问题的解决。21 世纪初曾经展开采煤沉陷区治理，但力度较小，鉴于国家支持棚户区改造项目主要惠及的是资源型枯竭型城市，淮南作为成熟型资源城市，在享受国家政策方面处于边缘的地位，对破解时间跨度大、涉及行业广泛和部分特殊类型场站补偿的历史遗留问题，仍处于探索阶段。

3. 采煤沉陷区综合治理难度大，生态修复事倍功半。采煤沉陷区综合治理需要达到的目标很多，包括沉陷区的利用、水系重构、湿地生态建设、矿区生态恢复等，进而通过煤炭资源开发与环境承载力的协调，实现经济社会与资源环境的协调发展，以改善和提高矿区居民的生活质量。①

采煤塌陷区生态环境破坏严重，这包括历史遗留原因和现代化开采进度过快等原因。相对于破坏而言，治理和恢复是一项复杂且漫长的过程。《国家中长期科学和技术发展规划纲要（2006—2020 年）》和“五年”规划均将开发矿区生态保护及恢复技术作为工作重点，提出发展绿色矿业，推进矿山地质环境恢复治理和矿区土

① 李凤明：《我国采煤沉陷区治理技术现状及发展趋势》，《煤矿开采》2011 年第 3 期。

地复垦工作，恢复矿区生态环境成为矿山综合治理的努力方向之一。①

4. 矿区社会发展压力突出，和谐社会建设难度增加。一句“沿淮多诉讼”道不清矿区煤炭开采给区域社会发展带来的压力。预计到2020年，淮南市塌陷区总面积将达到55.362万亩，塌陷区受损居民达60万人，失地劳动力达20多万人。历史问题和现实问题叠加，导致社会稳定工作积重难返。由于缺乏就业、社会保障资金和优惠政策，导致失地农民就业压力增大，部分缺乏就业技能农民的生活从小康跌入贫困。沉陷区群众没有享受到煤炭开采带来的收益，且补偿没达到正常标准，致使心理不平衡，影响沉陷区社会稳定。

（二）进一步改进采煤沉陷区治理的思路

传统的采煤沉陷区治理是基于工业化初期利用廉价生产要素获取经济发展的低成本优势。当进入工业化中后期阶段，资源价格反映其成本和稀缺也是经济发展的规律。科学发展观的确立要求必须兼顾国家、企业和个体的利益，不能以某一方利益受损而让另外一方受益。在实践工作中，应创新发展思路，用全新的理念，指导采煤沉陷区综合治理工作。

1. 健全法律法规，协调各方利益，调整治理原则。在协调各方利益的基础上，出台《淮南市采煤沉陷区综合治理条例》。传统“谁损毁，谁治理”的治理原则是发达国家建立在产权私有前提下的，而我们很多企业责任划分尚不清晰，且采煤沉陷涉及矿区开始开采到报废前后可长达百年的时间。在这一情况下，所谓建立在“谁损毁，谁治理”的治理原则前提下的明确权利、义务，最终受损的只能是弱势群体的采煤沉陷区住户。因此，要建立“企业破坏，社会化治理”的原则，在鼓励造成土地沉陷的采矿企业进行治理的同时，政府引导其他力量进入这一行业，争取多方力量完成采煤沉陷区综合治理这一重任。

2. 多渠道引入资金，促进矿区经济社会发展。单独依靠财政资金和企业补偿资金开展采煤沉陷综合治理工作无疑是杯水车薪，应探索形成一套制度，多渠道引入资金，使得产业资本和金融资本对接，以弥补采煤沉陷区综合治理资金的供给缺口。应利用市场手段去拓展资金的来源渠道，规范采煤沉陷区治理的权利、投入、权益的分享机制。通过产权制度创新，加大综合治理项目扶持力度，尝试对治理后的土地拥有一定时限使用权的方式，开辟新型投资渠道，吸引大量民间资金参与采煤沉陷综合治理项目。这样不仅可以有效缓解政府在建设期间的资金压力，且可为民间资金找到实业生产的机会，优化资源配置，缩短采煤沉陷区修复建设周期，加

① 于左、李连成、王雅洁：《资源枯竭型城市采煤沉陷区如何走标本兼治之路——阜新采煤沉陷区治理实践与启示》，《社会科学辑刊》2009年第1期。

快矿区经济社会发展速度。

3. 建立可持续发展准备金制度，形成资源开采和生态补偿机制。首先在煤炭开采大省山西试点的建立可持续发展准备金制度，有利于可持续发展长效机制的形成。山西省采取吨煤税前提取资金的做法，设立可持续发展准备金专用账户，用于区域社会生态治理项目。国家层面应当尽快出台有关资源型城市可持续发展准备金管理办法，专门用于沉陷稳定区的土地复垦、农田整理、水利建设，进行沉陷区生态修复和环境治理，解决过去形成的沉陷区遗留问题，以控制未来这一问题的进一步恶化。应在土地使用权上创新，构建资源和生态“谁治理，谁收益”的利益机制，以尽量减少外部性对区域社会生态可持续发展的负面影响。

4. 构建政府、企业、失地农民和有非利益方参与的沟通协调平台。过去以政府主导的采煤沉陷区失地农民补偿问题，作为受损方的住户反而没有参与权，补偿标准多是矿山企业与地方政府博弈的结果，这就形成在许多地方以农户利益受损为代价，换取政府财政收入、企业资源红利和地方干部政绩的发展模式，其短期矛盾被掩盖，但长期矛盾却愈来愈甚。因此，应创新矿山开采对沉陷区住户损害补偿的协调机制，构建政府、企业、失地农民和有非利益方参与的沟通协调平台，让公平、公正、公开的原则渗透进利益协调的每一个环节，以化解社会矛盾的积聚。

5. 建立多方参与的采煤沉陷区治理专项资金绩效考评。采煤沉陷区综合治理资金是失地农户的保命钱，寄托着农户未来发展。现实情况却是，由于这些资金没有受到应有的监督和使用绩效考核，导致这一专项资金在使用过程中问题不断，有用于建设面子工程的，有建设后就是豆腐渣工程的，根本就无法使用。因此，一种完善绩效考评制度保障机制势在必行：从资金的交付、项目的选择、施工的招标、工程的监管到项目的评估，都应当有多方利益代表参与。考评结果应突出公共财政效益和社会效益导向，以绩效为核心确定财政支持手段、资金投向和数量，将绩效考评结果公开作为后期项目安排的重要依据。

四、结论及研究展望

相比一些资源枯竭型城市而言，淮南市的煤炭开采正处于“壮年”，采煤沉陷区综合治理问题在目前还不是特别突出，但采煤沉陷对区域经济社会生态的负面影响已很严重，不能等到资源枯竭多年以后，才开始开展生态恢复及环境整治等一系列工作，从“宜早不宜迟”的原则出发，走创新发展的路子来建立起“采煤沉陷区综合治理长效机制”，以减轻煤炭开采对区域经济社会环境的负面影响。

展望中国采煤沉陷区综合治理问题，仍然任重道远。首先是国家在政策上支持采煤沉陷区综合治理方面的力度不大，国家在享受了低成本资源、低成本工业化所带来收益的同时，将采煤沉陷区综合治理这一难题给了市县一级政府，而现行的税收政策留给市县一级的比例过低，导致这一难题无限期地后延。二是国家对资源型城市的基础设施建设投入不足，而资源型城市高强度交通运输需求导致其基础设施的耗费要强于非资源型城市，这一社会公共资本的缺少导致民营资本不愿意进入资源型城市从事采煤沉陷区综合治理项目。三是采煤沉陷区综合治理项目都是中长期项目，不仅要经过合适的规划论证，且大多必须在沉陷区稳定以后开展，但现行的地方政府考核制度，必然形成官员“有水快流”的发展思路，无形中使本应当时解决的项目一再延缓，将本应全面展开的项目仅建设几个示范点，以应付上面检查。这种只顾惜眼前利益的工作思路，留给子孙后代的不是财富，而是无穷的后患和沉重的负担。因此，应创新矿区发展思路，建立采煤沉陷区综合治理的新秩序，让沉陷区这一资源成为区域经济社会发展的“福音”，而不是“负担”。

（作者：白　林，淮南师范学院经济与管理学院院长、资源型城市发展研究中心主任、教授
华小全，淮南师范学院资源型城市发展研究中心副主任、副教授
朱杨宝，淮南师范学院经济与管理学院院长助理、副教授）

对阿拉善盟经济转型发展的思考

中国经济进入新常态，作为以资源为依托的内蒙古自治区阿拉善盟，面临着新的机遇和挑战，应深刻认识新常态带来的变化，积极适应新常态，努力引领新常态。

一、适应增速换挡的新变化

从阿拉善盟来看，在过去几年里，经济增速由2011年的19.5%下降到2014年的8.6%，2015年上半年更是下降到6.2%，投资效果系数由2011年的44.2%下降到2014年的3.3%，下降趋势与国家和自治区基本是一致的。这些经验和数据证明，与全国一样，阿拉善盟经济已由高速增长进入中高速增长阶段。

经济增速下降虽然不是好事，但其后果并非完全是不利的。从有利方面看，它有利于实现供需再平衡。粗放式的经济增长方式，依靠增加投资扩大规模实现简单再生产，造成生产成本与效益不匹配，导致投入大而效益低，阿拉善盟投资率逐年攀升，由2011年的52.7%上升到2014年的83.5%，而企业利润逐年下降，亏损面不断扩大，规模以上工业企业亏损额增加；造成供给与需求不匹配，导致产大于销，产能过剩，规模以上工业企业产品销售率由2011年的95.53%下降到2014年的90.7%，2015年一季度，产品销售率下降到79.1%，使得产成品库存增加。而增速下降迫使供给与需求趋于平衡，将会逐步把虚高的GDP水分挤掉，回到经济增长的正常轨道上。它有利于缓解压力。这些压力来自于资源和环境两个方面，高速增长必然导致对资源的需求增加，从而进一步加剧资源的紧张趋势。就阿拉善盟而言，最典型的是对水资源的需求长期处于高位，一些项目因水资源缺乏而忍痛放弃，一些园区因水指标落实不了而陷入困境；高速增长还导致对已经绷得很紧的环境造成进一步挤压，产生对环境的负面影响，破坏了人民群众对美好环境的新期待，从而加重由于环境给经济发展带来的压力。而增速下降使资源需求、环境压力得以减轻，会缓解经济增长与资源环境之间的紧张局面。它有利于缩小差距。这些差距主要表现在分配方面，由于过于追求速度高度依赖投资，造成资本在分配中占据主导地位，而劳动者收入占比较低，且增长缓慢，导致收入分配不公，进而拉大收入差距。研究表明，第二产业增加值比重较高的地区，劳动者报酬占国民收入的比重都比较低。盟内一些企业拖欠工人工资，造成职工频繁上访就是明证。增速下降意味着投资的拉动作用减弱，而动力转换要求创新发力，提高人力资本的比重，使失去平衡的资本与劳动之间的分配格局实现再平衡。

从不利方面看，增速下降表明需求下降，反映出市场进入低迷状态，导致企业产品销售不畅，外欠货款增加，效益下降。2014 年，阿拉善盟规模以上企业产品销售率为 90.7%，应收账款同比增长 44.03%。2014 年末，在监控的 30 种产品中，有 24 种产品价格下降，14 种产品产量下降；增速下降表明成本上升，诸如劳动力、资源等要素价格逐年攀升，进一步挤压了利润空间，许多企业开工不足，产能利用率下降；增速下降还导致风险凸显，一些过去潜在的矛盾和问题浮出水面，如产业结构不合理，导致市场需求不足的产品主要集中在重化工领域。2015 年一季度，重点调度的 20 种工业产品产量同比下降 17 种，其中，硫化碱、多晶硅、铁矿石产量降幅超过 50%；企业效益下降，还导致银行呆坏账增加，企业债务风险加大，等等。由于增速下降，这些潜在问题被激活，使经济运行处于紧张状态，一旦处置不当，有可能使矛盾爆发，影响经济发展和社会稳定。

面对经济增速下降的客观现实，首先应正视现实，降低预期。应充分认识到，这次经济增速下降不是周期性下降，是经济发展进入一定阶段的反映，是经济总量达到一定规模后的选择，是生产成本上升、投资效益下降的结果。因此，应努力从高速增长的惯性思维中走出来，勇于接受中高速增长的客观现实，在制定增长目标时，降低增长预期，使增长速度处于经济增长的合理区间，保持经济持续健康发展；其次应明确底线，降低风险。对阿拉善盟经济增长、就业人数、市场流动性进行测算，明确经济增长的合理区间，在不突破底线的情况下，努力实现稳增长的目标，从而降低经济运行的风险；再次要增加投资，降低成本。新常态不等于低速增长，减少高投资的路径依赖，并不是不要投资，而是应从阿拉善盟经济所处发展阶段这一最大实际出发，使投资能够满足经济增长处于合理区间的需要，使投资能够符合不同地区具有的潜在增长率的实际，使投资能够顺应国家产业政策变化的调整方向，进一步加大投资力度，满足经济增长的需要。同时，从多方面下大力气保增长、守底线：着力降低规模以上企业生产成本，努力扩大企业获利空间；着力抓好中小企业政策科技金融服务，放手让市场主体创业；着力抓好重点项目投资推进，力促项目早日开工建设，努力保持经济稳定增长，为调结构创造条件。

二、适应结构调整的新变化

随着中国经济进入新常态，经济结构不断优化升级，产业结构中三产的增加，消费结构由同质化向个性化转变，投资结构由传统领域向新兴业态移动。这些趋势性变化对阿拉善盟经济结构造成一定压力，进一步暴露出阿拉善盟经济结构长期存在的突出问题——资源型、重型化、高投资、粗加工的特点。如果跟不上这一变化，必然造成供求关系的脱节，形成产业结构与需求结构的错位，最终可能导致产品没市场，企业没效益，工人没饭碗。

阿拉善盟经济结构问题突出，调整步伐缓慢，原因众多，但主要有三。一是要素禀赋。阿拉善盟的优势是资源丰富而资金短缺，地域广大而人口稀少，区位优越而基础薄弱，工业独大而技术匮乏，这就决定了阿拉善盟经济的发展路径是资源粗放型经济。二是产业结构。由于底子薄、基础差、资金短缺、技术进步缓慢，使得有限资本在工业领域重复进行简单化的量的扩张和循环，导致二产发展慢，规模小且层次低，分工简单且专业化程度低，进而制约了生产性服务业的发展。反过来，后者发展慢，使得生产成本和交易成本居高不下，又制约了工业的发展，最终导致产业结构畸形发展。三是人口因素。由于人口少、消费低、市场发育不全，导致生活性服务业发展不起来，转而接受区域性中心城市的消费辐射。以上问题不解决，结构调整难有大的进步。阿拉善盟经济所处发展阶段的特殊性决定了应从客观实际出发辩证看待结构调整。一方面要遵循经济发展的客观规律，做好存量这篇文章，努力发展第二产业特别是工业，着力提高资本积累，着力引进吸收技术，不断壮大经济实力，为加快发展第三产业创造条件；另一方面，要跟上经济结构调整的步伐，做好增量这篇文章，着力提升非资源性产业比重，着力加快发展第三产业。经验表明，重化工业并非经济发展的必经阶段，关键是发挥比较优势，通过技术进步提高要素配置效率。

从近期看，结构调整必然会带来阵痛。就阿拉善盟而言，农牧业结构调整将带来观念和利益的变化，农牧民从大水漫灌式的种植方式转向高效节水的种植方式，不仅有惯性思维方式的梗阻，更有“节水减地”带来的现实利益损失，内在动力不足使农牧民成为结构调整的最大阻力；工业结构调整又导致部分产业兼并重组，部分企业淘汰出局，一些园区陷入困境，政府税收下降，失业人员增加，银行风险加大。这些阵痛涉及多方面利益，将使结构调整困难重重、步履维艰。特别是，结构调整的特点是以存量调整为主，势必打破现有利益格局，而存量调整的阵痛期又比较长，且是多种调整交织在一起，既要解决产能过剩、低附加值的问题，又要解决投资比重过高、初级产品过多的问题，还要解决企业“三高”的顽症，可谓头绪繁多、相互牵连，必须施以大力方能除之而后净。从长远看，随着结构调整的深入推进，需求结构、产业结构、要素结构将会有新的变化。2015 年一季度，阿拉善盟投资结构中二产下降 8.63%，用电结构中三产增长 94.33%，要素结构中土地出让减少 54.36%，显示出结构调整的新动向。未来，消费的比重将会持续上升，过高的投资比重将会逐步下降，一产的就业人数会继续向二、三产业转移，小微企业会得到进一步发展，重型企业的比重会有所下降，专业化程度会逐步上升。

充分认识结构调整带来的利弊，因势利导，趋利避害，坚定不移地推动结构调整。大力发展现代农牧业，通过土地草牧场确权流转推动规模经营，积极培育新型农牧业经营主体，发展节水高效农牧业、特色沙生植物产业，推进蔬菜大棚、沙葱种植、超级绒山羊等特色产业发展，实现农牧业结构的顺利调整。同时，应做好农牧民转移转产的引导工作，对因利益受损以及生产生活受到影响的农牧民给予必要的补偿。大力推进新型工业化，传统产业应在新型化上做文章，通过产业重组、升级改造、技术延伸、淘汰落后，使煤化工、盐化工、精细化工等产业脱胎换骨，浴火重生；新兴产业要在规模化上做文章，通过招商引资、兼并联合、突破瓶颈，壮大清洁能源、装备制造等产业规模和实力；支柱产业应在多元化上做文章，通过新型化、规模化，培育形成多个支柱产业，实现工业结构的顺利调整。大力发展服务业，重点发展旅游业、物流业和奇石文化产业。旅游业应完善服务设施、抓好品牌营销、加强内外合作。在产业结构调整中，企业重点抓好改革、转制和重组，形成符合产业发展方向的体制机制。政府重点抓好 3 项工作：抓好转变职能，该下放的权力要下放到位，给企业松绑；抓好财税改革，引导结构调整的方向；抓好债务清理、人员疏导等，防控由结构调整引发的系统性风险。对于下岗人员，政府应完善社保，做到应保尽保，还应加强培训，使之重新上岗。

三、适应动力转换的新变化

长期以来，阿拉善盟经济增长的动力来自 3 个方面。从要素动力看，主要是资源驱动。丰富的矿产资源形成的比较优势构筑起化工、能源、冶金、建材等几大支柱产业，奠定了阿拉善盟经济发展的基础。但随着经济规模的不断扩大，对资源的需求日益增长，加之粗放式的开发利用方式，使得资源开发的步伐越来越难以跟上经济增长的需要。从需求动力看，主要是投资驱动。进入 21 世纪以来，阿拉善盟经济之所以能够持续快速增长，主要得益于连续多年的投资拉动。“十一五”期间，年均投资率达 72.3%，“十二五”以来，尽管受到经济下行的影响，年均投资率仍然达到 66.2%。但是，随着投资规模的不断扩大，投资效益却逐年下降，增量资本产出率逐年递增，特别是近几年更为明显，投资效果系数由 2011 年的 44.2% 下降到 2014 年的 3.3%。从产业动力看，主要是工业拉动。三次产业中，工业的比重越来越高，最高曾达到 83%。工业对经济增长的贡献率不断上升，最高曾达到 87.95%。与此同时，工业企业效益却在下降。以上变化说明，拉动阿拉善盟经济增长的三大动力在减弱，亟须新的增长动力替代。但是，从当前阿拉善盟经济发展阶段看，虽然投资拉动作用在下降，但在新的增长动力尚未形成之前，投资仍然是经济增长的主要拉动力。因此，一方面，要继续加大招商引资力度，调整投资方向和结构，另一方面，要加快技术的引进、消化、吸收，积极培育新的增长动力。

新的增长动力蕴含在创新驱动中。中国经济进入新常态表明，增长动力正在由投资驱动、要素驱动向创新驱动转变。就阿拉善盟而言，创新驱动已崭露头角。2013年，全社会科技研发经费占地区生产总值的比重为1.4%，高于自治区0.7个百分点；创新平台建立，共有国家级高新技术企业2家，院士工作站2家，自治区高新技术孵化器1家，自治区企业技术中心8家；创新成果丰硕，氯碱行业形成以特种树脂为主的循环产业模式，沙生植物产业已启动实施肉苁蓉等11个研发及产业化项目，煤炭行业形成开采、洗选、焦化及精细化加工的循环产业链条，载人飞艇技术的引进标志着高端制造业在阿拉善盟开始起步。创新驱动的成效日益显现，它显著地提高了产品的附加值，提升了企业的竞争力，为企业带来了较高效益。在技术创新初期，虽然增加了企业成本，但总体上降低了生产成本。另一方面，新旧动力转换的过程是一个问题暴露、矛盾激化的过程，技术的引进、消化、吸收是一个长期的过程，必然伴随着投入加大、资金紧张，成本上升、效益下降，风险增加、前景不明等一系列问题。由于投入太大，许多企业无力承担、望而生畏，长期在低水平徘徊；由于效益下降，一些企业的生存面临破产的威胁，忍痛放弃了技术创新的打算；由于风险增加，部分企业在创新失败的先例面前止步不前。这些都是创新驱动难以推进的现实问题，它们也考验着政府、企业和企业家的耐力、意志和智慧。同时，阿拉善盟在技术创新方面与发达地区的差距在拉大，特别是与区内呼、包、鄂等先进地区在科技投入、专利数量、科研成果、创新平台、技术人员、产业层次等方面差距明显。如果阿拉善盟在创新驱动方面没有大的作为，不能跟上动力转换的步伐，那么阿拉善盟经济将会长期在低水平徘徊，与其他地区的差距也会越来越大。

实现增长动力的转化，阿拉善盟应重点抓好三件事，即实施创新驱动战略，增加人力资本投入，推进信息化进程。在创新驱动方面，关键是建立创新机制，设立创新研发专项基金，对列入政府创新重大项目给予补助。研究表明，政府研发支出每增加1%，全要素生产率增加0.17%；而企业研发支出每增加1%，全要素生产率只增加0.13%。设立创新投入担保基金，为企业贷款提供增信，鼓励引导企业消除顾虑，敢于投入加大投入；扩大创新平台规模，鼓励更多的企业与科研院所开展合作，进行共性技术和关键技术的研发；启动一批重大科技专项，在沙生植物、清洁能源、现代煤化工以及装备制造等领域取得技术突破，提高产业核心竞争力；完善创新激励机制，从工资待遇、技术入股、股权奖励、成果分享等多个方面加大激励力度，吸引更多专业技术和管理人才参与创新。在人力资本方面，要转变观念，像对待物质资本一样高度重视人力资本的作用，舍得投入，大力培训，积极引进。在信息化建设方面，加大工业化、信息化融合力度，将信息通信技术应用到工业领域的各个部门，从信息的收集、存储、传输和处理等环节全面提高工业效率，为创新驱动插上腾飞的翅膀。随着科技创新投入的持续增加，技术的不断引进，成果的转化利用，科技创新将替代投资、资源成为拉动阿拉善盟经济增长的新动力。

四、适应市场竞争的新变化

在经济新常态条件下，市场竞争的特点由数量扩张、价格竞争转向质量型、差异化竞争。这是外延式发展方式向内涵式发展方式转变在市场竞争中的表现，它反映出外延式发展方式所赖以生存的条件已日渐式微，这些条件包括投资拉动、成本低廉、消费能力弱且层次不高。

一个时期以来，阿拉善盟所具有的要素禀赋优势决定了以数量扩张为特点的经济类型是阿拉善盟经济的现实选择。表现在市场竞争上，就是以低成本、初加工、低附加值的比较优势占领低端市场，通过扩大市场销售取得比较收益。全盟100种工业产品中，有70%是初加工产品，矿产采选及加工业占全盟生产总值的40%以上。其中，主要工业品大多是中间产品，销售市场在外，有47种全部销往外地，有36种大部分销往外地。这种竞争方式在市场经济建立初期、尚未分化细化市场的情况下是可行的，但在市场发育相对成熟，居民收入逐步提高，市场需求呈现差异化、多样化、高质化的条件下，则难以为继。它不能满足市场多样化的需求，因为在资本积累低、技术水平低的情况下，它的产业结构、产品结构是单一的，而市场需求已经呈现出横向多元、纵向延伸的趋势，食品、能源、商贸等传统产业已经转向绿色食品、清洁能源、电子商务等新的领域，因此无法应对多变的市场需求；它不能满足差异化的需求，单一的产业结构对应的是大众化的市场，而随着消费能力的提高，个性化的需求形成了分散化的消费热点，适应不同年龄、性别、爱好群体的产品不断涌现，对企业生产能力、技术水平提出新的要求；它不能满足高质化的需求，因为粗放式的生产方式缺乏对产品质量、标准、品牌等方面的严格要求，不能适应市场需求层次上升的变化，只能生产什么卖什么。当然，面对日益多样化、差异化、高质化的市场，一个地区、一个企业是无法做到满足市场所有需求的。但是，这不能成为地区或企业自我满足、固步自封的理由，即使单一的产品、产业结构同样面临同一产品、同一产业内部市场多样化、差异化的挑战。从世界范围看，市场竞争的多样化、差异化特征是大趋势，如煤化工已分化为煤液化、煤制烯烃、煤制合成氨等八大产业链，精细化工已分化为染料、涂料、胶黏剂、电子化学品等六大行业，建材产业已分化为新型墙体材料、保温材料、节能材料等18大类。如果不改变旧的单一的产业、产品结构，势必造成供求关系脱节和错位，在新一轮的市场竞争中被淘汰出局，因此必须根据市场竞争的新特点调整产业结构，走产业多元延伸升级之路，即传统产业新型化，支柱产业多元化，新兴产业规模化。应根据市场竞争的新特点，从满足市场需要的情况出发，以技术创新为突破，以产品创新为抓手，以产品质量为关键，以品牌信誉为标志，着力打造满足市场竞争需要的产品系列，适应市场竞争的新变化。

首先，抓好产品质量，按照产品质量标准，把好原料、加工、生产、检验等每道工序，不合格的产品绝不出厂，使每件产品达到产品质量标准和要求。如晨宏力集团建立了严格的产品质量标准，将产品的全过程质量纳入标准的控制之中，各流程通力协作，员工标准操作，并结合产品的要求，建立质量保证体系，形成全程的自检、互检、专检等全方位质量保障规程。其次，满足用户需求，建立市场需求调查机制，根据市场需求信息，及时调整产品设计方案，细化产品个性需求，满足不同层次用户需求。如圣氏化学研究客户的期望值，为客户提供最需要的服务；研究客户的现实需求，让客户享受看得见摸得着的服务；研究客户的个性化需求，力求为不同客户提供不同的服务。最后，树立产品品牌，在做好以上几个环节的基础上，通过建立品牌战略，进行品牌设计，组织营销团队，广泛开展宣传，坚持讲求信誉，持久用力，着力打造质量好、有市场、叫得响的品牌。例如，兰太集团强化营销龙头地位，灵活调整销售策略，强化区域管理，前移管理重心，实施深度营销，不断优化和巩固市场结构，构筑与公司各产品相适应的优质客户群体，在多变的市场环境下加大力度抢占下游行业优势企业的产品交易量；重视客户结构调整及市场的整体规划，加大品牌推广力度，进一步发挥公司的技术优势和规模优势，实施品牌战略和差异化战略，提升产品获利能力。

五、适应资源环境的新变化

资源环境问题是一个世界性问题。随着人类社会的发展，世界人口数量呈几何级数增长，对自然界的需求越来越大，并且向广度和深度扩展，而由于体制和机制的原因所造成的国家之间、地区之间的竞争，又加剧了人与自然界之间的矛盾。人类的索取造成自然资源被无序过度开发，导致资源数量日益减少，生态环境日趋恶化，人口、资源与环境之间的矛盾日益突出。《联合国人类环境宣言》指出，人是环境的产物，也是环境的塑造者。保护和改善环境关系到各国人民的福利和经济发展。

在中国，改革开放30多年来，经济建设快速发展，人民生活极大改善，取得了举世瞩目的成就，但同时也衍生环境污染、资源浪费、地区差距拉大等问题。“十二五”以来，中国能源消费总量持续增加，已成为世界能源消耗第一大国。国际经验表明，污染治理投资占GDP比重达到1%到1.5%时，恶化程度有可能得到基本控制，环境状况大体保持可接受水平；比例达到2%到3%时，环境质量可得到改善。中国与发达国家差距还比较大，还难以达到改善环境质量的要求。

就阿拉善盟而言，同样面临着发展与资源环境的矛盾。从资源状况看，随着资源使用量的不断增加，总体上资源呈不断减少趋势。特别是水资源矛盾尤为突出，工业用水缺口达1.2亿立方米。铁矿石、铅锌等矿产资源的静态保障年限降低为30年，天然气、铜等矿产资源的储采比不足20年。另一方面是资源利用率不高，产业链条短，加工深度浅，初级产品多，使得蕴涵丰厚价值的资源被迫流走他乡。2014年，全盟能源消耗达666万吨标煤，资源利用率只有32%。从环境状况看，阿拉善盟虽然面积大，但大部分地区生态环境非常脆弱，即使列入重点开发的地区生态环境也不容乐观，环境容量趋于紧张。2014年，环境污染治理投资为2.43亿元，占GDP比重为0.53%，呈上升趋势。同时，内蒙古自治区下达阿拉善盟的“十二五”节能减排任务成为一道不可逾越的红线，环境门槛提高进一步挤压了企业利润空间。

实现可持续发展应正确处理好发展与资源环境的关系。一是树立大资源观。既要看到有形资源，还应看到无形资源。一方面，按照主体功能区划，有重点有选择地开发利用矿产资源，吸引社会资金和企业参与矿业勘探，为盟内重大项目落地提供资源支撑；另一方面，充分利用风、光等资源发展风电、光伏发电等清洁能源项目，充分利用沙生植物资源大力发展兼具经济、生态和社会效益的沙生植物产业。二是提高资源利用率。借助资源品价格改革形成的倒逼机制，推进技术创新，延长产业链条，填补产业空白；大力推广循环经济模式，回收废水、废气、废渣，研制开发新的产品，提高资源的利用率。三是突破瓶颈制约。把解决水资源紧缺放在突出位置，继续开展地下水跟踪考察，摸清水资源储量情况，推广使用膜下滴灌、绿化滴灌技术，最大限度减少水资源浪费。同时，严格控制抽取地下水作为工业用水，已抽取的应回补水量，做到采补平衡。四是发展非资源型产业。加快推进旅游、物流、装备制造、农畜产品加工、奇石文化产业发展，积极引进产业链条长、产品附加值高、市场前景看好的产业项目。五是加强环境保护。坚持发展与环境保护相互促进，严格执行建设项目环评和三同时制度，杜绝新建项目未批先建等行为，努力做到在发展中保护环境，在保护中加快发展。

六、适应宏观调控的新变化

经济新常态的趋势之一是宏观调控方式的变化，即全面刺激政策的边际效益递减，通过发挥市场机制作用探索未来产业发展方向，全面把握总供求关系新变化，科学进行宏观调控。这就是说，今后应强化市场调节产业发展的导向作用，弱化政府通过全面刺激政策拉动经济增长的作用，针对市场变化的新情况，宏观调控有重点有针对性地定向发力。

这样做的有利因素是：政府减少对市场的干预，把属于市场调节的领域还给市场，让市场价格的信号能够正常发挥作用，使商品价值回归到它应有的位置上来；政府在市场难以施展作用的领域进行调控，如投入大而收益低的基础设施、民生事业、技术进步以及“三农”“三牧”等。不利因素是：传统产业将面临两难。一是融资难，因为传统产业在经济下行的压力下虽然步履维艰，亟须支持，但产能过剩又迫使它必须进行重组整合，淘汰落后，这将使一批企业陷入困境甚至破产；二是资源配置难，资源品价格放开后，资源配置随行就市，像资本一样，资源同样表现出了它的逐利性，市场指向哪里，它就流向哪里，什么赚钱，它就与什么为伍，具体讲，就是面向符合国家产业政策和市场发展方向的产业配置资源。这样一来，对传统产业的资源配置就会相对从紧。

面对宏观调控带来的新变化，应因势利导，趋利避害。一是加快传统产业新型化步伐。重点针对煤化工、盐化工、精细化工等传统支柱产业，加大企业技术改造力度，优先支持重大设备更新改造，重大技术创新项目建设，大力推广使用新工艺新技术。鼓励企业节能技术改造，推广使用清洁生产、合同能源管理以及资源综合利用项目，提高工业“三废”利用率。通过产业升级改造，提升产业技术层次，降低生产成本，改进生产效率，提高产业竞争力。二是发展符合国家产业政策和市场需求的产业。如清洁能源、新材料以及装备制造等战略性新兴产业，这些产业也是当地具有要素禀赋优势的产业。国家产业政策有利于推动资源优化配置，引导社会资本和创新要素进入该领域，解决资金等瓶颈制约，从而降低产业风险，加速产业的发展。如清洁能源产业当前面临重大发展机遇，在政策上，国家已出台电力改革意见，通过实施可再生能源保障性收购制度、调峰移谷利益补偿机制等扶持产业发展。在项目上，自治区已开工建设 4 条电力外送通道。借助国家和自治区产业政策和项目建设，大力发展清洁能源等优势产业，可以起到四两拨千斤的作用，既降低了成本，又提高了效率。应抓住国家实施“一带一路”和实施“十三五”规划的重大机遇，趁势而上，顺势而为，谋求突破。三是发展基础设施、小微企业、“三农”、“三牧”和民生事业。这些领域，既是国家经济发展的薄弱环节也是阿拉善盟经济工作的重点，既是保增长的发力点也是调结构的平衡点。国家通过定向降准、减税降费等财政货币政策工具向这些领域释放流动性、减轻企业负担，有助于解决长期困扰基础设施等领域发展的建设资金，从而助推地方经济加快发展的步伐。应抓住国家宏观调控方式的变化，围绕水利、交通、电力等着力筹备存储一批基础设施等方面重大项目，积极向上申报，争取项目报批、核准和备案，借助国家政策机遇，推动基础设施、民生事业和“三农”“三牧”建设再上新台阶。

（作者：吴天军，内蒙古自治区阿拉善盟委副秘书长）

六盘水市工业转型发展的探讨

2015年6月，习近平总书记在贵州视察时提出培植后发优势、奋力赶超，走一条有别于东部、不同于西部其他省份的发展新路的要求，时任贵州省委书记赵克志提出走新路、奔小康的“五个突出”和“五个注重”，六盘水市委市政府提出“一产转型、二产升级、三产优化”的产业转型发展思路，明确六盘水市必须以循环经济和绿色发展理念，实现“赶与转”的突破和超越。

一、近年六盘水市工业发展状况

从2008年至2015年，六盘水市工业经济总体呈现徘徊前进、螺旋上升趋势，总量增长较快，结构改善，形成以煤炭、钢铁、电力、建材、有色、装备制造、煤化工等重工业为主体的多元化发展格局。2015年全市规模以上工业增加值占GDP的比重为43%，工业对GDP仍然实现高位支撑。

由于国际国内经济大环境及六盘水市产业结构等因素影响，全市工业经济受到两次较大冲击，2008年以来经历长达7年的波动期。第一次是2008年国际金融危机和百年不遇的雪凝灾害的突然冲击，第二次是开始于2012年的经济下行对全市工业经济的渗透性影响。一方面是煤电油从供不应求到供过于求，原煤、洗精煤、焦炭、钢铁、发电量、水泥、电解铝等主要产品从需求不足到产能过剩；另一方面是工业增长出现较大波动。从规模以上工业增加值月度增速看，2008年以来保持个数位增长11次，出现负增长8次，月度最高增速57%，最低增速–21.4%，差值达78.4个点。

2008年受到国际金融危机和雪凝灾害影响后，2009年4月至9月全市规模以上工业连续6个月增速出现负增长。国家为应对经济硬着陆风险，从2008年11月开始推出一揽子扩大内需、促进经济平稳增长措施，全市工业经济在国内大环境拉动下，“十二五”期间保持了快速增长。从2012年开始，国际国内经济进入新常态，GDP、PPI、CPI等经济指标进入调整期，但六盘水市属于能源原材料城市，处于产业链的前端，经济下行压力从末端传到前端需要一个过程，从2010年至2013年工业基本保持平稳较快增长，虽已出现经济下行，但压力仍处于可以承受状态。2014年到2015年，经济结构调整压力越来越大，特别是进入2015年以来，煤炭、电力、钢铁等行业减产严重，至12月份有色行业（六盘水双元铝业公司）全面停产，主要产品市场价格大幅下滑，工业增长乏力。

二、六盘水市工业转型发展的症结及其破解

六盘水市工业经济发展面临两大瓶颈。一是中等收入陷阱。按照世界银行的标准，2012 年中国人均国内生产总值达到 6100 美元，已经进入中等收入偏上国家的行列。2014 年贵州省人均 GDP8990.38 美元，六盘水市人均 GDP5905.32 美元，已进入中等水平。现阶段，六盘水市工业经济出现的很多问题，一方面是受经济下行影响，另一方面也是经济发展规律的必然反映。二是资源型城市困境。纵观鹤岗、抚顺、大同、阳泉、淮南、淮北、鹤壁、焦作、阜新、临汾、晋城、赤峰、长治、平顶山、霍林郭勒、鄂尔多斯、榆林、延安、阿拉善盟等一批以煤炭资源为主的城市，均没有因为富有资源而发展成为全国一、二线城市。六盘水市作为能源原材料城市，产业链延伸滞后，其经济发展又受国际国内大环境影响度高。工业经济主要产业链是原煤—洗精煤—焦炭—钢铁、原煤—洗混煤—发电、原煤—洗精煤—焦炭—初级煤化工产品。全市经济多元化发展未能实现，节能环保、信息技术、生物制药、高端装备制造、新能源、新材料、新能源汽车等战略性新兴产业仍处于起步阶段，过度依赖煤炭资源，使得抵御市场风险能力不足。转型升级是突破瓶颈制约的路径。

（一）转型发展方向

六盘水市经济转型升级主要是两个方向，一是优化产业结构，即调优三次产业在GDP中的占比。2014年，全市一、二、三产占GDP比重为7.26∶54.38∶38.36，排列是工业、服务业和农业。而发达国家排列均是服务业、工业和农业，世界银行公布的美国2014年三产占比为1.45∶20.5∶78.05。二是优化调整工业结构。2014年各行业占比分别为煤炭及洗选65.58%、电力13.75%、冶金2.17%、建材3.9%、炼焦2.43%、有色4.6%、装备制造1.4%、化工0.23%、其他5.94%。重工业占比98.82%、轻工业占比1.18%。从工业结构来看，煤炭和电力占了79.33%，轻工业几乎可以忽略。

（二）转型发展路径

围绕优化产业结构，在农业方面，通过实施“3155”工程，推进“三变”工作，充分调动涉农积极性，实现“接二连三”，切实抓好“五彩”产业的规模化、商品化，即白色（银杏）、黄色（生姜、苦荞、刺梨）、红色（红心猕猴桃）、黑色（黑美人土豆）、绿色（茶叶等）；在服务业方面，通过一、二产带动，发展物流业、生活性服务业和生产性服务业，实现量的突破。

围绕工业经济结构优化，主要有两个路径，一个是传统产业的转型升级，另一个是新兴产业的培育发展。

从传统产业来看，重点放在通过推进“四个一体化”，延长产业链、提高附加值、提升初级能源的就地转化率。

煤炭行业。通过原煤洗选，洗精煤用于炼焦，洗混煤、中泥煤用于发电，进一步提高煤炭资源就地转化率。

2015 年 1 月 22 日，调研组在贵州水城矿业（集团）有限责任公司调研

焦炭行业。一是焦炉煤气。一级开发可制甲醇，LNG；二级开发可从甲醇中提取甲醛、直接添加汽油、合成苯乙烯、转化汽油、转化芳烃、烯烃；三级开发，可通过甲醛制酚醛树脂、聚甲醛、黏合剂，可通过烯烃制丁烯、丙烯、乙烯。二是粗苯。一级开发可制甲苯、二甲苯、重苯、纯苯、非芳烃、溶剂油，二级开发可通过纯苯制己二酸，三级开发可通过己二酸制尼龙 66 切片。三是硫酸铵。四是炼焦油。一级开发轻油、酚油、萘、洗油、蒽油、沥青，二级开发通过蒽油制炭黑、汽油、柴油。

冶金行业。加快水钢多元化、多层面、多角度发展，根据市场需求调整产品结构，从普通建筑用材向专业用材转变，开发板材、管材、型材、丝材。

电力行业。通过园区直供、企业自备电厂建设，实现多方式供电，降低工业生产成本。通过发展风电、水电和光伏电等，形成多元化的发电格局。通过提升工业企业用电负荷，加快项目建设，尽可能提升市内用电量。同时，通过直供电、竞价上网、挂牌交易等多种方式，拓展省内其他市州用电市场，积极开拓广东、广西、云南、湖南、四川、重庆等周边省区电力市场。

有色行业。发展铝精深加工，进一步开发铝材、铝粉、铝合金加工等产品。由传统产品向新型建材发展，在传统产品基础上，充分利用工业废渣、建筑垃圾、粉煤灰、脱硫石膏等固体废弃物，进一步开发特种水泥、资源综合利用混凝土、新型建筑节能材料、新型墙体材料等，走资源综合利用和循环经济发展之路。

装备制造业。在现有平板车、固定车厢式矿车、皮带机、刮板机、智能液压钻机、液压支架、钢结构非标件、防爆特殊型蓄电池电机车、矿用隔爆型可控硅充电机、节能自适应恒流充电机等产品基础上，进一步开发煤矿机械制造系列产品、开展设备租赁等业务。

从新兴产业培育来看，应“高起点、择重点”，不能什么行业都同步发展，应选准适合六盘水市发展的行业，予以重点扶持。一是积极发展大数据产业。抢抓全省“安全云”放在六盘水市的机遇，重点放在大数据在传统产业、社会生活应用水平上，促进瓦斯预警、加油站、地下管网等应用。二是积极发展新医药大健康产业。充分发挥六盘水市中药材资源优势，打造全省新医药大健康产业基地。三是积极发展新兴产业。重点做好煤层气开发，促进管道气、压缩天然气、液化天然气及低浓度瓦斯及乏风发电等应用。重点做好玄武岩纤维开发，促进短切纱、纤维布、纤维筋、纤维管材、纤维板材、纤维绳索、纤维复合材料等下游领域开发应用。四是积极发展特色商品。以茶叶、刺梨、魔芋、火腿、辣椒、生姜、苦荞、土豆、猕猴桃、银杏等特色食品加工为重点，尽快实现规模化、商品化；以民族民间工艺制品为重点，融合三线文化、夜郎文化，大力发展特色旅游商品。

（三）转型发展策略

经济下行持续时间无法预见，一方面应做好打持久战的准备，组织制定、实施传统产业多元化发展规划、新兴产业专项规划；另一方面，应按照“现有产业一个不能倒，新兴产业抓重点发展，3 到 5 年出成效”的思路，集中优势力量，组织制定、实施对重点企业、重点行业、重点产业的帮扶方案。

（作者：余朝林，贵州省六盘水市地方志办公室党组书记、主任）

探索发达地区高起点升级转强的实现路径

习近平总书记关于努力建设经济强、百姓富、环境美、社会文明程度高的新江苏的要求，既明确了处于发达地区前茅的江苏省的更高发展目标任务，也指明了全面建成小康社会和实现现代化应重点突破的着力点。发达地区在实现“两个率先”中，应着力探索破解经济较高水平上升级转强的机制，探索经济强与百姓富、环境美、社会文明程度高协调发展的实现路径，以更好地发挥发达地区在落实中共十八届五中全会提出的五大发展理念和实现“两个率先”方面的引领作用。

一、高起点升级转强的新目标

经济社会发展的不同阶段，所面临的问题和破解的方式是有一定差异的。东部地区由于历史基础、对外开放的区位优势和“两个大局”战略思想的实施，走在全国改革发展的前列，在“引进来”“走出去”和建立开放经济体系方面进行了卓有成效的先行探索，产业发展居全国前列，城镇化、城乡一体化、社会事业发展水平也随之居前列。在经济社会存在东、中、西部地区梯度差异格局下，东部发达地区已经承担了探路者和率先发展的辐射带动作用的使命。

中共十八届五中全会提出创新、协调、绿色、开放、共享发展理念，不仅是对改革开放 30 多年来中国发展经验的总结，更是对经济发展到更高阶段实现全面建成小康社会和现代化目标的新要求。发达地区在破解更高发展水平的新问题上进行先行探索，不仅是率先全面建成小康社会和率先基本实现现代化的需要，也是为后发地区探路。鉴此，东部发达地区的勇于担当应一如既往：基于产业发展水平处于全国高位，面对新常态下的消费升级、发达国家高起点的再工业化挑战，率先探索供给侧结构性改革和产业迈向中高端水平的机制，承担起引领创新发展的使命；基于经济相对发达，率先探索经济与社会、城市与乡村、区域与区域、人与自然协调发展机制，承担起引领协调发展的使命；基于竞争优势明显，率先探索增创开放型经济新优势、拓展开放新空间的机制，承担起引领开放发展的使命；基于先行发展，率先探索绿色生产生活的机制，承担起引领绿色发展的使命；基于相对富裕，率先探索百姓富的机制，承担起引领共享发展的使命。2014 年 12 月，习近平总书记考察江苏时，对东部发达地区之一的江苏省提出，紧紧围绕率先全面建成小康社会、率先基本实现现代化的光荣使命，努力建设经济强、百姓富、环境美、社会文明程度高的新江苏。[1]这一要求不仅给相对发达的江苏省明确了新任务，确立了新坐标，也给全面建成小康社会和实现现代化指明了重点突破的着力点。东部发达地区破解较高发展水平的新问题，既是实现自身向更高水平发展的需要，也可以为落实五大发展理念和实现"两个一百年"奋斗目标更好发挥示范辐射带动作用。

二、探索高起点升级转强的实现机制

发达地区长时期内能够引领全国经济社会发展，是因为不懈怠地接续探索，形成与其发展水平相适应的机制。在实现更高发展目标的进程中，一方面要跟踪总结发达地区已有的经验，另一方面应在此基础上探索破解更高发展水平所遇新问题的机制。

着力发展路径的接续探索。改革以来，发达地区因地制宜，探索出各具特色的发展路径。以江苏省为例，一是实现了苏南模式的接续创新，即在集体乡镇企业起步的基础上，推进产权制度改革，发展民营经济，并在此基础上，通过苏州工业园区等发展高起点的外向型经济，大力推进产业转型升级的布局，并支持龙头企业发挥带动作用，以形成产业聚集和产业链的连接，促进支柱产业的快速发展。二是在苏南先行崛起的基础上，统筹全省区域发展，把促进苏南与苏北挂钩作为全省发展突围的大战略，不仅着力改善苏北的基础设施，更重要的是通过省内五对"城市联盟"（南京与淮安、无锡与徐州、苏州与宿迁、常州与盐城、镇江与连云港市组建五大产业园区，并逐步形成产业新城）促进苏北承接产业转移。这促进了苏南与苏北的均衡发展，如今苏北的 GDP 占全江苏省的 40% 以上，较好地避免了非均衡发展所导致的部分地区塌陷而成为短板的问题。三是开展都市圈合作，在促进产业协同发展的前提下，对每个城市进行分工定位，推进特色发展、错位发展、梯度发展。南京市侧重于物流、重化工和信息产业，苏州和常州市主攻现代制造业，无锡市集中发展信息产业和高新技术产业。这些发展路径及所积累的经验，是实现"强富美高"和"两个率先"使命的基础。2015 年以来，江苏省贯彻落实习近平总书记关于建设"强富美高"新江苏的更高目标要求，在实践中积累了适应新常态、顺应新常态、引领新常态，着力推进产业结构优化升级、推动创新驱动发展、支持实体经济发展等新经验。2015 年上半年，江苏省顶住经济结构调整带来的压力，地区生产总值能够增长 8.5% 和一般公共财政预算收入增长 10.5%，是现实新经验和历史经

① 《主动把握和积极适应经济发展新常态推动改革开放和现代化建设迈上新台阶》，《人民日报》2014 年 12 月 15 日第 1 版。

验共同作用的成果。及时跟踪总结发达地区落实五大发展理念和实现“两个率先”的经验，将更好发挥其在实现更高发展目标的示范引领作用。

着力探索破解约束产业升级和创新发展的瓶颈因素。发达地区在产业升级和创新发展方面尽管走在全国前列，但却面临更高发展水平的问题。习近平总书记考察江苏时，强调江苏要把经济发展抓好，关键还是转方式、调结构，推动产业结构加快由中低端向中高端迈进。要以只争朝夕的紧迫感，切实把创新抓出成效，强化科技同经济对接、创新成果同产业对接、创新项目同现实生产力对接、研发人员创新劳动同其利益收入对接，形成有利于出创新成果、有利于创新成果产业化的新机制。[①] 发达地区要在高更高水平上实现经济升级转强，应以创新发展为引领，按照中共十八届三中全会关于使市场在资源配置中起决定性作用和更好发挥政府作用的要求，在更多利用市场手段促进产业转型升级的同时，发挥好政府产业规划及其配套政策的引导作用。应围绕转方式和调结构，做好战略性优势产业发展规划，把政策支持的着力点放在创新驱动。在产业结构调整上，针对传统产业特别是产能过剩领域企业困难增多、支撑减弱，而高技术产业等新增长点短期内难以弥补缺口，投资后劲乏力现象有所显现的问题，筹划对接“中国制造 2025”、有利于促进价值链与产业链的融合、有利于促进产业链由低端向高端发展的优势产业发展战略规划。在此规划下，制定和实施相应的支持政策：所实施的支持政策，应当与之方向一致，引导资源配置向其集聚，而不能不设政策支持方向，部门间不能各自为政，任其一盘散沙而形不成合力；在基于自身特点探索适合创新一体化的新政策、新机制和新模式时，首先选择在优势产业上进行突破；在扩大先进制造业产业投资基金规模和设立产业发展资金时，也应当对所要优先支持的产业予以界定和动态调整。

三、探索经济强与百姓富、环境美、社会文明程度高协调发展的路径

经济强、百姓富、环境美、社会文明程度高不可能孤军深入，而是应当作为一个有机整体，坚持问题导向，着力厚植优势和补齐短板并进，探索经济强与百姓富、环境美、社会文明程度高协调发展的路径。

经济强要与百姓富统一协调。经济强与百姓富不能偏颇，要着眼于发展为了人民、发展依靠人民，探索在市场体制经济下发展成果由人民共享的实现路径。为此，应积极推进员工持股改革，探索收入分配政策的完善，加快推进城乡一体化进

---

① 《主动把握和积极适应经济发展新常态推动改革开放和现代化建设迈上新台阶》，《人民日报》2014 年 12 月 15 日第 1 版。

程，积极推动区域协调发展，实行精准扶贫，使经济发展与让发展成果更多更公平惠及人民形成相互促进的关系，以百姓富体现发展成效，以百姓富激发经济发展的动力。

经济强要与环境美统一协调。发达地区经济要上新台阶，生态文明也要上新台阶。应以绿色发展理念为引领，通过法律法规的约束、利益的调整，推进发展方式转变和产业结构调整，着力探索节约资源和保护环境的空间格局、产业结构、生产方式、生活方式，以环境美增强发展优势。

经济强要与社会文明程度高统一协调。在促进经济发展的过程中，应当以践行社会主义核心价值观为统领，丰富和发展社会主义企业文化，依法保护员工的合法权益，特别是要把保障农民工合法权益加以重点监督检查。在经营过程中，一方面应更加强化诚信观念，并完善征信制度；另一方面应依法对违反合法协议、传销、各类非法集资特别是貌似合法的非法集资（如打着众筹、农村资金互助组织等旗号敛财）行为加以处置，以保障经济发展有一个良好的经济秩序，从经济运行方面促进社会文明程度的提高。通过经济强与社会文明程度高的统一协调推进，提升发展境界和软实力。

（作者：郑有贵）

促进广东珠江三角洲地区城镇化由速度扩张向质量提升的转变

1978 年以来，广东珠江三角洲地区[①]（以下简称珠三角地区）作为全国改革开放的前沿阵地，经济发展十分迅速，创造了一个举世瞩目的经济奇迹。

改革开放以来，珠三角地区的城镇化进程迅速推进，城镇化水平得到很大提高。珠三角地区作为全国改革开放“先行一步”的地区，其城镇化过程不仅是改革开放以后中国城镇化的缩影，更是代表了中国城镇化的发展趋势。珠三角地区 30 多年来取得的成就是中国改革开放的典范，其发展的动力、模式和趋势值得进一步分析思考。同时，珠三角地区作为全国城镇化水平领先的重要区域，如何进一步提升城镇化水平和质量，既是目前实践部门需要探索的问题，也是国史、国情研究需要关注的问题。

一、珠三角地区城镇化发展的总体成效

珠三角地区与香港和澳门毗邻，港澳地区以其特殊的经济辐射和带动能力影响着珠三角地区的经济快速发展。自改革开放以来，由于市场经济的基础性作用，港澳地区与珠三角地区的生产要素实现了跨区域流动和优化配置，为珠三角地区的城镇化提供了良好的基础条件，城镇化也进入一个新的发展时期，城镇人口和城镇数量不断增加，城镇规模迅速扩大，城镇化水平得到了提高。主要体现在：

1. 珠三角地区城镇非农人口迅速增长，市镇数目大幅度增加。2012 年广东的城镇化率为 67.4%，居全国前列；其中，珠江三角洲地区的城镇化率达 83.84%，相当于中等发达国家水平，已进入城镇化发展的成熟阶段。

2. 珠三角地区已经成为全国市场经济最活跃，经济发展最快的区域之一，且经济总量近年来呈稳步提升的态势。2012 年珠三角地区生产总值达 47897.25 亿元，占全省 79.1%；人均 GDP 达 84563 元，折合为 13454 美元，珠三角地区人均 GDP 已经超万美元。

3. 珠三角地区基础设施建设比较超前，已基本形成以广州为枢纽的现代化交通运输网，区域通信及社会信息化水平较高，水电气供应基本能够满足经济发展的

① 广东珠三角地区是华南地区的一个独特的地理区域，一般有“小珠三角”“大珠三角”两种称谓。“小珠三角”在传统上是指由广州、深圳、珠海、佛山、东莞、惠州、中山、江门等 14 个市县组成。“大珠三角”是指包括香港、澳门两个地区在内的广大区域。本文研究的珠三角地区主要是定位在“小珠三角”的层面。

要求。

4. 珠三角地区在城镇化推进中城乡交融、城乡一体化态势明显。自 2008 年中共十七届三中全会颁布《中共中央关于推进农村改革发展若干重大问题的决定》、中国新一轮农村改革开始启动以来，广东珠三角地区在以农村城镇化、农业现代化和农民市民化为内涵的城乡一体化进程中，已经在先行先试《决定》中所提到的一些思路。

5. 珠三角地区在城镇化进程中乡村工业化迅速发展。兴办乡镇企业是珠三角地区城镇化过程中最普遍的现象。改革开放以来，珠三角地区以独特的区位条件，再加上广东先行的特殊优惠政策环境，使得港澳资本连同劳动密集型产业、技术等大规模向珠三角地区转移，同时吸引了数以百万计的农村剩余劳动力。

总体而言，改革开放以来，广东珠三角地区的城乡一体化进程迅速推进，城镇化已经达到国际化水平，世界级城市群基本成型。2013 年 3 月，《广东省城镇化发展“十二五”规划》在全国率先出台，提出城镇化率每年提高 0.8 个百分点左右的目标，2015 年达 70%。根据这个《规划》，推进新一轮城镇化进程，未来广东省将基本形成珠三角世界级城市群、粤东城镇群、粤西城镇群、粤北城镇群培育区相互协调、梯度推进的城镇化发展格局。《规划》突出强调了区域协调发展、绿色低碳发展、节约集约发展等新思路。

二、珠三角地区城镇化发展的基本评价

1. 珠三角地区城镇化模式：外资推动下的“外向型”城镇化。珠三角地区的城镇化在改革开放以来得到迅速发展，其中，外资的推动发挥着重要的作用。自 20 世纪 80 年代以来，在资本、人力、技术和市场走向“全球化”的趋势下，新的国际分工已成为珠三角地区人口及其经济活动急剧增长与集中的主要动力。珠三角地区城镇化使得非农活动迅速增长，已经导致 70% 以上原有农业人口完全从事非农产业，而非农工兼顾；人口流动超越地区，呈现跨区、跨省甚至跨境态势；农村劳动力常年较稳定地从事非农产业活动，使农村地区迅速工业化和城镇化。因而，珠三角地区城镇化是以小城镇和小城市为主且具有明显的跨境性。这也是其不同于其他发展中国家或地区城镇化的明显特征。

外资在珠三角地区显示出以小城镇、小城市为主导的城镇化发展趋势，以农村剩余劳动力大规模迁向小城镇、小城市为主要特征。在小城镇，甚至农村地区兴建外资企业，不仅吸收了当地农村剩余劳动力，而且为大量来自区外、省外的劳动力创造了就业机会。外资涌入促进了农村地区的工业化，使农村景观迅速向城市景观

转变，加速了城镇化的进程。

2. 珠三角地区城镇化动力机制：“政府推动”和“市场拉动”的双重动力机制。国家的对外开放政策是珠三角地区城镇化的外部推动力量，政府通过制定产业政策、户籍政策、土地政策、财税政策等政策制度左右着非农化与城镇化进程。因而，珠三角地区城镇化进程中动力机制体现为地方自发主动与国家行政主导并存。

同时，珠三角地区毗邻港澳的地理位置是其城镇化的基础前提。珠三角地区的城镇化，从某种程度上说，是香港地区部分经济要素自主扩散和跨国资本自由流动的结果，香港及外资对珠三角地区的空间结构布局发挥着主导性的空间引力作用。跨国公司追求最大利润对城镇化进程产生直接影响。因而，香港是珠三角地区城镇化的主要拉动力之一。

3. 珠三角地区城镇化主要特征：不同发展阶段具有明显不同的特征。在 20 世纪 80 年代至 90 年代末的快速发展时期，珠三角地区城镇化呈现出城镇非农建设用地扩展迅速以及大量外来人口导致城镇化的“质”“量”反差较大等特征。

20 世纪 90 年代中后期以来，珠三角地区城镇化呈现出一些新的特征：一是珠三角地区内大城市中心的带动作用越来越明显，广州、深圳的地位更显突出；二是技术密集型、资金密集型和劳动密集型企业共同发展；三是包括外资、区域内的各类资金、外省的资金的多元资金共同推动城镇化发展；四是农村城镇化地区与大城市间的经济关系越来越密切；五是出口市场更显多元化；六是小规模低档次技术成分不高的制造业逐步升级；七是大量农村富余劳动力和高素质优秀人才不断增加；八是城镇化的重点转向依靠机制和体制的内涵因素等。

总之，改革开放以来珠三角地区城镇化进程中，外向型经济发挥重要的带动作用、镇域“族群经济”形成强有力的支持力量、外省劳动力做出突出的贡献、成立特区等行政因素表现出极大的行政推动作用等，在很大程度上反映了珠三角地区城镇化的主要特征。

三、珠三角地区城镇化发展存在的问题

珠三角地区由于人口众多、资源短缺、产业升级受限、相关管理制度滞后等不利因素的存在，当前城乡一体化可持续性发展所面临的问题也更加突出。

1. 人口城镇化与土地非农化矛盾突出。体现在，一方面由于受到集体经济在分配上的制约性，使得珠三角地区很多村庄里面的村民宁可保留农村户籍而不愿将户口转为城镇户籍。因为这些村庄里面出让集体土地和兴办企业所得的村镇收入相当

可观，他们在建立合作经济股份制时采取“人头股”之类的分红方式，只要具有该集体的户籍，每年就可以获得分红，若将户籍关系转走，则不再享受分红股金。另一方面，在珠三角地区，随着乡村工业化的发展，农村土地使用属性的改变，使大量剩余劳动力被置换，其中大部分由于自身素质的限制及利益的比较关系，既不愿下田，也不愿进厂，又缺乏从事第三产业的能力，形成庞大的食利阶层，这对城镇化可持续性发展构成较大的障碍。

2. 地区资源短缺问题突出。体现在，一方面，城市的土地资源日益稀缺，成为城镇可持续发展的巨大障碍；另一方面，资源使用不当或技术水平落后，造成资源利用效率不高、随意浪费的问题普遍，导致自然资源的价值严重耗损。珠三角地区城镇化进程中，因城建、交通、工业、房地产开发等方面的需要，再加上工业化初期土地利用规划不合理，管理和监督机制跟不上等原因，使得珠三角地区相继出现盲目圈地、超前征地，征而不用以及非法转让土地等问题，从而导致耕地大量流失。另外，在珠三角地区，很多农民都是离土不离乡，进厂不进城，过着亦商亦农的生活。许多农民把主要精力放在发展工商业方面，造成耕地丢荒现象较多。同时，由于一些城镇用于建设厂房和村民住宅的非农建设用地迅速增加，造成耕地面积不断减少。非农建设用地快速增长，加之规划严重滞后，导致城镇建设沿路蔓延现象非常普遍。

3. 区域环境污染严重。首先，乡镇企业在带动农村经济发展的同时，由于布局的分散化和经营方式粗放化等原因，对环境产生的污染非常严重，且污染面积广，还比较难以治理。其次，经济发展所带来的人口集聚，为珠三角地区提供了丰富的劳动力资源的同时，大量人口生活所产生的垃圾量要比农村多得多，而珠三角地区现有的资源和环境基础难以支撑快速城镇化和城市空间扩张的需要。再次，随着珠三角地区工业化的迅速发展，日益增加的机动车尾气的排放，大气污染日益严重，水体污染、噪音污染、垃圾污染等生态环境问题也越来越突出。

4. “城中村”现象明显。20 世纪 90 年代中后期，随着珠三角地区城镇化的推进，在农村集体土地征用过程中，将征用土地中的一定比例划为村镇经济发展用地和自留地交由村镇自行开发的普遍做法，促使“城中村”现象明显。而且这些“城中村”是星罗棋布的大规模、高容积、高密度的建筑，绝大多数属违章建造且集体资产殷实的“超级城中村”。由于城乡二元户籍制度的限制，导致常住人口与本地人口在收入、福利上存在较大差距，“城中村”成为外来人口的集聚地。“城中村”也由此带来不少问题，集中体现在以下几个方面：一是土地利用和城市景观问题，由于土地权属和使用混乱，缺乏必要的基础设施；二是规划管理问题，由于城乡二元体制的存在，导致“出租屋经济”的畸形发展，食利阶层庞大；三是社会治安问题，由于村民、流动人口和城市居民混合居住，导致社会治安问题较为严重；四是社区的文化观念问题，由于传统农村文化被打破，都市文化、都市生活方式和价值观还未真正扩散到整个区域范围，超过一半的外来人口还未真正认同珠三角，整个社会的运行缺乏有力的文化支撑；等等。总体来说，由于缺乏行之有效的城市整体规划设计，导致“城中村”的建设发展具有很大的自发性和盲目性。

5. 小城镇集聚和辐射能力不强。珠三角地区由于受到土地、资金、劳动力、人缘关系、传统习惯等方面的制约，大部分乡镇企业主要分布在村里。以村办、民办小工业为主的广大乡镇，工业布局更为分散。例如，在“三来一补”工业比较集中的东莞市，工业则主要沿着公路呈带状分布。虽然说没有工业化就没有城镇化，但“村村冒烟，家家设厂”的分散格局却造成珠三角地区的第三产业不能随着乡镇企业的快速发展而同步发展。目前广东省农村的第三产业仅占 23.5%，这就进一步影响了城镇的集聚与辐射能力的提高。

6. 乡镇产业结构雷同明显。由于珠三角地区的农村工业化过程主要是“外资推动”型，本地工业的发展都是以大量接收来自香港的劳动密集型加工工业为主，以外向型经济为主要特征。这必然导致珠三角地区投资的行业过于集中，重复建设严重，劳动密集型企业多，资本密集型和技术密集型企业少。中小企业尤其是乡镇企业主要投资于服装、化工、建材、电子等行业，造成这些行业供大于求，产品大量过剩。例如，在番禺市的 21 个镇中，服装制衣业有 16 个镇，机械设施制造业有 13 个镇，塑料制品业有 11 个镇，建筑与装饰材料制造业有 10 个镇，电子电器行业有 10 个镇，啤酒、手袋制造业有 8 个镇。产业结构的趋同发展，必然带来各乡镇之间在原材料和产品销售市场的激烈竞争，这种低水平、低层次的竞争，不但造成资源的浪费，而且还阻碍各乡镇企业之间的分工与合作，最终影响专业化和区域化优势的发挥。

7. 相关的城市和城镇管理制度滞后。随着城镇化步伐的加快珠三角地区通过撤县改为市，撤乡改为镇等形式，出现一批小城市和小城镇。虽然这些县城或乡改为了市或者镇，城镇建设日新月异，但是大多数城镇的发展缺乏长远的和总体性的市政基础设施建设规划，以及人口迁移制度、社会保障制度、土地使用规划和房地产开发计划等。各个市镇之间各自为政、自成体系、矛盾重重，缺乏有效的跨行政区域的规划，市、镇甚至村一级各自独立规划导致区域内相互间缺乏有机联系。这势必影响区域经济社会一体化的发展，也不利于城镇化的可持续性发展。许多小城镇出现“小马拉大车”的现象，一些特大城镇如东莞的虎门镇、中山的小榄镇等虽已发展到城市的规模，但仍然沿用原有的建制镇管理模式，在一定程度上制约了城镇化水平的提高。

四、提升珠三角地区城镇化发展质量的对策

当前，我国新一轮城镇化建设已进入转型期，要求由速度扩张转向质量提升。本文就珠三角地区城镇化发展的质量提升建议如下：

1. 应建立跨市县的组织来统一协调珠三角地区的小城镇整体规划。应通过建立跨市县的组织，统一协调珠三角地区的小城镇整体规划。小城镇规划要注重以下几个方面：第一，要优先规划。小城镇的基础设施建设要坚持人口、资源与生态环境相协调的原则，绝不可以破坏生态环境为代价。第二，注重小城镇规划的科学性。小城镇的工业区、商业区、生活服务区、基础设施等布局，要科学合理、有序发展。第三，编制各项规划还必须正确处理近期建设与长远发展、局部利益与整体利益的关系。小城镇的发展布局要尽可能与大中城市的发展相结合，做到重点突出，规模适当。真正做到坚持走大中小城市与小城镇协调发展的城镇化道路。

2. 尽快合理布局高端化产业结构，积极谋划城市转型。珠三角地区尤其是广州、深圳的产业发展，目前已基本完成轻型化和适度重型化阶段，未来的产业发展方向应该是高端化、服务化。向服务化方向发展并不意味着不要工业，珠三角地区在未来相当长一段时间里，制造业依然是最坚实的基础，但珠三角的制造业需要进一步升级。具体来说：一是对于那些浪费资源、污染环境、设备落后的企业和产品，要坚决关停和淘汰。二是对于那些具有发展潜力，但受土地和成本限制的企业，应鼓励它们向粤东西北部和中西部地区转移扩散。三是对于那些不错的也符合珠三角未来发展方向的企业，可以通过提升技术含量和品牌价值进行就地改造和升级。四是通过完善投资环境，加大招商引资力度，积极引进和新发展一批高新技术产业和高端产业项目。同时，在打造珠三角世界级城市群的进程中，珠三角地区各地方政府要积极谋划城市转型，向高附加值的产业链延伸，必须尽快向高端化方向迈进。就产业而言，要构建一体化新型分工体系，实行错位竞争、链式发展，这是实现珠三角功能定位、提升珠三角整体竞争力的关键所在。

3. 应注重跨越行政辖区进行生态环境保护和资源有效利用，建立有序的空间开发秩序。在珠三角地区城镇化的过程中，各地区各部门都应该在做好自身环保工作的基础上，注重跨越行政辖区相互配合、通力合作，共同致力于本区域生态环境保护和资源的有效利用。未来城市的发展主要是靠存量用地，不可能靠增量用地，珠三角地区未来要发展高端产业，必须要有好的生态环境。根据调研，珠三角地区开发程度已经很高，例如深圳的开发强度已达到40%、东莞已达到38%，远高于香港的19%、日本三大都市圈的15.6%以及法国巴黎地区的21%。因此，应采取有效措施建立有序的空间开发秩序，具体来说：一是针对不同行业、不同环节、不同阶段

和不同地块，建立统一的差别化产业准入标准。二是科学划定城市发展的“四线”，即红线、绿线、蓝线和紫线。三是设立生态空间的“底线”，大约在30%—40%，防止相邻城镇和工业区连成一片，形成漫无边际、缺乏生态空间的“水泥森林”。四是设置开发强度的“天花板”，珠三角地区总体开发强度以不超过25%为宜，城市地区以不超过30%为宜。

4. 继续深化与港澳地区的区域合作，同时强化多边经济互补关系，共建华南经济协作区。珠三角地区自然资源丰富，劳动力价格低廉，而港澳地区拥有国际市场大量的信息和营销网络，两者合作可以增强产品在国际市场上的竞争力。港澳地区金融发达可以为珠三角地区开发提供融资。“大珠三角”的一体化发展会助力珠三角高新技术产业，从而提升珠三角的产业发展层次，实现更高水平、更有效益的“前店后厂”。而且，为了进一步强化大珠三角的全球生产体系，原本港珠之间的“前店后厂”模式可以转变为“后店后厂”“前厂后店”以及三者并存的“一个局面”。同时，珠三角地区地处中国的华南地区，作为中国重要的经济增长点，其GDP占到全国GDP的10%左右，珠三角地区加强与湖南、广西、海南、福建等省区的合作，通过区域联动、深化合作，可以强化多边的经济互补关系，共建华南经济协作区。在区域协调方面，要依靠市场主导和政府推动，建立完善多层次的新型区域合作机制。

5. 顺应珠三角地区城镇化发展的未来趋势，以建设“大都市伸展区”的理念为指导。当前，珠三角地区城镇化发展正在呈现联动整合的基本趋势，为此，珠三角地区城镇化发展应以建设“大都市伸展区”的理念为指导，实现粤港澳“大珠三角”联动发展，促进与国内不同城市群的互动竞争关系，协调解决若干主要问题：一是在尊重市场经济规律、空间规划规律和历史文化传统的基础上适当整合行政辖区；二是联合建设交通设施，促使珠三角城市发展走向多极化、网络化和均衡化格局；三是从建立联合性协调机构到发展多元主体协商解决机制，逐步建立完善大都市伸展合作机制，重视培育发展区域内非政府组织；四是不断促进产业布局合理化，形成若干具有全球竞争优势的区域产业簇群，实现产业协调发展；五是重视营造具有本地特色的先进生产力，发挥自身专业特长，建立区域创新系统；六是加强城市之间的联系以形成真正城市联盟，继续加强城市间扁平化网络的联系，不断提高该地区在全球经济中的地位。

6. 抓紧加快深入推进重点领域和关键环节的改革。2013年3月出台的《广东省城镇化发展“十二五”规划》最引人关注的一条是，“加快异地务工人员入户城镇配套制度改革，建立转户农民权益保障机制，允许转户农民在自愿基础上通过市场流转方式出让承包地、房屋、合规面积的宅基地并获得财产收益，解除农村劳动力进城落户的后顾之忧”。为此，广东省应抓紧加快深入推进重点领域和关键环节的改革，推进农民市民化进程，提高城镇化质量。

——逐步降低异地务工人员进入城镇在就业、教育、社保等方面的准入门槛，加快深化户籍制度改革，在实施中不断完善异地务工人员入户城镇积分制。分层次地解决异地务工人员的福利待遇问题，首先是子女教育、劳动培训和其他一些基本性的教育问题，应该无条件地解决。然后是社会保障以及诸如保障性住房等问题，有一定的条件后应该逐步解决。

——积极推动两种土地所有制条件下的城乡统筹发展和管理制度创新，重点解决小城镇周边基础设施的统一供给和城乡公共服务保障问题；逐步淡化依附于户籍制度的多项社会功能，包括就业、社会保障、就学等规定中对户口的特殊要求。给予所有在城镇工作生活的居民以同等待遇，增强异地务工人员的归属感。剔除附加于农民进入城镇落户的各种不合理收费项目，降低农民个人支付成本和社会公共成本，实现农民社会保障全覆盖，通过制度创新解决失地农民进入城镇“难”的问题。

——广东省应尽快出台农村宅基地管理办法，先行先试，使农民宅基地先在一定范围如本镇、本集体内部，试行流转，在实践中探索空闲宅基地收购和退出机制。此举实践影响和意义深远，这也将是未来宅基地流转市场的一个突破口。

——应进行农村集体土地使用、集体经济利益分配等制度的改革和创新。探索城镇建设用地的所有制形式，实行建设用地的国家所有制和集体所有制并存的规划建设管理。在符合城乡规划的基础上，允许农民以土地为资本，参与城镇化和工业化进程，最大限度地保护农民和农民集体经济组织的经济利益和发展权利。从长远看，建立统一的土地流转市场，让农村集体土地和国有土地同地同价应该是改革方向，也符合中央的意图，广东可以在这方面先行先试。

（作者：钟瑛，全国政协委员、中国社会科学院当代中国研究所研究员）

内蒙古自治区农牧区实施“十个全覆盖”补短板

从2014年开始，内蒙古自治区在加快新农村新牧区建设进程中，开始实施农村牧区“十个全覆盖”工程，关注现实民生，补齐发展短板，将触角延伸到农牧民生产生活的细微之处。调研中发现，“十个全覆盖”工程不仅仅是一项民生工程，它打破城乡资源配置的单向流动困局，为经济提质增效升级打开了新的空间，探索了一条农牧区的现代化之路。

一、“十个全覆盖”工程的实施

全面建成小康社会，最艰巨、最繁重的任务在农村，特别是在贫困地区。长期以来，因为历史欠账的原因，内蒙古自治区城乡二元结构矛盾突出，广大农村牧区基础设施薄弱、社会事业发展滞后、公共服务不足、人居环境欠佳。截至2013年底，全区有80%的嘎查村没有街巷硬化，60%的嘎查村没有标准化的卫生室、文化室、便民连锁超市。1007万农牧民中还有160万人住在危土房里，有180多万农牧民（包括10万师生）饮水不安全，157万农牧民生活在贫困线以下，52万户农牧民居住在危旧的泥土房和茅草房里。这些短板严重制约着经济社会协调发展和可持续发展，更是全面建成小康社会路上必须搬开的“绊脚石”。

到2014年，中国的城镇化率已达到54.77%，而内蒙古自治区已达57%，超过了全国平均水平，综合经济实力提升，有条件更大规模地支持农业和乡村建设。为了尽快解决1000多万农村牧区人口的基本公共服务问题和近200万贫困人口脱贫，如期实现全面建成小康社会的战略目标，2014年1月，中共内蒙古自治区党委决定用3年时间，全面启动实施“十个全覆盖”工程，即在全区实现农村牧区危房改造、安全饮水、嘎查村街巷硬化、村村通电、村村通广播电视通信、校舍建设及安全改造、嘎查村标准化卫生室、嘎查村文化活动室、便民连锁超市、农村牧区常住人口养老医疗低保等社会保障“十个全覆盖”，以提高公共服务水平，促进农村牧区面貌的改观。

“十个全覆盖”在于“全”。基础设施、社会事业、产业转型、社会保障和基层组织建设都要全面推进，一样都不能缺；农区、牧区、林区、垦区的嘎查村都要全面建设，一个都不能丢；农民、牧民以及林区垦区职工都要覆盖到，一户都不能少。“十个全覆盖”是一项综合工程，涵盖了农村牧区方方面面的工作，涉及1万多个行政村和4.8万多个自然村、农牧林分场。“十个全覆盖”体现在与绿化、美化、文化、亮化相结合，与乡村经济发展相结合，与街巷卫生环境相结合，与民风民情培育相结合，与道德法制教育相结合，紧扣提高群众生产生活水平主题，不忘精神文明建设，提高覆盖的整体水平。

“十个全覆盖”特色在于美，着眼于长远发展，立足于永续发展，让乡村既体现发展之美，展示生态之美，也释放文明之美。首先，立足于永续发展，体现发展之美。秉持“绿水青山就是金山银山”的发展理念，坚持规划在先、顶层设计，创造可复制、可推广、可持续的工程建设蓝本，充分考虑不同地区的生产情况、不同人群的生活方式、不同产业的发展趋势，培育形成一大批有特色、有市场、有前景的富民产业，并把推进产业发展和生态治理、环境保护相结合，不仅要发展农牧业发展了，更要实现生态治理和农村牧区发展的双赢。其次，展示了生态之美。生态是内蒙古自治区的“生命”，绿色是内蒙古自治区的“特色”，坚持生态环境保护与生态环境建设并举的原则。星散在内蒙古大草原上，充满个性的农牧人家、风格各异的嘎查村庄，坚持因地制宜，采取“一村一规划、一户一张图”，留住秀丽山水，更留住乡愁，彰显了民俗元素特色。地广人稀的阿拉善通过“大篷车”流动服务，每次具体行程提前告知；呼伦贝尔在农区牧区、林区垦区、民族地区、边境地区，努力保留民族符号、森林元素、异国情调。再次，释放文明之美。实施“十个全覆盖”的嘎查村制定完善村规民约，农牧民自我教育、自我管理，做破陋习、讲文明、树新风的带头人。“十个全覆盖”工程完善了嘎查村的文化设施和文化活动场所，满足了农牧民群众多层次、多方面的精神文化需求，契合了农牧民求知、求乐、求美的发展愿景，让乡村既体现发展之美，也释放文明之美。让农牧民群众得到美的享受、养成美的德行、过上美的生活。

“十个全覆盖”关键在于落到实处，落实到政府为百姓提供更为优质的服务，落实到让人民过上更安全、更自由、更幸福、更有尊严的生活。承担实施“十个全覆盖”工程的部门较多，涉及的内容互为关联，各部门顾全大局，打开部门界限，相互协调配合，在做好承担工作的同时，充分考虑其他部门的工作任务和乡村要求，和衷共济，群策群力提高覆盖的整体水平。再造新农村，关键是资金，内蒙古各地积极采取多种措施，保障工程建设资金需求。资金筹措多样性，老百姓出一部分、社会出一部分和各级政府出一部分。赤峰市以“十个全覆盖”工程为主线，大力整合一事一议、扶贫开发、生态移民、产业发展、美丽乡村建设、农业综合开发等项目资金，通过打捆使用，集中向重点嘎查村倾斜。巴彦淖尔市利用“六个一点”的模式进行资金筹措，项目支撑一点、部门帮扶一点、企业垫付一点、财政奖补一点、外出人士捐助一点、群众筹资投劳一点，多渠引水。广大群众既是工程受益的主体，也成为工程建设和推进的主体。

二、实施“十个全覆盖”工程的成效

“十个全覆盖”工程实施重要意义在于促发展和固根本，探索一条创新发展、城乡协调发展的实现农牧区现代化的有效途径，更为民族团结、社会和谐和永续发展打下坚实的基础。

（一）促发展：补短板，求创新，城乡协同

“十个全覆盖”，既是民生工程，也是发展工程。

1. 补齐发展短板。内蒙古自治区的贫困地区主要集中在农村牧区，大多自然条件恶劣，教育、医疗、电力、通信等基础设施建设严重不足，导致农畜产品卖难、农牧业生产受限、农牧民就医就学成本增加，给农牧民脱贫致富带来极大困难。“十个全覆盖”工程有效解决了基础设施和公共服务的瓶颈制约，全力补足小康社会建设的短板，改善了农牧民的生产生活条件，有利于促进城乡之间人员、物资、资金、信息的流动，有利于拓宽农牧民增收渠道，有利于增强自我发展能力，实现农牧民脱贫致富。

随着乡村企业、农村土地和农民房产“三权”改革的不断推进，农村牧区资产在产权明晰的基础上，通过适当的金融中介或产权交易中介，进行抵押融资或股权投资，从而将农牧民手中固化的各类资产转化为流动的资金或资本，用于生产、投资帮助农牧民增收。“十个全覆盖”工程让农牧民有事干、有钱挣、有盼头，为农村牧区长远发展蓄积了力量，催生以农村为发展动力的新一轮更大规模的经济发展浪潮。

2. 创新发展方式。农村牧区集中了数量最多、潜力最大的消费群体，是内蒙古自治区经济增长的动力源泉，但由于条件所限缺乏必要的消费环境。实施“十个全覆盖”工程，直接形成大量投资，激发和释放了广大农村牧区的消费潜能，使农牧民的潜在购买意愿转化为较大的现实消费需求，带动相关产业的发展，对内蒙古整个经济的持续增长起到拉动作用。

在经济发展进入新常态，小规模生产与农牧业现代化的矛盾日益突出，农牧业发展方式亟待转变。“十个全覆盖”工程对相关产业的杠杆效应、固定资产投资的乘数效应和经济的拉动效应非常明显，特别是对钢筋、水泥、燃油、砖瓦等建筑材料和运输、旅店、餐饮等一批服务行业的拉动效应实实在在。据初步统计，平均每个旗县每年用于“十个全覆盖”工程的投资在 2 亿元以上，而且用工技术要求低，能有效促进沿线居民转移就业和增收。同时，有力地带动休闲旅游、观光农业、特色产业发展，创造了大量的就业岗位，大幅度提高了农牧民收入。

在推进“十个全覆盖”工程中，遵循规律因地制宜，宜建则建、宜改则改、宜修则修，培育形成一大批有特色、有市场、有前景的富民产业，拉动能源、建材、体育、文化、信息、养老等相关产业发展，为农村牧区运用现代科技手段、培育新型农牧业经营主体、发展适度规模经营创造了有利条件。据统计，通过“十个全覆盖”工程建设带动产业发展，不少人返乡创业和回乡务工。乌海市海勃湾区引入农业项目18个（其中已开工16个），总投资20亿元，每个村至少有2到3个，带动农民增收致富。目前，沿黄产业带已基本形成，生态农业旅游基地已基本建成，精品农业整体发展已初具规模。富民产业支撑美丽村庄发展，庭院经济推动现代农牧业发展提速，设施农业让乡村兴旺起来，使美丽村庄有产业支撑。

3. 城乡协同发展。内蒙古自治区农村牧区人口居住较为分散，农牧民的生产经营一直是以一家一户为单元的传统作坊式生产模式，很难适应市场经济的发展，已经成为制约经济发展的主要因素。“十个全覆盖”工程从缩小城乡之间的差距着手，尽快把基础设施和公共服务这两块“短板”补上来，根本目的和意义在于破解城乡二元结构、统筹城乡发展，加快推进城乡一体化进程。“十个全覆盖”的实施，让马牛羊饲养进圈、让承包地集中连片，推进农牧业生产的集约化、工业化，打开农牧区、农牧业和农牧民进入市场经济的通道，实现发展—投资—再发展。“十个全覆盖”推动城乡经济的关联发展，发挥城市的扩散效应，推动农业向产业化、规模化发展，提高农村农业和城市工业的产业衔接，从而较快地完成生产方式的转换和农业产业化水平的提升。这也将实现城市内部产业结构的优化，以合理的产业布局带动区域经济的发展。

（二）固根本：为社会和谐稳定和永续发展打下坚实的基础

民为邦本，本固邦宁。内蒙古自治区是农牧业大区，农牧业兴则百业兴，农牧业稳则全局稳。“十个全覆盖”工程桩桩件件都与农牧民和农村牧区有关，是行久致远的强基固本工程。

1. 为进一步深入发展铸就最坚实的根基。2014年1月，习近平总书记视察内蒙古自治区时强调，只要还有一家一户乃至一个人没有解决基本生活问题，我们就不能安之若素；只要群众对幸福生活的憧憬还没有变成现实，我们就要毫不懈怠团结带领群众一起奋斗。[①]“十个全覆盖”急农民所急、想农民所想，补齐了农村牧区基础设施建设的短板、公共服务水平的短板，和社会保障的短板，办农民自己想办办不成的事。广大农牧民开始享有人生出彩的机会，梦想绽放有了更加厚实的土壤，进

① 《人民日报》2014年1月30日第1版。

一步激发了广大农牧民热爱家乡、建设家乡的热情。锲而不舍、久久为功，民心工程真正成为群众的幸福工程，极大地凝聚了民心，坚定了对美好生活的信心，为进一步深入发展铸就最坚实的根基。加快实施“十个全覆盖”工程，既能有效解决基础设施和公共服务的瓶颈制约，也能进一步夯实农村牧区的发展基础、全面提升农牧区发展的内生动力机制。“十个全覆盖”工程从根本上改善1000多万农牧民的生产生活条件，让他们与全国人民一道如期奔向全面小康。

2. 强化基层党组织的战斗堡垒作用。党的基层组织是党在农村牧区的政治核心，是党联系群众的桥梁和纽带，是党的形象在群众中最直接的塑造者。“十个全覆盖”工程既是培养和锻炼党员干部的“大平台”，也是考察和检验党员干部的“大考场”。

“政之所兴，在顺民心；政之所行，在和民愿；政之所归，在通民意”。“十个全覆盖”工程实施以来，自治区党委派出由12个厅局主要负责同志担任组长的督导组，深入基层督促检查，组织2万余名党员干部下乡驻村指导督促。在工程建设高峰期，全区大约有10万多名党员干部奋战在建设第一线，与农牧民同吃同住同劳动，为农牧民出主意、想办法、谋实招，用自身的辛苦指数换取群众的幸福指数。“好话千遍，不如为百姓做实事一件”。“十个全覆盖”工程使广大农牧民实实在在得到实惠。一件件好事、实事看得见，摸得着，效果好，让农牧民对政府、对社会的满意度也越来越高。“十个全覆盖”工程锻炼了党员干部做好群众工作的能力和本领，夯实了基层基础工作，拉近了干部和群众的距离，切实增强了广大农牧民群众对党和政府的信任。

3. 促进民族团结进步、社会和谐的有力举措。解决好了少数民族群众和地区的发展问题，就抓住了解决民族问题、促进民族团结进步工作的核心。“十个全覆盖”工程实施以来，广大农牧民经济收入明显增加、生活质量显著提高、精神文化生活极大丰富，对生活充满了希望，这无疑为全区各族群众和睦相处、和衷共济、共同团结奠定了坚强的民意基础。

社会和谐离不开广阔农村的社会和谐。当前社会正处于急剧转型时期，传统的农业文明正向现代的工业文明转化，农村的经济社会结构发生巨大的变化，也引发一些矛盾。在“十个全覆盖”工程中，推进美丽乡村建设，制定完善村规民约，引导农牧民自我教育、自我管理，争做破陋习、讲文明、树新风的带头人，越来越多的“身边最美”造福桑梓、守望邻里。“十个全覆盖”工程中，涵养了崇德向善、守望相助、风醇物厚的乡风文明，完善了嘎查村的文化设施和文化活动场所，满足了农牧民群众多层次、多方面的精神文化需求，契合了农牧民求知、求乐、求美的发展愿景，让农牧民群众得到美的享受、养成美的德行、过上美的生活，为构建社会主义和谐社会打下坚实基础。

三、实施“十个全覆盖”的启示

在实施“十个全覆盖”工程中妥善处理好解决好多种关系，是取得较好效果的原因。

处理好为民办事与人民主体的关系。民生工程既要顺应民意，做老百姓喜欢的事、能接受的事，始终把实现好、维护好、发展好人民群众的根本利益作为出发点和落脚点；又要做好充分发动群众、尊重群众，让群众最大限度地成为积极参与的主体，做到为了群众、依靠群众、成果由群众共享。坚持人民主体地位，要根据牧区、农区、垦区和沙区的不同，在群众中不拘一格发展能手，培养牧业合作组织带头人、发展家庭旅游的能手、组织劳务输出的能手，让他们引领乡村发展。

处理好改善民生与经济建设的关系。提升公共服务、提高人民生活水平不能脱离经济发展水平。发展经济是第一要务，任何时候都不能偏离，经济不发展上去，一切都是空话。惠民工程的规划布局、项目实施的深度和内涵，一定要考虑每个农村的未来发展，培育形成有特色、有市场、有前景的富民产业，培育新型农牧业经营主体，发展适度规模经营，避免为了改善民生而改善民生。惠民工程要在改善民生中补上发展的短板，促进农业和工业的融合，推动农业现代化发展。

处理好全面推进与建立长效机制的关系。全国各地在农村全面推进的惠民固本、统筹城乡发展中下了很大决心、付出很大努力，但农村的历史性欠账，不可能一下子全部解决，需要时间、需要一个过程，这就要求必须建立健全长效机制。从调研情况看，在这一过程中出现不少问题，甚至有些问题较为严重且具有普遍性。对于那些不适宜实践发展的体制机制、法律法规，必须进行革新，构建能够行之久远的长效机制。既要大胆创新、主动作为，又要及时总结经验，把短期“运动式”的项目工程转换成常规性的工作新形式，长期坚持下去。

处理好尽力而为和量力而行的关系。为了搞好项目建设，各级都尽了最大努力，想方设法筹措资金。但值得注意的是，有的地方也存在脱离当地实际和过度举债的问题，过度要求上规模、上档次，超出经济发展水平和财政、群众的承受能力，也可能会引发一些不良后果。所以，应始终坚持一切从实际出发，循序渐进，防止脱离实际、贪大图全，防止大拆大建，把握好既积极进取，又尽力而为、量力而行，立足于本地实际，采取适宜当地发展的建设模式，切实改善农牧民的生产生活条件。应先把绝大多数、绝大部分地域搞好，然后发挥吸纳和集聚功能，影响和辐射更多的村落，逐步深化建设内容。

（作者：吴超　武力）

推进民族政策在新疆维吾尔自治区的实践创新

推进民族政策在新疆维吾尔自治区的实践创新，要着眼于增强内生发展能力、增强少数民族适应现代生产方式能力、完善民族乡村治理机制、厚植发展优势，改进中央及对口省市对民族地区的支持、援助，把促进产业发展与民生问题解决融合推进，把传承少数民族文化与创新企业文化建设融合推进，把乡村治理机制完善与发展集体经济带领农牧民脱贫致富融合推进，把尊重民族文化、发展民族特色产业、建设绚丽的民族人文风情和秀美自然风貌于一体的大美新疆融合推进。

一、对民族政策的认识不能狭义化

国家民族政策不仅包括坚持民族平等团结、实行民族区域自治、培养和使用少数民族干部、使用和发展少数民族语言文字、尊重少数民族风俗习惯、尊重和保护少数民族宗教信仰自由，还包括国家为改变少数民族地区经济社会相对落后状况所采取的一系列重大政策，在新疆则突出体现在中央支持及动员和组织全国 19 个省市的援助。后者既是一项经济社会政策，又不仅如此，更是国家实施的重大民族政策，旨在通过这些重大支持、援助举措，以实现全国各民族与新疆各民族携手发展，使新疆各民族能够跟上时代发展的步伐，共圆中华民族伟大复兴的中国梦。尊重民族权益政策与促进民族地区经济社会发展政策，两者不是孤立的，而是相互促进。把中央及对口省市实施的对新疆经济社会发展的支持、援助仅仅当作是孤立的经济社会政策，不将其视为国家民族政策的重要组成部分，实际上是将民族政策狭义化，就会把民族政策演变成单一的民族权益政策，使民族政策的实践僵化和形式主义化，也必然会成为影响民族团结的藩篱。

二、把中央及对口省市对民族地区支持、援助的重点，由以解决民生为主，转向促进产业发展与民生问题解决融合推进，作为增强内生发展能力的引擎

在很长时期内，中央、自治区和 19 个对口援疆省市将 70% 的援助资金和财政资金投入到解决民生这个短板，广泛开展了安居兴牧、农村安全饮水、畅通富民、

村村通户户通、农村电网改造等工程。[①]经过坚持不懈的努力，新疆民生有了明显改善。基于这种新的发展基础，中央及对口省市对新疆的支持和援助应进入新的阶段，从以解决民生为主，转向把促进产业发展与民生问题解决融合推进，增强少数民族地区内生发展能力，获得更多的发展机会，以发展带动民生问题的解决，这也是最为有效的民族政策实践路径。现阶段，迫切需要从以下方面着手。

第一，抓大头。即解决好占人口绝大多数农牧民的民生和就业发展问题。新疆城镇化已有快速发展，到2014年达到46.07%。尽管如此，新疆城镇化比全国平均水平仍低8.7个百分点，区内也很不平衡，如喀什市仅28.53%。农牧民的产品销售难，也卖不出好价钱，致富困难，很多仍在贫困线之下，南疆更为突出。而农村青年中，走出去就业创业的较少，大多数留在当地。一些省在新疆兴办产业园区，以此为就业基地，让无业者就业，有志者创业，有了收入来源，解决了生活困难，心情也愉悦了，职工把感恩之情内化为自觉促进民族团结进步和社会稳定的动力。例如，援疆企业展博电子科技有限公司的一名员工在员工感言中写道："家里五口人，父母姐姐在家务农收入不高。2012年毕业于喀什市第四中学，近两年未找到合适的工作，一直在家待业。到展博公司上班后，每月有了工资收入后交给父母，给家里减轻负担。我打算今后认真工作，学好技术，同时上函授大学，将来做更好的工作，做个对家庭、社会有贡献的人。"

第二，抓能力提升。即在加快民族地区教育和科技发展的同时，还应把传承少数民族文化与创新企业文化建设融合推进，作为增强少数民族适应现代生产方式能力，进而实现发展的催化剂。习近平总书记在第二次中央新疆工作座谈会上强调，援疆省市不能"见物不见人"，不能"重物质轻精神"，"人心是靠恩惠施舍换不来的"等。[②]在民族政策的实践中，通过支持、援助产业发展，形成新的民族交往的生产生活社区，改变见人不见物的帮扶，有助于促进民心相通，增进民族团结进步，进而促进民族融合发展。新疆少数民族能歌善舞，活泼喜动，暂时不适应较长时间的工厂作业。在实施援助产业发展过程中，如果不从少数民族习惯出发，生硬照搬现代企业管理办法，会发生现代生产方式与民族传统生产生活方式的矛盾碰撞，使少数民族职工在现代生产中产生厌烦心理。一些援疆企业把企业文化建设与少数民族文化传承融合推进，广泛开展民族特色的工间趣味活动，组织开展一些团队协作完成的集体活动项目，使工厂生活充满情趣，不仅使少数民族职工能够适应工厂生产方式，还使职工锻炼了身体、培养了团队协作意识、增进了工友的团结。

---

① 中共新疆维吾尔自治区委员会宣传部编：《奋斗中的新疆——庆祝自治区成立60周年理论研讨会文集》，新疆人民出版社2015年版，第121、221页。

② 同上，第126页。

第三，抓拓展。即在实施“一带一路”战略中，把民族地区发展与丝绸之路经济带核心区打造结合起来，作为拓展发展空间的引擎。在加强民族地区基础设施建设并与周边国家联通、构建开放发展优势的同时，还可从两个方面着力：一是，促进民族文化交流和经济交流的融合，发挥民族文化交流促进经济交流和发展的作用，也使经济交流和发展能够构筑在民族间认同的文化理念和价值观之上。新疆已成功举办中国—亚欧博览会、中国新疆国际民族舞蹈节等国家级经贸、文化交流活动，对外影响力也逐步增强。2014 年全区进出口贸易总额达到 277 亿美元，比 2009 年的 138 亿美元增长 1 倍，年均增长 14.9%，高出全国平均增速 1 个百分点。[①] 二是促进产业转型升级。新疆产业转型升级的潜在红利巨大。在新疆，一方面要推进产业向中高端迈进，另一方面要实现资源类产品和农产品更多地就地加工增值，改变卖原字号产品的状况，使农牧民更直接更多地分享发展成果，这也是可以使更多人受益的民族政策。例如，根据新疆为全国第一产棉区的情况，积极促进纺织业的发展，出台了《关于支持新疆纺织服装产业发展促进就业的指导意见》《支持新疆纺织服装产业发展专项资金管理暂行办法》，重点建设了以石河子、阿克苏、库尔勒为代表的纺织工业“三城七园一中心”，截至 2013 年底，全疆有 14 个纺织“新疆名牌”、3 个“中国名牌”称号。[②] 同时，上千家农产品加工企业落户新疆，将促进农产品由初级加工向精深加工转变，加快由原料输出向加工产品输出转变的步伐。2014 年，全区轻工业总产值突破 1000 亿元，成为自治区第二个产值超千亿元的产业。[③]

三、把乡村治理机制完善与发展集体经济带领农牧民脱贫致富融合推进，作为促进民族地区和谐进步的组织载体

2014 年习近平总书记在中央民族工作会议上指出：“开展民族团结进步创建活动，端着架子空喊是不行的”，“形式轰轰烈烈，效果未必就好”。[④] 2014 年 3 月，新疆启动“访民情、惠民生、聚民心”（简称“访惠聚”）活动，向每个村派驻村工作组，形成村级组织、村警务室、住村工作组“三位一体”的治理模式。自治区每年向每个村拨付一定资金，用于解决民生问题和促进经济社会发展，使支持民族团

① 中共新疆维吾尔自治区委员会宣传部编：《奋斗中的新疆——庆祝自治区成立 60 周年理论研讨会文集》，新疆人民出版社 2015 年版，第 249 页。

② 同上，第 269 页。

③ 同上。

④ 同上，第 122 页。

结创建活动从政治层面，深入推进到经济、社会、文化领域。加之住村工作组用真挚感情+良好作风+群众工作能力，打通联系群众最后一截路、服务群众最远一家人，对于加强沟通，化解多种矛盾发挥了积极作用。应当清醒地认识到，这只是乡村善治的良好开端。

促进民族地区和谐进步，还要把乡村治理机制完善与发展集体经济带领农牧民脱贫致富有机统一起来。现在，住村工作组公正高效的工作，以及给村里带来的显著变化，一方面提高了住村工作组的权威性，另一方面又使村干部和村民对住村工作组有依赖感，有的农牧民有事只找工作组、不找村干部。这种态势的进一步演化，对乡村治理有可能产生一定的负面作用，如架空乡村干部而导致新的矛盾，使村民在村经济社会发展中的民主参与度降低。实际上，基层民主政治的发展，民族的融合，可通过经济的交往、合作来逐步增强民主参与的积极性，并提高民主参与集体事业发展的能力，为实现携手发展奠定基础。应抓住自治区给每个村一定财政支持的机遇，提高实施支持政策的绩效，可将其向集体经济组织注资，并量化到成员，以此为条件，吸引村民配股，走新型股份合作之路，重构与农牧民合作社功能和优势互补的新型农业组织化的发展优势，带领农牧民齐心协力奔小康，农牧民由此能够共享发展成果，进而使民族政策内化为经济社会发展的新动力和民族团结进步的凝聚力。鉴此，应把“访惠聚”活动的重点，由维稳和解决民生为主，转向其与促进集体经济发展带领农牧民脱贫致富融合推进，进而形成实现发展并带动农牧民民生问题解决、社会和谐进步等多重目标的路径。

四、把尊重民族文化、发展民族特色产业、建设绚丽的民族人文风情和秀美自然风貌于一体的大美新疆融合推进，作为厚植发展优势的突破口

新疆，特别是南疆，在发展中存在资本积累不足、技术相对落后、人才极其缺乏等难题，这使走出经济社会发展相对落后的“贫困陷阱”更加困难。为此，应当以中央支持及对口援助的重大民族政策的实施为契机，厚植起民族地区的发展优势。

第一，在旧城改造中，把传承少数民族文化、改善民生与发展民族特色产业融合推进。2010年8月24日，住房和城乡建设部、国家发展和改革委员会、财政部、国土资源部、环境保护部、中国地震局、国家文物局、国务院扶贫开发领导小组办公室批准实施《喀什市老城区危旧房改造综合治理项目方案》。喀什市在旧城改造中，把危旧房改造与老城区5A级民族旅游景区的创建结合起来，按照城市和片区功能整体设计，每户个性化创意建设和装饰维吾尔族艺术风格新家，创造能够延续

改造前而又比之更好的谋生方式。如此，旧城改造的民生工程也同时成为有利于经济社会发展的富民工程，实现了城市基础设施改善、环境美化、民族传统文化传承发展、居民安居乐业等多方面的目标，从整体上提升了城市的形象，形成发展的名片效应和聚集效应。如今，喀什市噶尔老城的阿热亚路、阿图什巷、巴格其巷等成为民族风情商业街。2014 年，喀什市接待游客 359 万人次，旅游收入达 27.5 亿元，带动就业 73674 人，第三产业对生产总值的贡献率高达 48.9%。

第二，在推进产业发展中，把尊重和传承民族文化与发展民族特色产业融合推进。在民族政策的实践进程中，对民族文化的传承保护不能就事论事，而是要适应经济社会发展规律的要求，抓住工业化、城镇化进程中民族文化资源可转变为经济资源的重大发展机遇，着力促进少数民族文化等特色资源的开发利用，把传承民族文化与发展民族特色产业融合推进，以现代文化引领，促进特色文化村专业化和差异化的互补发展，促进民族文化旅游、民族工艺品、民族医药文化、民族饮食文化、民族特色农产品等特色产业的发展，使民族特色产业发展成为支柱产业。以此为突破口和路径，积累资本，提升人力、技术和管理水平，为少数民族地区实现追赶跨越和转型发展双重使命提供支撑。

第三，在推进经济发展进程中，强化大美新疆理念，处理好经济社会发展与环境的关系。新疆不仅是绚丽的少数民族文化富集和自然风光秀丽之地，也是国内最宜发展绿色农业、有机农业之地。在发展现代工业和现代农业时，应着力保护环境，坚持“两个可持续”，使大美新疆永驻。在乡村，可通过文化生态村建设，将生态文明村建设与世居民族物质文化遗产相对集中区传统文化生态保护结合，加强“非遗”生产性保护，促进民族传统文化的传承和发展。在落实绿色发展理念和有多方面支持、援助的条件下，新疆有条件避免后发地区一般走先发展、后治理的老路，走出一条大美新疆的发展新路，实现人文新疆和自然新疆浑然一体的态势，使之成为新疆发展优势的重要组成部分。

（作者：郑有贵）

强化东北老工业基地振兴的人才支撑

习近平总书记2015年7月17日在长春召开的部分省区党委主要负责同志座谈会上的讲话中指出，振兴东北老工业基地国家要加大支持力度。根据东北老工业基地的实际状况，尤其是资源型城市转型发展面临的困境，国家应加大对东北老工业基地的人才支持。

一、东北老工业基地的人才状况

由于历史和现实的原因，目前东北老工业基地的人才呈现严重短缺状况，具体表现在以下几个方面：

一是现有人才产业专业化倾向过重，人才结构比较单一。由于东北老工业基地多是重工业城市和资源型城市，现有人才多集中在钢铁和煤炭等传统产业，其他产业人才层次较低，高级人才尤其是高级专业人才严重缺乏。

二是人才流失严重。随着东北老工业基地经济社会发展困难的加大，特别是资源型城市出现资源萎缩和枯竭之后，呈现出“矿竭城衰”的趋势，许多钢铁和煤炭等产业的高级人才严重流失。其他一些有经营头脑和经营能力的人才，也纷纷到东部沿海等一线城市就业和创业。

三是当地生源的高校毕业生，尤其是研究生学历以上的，绝大部分不回东北就业，许多高校毕业生的家长也陪同到孩子就业地安家生活，造成东北老工业基地人口及人才的净流失。

四是其他地区校毕业生不愿去东北就业。东北老工业基地因处于高寒地带，区位不占优势，交通不够便利，再加上这些年经济发展滞后于东部地区，其他地区高校毕业生很少去东北就业。一些煤矿煤炭资源开采地区多处于边远、落后地区，吸引人才就更不具优势。

五是传统产业劳动力文化水平不高。由于历史原因，东北老工业基地的煤炭等传统产业对员工文化程度和技能水平要求不高，这些企业的员工多是小学文化水平，劳动技能单一，学习新知识能力差，下岗失业后再就业难度很大。

二、东北老工业基地的人才短缺严重制约其振兴和转型发展

东北老工业基地的人才状况，成为其加快振兴的瓶颈，严重制约其转型发展。

一是传统产业链条短。东北老工业基地的传统支柱产业多属于资源型。实现转型发展，在现阶段还是应靠拉长产业链条。近年来，东北一些资源型城市围绕资源进行精深加工，延伸产业链条，谋划建设了一批大项目，取得明显成效。但由于人才制约等因素，传统产业链条仍然很短，科技含量低，煤炭、石墨、粮食等资源大部分还是以“原字号”外运。黑龙江省鸡西市石墨资源丰富，专业技术人才严重匮乏，无论是矿山、洗选、尾矿库、深加工等方面都缺乏专业技术人员。有的企业只能靠老工人的老经验、老办法管理企业生产，未按设计施工现象时有发生，安全生产方面经常出现隐患，严重制约其产业链条的延伸。

二是接续替代产业规模小。东北老工业基地在做深做细传统产业的同时，也充分挖掘潜力，培育壮大食品医药、装备制造、新能源以及旅游业等接续替代产业，构建多元发展格局，并在装备制造业等方面取得阶段性成效。但总的来说，由于人才不足等原因，东北很多资源型城市的经济特征仍然是“一业独大”，接续替代产业规模小。以鸡西市为例，2014 年石墨新材料产业产值仅占规模以上工业总产值的 4.2%，煤机装备制造业占 1.8%，食品产业占 14.1%，医药产业占 10.8%，接续替代产业发展层次低，支撑作用尚未形成。

三是高新技术产业难以引进。由于东北老工业基地专业技术人才尤其是高层次人才严重缺乏，许多高新技术产业不愿去东北发展。已引进的项目也将高附加值的生产环节设在内地发达地区。如鸡西市引进的贝特瑞石墨加工企业只利用当地的资源进行一些低附加值的加工，而将高附加值的研发和生产环节设在深圳。这些企业即使在东北有研发规划，也往往因无人才支持而难以实施。

四是创新创业能力不强。习近平总书记在 2015 年 7 月 17 日的讲话中，要求东北老工业基地加快形成以创新为主要引领和支撑的经济体系和发展模式。振兴东北老工业基地，实现资源型城市的转型发展，归根到底要靠创新。但创新要靠人才，东北地区正是因为人才不足制约了其创新能力，相应地也制约了其创业能力。由于人才匮乏，创新能力较弱，致使东北地区小微企业缺少专业的管理人才和技术人才，团队管理能力和研发能力普遍较弱，影响了大众创业、万众创新的进程。

三、强化东北老工业基地人才支撑

针对东北老工业基地人才短缺的现实状况，可从以下几个方面强化东北老工业

2015 年 8 月 10 日，调研组在黑龙江省鸡西市调研

基地的人才支撑：

一是盘活用好现有人才。振兴东北老工业基地，实现资源城市转型发展，除国家加大支持力度外，最终要靠东北地区增强内生发展活力和动力。在这方面，充分发挥好现有人才的作用是根本和关键。东北的人才状况虽然从总体上不容乐观，但毕竟拥有一定的人才基础，对此要盘活用好。对于其有待提高人员，应加大培训支持力度，出资为企业培训一批技术骨干作为企业的技术支撑，同时对下岗人员进行实用技能培训，以提高其再就业能力。

二是实行专业人才对口援助制度。20 世纪五六十年代，成千上万的知识分子和专业技术人员从北京、上海等大城市举家迁往东北，为“一五”计划的完成及东北老工业基地的建设奉献了自己的智慧和年华。当时，响应国家号召，“到东北去，到边疆去，到祖国最需要的地方去”，成为一种社会风尚和知识分子的无悔选择。现在已不同于计划经济时代，单靠市场配置人才资源，东北地区是不占优势的，也没有竞争力。鉴此，国家可通过政府力量和行政手段，仿照援疆和援藏的办法，对东北老工业基地实行专业人才对口援助制度，对自愿到东北工作的专业技术人才在工资待遇、职称和职务晋升等方面给予适当政策倾斜。

三是引导高校毕业生尤其是东北籍学生到东北就业、创业。现在每年有大量的高校毕业生甚至研究生当年无法充分就业，他们漂靠在一线和二线城市寻找着新的出路和就业机会。国家可出台就业和创业的相关优惠政策，引导这些毕业生特别是东北籍的学生到东北就业、创业。同时，国家在高校为东北定向培养专业人才，对毕业后到东北工作的减免学费或代偿助学贷款等。

四是继续选派发达地区的干部到东北挂职。近年来，国家加大了向东北派驻干部的力度。2014 年，中共中央组织部从中央国家机关有关部门和发达省份选派干部到黑龙江地级市挂职。他们给当地带去先进的发展理念和管理经验，有力地推动了东北老工业基地的振兴。可继续选派干部到东北挂职，并适当扩大派驻规模。同时，可选派东北干部到内地尤其是东部沿海地区交流挂职，以开阔他们的眼界，提高他们的能力。

（作者：张金才，中国社会科学院当代中国研究所第一研究室副主任、研究员）

"一带一路"战略实施应注意边疆民族地区安全防范

保持边疆稳定，关系到"一带一路"战略的长期发展，也关系到中国的国家综合安全。随着"一带一路"战略的深入实施，在对外、对内双向全面开放的新形势下，边疆民族地区将逐步成为"一带一路"中省区联动的战略节点，受沿线国家恐怖主义、分裂主义、极端主义等"三股势力"的影响难以避免。因此，须对一些地方和领域基层组织涣散、人口流动频度加快、文化传播多样的危险性加以防范，警惕抵制境内外敌对势力的渗透勾结。

一、毫不动摇地反对民族分裂主义、"泛突厥主义"、"泛伊斯兰主义"、"藏独""疆独"和一切暴力恐怖活动，根据"一带一路"开放环境的阶段性变化，有重点地建立安全工作的预警和长效管理机制

"一带一路"的边疆民族地区，有中国重要的能源资源战略基地，有西部地区经济增长的重要支点，许多都肩负边疆战略屏障的重要作用。新疆、西藏等地区安全态势异常复杂，甘肃、宁夏等地区虽然比较稳定，但也须防范"一带一路"战略推进过程中出现新问题。"一带一路"战略的实施，对边疆民族地区的发展转型而言是一个契机。在边疆民族地区安全预警和长效管理机制工作中，应注重以下几点：高度重视信息生产、积累、共享、传播的现代化，特别是新媒体、自媒体的快速发展；面对内外人员流动频繁等新情况，吸收专业人员建立专门的预警机制；重点关注新疆、西藏等的同时，对其他民族地区的安全工作也应重视，根据调查研究，按照民族地区的不同特点进行差别化管理；随着铁路、公路、口岸和边贸市场等基础设施的建成和完善，城镇流动人口大量增加，应依法建立规范管理机制；创新民族地区乡村、寺庙长效治理体系，将反分裂反渗透反破坏抓到实处。

二、推进民族事务治理体系和治理能力现代化

边疆民族地区的安全防范应有健全的制度基础，坚持依法治国。进一步学习贯彻习近平总书记在中央民族工作会议上讲话精神，根据"一带一路"战略的需要，细化、深化民族事务治理体系和治理能力现代化。新中国成立以来，民族工作积累了丰富的历史经验。当前，亟须总结当代中国民族工作的成就与经验。对于这些

成就和经验的总结，并不止于政策操作层面，更应是民族问题和民族工作方向、道路、制度、体制机制和法律的战略把握与反思。对行之有效的制度、理论、措施坚持并进一步完善，对经过实践检验有所不足或不适应的部分加以改革完善。

“一带一路”战略实施中，应以市场配置资源的现实要求为契机，综合考虑民族权利、民族感情，坚持统一和自治相结合、民族因素和区域因素相结合，发展和创新适合中国国情与民族地区实际的民族事务治理体系的具体实现形式。例如，人口的流动导致人口常住地和户口所在地不一致，一些社会服务管理措施难以实施到位，传统的单纯依靠公安机关进行治安管理的工作模式已经不符合“一带一路”战略实施的需要，基层社会治安、劳动、就业等管理工作都需要进行体制机制的创新。

三、加强中国共产党基层组织建设

解决民族问题，归根结底是应坚持中国共产党领导，加强中国共产党自身建设，尤其是中国共产党的基层组织建设。中国共产党基层组织是中共在社会基层组织中反对分裂、维护稳定的战斗堡垒。“一带一路”战略的实施开创的是对外开放的新局面，是一个关系到稳定和发展的复杂系统工程，只有把中共党组织和干部队伍建设抓好了，中国共产党的组织建设才能上下贯通，各项任务才能落到实处、收到实效。此外，“一带一路”的开放性给了企业“走出去”的重要机遇。如2015年，西藏加快建设南亚大通道，对接“一带一路”和孟中印缅经济走廊，推动环喜马拉雅经济合作带建设，这让民营企业有可能通过“走出去”获取更大的成长空间，民营企业在贸易、投资、文化与人员交流方面将扮演更加重要的角色。创新中国共产党的基层组织设置，理直气壮地鼓励民营企业进行中国共产党的基层组织建设，十分重要。

四、加强思想政治宣传，打牢中华民族共同体的思想基础

坚持以民族平等、团结、互助和共同发展为指导思想的思想政治工作需要进一步加强。一是对汉族干部不断进行民族平等团结教育，特别是实施“一带一路”战略后新进入边疆民族地区工作的外事干部、专业干部，使其尊重民族风俗习惯，尊重并学习民族语言文字，与民族群众从感情上、思想上贴近。二是对民族干部群众加强民族理论与民族政策、国情区情的宣传教育，对“一带一路”战略进行深入浅出、群众喜闻乐见的宣传，增强群众的政治敏锐性、政治鉴别力、政治定力。三是建立和完善各类培训与教育体系，在各类就业职业教育中也应注重思想教育。通过

思想政治工作，构建和谐的民族关系，为“一带一路”战略的顺利实施提供强大的思想基础、组织基础和社会基础。

五、打破区际、省际壁垒，对分属不同省、区的同语言、同民族地区加强安全工作的配合

“一带一路”战略是综合宏观的国家战略，随着民族地区市场化、城镇化的发展，流动人口增大，国际、区际交流日益增多，民族地区的互联互通更为紧密，“东突”“疆独”“藏独”负面信息传播更快，范围也更广。关涉安全问题的事务，更需要跨边界配合，共同抵御境外民族分裂势力的渗透，防止内外部敌对势力相勾结。特别是同一语言、不同地区的民族聚居地区，需要统一筹划，密切配合。如在“一带一路”战略中，对外开放方面，西藏西北方向与“丝绸之路经济带”相对接，正南方向与“21 世纪海上丝绸之路”在南亚沿海地带交汇。对内连接方面，通过青藏铁路、京藏公路、新藏公路、川藏公路等与丝绸之路核心区域四川、青海等地经贸联系密切。[①] 在宣传品进入上，达赖集团对西藏的渗透向地面非法出版物、空中广告、网络三位一体的立体化方向发展。西藏针对达赖集团的渗透，开展了多项“扫黄打非”专项行动，始终保持打击涉藏非法出版物及反动宣传品力度。目前，防范和打击“藏独”分裂势力的渗透破坏落实到了村，落实到了人。

（作者：王蕾）

① 《推动共建丝绸之路经济带和 21 世纪海上丝绸之路的愿景与行动》，《人民日报》2015 年 3 月 29 日第 4 版。

“一带一路”战略实施中的海外话语权建设

“一带一路”战略实施中海外话语权的合理有效建设，有助于提升中国的核心竞争力和影响力，是增强中国文化软实力的重要组织部分。沿线各国文化各异，民族宗教复杂，经济发展水平差异显著，各国人民利益诉求不一。针对千差万别的情况，深入细致做好海外话语权的建设工作必不可少。

一、在“一带一路”战略实施中不断加深文化价值观的内涵和理论创新

在“一带一路”战略动态实施中，沿线国家族群繁多，文化差异性较大，应根据新的条件不断丰富、深化文化价值观内容，进行内涵和理论的创新和探索。“一带一路”战略实施中，海外话语权的建设是一个综合、长期、系统的过程，以全方位的文化合作和交流为基础，旨在全面清晰地阐释命运共同体意识，增强综合国力中的软实力因子。首先，对社会主义的基本理念、价值体系和基本制度建立高度的文化自觉和文化自信，抓好自身核心价值观体系的建设，夯实海外话语权建设的基础。其次，密切关注沿线国家所共同面临的重大理论和现实问题，关注国际话语结构新动态，克服话语僵化，适时调整提炼出具有普遍意义的话语，形成富有针对性的集中宣传。再次，清醒认识有中国特色的海外话语权建设不足，未成格局的现状。以“一带一路”战略的实施为契机和平台，积极争取突破西方发达国家拥有强势的国际话语权，尤其是应增强沿线国家文化价值观的认同感。

二、尊重沿线国家的宗教文化，发掘、创新沿线国家新的共通文化要素

“一带一路”沿线国家宗教信仰多样，在进行全方位交流时，各国宗教文化的差异不可回避，应做到民心互通，须尊重伊斯兰教、基督教等宗教文化，特别是对人员进行培训，了解文化差异和宗教禁忌。文化随着时代常新，发掘、创新“一带一路”沿线国家共通文化要素十分重要。海上丝绸之路相关的文物考察、资料梳理、理论研究等基础工作还需要进一步深入。在沿线国家中，存在夸大蒙古进军等历史事件，解构丝路之路的共同精神符号，消解战略文化基础的声音。还原“丝绸之路”的真实历史，有利于填补知识断层，强有力地驳斥此类声音，提升中国的海外话语权和影响力。此外，丝绸之路的核心是贸易，贸易投资往来有利于双方经济发

展，为当地提供就业机会，是战略中成效显著、疑虑较少的部分。通过对“一带一路”战略实施后经贸文化新要素的创新，求同存异，有助于密切沿线国家人民的友好感情，夯实合作的民意基础和社会基础，在互惠互利的基础上真正建立命运共同体意识。

三、以扎实的学术研究为基础，传播新中国的形象，讲好新中国的故事

在重视沿线各国、各地区传承古丝路文化文明、再现共同历史记忆的同时，更要介绍新中国的历史和在各方面取得的成就，讲好新中国成立后的故事，传播好当代的中国声音。向沿线国家传播和推介新中国的建设成就和治理理念，需要以扎实的学术研究为基础。尤其是，当前情况下，有一部分国家的民众由于地缘政治上的疑虑，对新中国的发展不了解，甚至有误解。因此，应以翔实的数据，形象、深入浅出地解释中国崛起对世界和平稳定的贡献，促进沿线国家的民心相通，夯实了解互信的基础。在此过程中，一是对中国社会主义形象和中国共产党的形象、中国和平发展的战略进行有效的海外舆论引导和建设，不应淡化处理，更不应回避。国际敌对势力阻挠“一带一路”的图谋客观存在，其重要手段之一就是利用强势话语权进行历史虚无主义的宣传，发出诸如“黄祸”“红色浪潮”等噪音，传播关于中国的负面新闻。对此，必须及时廓清事实，针锋相对地进行“一带一路”和平本质的正面宣传。二是注重海外话语权的当地化策略，注重与沿线国家当地文化传媒的合作，传播真实的中国及其文化价值观，对抗西方背景非政府组织的舆论操纵。三是注重影视、画册等方式应用中的语言问题。一些国家普通民众对中国有很多误解，其中许多民众的一些误解是出于对中国的无知。这部分人群数量众多，缺乏语言交流能力，可对哈萨克语、吉尔吉斯语、塔吉克语、乌兹别克语等语种的外宣项目给予积极的资助。

四、分层次、分目标地进行文化合作和文化交流

“一带一路”沿线地缘政治情况复杂，发展阶段各不相同，深化与沿线国家的文化交流与合作，不能单纯追求规模和品牌，需要切切实实地根据不同国家的发展阶段和对“一带一路”战略的接受程度，分层次、分目标地进行合作和交流。在海外话语权建设上，更应进行符合实际情况的目标细化，既要抓住时机，也要考虑接受能力。一是共同实体的合作，如对中国、吉尔吉斯斯坦、哈萨克斯坦联合申请世界遗产名录的“丝绸之路：长安—天山廊道路网”进行共同开发。二是根据受众的

具体情况，进行不同方式的宣传，如在影视、广播较为普及的中亚、南亚等国，多使用传统媒体，在信息化程度较高的东南亚、中东欧国家，加大网络、视频音频、手机游戏节目的投入制作。三是拓宽领域，细化非官方组织的管理机制。如中国与沿线国家在上海合作组织等框架下已有一系列较为成熟的文化合作机制。在企业进入后，对非官方组织的管理提到日程上，应细化机制，利用行业组织有效教育引导企业和员工树立良好企业和公民形象。合理发挥政府和企业的作用，形成合力。

五、为民间文化交流创造便利化条件，调动文化企业的积极性

“一带一路”战略的实施，为民间文化交流搭建了新的国际交流平台，沿线诸多的文化要素有待利用，文化企业“走出去”效应日益凸显。近年来，国家有关部门对文化产业高度重视，在扶植文化企业“走出去”的路径与模式，整合打造上、中、下游产业链，增强创意能力和国际营销能力上，已经积累了一定的经验，值得在“一带一路”实践中总结和推广，尽量为文化企业实现“走出去”和“请进来”提供便利化。如上海自贸区对文化装备企业、演艺娱乐企业先行先试的改革经验值得借鉴，包括实施“负面清单”管理、产品展览交易手续简化、海关优化艺术品及相关设备的通关流程、拓展文化产品保税展示功能、文化产品自由分拨中转等。

（作者：王蕾）

发挥好政府和市场促进区域协调发展的作用

解决区域发展差距，优化区域结构，协调区域发展是经济结构性改革的一个重要方面，需要在认识和总结新中国成立以来发挥政府和市场作用协调区域发展的历史经验的基础上，厘清新常态下市场和政府的角色定位，塑造要素有序自由流动，促进主体功能约束有效、基本公共服务均等、资源环境可承载的区域协调发展新格局。

一、政府调控和市场机制有机结合是促进区域协调发展的历史经验

建立完善的市场机制，打破行政壁垒，消除地区封锁，构建统一公平的市场，促进要素流动，推动各地区比较优势的发挥，是区域协调发展的基础。在充分发挥市场作用的同时，也不能忽视各级政府的宏观调控作用。中央政府在解决区域差距、贫困和收入分配等问题上，具有市场不可替代的作用。同时，由于各地区资源条件、市场发育程度和经济社会发展水平存在的差异，在中央政府对区域发展进行调控的同时，还需要发挥地方政府在区域层面的自主调控作用。认识和解决新中国成立以来各阶段区域发展面临的问题，与能否正确认识、处理政府和市场的关系以及中央政府与地方政府的关系紧密相连。政府调控与市场机制的有机结合是促进区域协调发展的基本经验。

新中国成立初期至改革开放前，为实现赶超发展，中国仿效苏联，建立了中央高度集中的计划经济体制。一方面，在计划经济“均衡布局论”的指导下，为平衡生产力布局，将全国分为沿海与内地两大经济地带，实施了以内地为建设重点的区域均衡发展战略。该战略虽然在中国工业化初期对平衡生产力布局和内地发展发挥了一定作用，但抑制了各地区在经济建设方面的主动性，导致区域间高度垂直型分工和单一纵向型经济联系。根据沿海与内地资源禀赋、经济、科技实力等方面存在的差异，为加强内地建设，中央政府将大量原料和能源类工业布局在内地，形成了内地以开发农业、矿产资源及发展原材料工业为主，沿海以加工制造业为主的垂直型区域分工格局。同时，在内地建立的一些中央部署企业，在条块分割的区域管理模式下，与沿海工业企业间建立的是单一纵向型产业联系，不利于区域之间的分工与协作。另一方面，为加强中央政府对地区经济的统一管理和进一步均衡生产力布局，中国按自然地理位置和行政区划分协作区，并要求各个协作区根据本区域的资源等条件，按照全国统一的规划，分别建立大型的工业骨干和经济中心，形成若干

个具有比较完整工业体系的经济区域。为了适应各经济协作区建立独立完整的工业体系的需要，中央政府还将一些经济管理权限下放给地方。当时的区域经济管理体制改革试图探索从以部门“条条”为主的计划体制改变为以地方为主的“条块”结合的管理体制，但在“大跃进”运动的影响下，这次改革并未触动行政性计划经济体制，不能发挥市场机制在地区之间配置资源的作用，加上在过多过急的权力下放的同时缺少必要的制约，未能处理好中央和地方的关系，导致地区封锁倾向的滋生。各地从本地区利益出发，片面追求工业自成体系，本着“万事不求人”的原则，盲目投资建厂，重复引进、重复生产，致使全国工业布局“遍地开花”，各经济区无法形成不同层次、各具特色的区际分工体系，经济秩序出现失控混乱状态。各地区“大而全”“小而全”的经济结构也割裂了地区之间的联系和协作，严重影响整个国民经济的发展速度和效益。总体而言，改革开放前，中央政府采取自上而下、垂直统一的纵向管理模式，统一安排地区经济建设计划、规模、生产所需的资金和市场等。虽然为了提高地方积极性，中央政府曾下放过一部分权力给地方，但未能处理好中央与地方的关系。

中共十一届三中全会召开后，国家经济发展方针逐步转向提高经济效益、发展生产力，指令性计划范围越来越小，市场在资源配置中发挥的作用逐步增强。鉴于计划经济时期实施的以内地建设为重点的平衡发展战略对区域经济效益的忽视，改革开放初期至20世纪90年代中期，中国开始实施东部沿海地区优先发展进而带动内地发展的区域经济非均衡发展战略，一系列政策和资金向沿海地区倾斜，推动市场经济改革的进程，提高了国民经济整体效率，在一定程度上也带动中西部地区的发展。但由于市场经济体制的不完善，政府宏观调控的缺失，该战略的实施过程中存在倾斜范围过窄、倾斜力度过大和倾斜时限过长的问题，在追求效率的同时，相对忽略了公平，致使地区发展差距日益拉大。同时，这一时期宏观管理体制的重大变革也使地方政府作为区域经济发展主体的地位逐步得到确认。为发展地方经济，各地区在“扬长避短、发挥优势、坚持自愿、组织联合”的原则下，开展多种形式的横向经济协作，一定程度上促进了经济结构和地区布局的合理化。但由于区域管理制度的不完善，区域协调与问题解决机制的不健全，随着地方政府主体意识的日益强化，区域分工造成的区际利益的扭曲，也导致区域市场封锁、重复建设、原料大战、区际冲突加剧，区域经济差距进一步扩大。

随着中共十四大明确提出建立社会主义市场经济体制的改革目标，面对区域经济发展的矛盾和冲突以及区域发展的失衡态势，中共中央提出要按照“统筹规划、合理分工、优势互补、协调发展、利益兼顾、共同富裕”的原则，加强对地区经济发展的宏观规划，在全国统一市场经济的前提下，发挥各地区的比较优势，实现资源优化配置，协调地区经济发展。随着市场经济体制的进一步完善和政府宏观调控的完善，中央政府进一步对区域发展做出一系列具体部署，引导市场在配置资源方面发挥基础性作用，加快市场体系培育和发展的同时，对区域发展进行正确指导和宏观调控。通过实施“四大板块”的区域发展总体战略，健全市场机制、合作机制、互助机制和援助机制等区域协调互动机制，充分发挥不同地区的比较优势，促进生产要素合理流动，推动区域良性互动发展；通过落实主体功能区战略，按照全国经济合理布局的要求，规范开发秩序，控制开发强度，形成高效、协调、可持续的国土空间开发格局；通过完善并创新区域政策，缩小政策单元，提高区域政策的精准性，实现区域资源有效利用和优化配置，促进全国经济布局的合理化。尽管区域战略和政策的有力实施带来了区域经济发展的重大变化，但区域发展面临的形势依然严峻，区域间人均GDP、人均财政收入等重要指标差距还在拉大，区域无序和不良竞争仍然存在，日益严重的大城市病，区域过度开发带来的交通拥堵、用地紧张、环境污染等问题还未得到根本解决。面对经济发展中的一系列矛盾和问题，中共中央提出全面深化改革的战略目标，要求正确处理好政府和市场的关系，使市场在资源配置中起决定性作用和更好发挥政府作用。在区域发展上，提出要继续坚持协调发展，在协调发展中拓宽发展空间，在加强薄弱领域中增强发展后劲；打破阻碍要素自由流动的行政壁垒，加强跨区域合作机制的顶层设计，推进京津冀协同发展、长江经济带建设和丝绸之路经济带建设等重大国家战略的实施，推动大范围、跨区域的经济合作和协同发展；全面提高资源配置效率，构筑区域经济优势互补、主体功能定位清晰、国土空间高效利用、人与自然和谐相处的区域发展格局，逐步推进不同区域基本公共服务均等化。

通过回顾新中国成立至今中国区域发展中政府与市场作用的发挥，应清醒地认识到政府调控和市场机制有机结合，中央与地方关系的正确处理是促进区域协调发展的历史经验。传统计划经济体制下，各经济区域没有独立的经济利益；区域均衡发展战略过分注重公平，忽视了市场经济运行规律，导致国民经济整体缺乏活力。市场经济体制转轨时期，区域非均衡发展战略过分注重效率，区域差距拉大；市场发育的不健全以及区域管理体制的不完善，导致区域市场封锁，区域冲突加剧。随着市场经济体制的完善，区域协调发展战略的顺利推进，需要充分发挥市场在资源配置中的决定性作用，创新政府区域调控和治理机制，正确处理中央政府和地方政府的关系，将引导区域经济逐步走向更有效率、更加公平、更可持续的良性发展轨道。

二、新常态下促进区域协调发展中政府和市场作用的发挥

中国经济发展步入新常态，区域经济发展也呈现新的特征，区域经济协同发展的新格局逐步显现，“京津冀协同发展”“长江经济带”和“一带一路”上升为国家战略；区域经济新的增长点不断涌现；国内资源与国际资源、国内市场与国际市场进一步打通，区域开放合作力度日益加强。同时，新常态下的区域协调发展也面临诸多问题和挑战。随着经济发展速度从高速转向中高速，中西部和东北地区经济增速超过东部地区的态势将发生变化，区域协调发展面临困难和挑战；随着经济发展方式从追求规模速度的粗放增长转向质量效率的集约发展，经济发展动力从要素驱动、投资驱动转向创新驱动，东部地区实现创新发展，中西部和东北地区调整产业结构和推动经济转型面临更大压力。面临新常态下区域发展呈现的新特征和面临的新矛盾、新问题，需要充分发挥市场在配置资源中的决定性作用，同时加强政府的宏观调控，完善区域协调发展的体制机制，实施更加细化的区域发展政策，积极培育区域经济新增长极，谋划区域发展新格局，推动实施适应新常态的区域经济发展战略。

发挥市场在配置资源中的决定性作用，是促进区域协调发展的动力机制。长期以来中国地区间的行政壁垒较为严重，阻碍了市场作用的有效发挥。新常态下，要进一步消除地区行政壁垒，构建全国统一开放、竞争有序的市场体系，积极推进区域资本、技术、人力资源、土地、信用服务市场建设，促进生产要素在区域间的顺畅流动和优化配置。同时，加强政府的宏观调控，根据不同区域发展的特点实施更加细化的区域发展政策，完善政府跨区域治理能力，加强区域分工与合作，促进区域协同发展，也是推进区域协调发展的有力保障。

首先，继续深入实施区域发展总体战略，优化经济发展空间格局。西部大开发战略应转变思路，强化内生开发模式，政策倾斜和外部援助应融入当地的产业发展之中，进一步激发西部地区的增长潜力，增强内生发展能力。同时，西部大开发还应强化深度开发模式，给予西部地区特殊的扶持政策，支持落后地区、薄弱领域的发展。东北老工业基地存在的深层次体制机制和结构性矛盾凸显，经济增速持续回落，部分行业生产经营困难。东部振兴战略实施中，应努力破解老工业基地的发展难题，促进政府职能转变，激发市场活力，健全区域创新体系，推动经济转型升级，积极发展战略性新兴产业，全面提升产业竞争力。中部地区应大力实施体制机制创新驱动战略，加强新型城镇化发展，为中部崛起增加内原动力；开拓国际国内市场，实施内陆开放型经济战略，为中部崛起提供外部驱动力。东部地区结构调整、创新发展面临更大挑战，应继续实施创新驱动战略，通过结构升级和体制创新，打造中国开放型经济升级版，发挥东部地区在全国经济结构调整和转型发展中

的引领和辐射带动作用。

其次，随着“京津冀协同发展”、“长江经济带”和“一带一路”上升为国家战略，应继续深化改革开放，加强顶层设计，推进政府、市场与社会组织的多元协作，打破阻碍要素自由流动的行政壁垒，减少区域之间的利益冲突，增加区域之间的利益分享，优化分工格局，鼓励各地区在互利共赢、优势互补的基础上，推动跨区域经济合作和协同发展，提高区域资源配置效率，协同解决涉及多个区域、多个行政主体的环境、生态、流域、基础设施建设、基本公共服务不均等诸多问题。

再次，随着经济发展动力从传统增长点转向新的增长点，要积极培育新的区域经济增长极，加强海洋经济、流域经济发展，促进各类功能区有序发展，发挥其辐射示范作用，推动区域经济社会转型升级，构筑区域经济发展新动力。

最后，随着国内市场与国际市场的进一步打通，应结合“一带一路”战略的实施，统筹推进国内国际区域合作，积极参与全球经济治理，“引进来”与“走出去”相结合，对内开放与对外开放并重，内陆开放与沿陆桥开放并行，创建国际竞争新优势，加快形成优势互补、分工协作、均衡协调、更高层次、更多维度、更多联动的区域开放新格局。

（作者：段娟，中国社会科学院当代中国研究所第二研究室副研究员）

第三篇　转型动力机制

无论是产业转型升级，还是城市转型发展，都需要增强动力。本篇的报告，基于调研，对如何夯实共享发展的所有制基础、如何发展混合所有制经济和推进职工持股改革、如何构建土地信托银行和保障农民土地权益、如何破解农业转型升级对政府的强依赖、如何在美丽乡村建设中保护利用历史文化村落、如何通过少数民族文化的传承发展增强内生能力、如何发挥政府和市场在转变经济发展方式中的作用、如何厘清凯恩斯主义和供给学派的理论缺陷而避免对供给侧结构性改革的误导、如何弘扬新四军精神为转型发展提供动力、如何推动工业经济增长动力机制转换等问题进行了探讨，为增强转型发展动力提供了现实与理论相结合的方案。

促进共享发展要夯实公有制根基和实现民有其股

中共十八届五中全会把共享与创新、协调、绿色、开放一道列为关系中国发展全局的一场深刻变革的新理念，是在经济社会上升到上中等收入国家的新台阶，为避免拉美国家等因收入差距较大而受困于中等收入陷阱现象的发生，从社会主义本质要求和践行以人民为中心的思想出发，顺应经济社会发展规律的又一次理念创新。推进共享变革的实现，在完善收入分配政策和改善民生的同时，还要通过发展公有制经济和在混合所有制改革中让民有其股来夯实所有制基础，引导和支持国有资本向民营企业参股、分别不同类型企业推进员工持股改革、探索土地承包经营权入股的有效实现、促进农村集体经济组织股份合作制改造、促进农民合作社与成员建立股权联结而形成互助合作和利益共享机制等方面做出更加有效的制度安排。

一、共享发展理念是中国特色社会主义理论的最新成果

中共十八届五中全会提出共享发展的理念，并提出发展为了人民、发展依靠人民、发展成果由人民共享，是对十八届三中全会提出的“让发展成果更多更公平惠及全体人民”的理论升华，不仅把共享发展成果的政策主张由分配环节贯穿发展的整个过程，还由政策取向上升到引领发展思路和政策改进的理念的新高度。

共享发展理念是尊重经济社会规律的理念创新。中国特色社会主义鲜明地标立了共同富裕的方向，这并非是“乌托邦”，而是尊重经济社会发展规律的目标境界。发展与共享，两者不是孤立的，而是相互促进，发展使共享有了基础，共享才能实现发展。一方面，发展成果由人民共享，可以促进生产与消费的均衡，避免资本主义国家周期性地发生因少数人占有财富而扩大产能、多数人购买力低而消费跟不上所导致的供大于求，避免由此导致的经济波动乃至经济危机。中国能够实现经济的持续稳定发展，克服 1997 年亚洲金融危机、2008 年国际金融危机的大冲击，共享发展成果而保障生产与消费的基本均衡是重要原因。另一方面，发展成果由人民共享，不仅体现公平，也使付出与回报一致，使全体人民在共享发展中有更多获得感，形成有效激励机制，使经济的发展建立在社会和谐进步和人人参与、人人尽力的基础之上，也就使经济的发展更加坚实和具有可持续性。

共享发展理念创新使通往共同富裕之路更加清晰和坚实。马克思主义一开始是从生产资料所有制层面来探索共同富裕的实现路径的，社会主义国家由此普遍建立

起生产资料公有制，中国在20世纪50年代消灭私有制而建立起单一公有制。改革开放以来，基于中国还处于社会主义初级阶段的国情，从解放和发展生产力出发，在改革中逐步形成公有制为主体、多种所有制经济共同发展的基本经济制度，逐步建立健全社会主义市场经济体制。与这一改革相对应，对实现共同富裕的路线图进行了完善，由齐头并进，调整为一部分人和一部分地区先富、先富带后富。在中国成功地突破“贫困陷阱”而由低收入国家攀升到上中等收入国家和全面建成小康社会决胜阶段，创新性提出共享发展理念，将引领发展路径、政策、制度更加完善。共享发展理念的形成，更好地体现了社会主义本质的要求，是马克思主义中国化的新成果，把中国特色社会主义理论推升到新的境界，将为实现中国梦和“两个一百年”宏伟目标提供强大的动力。

二、推进共享发展变革要发挥好公有制经济的根基和引领作用

推进共享变革必须做强公有制经济，这也是着眼于历史发展路径和现实国情的选择。尽管国有企业由改革前的计划经济体制下政府直接管理经营、利益上缴国家用于统筹办大事，转变为现今的市场经济下独立经营的主体，但其在实现共享发展变革中的功能不能变。无论是国有经济，还是农村集体经济和农民合作经济，在实现共享发展变革上，不仅在改革开放前发挥着重要作用，现今也发挥着不可替代的作用，是中国特色社会主义的基石，也是中国特色社会主义与资本主义不同所在。国有企业不仅向国家提供利税、承担起保障职工收益和就业的社会责任，还在国家实施宏观调控、战略产业布局、基础设施建设、重大科技难题攻克、民生发展等方面发挥着重要的支撑和引领作用。农村集体经济组织在工业化、城镇化进程中，可以很好地保障农民的权益，并通过发展集体经济促进成员收入提高和民生改善，实现经济与社会的协调发展。农民合作社通过解决家庭经营所需要的办不起或办了不经济的服务问题，促进农民增收。换言之，发展壮大国有经济、集体经济、合作经济，也就夯实了共享发展变革的根基，也就可以更好地发挥好公有制经济在实现共享发展变革的引领作用。

推进共享发展变革要发挥好公有制经济在引领创新、协调、绿色、开放发展的作用。经过改革，国有企业法人治理结构逐步完善，基本上卸掉了承担办社会的沉重负担，已经成为适应市场经济的主体。经过20世纪90年代以来实施的抓大放小、国有企业有进有退、有所为有所不为的战略重组和结构调整，现今的国有企业主要布局在提供公共服务、发展前瞻性战略产业、保护生态环境、促进科技进步、保障国家安全等领域，其产业规模、资本规模、生产装备、人才、技术研发能力、

管理能力等具有较强的优势。经过市场经济的洗礼，特别是在克服2008年国际金融危机和推进经济转型升级的过程中，国有企业在实施国家发展战略目标中发挥着日益显著的骨干和引领作用，不仅引领创新、协调、绿色发展而向产业中高端迈进，在竞争日益激烈的国际经济体系中还发挥其竞争优势而促进整个国家的开放发展。农村集体经济组织和农民合作社在引导农业、农村创新、协调、绿色、开放发展同样发挥着不可替代的作用。西方资本主义国家总是以新自由主义为由，从理论上引导中国私有化，实际上是畏惧中国公有制经济特别是国有经济做强与之抗衡，为打跨中国国有经济而设的理论陷阱；国内笃信新自由主义者，还以垄断、腐败为由，极力主张私有化，是无视中国公有制经济改革实践的成功，而陷入从理论到理论推绎而与国情不符的结论与政策主张。为此，应当构建基于中国国情的理论体系，积极促进公有制经济的改革发展，更好地发挥公有制企业引领创新、协调、绿色、开放发展的作用，为实现共享发展变革奠定坚实的基础。

推进共享发展变革，要支持和引导国有资本向民营企业入股，促进国有资本放大功能。在发展混合所有制经济的实践中，存在重视民营资本向国有企业入股，而忽视国有资本向民营企业入股的现象。这是对中共十八届三中全会关于积极发展混合所有制经济政策的有选择实施，也是不顾实践发展的需要。在调研中发现，早些时候民营企业确实不愿意国有企业入股，主要是因为民营企业机制较活而担心国有企业参股后受拖累。现今情况已有很大变化，国有企业不仅活力增强，更为重要的

2015年7月30日，调研组在淮南市矿用电子技术研究所调研

是由于资本雄厚、市场开拓能力强和技术研发力量强，在产业转型升级上处于领先和带动作用。在产能过剩而生存困难的情况下，很多民营企业由于规模小和处于产业链的低端，需要国有企业作为战略合作者带领其发展，对国有资本入股有较强的内在需求，并明确表示期待。对此，应抓住这一历史机遇，因势利导，通过政策引导、工作到位等多方面的努力，积极引导和鼓励国有资本向民营企业参股，将其与国有企业的产业联接，既促进国有资本放大功能，又通过产业整合而向高端升级迈进奠定更加坚实的基础。同时，还可以帮助民营企业渡过难关，实现公有制经济与非公有制经济的携手发展。

三、推进共享发展变革要完善股权结构让民有其股

基于公有制为主体、多种所有制经济共同发展的基本经济制度，基于与之相对应的以按劳分配为主、多种生产要素参与分配的政策，要更有效地形成中共十八届五中全会提出的发展为了人民、发展依靠人民、发展成果由人民共享的实现机制，就微观主体而言，应当引导股权结构的完善，在积极发展混合所有制经济中让民有其股。基于现实状况，当今及其未来一个时期内，应当重点在土地承包经营权入股、各类企业员工持股等难题上有所突破。

破解土地承包经营权入股难题。土地所有权、承包权、经营权分离和确权登记颁证，更好地保障了农民的承包经营权，但仍有两个问题没有解决：第一，土地承包经营权延至何时？现行政策、法律还没有对土地承包经营权“长久不变”加以具体时间的界定，这是土地承包经营权确权登记颁证所确定的时间下限仍只到第二轮承包期末的症结所在。第二，在开展股权合作时，土地承包经营权如何折股？在土地承包经营权流转市场还处于初级阶段而发育不充分，加之随着工业化、城镇化和农业现代化的发展，土地日益增值，特别是因征地等非农化因素而跳跃式增值，这使土地承包经营权如何折算入股而分享发展成果成为难题，即便是折股后也会因为折股不合理而有后续矛盾，甚至引发群体事件。鉴此，应当发挥集体经济组织在保障农民权益上不可替代的功能，即利用集体经济组织与成员之间的利共同体及委托代理关系，增强农民权益保障的话语权，从组织制度上促进农民权益保障和经济发展的有机统一。为此，应更加积极地推进农村集体经济组织的股份合作制改造，使农民的土地承包经营权益变成股权，进而更加明确其用益物权，更充分地分享土地增值的收益、集体经济发展的成果，还有利于形成集体经济发展壮大的有效激励机制。实现这样一个利益共享和共同发展的格局，关键是要对农村集体经济组织进行立法，使其发展壮大有法律保障。

破解农村集体经济组织和农民合作社成员有其股难题。针对农村集体经济组织与成员之间产权不够清晰的问题，鼓动和支持集体资产折股量化到成员的股份合作制改革。针对农民合作社与成员之间较松散的问题，鼓励成员入股建立起股权联结关系。为此，应在政策和法律两个层面加以引导和支持。在政策支持和引导上，无论是政策性发展基金注资，还是财政支持，都可以在实施这些政策时，探索成员配股等多种形式引导其与集体经济组织、合作社构建起产权联结关系。在法律引导上，通过农村集体经济组织立法对成员股权加以明确，在修订农民专业合作社法时将入股明确为取得成员资格的条件之一。

破解公司制企业员工有其股难题。员工持股改革，关键在于利益关系的调节要得当；否则，会有一系列负面作用。无论是国有企业，还是民营企业，推进员工持股改革要破解的共同难题是，既通过员工持股改革激励员工的积极性，又根据责任与贡献大小实行有差别的持股比例，以避免吃“大锅饭”而导致负面激励现象的发生。国有企业员工持股改革要破解国有资产不流失的难题。上市企业要比非上市企业多一些难题，如要处理好员工持股与社会投资者持股权益的关系，避免推进员工持股改革对社会投资者权益的损害。

（作者：郑有贵）

“混合所有制经济”概念的形成、发展及其核心内涵

一、引言

1979 年，叶剑英《在庆祝中华人民共和国成立三十周年大会上的讲话》提出“个体经济，是社会主义公有制经济的附属和补充”[①]。1980 年 10 月，《国务院关于开展和保护社会主义竞争的暂行规定》明确了支持和保护个体经济的政策方向[②]。1980 年 12 月，邓小平在中央工作会议上指出，要切实保障“个体劳动者的合理利益”[③]。1982 年，中共十二大提出了“两个决不允许”的政策方向。“生产资料公有制是我国经济的基本制度，决不允许破坏”；个体经济是公有制经济必要的和有益的补充，“决不允许任何方面对它们排挤和打击”[④]。1987 年，中共十三大第一次从理论和政策上破除了发展私营经济的禁锢，提出私营经济“是公有制经济必要的和有益的补充”[⑤]。

从 1979 年至 1987 年党的十三大的这一系列重要文献表明，1978 年 12 月十一届三中全会以后，中央渐进、坚定、彻底地否定了对个体私营经济“左”的做法和政策方向。

1992 年党的十四大以来，人类历史上社会主义所有制经济从“一大二公三纯”的传统模式，向混合所有制经济的创新模式转变的历史进程，在中国特色社会主义伟大实践中悄然启动了。历经 1997 年党的十五大、2002 年党的十六大、2007 年党的十七大、2012 年党的十八大，中共关于发展混合所有制经济的理论和政策，逐步形成、发展和完善起来，并且成为指导经济体制改革和国有企业改革和发展重要的理论和政策依据。

二、初步提出“财产混合所有的经济单位”的模糊概念

1992 年，党的十四大提出：“在所有制结构上，以公有制包括全民所有制和集体所有制经济为主体，个体经济、私营经济、外资经济为补充，多种经济成分长期

① 《三中全会以来重要文献选编》（上），人民出版社 1982 年版，第 211 页。

② 南宁法制网 http：//www.nnfzw.com.cn/news_show.asp？id=14518。

③ 《三中全会以来重要文献选编》（上），人民出版社 1982 年版，第 636 页。

④ 《十二大以来重要文献选编》（上），中央文献出版社 2011 年版，第 17—18 页。

⑤ 《十三大以来重要文献选编》（上），人民出版社 1991 年版，第 31—32 页。

共同发展，不同经济成分还可以自愿实行多种形式的联合经营。”[①]第一次明确了公有制经济和非公有制经济之间可以实行联合经营的政策方向，这是对马克思主义传统所有制理论的重大突破，颠覆了公有化规模越大越好、国有化程度越高越好、公有制成分越纯越好（“一大二公三纯”）的传统观念，为跨所有制的联营、并购、重组破除了思想禁锢。

以党的十四大提出的跨所有制联合经营的理论和政策为指导，党中央客观而大胆地总结了改革开放以来的实践经验，在1993年中共十四届三中全会通过的《中共中央关于建立社会主义市场经济体制若干问题的决定》中，初步提出“财产混合所有的经济单位”这样一个新概念。

1993年中共十四届三中全会《决定》指出：在积极促进国有经济和集体经济发展的同时，鼓励个体、私营、外资经济发展，随着产权的流动和重组，“财产混合所有的经济单位越来越多，将会形成新的财产所有结构”[②]。

“财产混合所有的经济单位”，实际上就是指混合所有制经济的企业。这里的“混合”，是否可以是国企、集体、个体、私营、外资之间的混合，或者说是否可以是公有资本（资产）与私有资本（资产）之间的混合，既没有明确肯定，也没有明确否定。但是，有一点是可以肯定的，“财产混合所有的经济单位”这个模糊概念的提出，为推动混合所有制经济取向的理论创新、实践创新、政策创新开辟了丰富的想象空间，为“混合所有制经济”概念的提出提供了直接思想来源。

三、第一次提出和界定“混合所有制经济”概念

在中央文献中，1997年党的十五大报告第一次提出和使用“混合所有制经济”这个新概念。“公有制经济不仅包括国有经济和集体经济，还包括混合所有制经济中的国有成分和集体成分。”[③]这里的“混合”，是指国有成分和集体成分这样的公有资本（资产）与其他非公有资本（资产）之间的混合。这层含义，尽管在党的十五大报告中没有展开阐发，但是在上下文的联系中已经被确切地锁定了。[④]这就比1993年中共十四届三中全会《决定》“财产混合所有的经济单位”这个模糊概念，有所前进。

当然，这个时候，还只是提出了混合所有制经济这样一个理念，没有形成界定清晰、定义完备的概念，没有做出理论阐发，没有做出政策决策，没有配套政策措施。

---

① 《十四大以来重要文献选编》（上），人民出版社1996年版，第19页。

② 同上，第526页。

③ 《十五大以来重要文献选编》（上），人民出版社2000年版，第21页。

④ 同上。

1999年，中共十五届四中全会通过的《中共中央关于国有企业改革和发展若干重大问题的决定》，第一次初步阐发了发展混合所有制经济的思想，第一次明确了发展混合所有制经济的决策。“国有大中型企业尤其是优势企业，宜于实行股份制的，要通过规范上市、中外合资和企业互相参股等形式，改为股份制企业，发展混合所有制经济”。[①]

2003年，中共十六届三中全会通过的《中共中央关于完善社会主义市场经济体制若干问题的决定》，第一次对“混合所有制经济”给予明确界定，即“国有资本、集体资本和非公有资本等参股的混合所有制经济”。[②] 简单地说，就是用“三个参股”定义“混合所有制经济”的概念（简称“2003年版定义”）。

这个初步界定的概念，沿用了10年时间。

四、“混合所有制经济”概念的发展完善

真可谓“十年磨一剑，一朝试锋芒”。经过10年的理论和实践探索，2013年中共十八届三中全会通过的《中共中央关于全面深化改革若干重大问题的决定》，从三个方面发展、完善和创新了“混合所有制经济”的概念。

2013年中共十八届三中全会《决定》对“混合所有制经济”概念做出如下定义：“国有资本、集体资本、非公有资本等交叉持股、相互融合的混合所有制经济，是基本经济制度的重要实现形式，有利于国有资本放大功能、保值增值、提高竞争力，有利于各种所有制资本取长补短、相互促进、共同发展。”[③]（简称“2013年版定义”）

这个定义，与2003年版定义有一个共同点，即“混合”的对象是相同的，都是国有资本、集体资本、非公有资本之间的混合。不同之处是，与2003年版定义相比较，2013版定义实现了“一个完善”和“两个创新”。

第一，2013年版定义以“交叉持股、相互融合”替代2003年版定义的“参股”，这就更加完善更加丰富地表达了国有资本、集体资本、非公有制资本相互之间“混合”的广度、深度和力度，弥补了2003年版定义比较笼统的不足。

第二，2013年版定义实现的第一个重大创新是，提出混合所有制经济是“基本经济制度的重要实现形式”。从提出使股份制成为公有制的主要实现形式，到提出混合所有制经济是基本经济制度的重要实现形式，这是一个重大理论创新和决策创新。这是我们党认真总结改革开放35年来的实践经验获得的重大理论突破，是我们

---

① 《十五大以来重要文献选编》（中），人民出版社2001年版，第1009页。

② 《十六大以来重要文献选编》（上），中央文献出版社2005年版，第466页。

③ 《十八大以来重要文献选编》（上），中央文献出版社2014年版，第515页。

党对社会主义所有制理论和基本经济制度认识不断深化的重大认识成果，是我们党对社会主义初级阶段基本经济制度内涵的重大丰富和发展。

第三，2013年版定义实现的第二个重大创新是，以“两个有利于”厘清了混合所有制经济的功能和作用。混合所有制经济“有利于国有资本放大功能、保值增值、提高竞争力，有利于各种所有制资本取长补短、相互促进、共同发展”。这是我们党第一次对混合所有制经济本身的功能做出明确定位，这是混合所有制经济理论的新发展。

五、“混合所有制经济”概念的核心内涵

混合所有制经济，是基本经济制度的重要实现形式——中共十八届三中全会《决定》提出的这个新论断，准确揭示了混合所有制经济的核心内涵。

中华人民共和国宪法规定：“国家在社会主义初级阶段，坚持公有制为主体、多种所有制经济共同发展的基本经济制度”。[①] 混合所有制经济，既已被中共十八届三中全会《决定》确定为基本经济制度的重要实现形式，也必定是“公有制为主体、多种所有制经济共同发展”的重要实现形式。由此看来，混合所有制经济既是公有制经济的重要实现形式，又是非公有制经济的重要实现形式。

基本经济制度是内容，混合所有制经济是基本经济制度的重要实现形式，二者是内容和形式的关系。内容决定形式，形式服从内容。

由于中国基本经济制度的性质属于社会主义，因此，混合所有制经济的发展必须有利于公有制主体地位的巩固，有利于国有经济主导作用的发挥，而不是相反。这一点尤为重要和关键，因为公有制经济在中国基本经济制度中处于生死攸关的主体地位，国有经济又在公有制经济中处于举足轻重的主导地位。

发展混合所有制经济的任何政策措施，必须有利于坚持和完善公有制为主体、多种所有制经济共同发展的基本经济制度，而不是相反。有人建议修改宪法关于公有制为主体、多种所有制经济共同发展的基本经济制度的规定，主张在发展混合所有制经济的过程中淡化甚至否定公有制主体地位，有人试图借助国有企业混合所有制改革的途径搞“国退民进”、搞私有化。这些，都是对发展混合所有制经济战略意图的严重歪曲。

---

① 第九届全国人民代表大会《中华人民共和国宪法修正案》（1999年3月15日第九届全国人民代表大会第二次会议通过），《十五大以来重要文献选编》（上），人民出版社2000年版，第808页。

六、国有企业混合所有制改革的方向和目标

中共十八届三中全会强调要积极发展混合所有制经济的战略决策之后，一些新自由主义者借机宣扬，发展混合所有制经济就是要大力推进私有化，要让更多私企、外企控股国企，要让更多国企退出竞争性领域等错误论调，制造思想混乱。

从我们党关于“混合所有制经济”的定义及其核心内涵可以看出，国企混改的方向绝不是削弱国有经济，不是削弱公有制经济，更不是私有化。习近平总书记对这个重大的根本性问题高度重视，反复强调。

2014 年 3 月，习近平在参加十二届全国人大二次会议安徽代表团审议时指出：发展混合所有制经济，基本政策已明确，关键是细则，成败也在细则。要吸取过去国企改革经验和教训，不能在一片改革声浪中把国有资产变成牟取暴利的机会；在参加上海代表团审议时，习近平指出：国企不仅不能削弱，而且要加强。[①] 2014 年 8 月，习近平在中央深改组第 4 次会议上指出：国有企业特别是中央管理企业，在关系国家安全和国民经济命脉的主要行业和关键领域占据支配地位，是国民经济的重要支柱，在我们党执政和我国社会主义国家政权的经济基础中也是起支柱作用的，必须搞好。中央企业负责同志肩负着搞好国有企业、壮大国有经济的使命。[②] 2015 年 7 月，习近平在吉林调研时指出：“我们要向全社会发出明确信息：搞好经济、搞好企业、搞好国有企业。国有企业是推进现代化、保障人民共同利益的重要力量，要坚持国有企业在国家发展中的重要地位不动摇，坚持把国有企业搞好、把国有企业做大做强做优不动摇。推进国有企业改革，要有利于国有资本保值增值，有利于提高国有经济竞争力，有利于放大国有资本功能。”[③] 习近平关于国企改革“三个有利于”的重要论断，在理论上丰富了我们党关于“混合所有制经济”的内涵，在实践上是保障国企混改方向的指南。

2013 年 8 月，习近平在印度尼西亚召开的亚太经合组织工商领导人峰会上说：“中国是一个大国，决不能在根本性问题上出现颠覆性错误。”[④] 国企混改的成败，就

① 《习近平谈所有制改革：国企民企“合”得来才能“混”得好》，中国经济网 http：//www.ce.cn/xwzx/gnsz/szyw/201408/19/t20140819_3382163.shtml。

② 《习近平主持召开中央全面深化改革领导小组第四次会议》，中央政府门户网站 http：//www.gov.cn/xinwen/2014-08/18/content_2736451.htm。

③ 《习近平长春考察聚焦国有企业》，新华网 http：//news.xinhuanet.com/politics/2015-07/17/c_1115963593.htm。《习近平在吉林调研时强调保持战略定力增强发展自信》，新华网 http：//news.xinhuanet.com/politics/2015-07/18/c_1115967338.htm。

④ 永年：《中国十大可能的“颠覆性错误”》，求是网 http：//www.qstheory.cn/politics/2015-02/28/c_1114469360.htm。

是这样一个关乎中国全局的根本性问题。从国内经济结构和经济基础的现实状况看，国有经济已经成为中国社会主义公有制经济的主要力量和根本基石。从国际竞争力看，国有企业是跻身世界500强的主力军，在国际市场上能与西方跨国公司抗衡的主要是国有企业特别是中央企业。2015年8月，中共中央、国务院《关于深化国有企业改革的指导意见》指出："国有企业属于全民所有，是推进国家现代化、保障人民共同利益的重要力量，是我们党和国家事业发展的重要物质基础和政治基础。""面向未来，……在推动我国经济保持中高速增长和迈向中高端水平、完善和发展中国特色社会主义制度、实现中华民族伟大复兴中国梦的进程中，国有企业肩负着重大历史使命和责任。"① 国企私有化论调的根本目的，就是要摧毁我们党执政的经济基础，就是要摧毁中华民族伟大复兴中国梦的经济基础，所以，绝不能允许有人打着国有企业混合所有制改革的幌子搞"国退民进"，搞私有化。

国有企业混合所有制的社会主义市场经济改革方向，在中共中央、国务院《关于深化国有企业改革的指导意见》中得到了明确重申。国有企业改革要高举中国特色社会主义伟大旗帜，把坚持和完善基本经济制度作为深化国有企业改革必须把握的根本要求，坚持公有制主体地位，发挥国有经济主导作用，积极促进国有资本、集体资本、非公有资本等交叉持股、相互融合的混合所有制经济。②

《关于深化国有企业改革的指导意见》还明确了国有企业混合所有制改革的主要目标。到2020年，国有企业公司制改革基本完成，发展混合所有制经济取得积极进展。③

（作者：冷兆松，中国社会科学院当代中国研究所第二研究室研究员）

① 关于深化国有企业改革的指导意见（全文），http：//news.sohu.com/20150913/n421018689.shtml。
② 同上。
③ 同上。

国有企业混合所有制改革要避免的几个问题

在推进国有企业混合所有制改革时，要实现中共十八届三中全会关于“有利于国有资本放大功能、保值增值、提高竞争力，有利于各种所有制资本取长补短、相互促进、共同发展”的改革目标，应当对哪些做法予以积极鼓励和支持，对哪些做法慎重处理，以避免走偏。根据调研和对20世纪90年代以来实践经验教训的访谈，在国有企业转型升级与引资、增量资本与存量资本、主业与辅业等方面，应当有一个明确的指向，否则，如果方向模糊，就会发生偷梁换柱、浑水摸鱼现象，导致国有资产的流失、国有经济的衰落，进而阻碍社会主义初级阶段基本经济制度的坚持和完善，对沿着中国特色社会主义道路前行构成严重干扰。

一、积极推进有利于国有企业转型升级的改革，避免单纯引资的做法

引入战略投资者是推进国有企业混合所有制改革的重要举措，通过相互间取长补短、相互促进，解决国有企业发展资金短缺问题、完善治理机制、增强市场开拓能力、增强创新发展能力等，以促进国有企业转型升级和各类所有制经济共同发展。

然而，在实践中也应当避免单纯引入资本的做法。在这方面，从20世纪90年代起已经有很多的教训。在2000年2月至2005年5月长达39个月的熊市中，国际资本通过唱空中国的经济、国有企业、股市，导致国有资产被低价售卖。在2005年开始对中国国有银行进行股份制改造的过程中，要求用15%—20%的股份引入境外战略投资者，国际资本在中国股市低迷时低价入股，在禁售期满后，同时也是“正巧”股市升到较高时，高价抛售股票，全身而退，获取了暴利，战略投资者实际变成战略投机者。一些国内民营资本也有相似做法，如借机打压股价，以便低价入股，然后通过营造多种“利好”来推高股价，获取暴利后全部退出。可见，单纯以引入资金为目的混合所有制改革，引入的不一定是战略伙伴，很可能是战略投机者，在不经意间，财富就被“合法”“取”走。在调研中，被访的企业负责人对既不能带来先进技术、先进的管理理念和方法，又无助于市场开拓、产业链的连接、产业的转型升级的混合所有制改革，表示了深切的担忧。实践表明，单纯以引资为目的的混合所有制改革，只是多了一个分蛋糕者，甚至是投机者“取”走国民和国有企业收益，不仅对于国有企业的发展不利，对于国家经济社会的持续稳定发展也是不利的。

仅以单纯引资为目的的混合所有制改革，与国有企业已成为适应市场经济发展要求的市场主体的地位不相符。在20世纪90年代，在建立社会主义市场经济体制的进程中，市场的放开速度相对较快，国有企业建立现代企业制度的改革复杂而艰难，不可能一蹴而就，加之国有企业办社会的沉重负担，与民营企业又不是站在同一个起跑线上，如此，国有企业陷入极端的困境中，有的甚至资不抵债而破产。在这种情况下，解决资金短缺成为首要问题，国家在国有企业上采取抓大放小的办法，要么引入外资和民营资本对国有企业进行股份制改造，要么把小型国有企业卖给外资或民营企业。而今天，国有企业通过建立现代企业制度的改革，治理机制逐步完善，独立经营能力日益增强，加之剥离了其办社会的沉重负担，已经发展壮大，特别是在克服2008年国际金融危机中显示出强大的生命力，在这次危机中很好地抓住了机遇，实现了新的发展。美国《财富》杂志发布的2015年世界500强企业名单，中国上榜企业达106家，仅国务院国有资产监督管理委员会监管下的中央企业就占据了47席。[①] 在这种情况下，单纯以引资为目的的混合所有制改革的紧迫性和必要性的已基本不存在。

通过国有企业混合所有制改革来引资，解决资金短缺的阶段基本过去，而促进国有企业转型升级则是应有之义。从整个国家而言，中国产业仍处于价值链的低端。通过战略投资者的引入，引入先进的管理、先进的技术，并促进技术创新，实现产业链与价值链的融合发展，进而逐步构建大型国有企业向价值链高端递进的机制。很多国有企业正是沿着这样的发展路径，促进产业的整合、研发的整合、品牌的整合、市场的整合，逐步走出了转型升级发展之路。对于这样的混合所有制改革，应当加以鼓励和支持。

二、积极推动增量资产改革，避免将国有资产私有化的做法

国有经济既有量的问题，也有质的问题。

在量的方面，经过20世纪90年代开始对国有企业实施抓大放小改革以来，国有经济在整个经济的份额已大幅度下降。

而今天，关于国有经济的量，其多与少，是“国进民退”还是“民进国退”，都不能用扭曲市场的办法，而应当尊重市场机制、尊重国家和全民的权益。《宪法》规定，社会主义的公共财产神圣不可侵犯，公民的合法的私有财产不受侵犯。《物权法》规定，国家、集体、私人的物权和其他权利人的物权受法律保护，任何单位

① 王俊岭：《国企改革关键期须防三大误区》，《人民日报》（海外版）2015年7月24日第2版。

和个人不得侵犯。

现在，一些地方在推进国有企业混合所有制改革时，仍然沿袭20世纪90年代的思维，热衷于在存量资产上做文章，而在增量上下功夫不够。其动因是，通过将国有资产转让给外资或民营企业，不再是20世纪90年代因为国有企业生存困难而“甩包袱”，而是地方政府可以从中获得利益。这样的改革，不区分国有企业发展情况的好坏，把经营状况很好和效益很好的国有企业都采取一卖了之的办法，在实际上是把混合所有制改革当成私有化了。当然，不是对存量资产不可以进行混合所有制改革，而是应当区别企业所属产业是否关系国计民生、企业经营状况、改制后国有资产在企业资产中所占比例等。

由于中国仍处于发展战略机遇期，在经济发展新常态下，经济发展空间仍然较大，国有企业也有重大发展机遇。鉴此，应当鼓励在发展新的项目时，通过引入战略合作伙伴，合作形成增量资产，如此，既可以避免私有化，又可以实现治理机制的完善以及资金、技术、市场、品牌的优化整合。不仅如此，在市场机制下，国有企业入股民营企业发展混合所有制经济，也应当加以鼓励和支持，而不是扭曲市场而硬推“国退民进”。否则，就会步入私有化之路，是不符合中共十八届三中全会将发展混合所有制经济定位为“基本经济制度的重要实现形式”“保值增值”要求的。

三、积极促进有利于国有资本放大功能的改革，避免有碍国有企业核心竞争力和主业发展壮大的做法

国有企业实行混合所有制改革是否适宜公益性、垄断性和竞争性领域是讨论的焦点之一。这种讨论确实有现实意义，但也存在一些问题，如没有触及改革目的如何实现，即发展混合所有制经济是基本经济制度的重要实现形式和有利于国有资本放大功能，由此也可能把讨论引向私有化主张。怎么样才能实现中共十八届三中全会关于发展混合所有制经济是“基本经济制度的重要实现形式”、“有利于国有资本放大功能”这个目标，在实践中，确实还需要有一个探索的过程。在推进国有企业混合所有制改革时，除了保障国有资产保值增值外，还应当对以下问题加以注意和探索解决。

第一，不能削弱国有企业的核心竞争力，而是要更加有利于核心竞争力的增强。国有企业保值增值，不仅体现在资产的数量上，还应当体现在资产的质量上，以及其发挥出的效益上，两者不能偏废。在市场经济条件下，规模经济的竞争优势明显，而“高精尖”又起到主导地位。实行混合所有制改革，一方面，要促进国有

企业致力于发展“高精尖”；另一方面，还要发挥国有企业长期注重人才培养和技术研发积累的机制及其优势，不能弃之而采取只是通过高薪揽人才和买技术的创新发展之路。

第二，在专业化分工的集团化经营下，不能导致主业与辅业利益的不均衡。国有企业将其下的专业化辅助企业实行股份制改革，要处理好主业与辅业的关系，避免在利益分配时偏重辅业而轻主业的不公平的交易，进而避免由此导致的辅助企业对主业企业利益的侵蚀。否则，将不利于国有企业核心竞争力的提升和国有资本功能的放大。

（作者：郑有贵）

国有企业职工持股改革的难题及其对策

推进国有企业职工持股改革，形成资本所有者和劳动者利益共同体，可增强职工的主人翁意识、责任感、主动性、积极性和创造性，增强国有企业的凝聚力，促进国有企业治理机制的完善。但是，这一改革不是简单地让职工持有一些所在企业的股份，而是有较复杂的利益关系要处理好，如果处理不当，将带来诸多负面影响。应正视改革中遇到的难题，在区别用增量还是存量资产让职工持股、职工持股结构和实现方式、职工持股权益等方面进行适宜的政策和制度安排。

一、国有企业职工持股改革的难题

推进国有企业职工持股改革，可以让职工在获得劳动收入的同时，也随着企业的发展而获得一份财产性收益，是贯彻中共十八届三中全会提出的让发展成果更多更公平惠及全体人民的重要举措，是改善分配促进共同富裕的现实路径。

从 20 世纪 90 年代开始的国有企业股份制改革、21 世纪起对上市公司高层管理人员实行股票期权改革，到新近的混合所有制改革，都对职工持股改革进行了探索，有成功的经验，也有值得吸取的教训。从改革历程和现实看，国有企业职工持股改革大致有以下三个方面的难题：

（一）如何处理好国家与职工的权益关系。国有企业职工持股改革要实现国有资产保值增值与调动职工积极性的有机统一。在用存量资产实施职工持股改革时，存在国有资产流失的可能。20 世纪 90 年代推进国有企业改革时，面对计划经济时期形成的国有企业体制僵化而不适应市场经济的要求，大量出现企业效益差、不能全额发放工资、严重亏损乃至濒临破产的问题，国家抓大放小，逐步剥离企业办社会负担，实行以明晰产权为核心的建立现代企业制度改革，国有企业由此获得新生，逐步成为适应市场经济的能够独立经营的市场主体。但是同时，这也在一定程度上导致国有资产的流失——除对有的国有企业资产做出低价评估外，在实行职工入股改革时，职工由于处于工资都得不到全额发放的困难境地，完全交纳现金入股，不仅能力有限，还对企业发展缺乏预期，因而职工入股的积极性不高，就采取一些变通办法入股。例如，有的国有企业将计划工资总额与实际工资总额之间的差额，折算为职工持股，使得职工持股烙上身份股的痕迹，也在一定程度上导致国有资产的流失。

进入21世纪，有的国有企业或国有控股企业仍用存量资产进行职工持股改革。例如，上市公司通过二级市场回购股票方式，让职工持股。其中，如果是职工出资，是不存在国有资产流失的问题；如果是由上市公司出资，不仅导致国有资产流失，还导致二级市场投资者权益的损失。对此，在认识上不能模糊。

（二）如何处理好骨干职工与一般职工、老职工与新职工的权益关系。国有企业职工持股改革会遇到与民营企业不同的问题，如职工是平均持股，还是差异化持股等问题。

国有企业职工平均持股存在吃“大锅饭”的问题，在职工数量大的情况下，可以实现有福可共享，但不能很好解决有难共担的问题，一般职工和骨干职工的积极性都难以充分调动起来，也会导致高端人才流失和难以引进的问题。

国有企业仅仅实行骨干职工持股，于理于法都难以成立。一方面，国有企业职工持股本来就会对全民所有制形成冲击，即将本是全民所有的财产，划转为职工所有，在一定程度上导致国有资产的流失。而仅让骨干职工持股，将国有资产划转到更小的群体范围，又进一步剥离了一般职工的权益。另一方面，国有企业一般职工只有劳动收入而所在企业的财产收益权被剥离，结果会在企业内部形成收入差距拉大的格局，那么国有企业在促进共同富裕的道路上，又没有承担起使命。

由于国有企业职工持股改革一般是在改制时一次性完成，如此，改制前后职工存在不同的待遇，前者持股，后者不持股，对后者缺乏激励，对此也需要正视和研究。

（三）如何处理国有企业职工持股与社会投资者持股的权益关系。这两者持股存在诸多差别，根本缘于在不同历史条件下持股实现方式及其功能不同。第一，解决资金约束困难的历史背景不同。在20世纪90年代，很多国有企业生存发展困难，难以获得银行贷款，而资本市场发育又不充分，在这种条件下，通过职工出资入股是解决企业资金约束困境的现实途径。现在，经过市场经济的洗礼，国有企业自身发展态势良好，加之资本市场的发展也为其融资提供了更多机会。换言之，前一时期职工入股对国有企业是雪中送炭，而后一时期则是锦上添花。第二，实施激励的程度不同。20世纪90年代与现在也存在较大差别，前一时期是国有企业职工通过出资入股使企业走出困境，即也是一种责任担当。现在国有企业职工持股，是在多种所有制经济发展起来后，各类企业高薪揽人才、资本收益日益增多而导致收益不平衡的情况下，主要是解决付出与回报不对称而导致激励不足的问题。

正是这样一些具有时代特色的背景和功能不同，相应地也带来股权获得条件和处置方式不同等问题。国有企业职工获得的股权，有的是产权制度改革时的原始股，有的是从二级市回购的股票，有的是股票期权，其中或多或少是与国有企业职工身份对应的制度安排或政策惠及；社会投资者入股，除了有利益输送的不正常交易外，一般是在市场交易中获得，价格随行就市。尽管股权获得的条件不同，但同股同权，国有企业上市后，职工持股也与社会投资者一样，可在二级市场上卖出，这就使职工持股的功能发生变化，劳动者和资本所有者利益共同体被打破，职工变成单纯的投资人，有的还变成投机者，有的高层管理人员甚至利用与社会投资者在信息上的不对称，从中渔利，损害社会投资者的利益。

二、促进国有企业职工持股改革实现预期目标的对策

破解国有企业职工持股改革中遇到的难题，实现预期目标，可从以下三个方面完善政策和进行制度创新。

（一）区分用增量还是存量资产让职工持股的不同情况，鼓励支持前者，严格控制规范后者。经过改革和市场经济的砺炼，国有企业已经发展成为充满活力、生机和有竞争力的市场主体，与20世纪90年代陷入困境的情况下，不得不对其存量资产进行股份制改革的背景有根本上的不同。在这种情况下，推进国有企业职工持股改革，目的不再是“甩包袱”，而是促进资本所有者和劳动者利益共同体的形成，以增强凝聚力。鉴此，从实现国家发展国有企业的战略意图出发，对用增量资产让职工持股的改革给予积极鼓励和支持，如鼓励支持上市公司向职工进行定向增发发展新的项目。为了避免国有企业职工持股改革对其他股东权益的稀释，又从职工持股带有一定程度的身份股（一般职工）或岗位贡献股（高层管理人员）性质，在职工现金入股的基础上，用国有企业上交的部分利润对职工持股予以少量的补贴，以促进劳动者和资本所有者利益共同体的形成，也可探索。相反，在用存量资产让职工持股时，包括上市公司在二级市场回购股票等，都应当吸取以前的教训，采取严格控制和权益限制等配套措施，防止国有资产的流失。

（二）关于职工持股结构和实现方式的完善。推进国有企业职工持股改革，首先应将职工持股在总股本中的比例加以限制，避免私有化。同时，在国有企业内部各类职工持股比例上，既要符合让发展成果更多更公平惠及全体人民的要求，又要有利于调动各类职工的积极性。鉴于职工平均持股、完全由骨干职工持股各自的弊端，需要探索骨干职工与一般职工持股结构的均衡点，并加以规范。可在自愿的基础上，通过新增发展项目，对职工进行普惠性持股，并对骨干职工持股实行一定程度的倾斜。通过职工持股结构的完善，避免吃“大锅饭”的问题，形成对各类职工的激励，发挥好高端人才在企业创新发展中的引领和推动作用。

（三）关于职工持股权益的制度安排。国有企业职工与社会投资者理应同股同

权。然而，由于国有企业职工持股与社会投资入股在功能和获得条件上不一定是一样的，从保障各类投资者权益和更好发挥职工持股作用出发，对职工所持股权不能一刀切。对职工出资进行定向增发获得股权的，应与社会投资者权益相同。对通过股票期权和上市公司从二级市场回购股票后划作职工持股的，其带有一定程度的身份股、岗位贡献股性质是无疑的，同时要正视其因使用公司资金而在一定程度上稀释了包括国家在内的所有投资人的权益。鉴此，应当对后者加以研究，做出规范，如除享受分红的收益权外，其在二级市上卖出、向他人转让等，应当加以限制，甚至与是否在职在岗挂钩（也有利于新职工的激励），形成国有资产有微弱的名义而无事实上的流失或稀释机制。否则，就会导致事实上的国有资产流失，社会投资者权益被稀释，也不利于新职工（也包括新的高层管理人员）的持续激励。对上述所说职工持股有少量补贴的，也要做相应的政策安排。如果职工持股完全与社会投资者一样，不分股权如何取得，不分其功能，那就形同炒股，在国内外资本市场已发展到现今的程度，推进职工持股改革的意义也就丧失了。

国有企业职工持股改革存在的难题，无论是理论还是实践，都需要加以进一步探讨。为此，对国有企业职工持股改革要进行试点，加强调研和指导，既因“企”制宜，又进行基本的规范。

（作者：郑有贵）

保障农民土地权益与构建土地信托银行

从适应工业化、城镇化和农业现代化同步发展的新趋势出发，应从中国现阶段农业和农村经济发展的实际出发，根据各地生产力发展水平和农民的意愿，改革农村土地制度，保障农民土地权益。

一、保护农民土地权益实践探索问题的纠偏

近年来，在推进城镇化发展的进程中，各级地方政府逐渐重视保护农民土地权益，开始了逐步探索保护农民土地权益的实践。当前，各地征地过程中关于保护农民土地权益的主要探索，包括土地换社保、宅基地换房产等实践试点。这些实践探索虽然具有明显进步和一定的积极意义，但同时也存在许多问题，其实践效果尚不足以体现对农民集体和失地农民土地权益的最大尊重，以及对集体和农民土地增值收益权的承认。

关于保护农民土地权益的实践探索，存在几方面的问题亟待纠偏。

（一）不应要求农民以放弃土地为代价获得社会保障，不应直接截留被征地农民补偿费用转为社保费用

对于被征地农民的土地权益，相比《土地管理法》,《物权法》进一步明确了征收土地不仅要按照被征收土地的原用途给予补偿，不仅要给予土地补偿费、安置补助费、地上附着物和青苗的补偿费等费用这 3 类征地补偿，还要安排被征地农民的社会保障费用，实际上就是增加了征地补偿的第四类内容——被征地农民的社会保障费用，让被征地农民享有社会保障权益。但由于缺乏权威的、统一的操作性条款，各地在征地补偿与社保费用方面多是各行其是，与《物权法》要求相去甚远。

在实践中，应该明确的是：第一，社保权利是中国社会主义制度下农民天生就应该享有的，农民社会保障并不是必须用失去土地为代价才可以换来的，法律和政策上从未将二者挂钩。中国正在建立的农村社会保障体系是全体农民都应享有的权利，并不以农民交出土地为条件。第二，给予被征地农民的前 3 类土地原用途补偿，是用来补偿农民的农业等损失并用来安置农民正常生活的，与社会保障费用是加法逻辑，而不是等同逻辑，不是合二为一的关系。因此，不能直接截留被征地农民补偿费用转为社保费用。第三，应将被征地农民全部纳入农村养老保险范畴，对于土地被全部征收或征收后剩余土地已经不足以依此实现发展的农民，应当纳入当

地城镇社会保障范畴，以确保被征地农民社会保障的稳定性及可持续性。

（二）应允许农民带着土地权利进城做市民，应让农民既当市民也保有土地权利

城镇的扩张与农村的撤并是城镇化过程中的必然现象，在此过程中，也必然有许多农村居民转变为城镇居民。在农民转变为市民的过程中，如何妥善处置农民的土地以及农民的集体资产，维护农民的土地权利，进一步深化农村集体经济产权制度改革，推进城乡一体化进程，使城乡两种完全不同的管理体制并轨，是各级政府尤其是城市政府必须认真面对的重大问题。然而，当前在许多城郊地区，将农民的身份转换为市民，多数情况下，这种身份的转变只停留在名义上。许多转为市民的农民在医疗保障、养老保障等方面与原有城镇市民还是有很大差距。

因此，实践中，简单地要求农民以放弃对集体土地权利的分享为代价，获得市民身份而失地补偿是不公平的，完全隔断了农民与土地的关系。在北京的实践探索中比较好的实例，是北京市朝阳区在进行集体资产处置过程中，除去个别村被国家征用的土地外，没有改变集体土地的产权属性，保证了农民对集体土地和资产的收益权，处置过程充分发扬民主，尊重农民意愿，保证信息透明公开，让广大农民既当了市民也保有了土地权利。

（三）不应让农民交出宅基地使用权，而应明确农民对农村整理节约出的建设用地应享有收益权

《物权法》125 条规定宅基地使用权人依法对集体所有的土地享有占有和使用的权利，有权依法利用该土地建造住宅及其附属设施，这种权利具有排他性。但是，实践中，在村庄土地整理过程中，一些集体和地方政府往往以集体享有宅基地的所有权为名，劝说农民交出宅基地使用权。农民交出宅基地也就自然丧失了宅基地的占有和使用权。而整理节约出的农村建设用地产生的巨额收益，农民却很难分享到，宅基地的收益权也没有保障。此外，部分地方政府通过推动农户放弃宅基地、农民进城，同时还剥离了农民与农村其他集体建设用地的关系。目前，法律和政策上对于农民是否对农村整理节约出的建设用地享有收益权还没有明确的规定。在法律上,《物权法》虽然将农民宅基地使用权划定为用益物权，但又只规定农民有占有、使用的权利，没有明确收益权，农民对于宅基地整理节约出的建设用地是否拥有收益权在法律上是比较含糊的。

为此，实践中应积极探索亿万农民进城过程中宅基地用益物权的利益实现机制和保护机制。同时，建立农民对宅基地整理节约出的建设用地的利益分享机制，在法律法规和相关政策中明确农民拥有节约出来的建设用地的收益权，切实赋予农民参与宅基地和集体建设用地增值收益分配的权利。

二、构建土地信托银行和促进土地信托化

（一）建立土地信托化，解放农民对土地的依附

土地信托是指在坚持土地所有权不变、承包经营权稳定的前提下，按照依法、自愿、有偿的原则，实现所有权、承包权、经营权的分离，合理利用和开发土地，实现土地的集约化和规模化发展，并在保障农户的受益权的基础上，让其享受土地的增值收益和固定收益。

具体操作办法是，具有土地承包经营权的农户，按照自愿、自主、互利的原则，把土地经营权以资本的形式托付给信托机构统一管理和经营，实现土地的增值收益和固定收益，其中农户作为委托人拥有土地的最终处置权，信托机构作为受托人拥有其暂时经营权，而农户同时拥有土地受益权。

土地信托化实现了土地产权货币化，使农民对土地的实际占有转变为以信托资本的价值形态占有，保障农民的合法利益，把农民从对土地的依附关系解放出来，释放农民的灵活性。由此，保障了农民可以投入非农业生产，减少对土地的依赖性，实现农民对土地依附的解放。

（二）构建土地信托银行，发挥信托和银行优势，保障土地有效流转

中共十八大报告提出坚定走社会主义共同富裕的道路。信托模式一手托公平，一手托效率，是共有制有效的实现形式，天然契合了社会主义制度和市场经济原则。构建土地信托银行，可以有效促进土地资源优化配置，担当土地资产的看护人，保障农民合法权益，让亿万农民共享改革开放成果。因此，建立土地信托银行是加快农村土地制度改革的当务之急，也是切合中国实际、符合农民意愿的选择。

从 1996 年上海建立全国第一家城市土地储备机构起，主要城市纷纷建立了自己的土地储备机构。总的来看，国内土地银行的运营模式主要有上海模式（典型的市场主导型模式）、杭州模式（典型的政府主导型模式）、南通模式（行政指导与市场引导结合模式）等三种。但由于土地银行制度不健全，功能定位不清晰，真正意义上的土地银行机构缺失，在发挥优化土地资源配置、促进城市发展的功能方面与西方国家存在很大差距。

中国土地银行运营过程中存在的问题主要有：

1. 没有明确统一的土地银行组织机构。由于土地一级市场没有开放，地方政府大多各行其政，土地银行机构身份不明确，各个机构的职责和工作程序不明确，协调困难，工作效率低下。

2. 土地银行制度实施缺少配套的法律法规。根据现行法律条文，城市政府在特殊情况下可以行使土地所有者权力，对土地进行强制性收购，但是未能形成专门的

土地征购法律，使土地银行制度无法高效地实现社会经济目标。

3. 土地交易不透明。国内土地交易过程中存在操作不透明、价格不明确、行政化干预严重等问题，不仅不利于土地银行机构的正常运作，也为腐败的滋生提供了土壤。

由此，应积极探索制度创新，构建土地信托银行，发挥信托和银行优势，保障土地有效流转。具体措施如下：

1. 完善法律，保障农村土地抵押的可行性。国家可立法允许农村土地抵押，但只能抵押给主管机构认证的土地信托银行，即便农户失去所抵押土地，也享有优先承租权，待其经济好转后可从土地信托银行赎回原来土地。有了土地信托银行这个平台，既可让农户通过抵押土地获得急需的贷款，又可最大限度地降低失地带来的风险。

2. 建立专业的农村土地价值评估机构，实现全国范围的农村土地信息流通。通过制定统一的农村土地评估标准，实现土地评估过程的公平、公正和公开。待时机成熟，可建立全国统一发布信息的农地流转交易平台，发布土地流转价格指数，让农村土地进一步流转起来。

3. 健全农村社会保障体系，包括养老保险、医疗保险以及农村最低生活保障制度，切实解决好农民的后顾之忧。同时，国家还需要组建政策性农业巨灾保险基金，确保土地信托银行经营的稳健性。

4. 土地信托银行在相当长的一段时间内难以自负盈亏，需要政府进一步发挥政策的扶持作用。第一，为土地信托银行提供引导资金，逐步实行政府资金的退出和市场化经营；第二，降低土地信托银行的前期运用成本，采取豁免营业税、企业所得税等措施，在土地信托银行步入轨道后，再行收取；第三，在存地谈判中，依托村委会等基层组织，协助土地信托银行，降低谈判成本；第四，发挥政府信息优势，协助土地信托银行寻找龙头企业，并为其提供相关配套后勤保障服务，免除龙头企业的后顾之忧。

（作者：钟瑛）

破解农业转型升级对政府的强依赖要倾力培育经营主体

实现中共十八届五中全会提出的产业迈向中高端水平的目标，应解决好农业转型升级这一短板问题。中国农业转型升级困难重重，对政府的依赖较强，缘于农业的弱质性和小规模家庭经营的弱势地位，在逐步强化对农业支持的进程中又没有能够大范围地改变农业经营主体小而弱的状况。破解农业内生发展能力弱和转型升级对政府的强依赖，已成为紧迫的命题，应以促进有利于形成共享发展成果机制的农业经营组织的发育壮大为核心，在支持政策上向农民利益共同体的合作社和集体经济组织倾斜、将财政支持形成的财产量化到合作社和集体经济组织的成员、在农业经营组织制度上促进产权由封闭向开放转型。

一、农业转型升级对政府的强依赖缘于经营主体小而弱

国家大力推进农业现代化建设，促进农业发展上了一个又一个新台阶，2004 年以来还熨平了生产发展的波动，全国粮食产量实现“十二连增”。农业的这种增长，是以国家支付较大财政资金为成本的，反映出农业转型升级对政府的依赖性较强。例如，农业经营组织普遍缺乏技术研发能力，技术研发和推广依赖政府，政府不仅要负责技术研发支持，还要解决新技术到农户的最后一公里的问题；农民购买种子、农机、化肥等依赖政府的补贴；确保重要农产品价格维持在一定水平，依赖政府实施的最低收购价和收入目标价；一些地方土地规模经营的形成也依赖当地政府对土地流转实施财政补贴；等等。这些促进农业转型升级政策的实施，一方面使政府的财政负担加重；另一方面又没有因此明显改变农业内生发展能力弱的状况，农业生产成本还随着生产资料和人力价格的上升而攀升，现今面临在国内外市场粮价倒挂明显[①]、农产品价格“天花板”封顶、生产成本“地板”抬升、资源环境“硬约束”加剧等新挑战[②]。

农业转型升级对政府的强依赖，缘于二、三产业优势明显和在经济全球化背景下农业的弱质性和小规模经营的弱势地位。农业的弱质性，是与二、三产业相对应的。在工业化初期，为推进工业化的快速发展，在工业自身积累不足的情况下，国

① 参见习近平：《关于〈中共中央关于制定国民经济和社会发展第十三个五年规划的建议〉的说明》，《〈中共中央关于制定国民经济和社会发展第十三个五年规划的建议〉辅导读本》，人民出版社 2015 年版，第 079 页。

② 参见《国务院办公厅关于加快转变农业发展方式的意见》，《人民日报》2015 年 8 月 8 日第 1 版。

际上一般通过多种方式将农业部门的剩余转移到工业部门，以此来促进工业的积累和发展；随着工业化和城镇化的发展，与二、三产业相比较，农业的弱质性日益显现，依靠自身力量可以实现发展，但进程缓慢，成为整个经济发展的短板，因而在进入工业化中期后，从有利于工业化的进一步推进出发，国际上普遍对政策进行调整，将农业养育工业转为工业反哺农业。改革开放以来，特别是进入21世纪以来，中国启动由农业养育工业向工业反哺农业的政策转变，还有本国的特殊性。一方面，不仅有计划经济体制下形成的工农发展失衡、城乡发展失衡、城乡居民发展失衡，还由于人多地少和在全球范围都属于超小规模范畴的家庭经营，在国内外竞争中明显处于弱势地位，这就使农业的弱质性问题更为突出；另一方面，随着人民公社体制的改革和农产品统派购制度的取消，大量集体经济组织的积累能力弱化，其产前产中产后服务能力随之减弱，而农业的社会化服务体系又没有及时构建起来，农户家庭小规模经营面临生产服务"办不起"或"办了不经济"等困难。基于这种工农政策的"两个趋向"、本国国情及经济社会变迁特殊因素的叠加，政府对农业转型升级的支持更显必要。

农业转型升级对政府的强依赖，还由于在逐步强化对农业支持的进程中，没有能够大范围地改变农业经营主体小而弱的状况。促进农业的转型升级，加快集约型发展方式的形成，降低能耗，实现绿色发展，提升附加值，不仅需要政府的支持，更是需要有内生发展能力较强的农业经营组织，以提供农户生产经营所需要的各种服务，解决转型升级中遇到的多种困难。然而，从实践看，虽然家庭农场、农民合作社、农村集体经济组织、农业公司等都有不同程度的发展，内生发展能力都有所提升，但所提供的服务仍不能满足转型升级所需，农业基础设施、技术、信息、生产资料购买、产品销售、信贷和资本融资等服务跟不上，转型升级的内生能力较弱。政府针对农业的弱质性，以及发展中面临的困难，对农业实施了力度越来越强的包括多种补贴在内的支持政策。从2004年起中央每年制定和实施以"三农"为主题的一号文件，一方面体现中央对解决好"三农"问题的高度重视，另一方面也反映了农业转型升级难度较大，对政府的依赖度较高。

二、农业经营组织发育壮大难的政策、体制和制度因素

面对农户小规模生产经营与大市场对接的难题，国家通过政策支持，引导小规模家庭经营向组织化方向发展。尽管如此，农业经营组织仍然不强。原因何在？

就支持政策而言，促进农业组织化的支持力度偏弱。在促进农业组织化上，逐步形成共识，但支持政策向农户"撒胡椒面"和向与农户没有形成利益共同体甚至

“零和博弈”的龙头公司倾斜，对朝着农民利益共同体方向发展的合作社、集体经济组织等的支持力度不够，与其应发挥的功能不对应。加之由于工业化、城镇化的快速发展，土地流转费用呈上升趋势，也在一定程度上影响土地规模经营的形成和农业组织化的发展。

就体制而言，政府部门支持农业的各自为政、力量分散现象仍存在，在促进农业经营主体做强上，难以形成合力。改革以来，政府行政管理体制改革取得明显进展，大部门体制改革稳步推进，但由于路径依赖，计划经济体制下政府支持农业的职能分割问题没有完全解决，政府部门“多管齐下”支持农业，有绩效，但没有达到最佳：一是表现在将有限的财力分散到多个部门，都只能是“蜻蜓点水”，而不是“聚沙成塔”。二是表现在重复浪费。以技术培训为例，政府多部门、群团组织都积极组织培训活动，存在力量分散、做不深和做不实的问题，甚至存在重复、不符合农民需要的形式主义问题，导致国家有限财力的浪费。

就农业经营组织制度而言，农村内生的合作社、集体经济组织、合伙企业、公司等，在乡里乡亲的熟人社会里，有着血缘、地缘、业缘关系，理应获得较好发展，但现实却不尽如人意。导致这种结果，存在内外方面的原因：

外部原因有：一是，随着社会生产力水平的提高，交通设施极大改善，市场半径扩大至全球，技术快速发展，产量增加，品质提升，竞争日益激烈，由此而盛的资本运作和品牌化战略的实施，使内生的小规模农业经营组织在竞争中处于弱势地位，发展空间难以拓展。二是，外部工商资本进入农业，这一“双刃剑”，一方面为农业的发展注入资金，有助于资金短缺问题的解决，另一方面其强势地位冲击内生农业经营组织的发育壮大，资本逐利也不愿与农户形成利益共同体。

内部原因，主要是农业经营组织产权结构存在缺陷，没有与小规模的农户形成利益共同体，发育壮大的机制有待完善。一是，合作社发展较快，但仍处于初期阶段，普遍存在缺少资金的问题，一般成员在缺乏示范效应的情况下，心存疑虑而不敢出资入股，也就难以避免少数入股大户的控制，甚至在公司＋合作社＋农户模式中，有的合作社还成为公司控制农户的工具。二是，具有社区性、综合性的集体经济组织，与本国人多地少的资源禀赋相适应，在组织资源稀缺的情况下，本应发育壮大，发挥较大作用，但由于长时期内组织与成员的产权关系不明晰，加之承载过重的发展社区社会事业的负担，与其他市场主体没有处于同一起跑线，也不利于其发育壮大。三是，20 世纪 80 年代农村内部生长起来的大量的农业公司，因家族企业的优势而兴起，但由于小富即安，在发展到一定程度后，家族所有又成为制约其进一步发展的因素。农业家族企业一方面不愿意社会资本入股分享其利益，另一方面其产权的封闭性和财务制度不健全，没有建立起产权开放的现代企业制度，吸引不了社会资本。由此，农业产业化经营兴起初期乃至当今的一些家族企业，其进一步发展面临资金短缺的问题较为普遍，难敌大型股份制企业的竞争攻势，在竞争中艰难生存，有的还被市场淘汰。这种产权结构严重影响农业经营组织的发育壮大，成为其转型升级的障碍。

三、政策和制度改进应着力于共享发展成果路径的形成和农业经营组织转型升级内生能力的增强

在政策和制度改进时，应把着力点放在促进合作社和集体经济组织由弱变强的转型升级上，由此探索形成共享发展成果路径和增强农业转型升级内生能力相互促进的机制。

1. 农业支持政策向合作社和集体经济组织倾斜，促进有利于与农户形成共享发展成果的利益共同体的发展壮大。农业组织化的实现形式，由改革前的单一化转变为多元化，这无疑是正确的选择，因为中国地区差异、农业内各部门差异较大。改革初期强调农业组织化的多元化发展，由农民自己选择，这是当时历史条件下的必然。因为，一方面，国家针对高度集中的计划经济体制的弊端，推进搞活、改革，摸着石头过河探索前行，鼓励农民在实践中探索创新，形成自下而上的改革路径；另一方面，当时各种农业经营组织处在同一起跑线上，让农民自己选择也是一种公平的政策。而今，情况发生了较大变化，弱势的农民面对强势的资本及资本运作，发展空间越来越小，甚至发生被挤出现象。例如，在工商资本介入下，农民流转出所承包的土地，仍然在自己承包的土地上务工，即是一种明显的表现。如果不把做强合作社和集体经济组织作为农业组织化的重点，小规模的家庭经营处于弱势地位的态势将难以得到根本改变，不仅不利于改变农业转型升级对政府的强依赖，农民还会被资本挤出。这种格局下，一旦遇到大的经济波动，政府不仅要负担对农业大力度的支持，还要承担起安抚和解决被资本挤出的农民的责任。这是应当避免发生的现象。可见，完全依靠农民自身力量探索发展，也就忽视了历史条件变化后农业组织化实现形式的优化问题，实际上是在利益的天平上偏向资本所有者。鉴此，应从顶层设计考虑，在农业组织化实现形式的选择上，不仅应从人多地少和历史演进的国情出发，还要从中共十八届五中全会提出的共享发展理念及其寓含的价值取向出发。基于农业组织化已有一定基础，在进一步推进时，应把着力点放在促进农业经营组织与农民形成共享发展成果的利益共同体上。为此，需要将促进合作社和集体经济组织发展壮大纳入优先和重点支持序列。

促进合作社发展壮大是增强农业和农民内生发展能力的首选。专业合作社顺

应家庭承包经营对生产服务的急迫需求，应运而生。这种农业经营组织是在市场机制下发育起来的，不是通过行政手段拉郎配形成的，具有较强的生命力。专业合作社的优势是易于起步而获得快速发展，其缺陷是很多生产要素没有配置其中，实现进一步发展的难度愈来愈大。从国际经验看，人多地少的东亚国家，无论是合作社还是其成员的生产经营规模都较小，成员需要综合服务，较适合综合合作经营，这与人少地多的欧美国家适合专业合作经营不同。顺应这种资源禀赋对合作内容的要求，经过实践探索，农民合作已由起步时的专业合作，开始向全要素的综合合作方向转型。由于合作社发展处于起步阶段、成员的异质性和法律制度的不完善，发生少数人控制、共享发展成果机制尚未很好形成的现象，但从理论与实践看，合作社、集体经济组织最接近与成员形成利益共同体，能够较好地体现中共十八届五中全会提出的共享发展理念。为此，在农民专业合作社法修订时，一方面将专业合作社法修改为农民合作社法或农民经济合作社法，通过法律制度的修订完善，引导和保障各种生产要素优化组合于其内；另一方面完善组织内部的产权、交易和分配制度，鼓励和规范股份合作社的发展。同时，在政策上，加大对有利于与农户形成利益共同体的农民合作社的支持力度，对偏离此方向的，要在尊重农民自愿选择的前提下，引导其要么按照合作社原则完善制度和运行机制，要么改称公司，使其名与实相符，以免混淆视听，误导合作社偏离互助合作的方向。

促进集体经济组织发展壮大有利于富饶而美丽乡村的建设。在农业组织化程度低、组织资源稀缺的情况下，应充分发挥集体经济组织的作用，而不能将其遗弃。集体经济老典型和 21 世纪以来涌现出的新典型，借助土地在工业化、城镇化、农业现代化进程中的快速升值，以及可规模化配置资源和经营的优势，实现了专业合作社尚不能媲美的发展。还有一个特殊的组织资源——国有农垦企业，在家庭农场的基础上，推进股份化和集团化改革，建立现代企业制度，成功地打造成农业的龙头，无论是现代化建设，还是市场竞争力，都处于引领发展的前列。集体经济组织和国有农场，有一个重要的共同特点，不仅可以较好满足人多地少资源禀赋下农民或职工对多种服务的要求，更为重要的是能够实现经济与社区事业的融合和相互促进。凡是集体经济和国有农场发展较好的地方，经济与社区事业都呈现出协调发展态势，可以较好地担当起社区发展的功能，为发展营造良好的环境，很少发生留守儿童、留守妇女、留守老人现象，呈现出生机勃勃的美丽乡村建设态势和农村城镇化稳步健康发展机制。

2. 改进支持方式，提高政策绩效。农业政策支持有两个切入方向，一是支持农田水利、农机、道路、市场、网络信息等方面的基础设施建设和科技研发推广，有效促进生产力的发展，降低单位生产成本，这是中国行之有效的做法。这一经验我们总结和坚持不够。另一个是借鉴发达国家对农民实施财政补贴。两者相比，后者对提升生产力水平的作用不直接，促进农业发展的作用有限。为此，应对支持政策进行相应完善。同时，还要破除影响农业组织化的体制障碍，改变政策支持的一盘散沙及其绩效低的问题，对农业支持政策进行有效整合，向有利于农民形成利益共同体倾斜，特别是对合作社和集体经济组织的各类基础设施建设予以重点支持。

3. 推动农业经营组织的产权制度改革，增强凝聚力和发展动力。针对内生的农业经营组织产权制度的缺陷，无论是农业公司，还是合作社、集体经济组织，都可在产权制度上进行完善，并将支持政策与之挂钩配套。

一方面，倡导并支持股份制改造。（1）对于家族农业企业，鼓励其进行资产评估，在此基础上量化股权，建立现代企业制度。同时，也鼓励农民以土地承包经营权、资金等方式，向企业入股，使农民与企业之间构建起紧密的产权联结。在此基础上，鼓励其在资本市场挂牌交易，在条件成熟后，向社会公开股权融资。（2）对于集体经济组织，积极推动股份合作制改造。为此，可借鉴浙江等地的经验，破解成员资格界定的难题，以形成集体产权向成员量化改革顺利推进的合力。（3）对于合作社，鼓励成员入股，使合作社的所有者与惠顾者更显著地统一于一体。鉴此，倡导将入股明确为取得成员资格的条件之一，入股金额则应根据各合作社发展的需要和成员承受能力等具体情况，由成员大会确定。

另一方面，在实施支持政策时，将促进股权联结的形成作为政策目标之一。对于农业的支持，无论是合作社，还是集体经济组织，可通过发展基金等形式注资，将所形成的财产，由合作社、集体经济组织运营，并量化到成员，使成员与组织之间形成紧密的产权联结关系。这有助于合作社、集体经济组织与成员形成利益共同体，成员也可以更加充分地分享发展成果，进而形成内生发展动力增强与转型升级能力提升的良性互促机制。对于合作社和集体经济组织，还可以实施一项政策，即在将国家财政资金或发展基金形成的财产量化到成员时，以成员配股为条件来促进股权联结。如此，可以形成更大的资本金，有利于合作社、集体经济组织资金短缺问题的解决。对于实施这一政策会不会导致国家资产流失的问题，则不必担心，因为《农民专业合作社法》第二十一条关于成员资格终止时退还记载在该成员账户内的出资额和公积金份额，第四十六条关于合作社解散、破产清算时不得将合作社接受国家财政直接补助形成的财产作为可分配剩余资产分配给成员的规定，已经为实施这一政策促进合作社发展和避免国有资产流失的双重目标提供了法律保障。

（作者：郑有贵）

乡村之美在于有文化魂
——基于浙江保护利用历史文化村落的探索

中共十八届五中全会首次把推进美丽中国建设纳入国民经济和社会五年发展规划，这是以五大发展理念为引领，基于中国经济社会发展已经上升到新台阶，所提出的新的发展目标。2003 年 6 月，时任浙江省委书记习近平做出“万村整治、千村示范”工程的决策，由此开启美丽乡村建设的新篇章，也开启了浙江保护利用历史文化村落与美丽乡村建设融合推进的先行先试。在实践的基础上，2015 年浙江省又启动了《千村故事》“五个一”行动计划。这些创新性实践探索，既促进了中华传统文化的传承，美丽乡村也有了深厚的文化之蕴。建设美丽乡村，让居民“看得见山，望得见水，记得住乡愁”，要以五大发展理念为统领，通过保护利用好历史文化村落，讲好中国乡村故事，传承好乡土文化，使其根植于深厚的历史文化底蕴，以特有的人文精神引领向善向上，为全面建成小康社会提供精神动力。实现这一目标，不仅要探索形成保护利用历史文化村落的机制，更要探索讲好乡村故事、传承好乡土文化，使其在践行社会主义核心价值观中发挥更加积极作用的实现机制。

一、在传统文化村落保护利用中留住乡村文化的根

2013 年 12 月，习近平总书记在全国城镇化工作会议上指出：“让居民看得见山、望得见水、记得住乡愁。”[①] 这一美丽乡村建设思想不同于以往片面追求物质财富增长的所谓现代文明，引领美丽乡村建设朝着自然和人文风情融合，进而集聚和谐进步力量的方向前行。

第一，摒弃对历史文化村落及其所承载的人文精神的保护和传承重视不够的做法，在美丽乡村建设中更加注重人类生存发展的生态环境、人文环境和人文精神。历史文化村落大多有诗词歌咏、楹联题刻、文化典故等人文景观，是看得见山、望得见水的质朴自然而又如诗如画的园林。中国作为发展中国家，面对与先发国家的巨大差距所推进的赶超发展，曾长时期强调物质财富增长。工业化、城镇化的快速推进已经使太多历史文化遗产消失，历史文化村落的保护刻不容缓。人们开始反

① 中共中央文献研究室编：《十八大以来重要文献选编》(上)，中央文献出版社 2014 年版，第 603 页。

思，农村不能成为荒芜凋敝留守的农村、记忆中的故园。时任浙江省委书记习近平强调，要正确处理保护历史文化与村庄建设的关系，对有价值的古村落、古民居和山水风光进行保护、整治和科学合理地开发利用。[①] 2013 年 9 月 7 日，习近平总书记在哈萨克斯坦纳扎尔巴耶夫大学演讲回答学生们关于环境保护的问题时强调："我们既要绿水青山，也要金山银山。宁要绿水青山，不要金山银山，而且绿水青山就是金山银山。"[②] 习近平总书记反复强调，中国要美，农村必须美[③]。农村的美，既要自然生态环境美，也要人文生态环境美。保护利用好历史文化村落，把乡村建成生态文明和独具人文风情的诗一般的宜居佳境，既可以寄托乡愁，也可以更好地维系中华文明传承发展的生态。

第二，摒弃片面追求所谓的现代文明，在美丽乡村建设中注重把乡村文化的根留住。在"文化大革命"运动中，中国一方面将学习外国的做法视为崇洋媚外加以批判，一方面，又对历史文化加以批判而消除之。改革以来的，一度，"洋气"又成为时髦，而民族文化被视为土气。历史文化村落承载着博大精深的文化积淀、丰富多彩的历史信息、意境深远的人文景观和各具特色的民风民俗，然而，在工业化、城镇化过程中，很多历史文化村落快速消失，取而代之的是工厂、楼房、闹市。2014 年 9 月 24 日，习近平总书记在纪念孔子诞辰 2565 周年国际学术研讨会暨国际儒学联合会第五届会员大会上指出："优秀传统文化是一个国家、一个民族传承和发展的根本，如果丢掉了，就割断了精神命脉。"[④] 在推进现代化进程中，建设美丽乡村，应保护利用好历史文化村落，不容断掉乡村文化的根。

二、讲好乡村故事和传承好传统文化让乡村更加美丽

浙江省在建设美丽乡村中，注重保护利用历史文化村落，在保护利用的规划、政府工作布局和项目实施等方面进行了积极的探索，实施了历史文化村落保护利用工程。其中一项基础性工作，就是开展《千村故事》"五个一"行动计划（简称《千村故事》），即：一是寻访"那村、那人、那故事"并整理编撰成书，以更好地讲好历史文化村落背后的故事及寓含的向善向上的价值；二是基于历史文化村落的调查研究，从中认识经济社会变迁规律，并提出保护利用规划和发展对策建议；三是摄制影像，以抢救定格乡土印象；四是推出历史文化村落文化展示馆，让人们可以从

① 徐燕飞整理：《浙江保护历史文化古村落大事记》，《经济日报》2016 年 6 月 16 日第 12 版。
② 《人民日报》2013 年 9 月 8 日第 1 版。
③ 《人民日报》2016 年 4 月 29 日第 1 版。
④ 《人民日报》2014 年 9 月 25 日第 2 版。

中回味记忆和寄托乡愁；五是保护利用“看得见山，望得见水，记得住乡愁”的和谐进步的历史文化村落，作为美丽乡村建设的示范基地。《千村故事》“五个一”行动计划就是在保护利用历史文化村落物质文化遗存基础上，更好地对非物质文化遗产进行抢救性挖掘、整理、记忆和传承。

浙江省在实施《千村故事》“五个一”行动计划时，特别重视发挥科研和教学力量，实行政、产、学、研结合，取得一批成果。完成了包括《生态人居卷》《礼仪道德卷》《劝学劝农卷》《清廉大义卷》《名人名流卷》《民风民俗卷》《手技手艺卷》《特产特品卷》在内的8卷本《乡村故事》丛书。在此基础上，还浓缩其精华，从中遴选260个故事，汇编于3卷本的《〈千村故事〉精选》，其中：卷一收入《生态人居卷》《礼仪道德卷》《劝学劝农卷》的90个故事，展现了浙江历史文化村落布局、人居环境、传统礼仪道德、耕读文化；卷二收录《清廉大义卷》《名人名流卷》的85个故事，颂扬了浙江历史文化村落的清廉官吏、大义先贤和名人名流；卷三收录《民风民俗卷》《手技手艺卷》《特产特品卷》的85个故事，记录了浙江历史文化村落的民俗风情、传统技艺、地域性产品。2012年起全省已分3期批准对779个历史文化村落实施保护利用措施。①

浙江省保护利用历史文化村落先行先试的探索，不仅促进了历史文化村落保护利用工作的扎实推进，还为探索讲好乡村故事、传承好乡土文化在践行社会主义核心价值观中更好发挥作用的实现机制积累了宝贵的经验。从中，给出了一些启示，即贯彻落实中共十八届五中全会提出的推进美丽中国建设，建设美丽乡村，让居民“看得见山，望得见水，记得住乡愁”，不仅要以绿色发展理念为引领，还要通过保护利用好历史文化村落，讲好中国乡村故事，传承好乡土文化，使其根植于深厚的历史文化底蕴，以特有的人文精神引领向善向上。

三、把保护利用历史文化村落作为美丽乡村建设的动力

浙江省的实践表明，保护利用历史文化村落，可以成为相对偏远和欠发达地区美丽乡村建设的突破口和动力。

1. 把保护利用历史文化村落作为美丽乡村建设的重要内容，助推美丽乡村建设向更高的新阶段跃升。浙江省2003年起实施的“千村示范、万村整治”工程，明确把保护古建筑村落作为重要内容。2006年浙江省人民政府出台的《关于进一步加强文化遗产保护的意见》提出，各地在新农村建设过程中，要切实加强对优秀乡土建

① 浙江省农业和农村工作办公室等主编：《〈千村故事〉精选》，中国社会科学出版社2016年版，第14页。

筑和历史文化环境的保护，努力实现人文与生态环境的有机融合。至2007年的5年间，浙江省对10303个建制村进行了整治，并把其中的1181个建制村建设成“全面小康建设示范村”。[①] 2010年，浙江省制定了《美丽乡村建设行动计划（2011—2015年）》。2012年4月，中共浙江省委、省政府发布了《关于加强历史文化村落保护利用的若干意见》，把修复、保护、传承和永续利用历史文化村落文化遗存，作为“万村整治、千村示范”和美丽乡村建设重要内容。2012年11月，中共十八大报告提出“努力建设美丽中国，实现中华民族永续发展”，美丽乡村建设迅即成为中国社会主义新农村建设的新潮流。保护历史文化村落，有助于乡村文化、生态人居和现代文明融合发展，使乡村更具文化底蕴和绚丽的风情魅力，进而更加充满生机和活力。

2. 把保护利用历史文化村落作为转型升级发展的切入点和突破口，与集体经济发展结合起来，可以夯实美丽乡村建设的经济基础。保存较好的历史文化村落，一般处于相对偏远的地区。据《千村故事》“五个一”行动计划项目组对全省历史文化村落汇总信息的分析，历史文化村落主要集中在山区、丘陵地区[②]；历史文化村落的经济发展水平相对落后，农民平均可支配收入11580元，仅为全省平均19400元的59.7%；村集体经济收入平均71.56万元，仅为全省115.9万元的61.7%[③]。在现代化进程中，历史文化村落由于地理位置的原因，发展机会相对较少，而保护利用历史文化村落资源，将历史文化村落作为经济资源加以开发利用，是这些村庄实现追赶和转型升级发展的切入点和突破口。历史文化村落内含的文化符号，已成为吸引旅游者的魅力所在。一些历史文化村落，抓住人们生活水平提高后对历史文化村落旅游需求快速增长的机遇，对历史文化村落进行了旅游开发的探索。浙江省《千村故事》“五个一”行动计划项目组问卷调查的124个村中，制定了旅游发展规划的有53村，占问卷村总数42.74%。深入考察问卷村旅游业及相关服务业经营状况，2014年有旅游收入的为18个村，占制定了旅游规划村的34%，总收入2060万元，平均每个村114.44万元。[④] 同时，浙江省数以千计的农特产品，从一个村落发源，经过历代村民精心呵护培育，注入了深厚的文化印记，而历史文化村落的保护利用又使其生辉，提高一个村落、一个产品的知名度，发挥良好的名片效应，使其具有独特魅

---

① 徐燕飞整理：《浙江保护历史文化古村落大事记》，《经济日报》2016年6月16日第12版。

② 浙江省农业和农村工作办公室等主编：《〈千村故事〉精选》，中国社会科学出版社2016年版，第13页。

③ 尧甜、郭婧：《浙江现存1149个古村落》，《都市快报》2015年10月25日第6版。

④ 王景新、朱强、余国静、吴一鸣、李琳琳、沈凌峰：《浙江历史文化村落保护利用与持续发展》，《西北农林科技大学学报（社会科学版）》2016年第5期。

力的竞争力，许多农特产品由此走出村落、走向世界[①]。浙江省《千村故事》“五个一”行动计划项目组对千村集体经济与一些相关影响因素的分析，发现历史文化村落的集体经济与村落是否有保护利用规划以及是否发展旅游业呈正相关。[②]这些都表明，通过历史文化村落的保护利用，可以为乡村发展奠定人才、资金、管理、市场开拓能力等基础，逐步增强相对偏远落后的历史文化村落发展的内生能力，形成实现追赶和转型升级双重使命的内生式发展路径。

3. 把保护利用历史文化村落作为完善乡村治理的重要抓手，使乡村形成向善向上风尚而更加美丽。历史文化村落有着流传已久的礼仪道德、清廉大义、生态人居、劝学劝农、名人名流、民风民俗、村规民约制度等及其故事，承载着地域特色的“慈文化”“德文化”“善文”“孝文化”“信文化”等活态文化。本土名人名流敬老爱幼、忠君爱国、勤耕苦读的历史典故，激励着一代又一代农家子弟好学上进，代际传承和弘扬中国优秀乡村文化。这些蕴含在历史文化村落故事中的乡村文化是一个村庄能够经历各种洗礼而演进的魂，承接过去，延向未来。保护利用历史文化村落，让其活起来，讲好乡村故事、传承好乡村文化，可以发挥历史文化在乡村治理中促进社会和谐、提振进取精神、增强发展动力、增强集体凝聚力的作用。

浙江省保护利用历史文化村落的实践探索，给出一些启示，即贯彻落实中共十八届五中全会提出的推进美丽中国建设，建设美丽乡村，让居民“看得见山，望得见水，记得住乡愁”，不仅要以绿色发展理念为引领，还要通过保护、利用好历史文化村落，讲好中国乡村故事，传承好乡土文化，使其根植于深厚的历史文化底蕴中，以特有的人文精神引领向善向上，成为美丽乡村建设的突破口和引擎。

在历史文化村落保护利用中，有些问题还需要在实践中进一步探索，主要有：一是如何构建历史文化村落保护利用的价值取向及其评价指标体系；二是如何处理好历史文化村落保护利用中的点与面的关系；三是如何处理好古迹原籍保护与异地保护的关系；四是如何在开发利用上避免同质性而异彩纷呈；五是如何调动各方面保护开发利用的积极性，形成基于共享发展成果的共同体传承发展机制，增强保护利用的自觉，实现由被动的“要我保护”到主动的“我要保护”的转变；六是如何处理好政府、社会、农民保护利用的关系，形成共同推进的合力。这些问题的破解，不仅需要保护利用规划引导、政策支持和法律保障，还需要理论和智力支持。

---

① 车裕斌：《浙江历史文化村落农产特产品的文化符号意义》，浙江省历史文化村落《千村故事》阶段成果发布暨专家咨询会议（2015 年 10 月 24 日）交流材料。

② 潘伟光：《浙江历史文化村落遗存与资源调查分析报告》，浙江省历史文化村落《千村故事》阶段成果发布暨专家咨询会议（2015 年 10 月 24 日）交流材料。

鉴此，应通过政、产、学、研的有机结合，发挥好科研、教学单位的理论和智力支撑作用，挖掘和整理好历史文化村落背后的故事，使保护历史文化村落在讲好中国乡村故事、中国乡村经验中更好发挥作用，使保护利用历史文化村落在传承中华文化和践行社会主义核心价值观中更好发挥作用。这也才有助于历史文化村落的保护利用与美丽乡村建设更好地融合发展。

（作者：郑有贵）

少数民族文化传承发展与内生式发展机制的构建

——基于黔东南苗族侗族自治州的调研*

改革开放初期，从摆脱全国落后状况和实现快速发展出发，基于让一部分人、一部分地区先富起来，先富带动后富，逐步实现共同富裕的思想，中国践行了邓小平"两个大局"的战略构想①，由此沿海地区得益于历史发展基础及其区位优势，资金、技术、人力等生产要素向其集聚，实现了快速发展，这拉大了其与中西部地区特别是其中的少数民族地区经济社会发展的差距。自 20 世纪 90 年代起，国家在东部地区经济社会实现快速发展的基础上，开始大力实施西部大开发战略，着力解决西部地区与东部地区经济社会发展差距较大的问题，少数民族地区经济社会的发展由此步入快车道。总体而言，少数民族地区仍处于欠发达水平，在经济发展新常态下，面临双重使命，一方面要破解通过跨越发展来追赶全国发展水平的老问题，一方面还要破解转变发展方式实现更好发展的新问题。破解这两个看似矛盾的命题，需要辩证地认识和处理好嵌入式与内生式发展的关系，发挥好少数民族地区特有的民族文化资源丰富的优势，探索形成内生能力不断增强的发展路径。

一、少数民族地区实现跨越与转型发展需要内生能力的增强

黔东南苗族侗族自治州既有 20 世纪六七十年代外部力量嵌入式发展的辉煌，也有现今不断增强内生能力的持续发展，其中所给出的重要启示，值得重视。

第一，国家在计划经济体制下实施嵌入式建设项目为少数民族地区经济社会的发展奠定了基础，但由于没有形成融合发展机制而难持续。中国现代工业的发展是由东向西梯度推进的。20 世纪 60 年代国家面对美苏两个超级大国可能发动战争的威胁和沿海与内地发展的不平衡，全国一盘棋，举全国之力，通过实施规模宏大的

---

* 2015 年 1 月下旬开展的调研，得到贵州省社会科学院和黔东南苗族侗族自治州政府的大力支持。贵州省社会科学院的吴大华、索晓霞、麻勇斌、李代峰，黔东南苗族侗族自治州的杨锦春、徐德俊、李文明、龙初凡、韦通贤，在凯里市挂职的中共中央党校的刘飞等同志给予帮助、参加调研座谈和提供资料。在此一并感谢。

① 1988 年，邓小平提出"两个大局"思想：沿海地区要加快对外开放，使这个拥有两亿人口的广大地带较快地先发展起来，从而带动内地更好地发展，这是一个事关大局的问题。内地要顾全这个大局。反过来，发展到一定的时候，又要求沿海拿出更多力量来帮助内地发展，这也是个大局。那时沿海也要服从这个大局。参见《邓小平文选》第 3 卷，人民出版社 1993 年版，第 277—278 页。

三线建设战略，大力推进内地工业化和交通设施建设，对内地偏僻落后地区实施嵌入式发展措施。在20世纪六七十年代，国家第四机械工业部先后从全国各地搬迁近20个单位，以贵州省的都匀、黔东南苗族侗族自治州为中心组建083基地（国家在贵州省建立的军工电子基地），在苗岭侗寨之间建起全国先进的电子工业企业。其中，在黔东南苗族侗族自治州有国营永光电工厂（873厂）、国营宇光电工厂（771厂）、国营华联无线电厂（851厂）、国营南丰机械厂（830厂）、国营长征无线电厂（4262厂）、国营红云器材厂（4325厂）、国营新云器材厂（4326厂）、国营永华无线电仪器厂（4540厂）、国营红州无线电厂、国营凯旋机械厂（4292厂）等十几家工厂。国家三线建设战略的实施，建起国家的战略大后方，扩展了国家战略纵深，增强了反侵略战争的能力，让侵略者打不起，遏制了战争的爆发，赢得和平发展机会，实现了备战的战略目标。同时，也改变了沿海与内地生产力布局失衡的格局，缩小了地区间工业化的差距。就黔东南苗族侗族自治州而言，三线建设不仅迅速嵌入现代工业，还极大地改善了交通等基础设施。

诺贝尔经济学奖得主缪尔达尔的地理二元结构理论认为，由于经济发展带来商品、资本、人员、技术等要素的自由流动，会使先进的地区更先进，落后的地区更落后。随着建立社会主义市场经济体制的推进，市场在资源配置中的作用日益显著，在这样的态势下，正如地理二元结构理论所揭示的机理，黔东南苗族侗族自治州的三线厂跟随083基地（现中国振华电子集团有限公司，属55家首批国家试点大型企业集团之一，拥有国家级技术中心、博士后工作站和国家863成果转化基地）为获得较好的生产经营发展条件（包括满足职工关于文化、就医、子女上学和就业等生活条件改善的需求）而迁移到贵阳市等地，在少数民族地区实施的嵌入式发展受到挑战。在社会主义市场经济体制下，少数民族地区如何才能实现跨越和转型发展，仍然是一个需要破解的重大难题。

第二，增强内生能力是破解少数民族地区跨越与转型发展难题的基础。少数民族地区工业化的发展，受到地处偏僻、交通不便、基础设施落后、资本积累不足、现代工业基础薄弱、产业技能人才缺乏等多重因素的制约。少数民族地区突破这些困境，实现经济社会的跨越和转型发展，除了利用好中央政府促进区域经济社会均衡发展的支持政策外，需要寻求新的发展路径，需要发育壮大一种内生能力。这种力量则缘于日益成为一种稀缺而又绚丽的经济资源的少数民族文化。黔东南苗族侗族自治州在如何充分利用少数民族文化丰富多彩的优势，扬民族文化之长增强内生力量，带动跨越与转型发展方面，进行了积极的探索。该州文化遗产总量位居贵州省之首，有1项（侗族大歌）进入联合国教科文组织人类非物质文化遗产代表作名录，有52项68个非物质文化遗产保护点进入国家级名录，有175项206个保护点进入省级名录；有5个国家历史文化名城、名镇、名村，有2个国家级生态博物馆、10个中国民间艺术之乡；有19个全国重点文物保护单位、39处省级文物保护单位。[①] 2012年国务院《关于进一步促进贵州经济社会又好又快发展的若干意见》提出在黔东南创建民族文化旅游创新区。该州抓住工业化、城镇化进程中人们对少数民族文化旅游需求呈现出的旺盛增长态势，积极发挥民族节日、民族歌舞、民族服饰、民族传统手工艺等文化资源丰富多彩的优势，着力保护好传统民族村寨等文化遗产，对其加以开发利用，将其打造成为全贵州省独特的民族旅游胜地。2010年至2014年，全州接待国内外游客由1512.8万人次增加到3744.6万人次，实现旅游总收入由109.7亿元增加到314.8亿元，由此带动民族工艺、民族医药、民族食品等特色产业的快速发展，也带动了整个第三产业的发展。全州三次产业占生产总值的比重，由2010年的24.6：30.1：45.3，发展成为2014年的17.8：30.6：51.6，第三产业比重上升了6.3个百分点，并在全州经济中占据半壁江山。第三产业的发展，又促进了整个经济的发展。黔东南苗族侗族自治州在整个贵州省经济总量中所占比重较小，与全省各市州相比经济总量位次靠后。该州近年经济发展速度较快，2014年全州生产总值为701.71亿元[②]，比2010年的312.57亿元有了大幅增长，其中2014年比上年增长14.4%，比全省的10.8%高3.6个百分点[③]，高于全国约1倍。可见，黔东南苗族侗族自治州传承发展少数民族文化，发展少数民族文化旅游等特色产业，为一方脱贫致富和实现跨越发展的贡献越来越明显。更为重要的是，民族文化旅游业、民族工艺、民族医药、民族食品等特色产业的发展，为少数民族地区经济社会跨越和转型发展奠定了人文、人才、产业基础，提升了科技水平、管理水平和市场开拓能力，积累了产业资本，并形成少数民族地区特色而又靓丽的名片效应和聚集效应。换言之，开发利用好少数民族文化这一特色资源，渐进地增强了少数民族地区实现经济社会跨越和转型发展的内生能力，递次形成少数民族文化传承发展—旅游业等民族特色产业发展—第三产业发展—整个经济社会发展的良性态势。

第三，传承发展少数民族文化有利于内生力量的凝聚。在长期的文明演进中，特别是在社会主义国家大家庭中，少数民族文化的传承发展，有利于促进民族团结进步，可以为经济社会的跨越和转型发展奠定和谐的社会基础。黔东南苗族侗族自治州是多民族团结进步的典范，2012 年国务院《关于进一步促进贵州经济社会又

① 黔东南苗族侗族自治州有关部门向调研组提供资料。下文中，凡为调研时有关部门提供的数据，均省略注释。

② 黔东南州统计局、国家统计局黔东南调查队：《黔东南州 2014 年国民经济和社会发展统计公报》，http：//www.qdnrbs.cn/shzh/82414.htm。

③《我省 2014 年主要统计数据发布——GDP 达 9251 亿元》，《贵州都市报》2015 年 1 月 22 日第 5 版。

好又快发展的若干意见》提出在黔东南创建民族团结进步繁荣发展示范区。全州少数民族人口约占八成，有苗族、侗族、汉族、水族、布依族、土家族、畲族、仫佬族、壮族、瑶族等民族；2014 年全州民族村寨普查确定的 726 个民族村寨中，两个及其以上民族组成的村寨有 93 个。该州各民族长期呈现出团结进步态势，不仅因为各民族有团结进步的共同理念和追求，还由于丰富多彩的节庆文化、歌舞文化、制度文化、语言文化、服饰文化、婚姻文化，以及各民族文化的包容性和融合发展，共同促进社会和谐进步。其中，节庆文化促进交流和相亲相爱，歌舞文化净化心灵，制度文化（历史上，苗族实行“议榔”制，侗族实行“议款”制，榕江县人民法院鉴此推进无诉讼试点工作村寨建设，以构建多元化纠纷化解机制）促进行为规范和有序发展。

二、探索创新少数民族文化传承发展的机制

尽管少数民族地区可以通过发展少数民族特色产业增强内生能力，但快速推进工业化、信息化、城镇化、农业现代化，仍是时代发展潮流，仍是追赶全国大家庭发展水平而实现共圆中国梦的必然选择，也因为由于国家的支持和带动而有实现的可能。在全国经济发展进入新常态的条件下，黔东南苗族侗族自治州经济增长保持了较高的速度，与其他地区面临较大的经济下行压力形成较大的反差，反应的正是这种合理性。由于工业化、信息化、城镇化、农业现代化的快速推进，有的甚至是快速嵌入，改变了原有的缓慢融合发展态势，给少数民族文化的传承发展，以及现代与传统、工业与农业、城镇与乡村的融合发展，进而发挥好少数民族文化在经济社会发展中的作用，带来新的问题。

一是，开发利用少数民族文化资源以实现经济社会快速发展与文化遗产的保护，两者如何协调推进，成为急迫解决的问题。一些地方对非物质文化遗产进行过度开发，或在工业化、城镇化、新农村建设、移民搬迁中，非物质文化遗产所依赖的人文生态环境有所破坏，少数民族传统文化生存空间面临挤压，一些非物质文化遗产存在变味甚至消失的可能。由于技术进步，一些传统文化，如作为侗族“糯米文化”重要组成部分的侗果、瘪米、甜酒、打油茶、腌肉、腌鱼等，由于种植杂交水稻后糯米品种和产量减少，面临慢慢消失的问题。

二是，随着现代生产生活方式的快速引入，保护传统民族村寨的难度日益增大。传统民族村寨独具特色，不仅是极美的景观，还内含民族智慧，呈现了发展的历史和人文风情，是民族文化的重要载体。发展少数民族文化旅游业，传统民族村寨的保护是基础。然而，生产生活现代化的快速推进，传统民族村寨保护面临挑

战。作为黔东南民族村寨重要组成部分的木质结构及体现建筑文化的房屋，其保存中存在如火灾隐患、不隔音、排污不便等诸多需要改进的问题，还包括保持原貌时难以满足随着经济发展和收入增加居民对房屋面积扩大和内部装修改善需求的问题。普查资料显示，虽然也有100年以上未发生过火灾的村寨，但仍然有民族村寨发生不同程度的火灾，造成较大损失。工业化、城镇化的发展，也发生与原有建筑风格不协调、生态环境破坏和污染环境等问题。

三是，在多元文化融合发展的进程中，独特的少数民族文化的传承发展面临传承主体分化，乃至稀缺和后继无人的问题。少数民族文化不可能脱离开人而独立存在，一些传统技艺项目需要具体的人来传承发展。传统农耕文明时期形成和发展起来的少数民族文化，受到现代工业文化的冲击，导致少数民族文化传承发展主体的分化，以致发生项目传承人年龄结构老化、断层的问题。目前，黔东南苗族侗族自治州国家级传承人21人，平均年龄61.4岁，最高年龄83岁，最低年龄47岁；省级传承人100人，平均年龄58.3岁，最高年龄77岁，最低年龄24岁；州级传承人194人，平均年龄55.9岁，最高年龄91岁，最低年龄24岁。这是在国家对传承人实行包括给予荣誉褒奖和财政补贴等保护政策下的结果。可见，如果没有这样的支持政策，势态将更为严峻。

鉴于少数民族文化传承发展遇到的新问题，可设立少数民族特色产业创新发展试验区，从整体设计出发，对传承发展机制进行试验探索。本文仅就少数民族文化产权保护体系和共同体传承发展机制、少数民族特色产业创新发展机制和政策支持等作如下探讨。

（一）探索建立少数民族文化产权保护体系和共同体传承发展机制

针对少数民族文化遗产保护中存在的被动的“要我保护”难做到，而自觉的“我要保护”机制尚未形成的问题，黔东南苗族侗族自治州在实践中进行了积极探索：一方面，民族村寨借鉴传统治理方式，形成保护民族村寨的村规民约，如《郎德镇上郎德村村规民约》《贵州省从江县岜沙村村规民约》《西江镇控拜村村民防火公约》等，还设想发起组建中国传统村落保护联盟；另一方面，探索对民族文化传承发展做出的贡献给予相应回报的方式。雷山县西江千户苗寨景区将门票收入的一定比例给当地村民；针对山顶上、山脚下居民获得发展和收益机会不均衡的问题（山脚下的居民可以利用房屋开商店、农家乐等而获得的发展机会和收益相对较多，山顶上的居民只能下山务工而获得的发展机会和收益相对较少），正筹备在山顶上开发休闲旅游业来解决这一问题。上郎德村的“工分制”、岜沙村的“集体所有制”等，也都在一定程度上对参与民族文化传承发展者给予了一定的回报。对参与民族文化传承发展者给予上述馈赠或反哺式回报，在一定程度上调动了参与民族文化传承发展者的积极性，但仍然没有充分体现民族文化传承发展者的产权主体性质。

少数民族文化一般都有显著的活态性，其传承发展是由一个群体在各种生产生活活动中共同完成的。具体到传统民族村寨，其特殊文化形态的延续，不仅仅是依赖某几个人传承，更重要的是依赖村寨里的所有居民共同实现。以雷山县西江千户苗寨为例，在景区内所有房屋、村巷、居民、技艺共同构成独特的民族文化景观，都是旅游资源的组成部分。如果开发商将传统民族村寨及其体现的民族文化整体开发，当成旅游产品打包出售，而不对这个村寨中参与保护和传承传统民族文化的每一位居民的付出给予与产权主体地位相对应的权益，必然困扰民族文化的传承及对这一特色资源的开发利用，只有解决好这一关键问题，才可能促进包括少数民族文化旅游产业在内的特色产业的持续发展。还需要注意到，构成民族村寨的非物质文化遗产，大多属于“传统知识”的范畴，有的产权属于族群集体（有的可具体到社区），有的如苗医药则属于个人。可见，少数民族文化产业的发展，有着不同于一般物质生产经营的特点。只有根据这些特性，在产权制度、组织制度、分配制度上进行适应性创新，才能形成少数民族文化传承发展与特色产业发展相互促进的机制。可将构成传统民族村寨的私有房屋，以及居民对非物质文化遗产传承与保护的贡献，量化为景区的贡献股，建立包括资金、房屋、非物质文化遗产在内的全要素于一体的股份制企业（包括股份合作社），进而构建起有利于形成传统民族村寨共同体传承发展的民族文化产权及其相应的收益分配制度，使参与民族文化传承发展的所有成员都能够分享景区发展成果，从权益保障上形成可持续发展机制，由群众“要我保护”向“我要保护”的转变才可以真正实现。

2015 年 1 月 25 日，调研组在贵州省黔东南苗族侗族自治州调研

（二）探索创建少数民族特色产业发展机制

民族文化旅游、民族工艺、民族医药、民族食品等特色产业的发展，不仅受如上所述少数民族文化产权制度的影响，还受经济发展水平低的约束和现代工业发展的冲击。鉴此，一方面，应进一步探索建设生产性保护示范基地，在生产中对非物质文化遗产进行动态保护和传承。经过探索，该州发展成长起石桥黔山古法造纸合作社等国家级生产性保护示范基地 3 家、省级 8 家、州级 5 家，在生产经营中培养了一批优秀传承人，也取得了一定的经济效益。生产性保护示范基地建设，仍然应当根据少数民族文化的特性加以探索，形成更加适合当地少数民族特色产业发展的组织制度和有利于产业集聚的机制。另一方面，应构建起推进现代工业与发展民族特色产业相互促进的机制。实现跨越和转型发展，需要大力发展与民族文化相关的旅游、工艺、医药、食品等民族特色产业，走出一条特色化、差异化、可持续的产业发展之路。同时，工业化和城镇化可以使少数民族地区的发展更具空间。两者之间的关系需要处理好，前者是基础，以此为基础的发展才是有根基和发展空间的；后者则是经济社会发展的引擎。如何构建起发展民族特色产业与推进现代化相互促进的机制，尽可能避免现代要素快速引入对少数民族文化传承发展的不利影响，还有很多问题需要在实践中探索解决，如在推进工业化、信息化、城镇化、农业现代化进程中，如何保存非物质文化遗产传承保护的生态环境，如何探索走出一条具有民族特色而又能让居民望得见山、看得见水、记得住乡愁的新型城镇化之路，如何推进中心城区的发展并发挥其对整个区域的辐射带动作用，如何在美丽乡村建设中找到一个既保留民族村寨的村容寨貌而又可以适应生活改善的需求，并使原生态特征的民族村寨的成员也能分享社会发展的成果等。

（三）探索完善少数民族特色产业发展的政策支持机制

少数民族特色产业的发展，需要政策支持，原因有：一是，少数民族特色产业，一般都实行特殊的传统工艺，生产批量小、成本高，盈利空间较小。二是，受机会成本的影响，少数民族地区的资金、人才外流，导致少数民族特色产业面临资金、人才、技术约束。三是，少数民族特色产业不同于一般产业，不仅直接惠及当地群众，更重要的是有利于中华民族文化丰富性的持续发展，即整个国家也从中受益。四是，发展少数民族特色产业是促进民族地区摆脱贫困和实现经济社会跨越和转型发展的重要路径，也是把制度化扶贫与产业化扶贫结合起来而实施精准扶贫的选择。鉴此，政府应为少数民族文化的传承发展提供一定的支持。在支持少数民族特色产业的发展上，在加大对民族文化项目传承人支持力度、加大对传统民族村寨保护支持力度（包括建立民族村寨保护专项基金）、加大产业人才培养支持力度、加大科技研发支持力度、加大基础设施建设支持力度的同时，还要在支持的机制上进行探索。可允许少数民族地区在特色产业发展试验区内，将有关支持政策和示范建设项目整合起来，改变政府部门条条的各自为政而难以形成合力的格局，更好地发挥政策支持效应；从少数民族地区基础设施落后、资本积累不足、产业技术人才缺乏、民族文化遗产传承保护的生态环境变化等特殊问题出发，探索相适应的政府和市场的关系，构建起政府统筹保护民族文化、引导多样化的少数民族特色产业转型升级与企业按照市场机制灵活经营相结合的机制。

综上所述，破解少数民族地区跨越与转型发展双重使命的历史性难题，不能单纯依赖外部力量嵌入式发展，需要从少数民族地区自身特点出发，发挥优势，构建少数民族文化产权保护体系、形成少数民族文化共同体传承发展机制、完善少数民族特色产业发展机制、完善少数民族特色产业支持政策，探索形成通过传承发展少数民族文化不断增强内生能力的发展路径。

（作者：郑有贵　武力　段娟）

资源型城市转型生态可持续性分析
——以河南省焦作市为例

新中国成立之初，为建设完善的工业体系，加快国民经济发展，诞生了一批以资源开采或资源产业兴建和发展起来的资源型城市。由于这类城市所依赖的资源的不可再生性，且储量有限，这些城市依靠资源和资源产业求发展无法长久持续，可以说从成立之初就埋下了需“转型”的种子。20 世纪 80 年代，一些资源型城市资源开采进入末期，开始出现整体滑坡，社会发展陷入困境。由于不适合矿竭人迁的发展模式[①]，国内资源型城市开始了以转型寻求可持续发展的艰难探索，这一问题也引起学术界的广泛关注。

根据赵景海的统计，九成以上的资源型城市发展研究成果涉及城市转型及经济转型问题[②]，内容主要集中在产业转型模式、接续替代产业的选择和培植，转型的政策，转型成效、可持续发展度的评价，城市规划等方面。资源型城市转型旨在突破资源约束瓶颈，协调经济发展和生态安全[③]。而目前的研究成果大多集中在经济层面，忽略了转型过程中生态的可持续性。

本文应用三维生态足迹法[④]，以资源枯竭型城市河南省焦作市为例，评估和比较资源型城市在转型过程中自然资本的利用状况，定量呈现人类所消费的生物生产量与同期自然系统所能产生的生产量的关系，从时间和空间角度回答资源型城市转型过程中生态的可持续性，努力为资源型城市转型问题研究提供新的思路和视角。

一、研究方法

三维生态足迹法（Three Dimensional Ecologicla Footprint，EF_{3D}）由 Niecolucci 于 2009 年提出。该方法在 Wackernagel 等人提出的生态足迹法的基础上，基于 Daly

① 胡礼梅：《国内资源型城市转型研究综述》，《资源与产业》2011 年第 6 期。

② 赵景海：《我国资源型城市发展研究进展综述》，《城市发展研究》，2006 年第 3 期。

③ 朱琳、卞正富、赵华等：《资源枯竭型城市转型生态足迹分析——以徐州市贾汪区为例》，《中国国土科学》2013 年第 5 期。

④ Rees W E. Ecological footprints and appropriated carrying capacity: what urban economics leaves out [J] . Environment and Urbanization, 1992, (42): 121—130. Rees W E, Wackernagel M. Urban ecological footprints: Why cities cannot be ustainable—And why they are a key to sustainability [J] . Environmental Impact Assessment Review, 1996, 1 (64 - 6): 223—248.

准则①，将自然资本分为流量资本和存量资本，引入足迹广度（EF_{size}）和足迹深度（EF_{depth}）分别测度人类利用两种资本的情况，以存量资本减少与否作为判断资源型城市转型生态可持续性的依据。三维生态足迹法的计算包括以下几个步骤：

第一步，计算生态足迹和生态承载力。这两个概念及其计算方法与 Wackernagel 等人提出的一致，反映了资源型城市消费资源的状况，及所能提供的可再生资源和生态服务水平。计算公式为：

$$EF = N \cdot \sum r_i \sum \frac{c_{ij}}{p_{ij}} \tag{1}$$

$$EC = N \cdot \sum a_i \cdot r_i \cdot y_i \tag{2}$$

其中：EF 表示资源型城市生态足迹总量（公顷）；N 表示人口总数；i=1，2，3，……，6，表示耕地、草地、林地、水域、建筑用地和化石能源地等 6 类土地类型；r_i 为均衡因子，其值如下表所示；c_{ij} 表示第 i 类土地所生产的第 j 类消费品的人均消费量；p_{ij} 表示第 j 类消费品的平均生产能力；EC 表示资源型城市生态承载力总量（公顷）；a_i 表示第 i 类土地的人均生物生产面积；y_i 表示产量因子，采用全球平均产量②。

均衡因子数值③

土地类型	耕地	草地	林地	水域	建筑用地	化石能源地
均衡因子	2.8	0.5	1.1	0.2	2.8	1.1

第二步，计算足迹广度。足迹广度反映了资源型城市转型过程中占用流量资本的大小，流量资本的消耗不会损害资源型城市生态系统的可持续性，其计算公式为：

$$EF_{size} = \sum EF_{size,i} = \sum \min\{EF_i, EC_i\} \tag{3}$$

式中：i 的含义同式（1）；EF_{size} 为研究区域的足迹广度；i 为第 i 类土地的足迹广度；EF_i 和 EC_i 分别为第 i 类土地的生态足迹和生态承载力。

第三步，计算足迹深度。足迹深度与生态赤字密切相关，它反映了资源型城市转型过程中占用存量资本的程度。当流量资本被消耗完，存量资本开始被消耗时，即生态足迹大于生态承载力时，生态赤字才存在，否则为 0。足迹深度的计算公式为：

$$EF_{depth} = 1 + \frac{\sum ED_i}{EC} = 1 + \frac{\sum \max\{EF_i - EC_i, 0\}}{EC} \tag{4}$$

式中：i 的含义同式（1）；EC 为研究区域的生态承载力；EF_i 和 EC_i 的含义同

① 方恺、高凯、李焕承：《基于三维生态足迹模型优化的自然资本利用国际比较》，《地理研究》2013 年第 9 期。

② Wackernagel M. Monfreda C. Schulz N B.etal. Calculating national and global ecological footprint time series: resolving conceptual challenges [J] .Land Use Policy, 2004, 21 (3): 271—278.

③ 徐中民、张志强、程国栋等：《中国 1999 年生态足迹计算与发展能力分析》，《应用生态学报》2003 年第 2 期。

式（3）。

足迹深度回答了研究区域需要多少年才能再生出该区域 $1a$ 所消耗的资源量。当 $EF_i \leq EC_i$ 时，$EF_{depth}=1$，表明流量资本即可完全满足研究区域经济社会发展的需要，即研究区域 1a 就可以再生出该区域同期所消耗的资源，说明研究区域的生态是可持续的。当 $EF_i > EC_i$ 时，$EF_{depth} > 1$，表明流量资本已无法完全满足研究区域经济社会发展的需要，即研究区域 1a 无法再生出该区域同期所消耗的资源，需要消耗存量资本，说明研究区域的生态是不可持续的。EF_{depth} 越大，表明研究区域的生态赤字越大，消耗的存量资本越多，生态越不可持续。

第四步，计算三维生态足迹。Wackernagel 等人提出的生态足迹由生态承载力和生态赤字共同构成的圆平面（如下图左图所示），三维生态足迹是由足迹广度和足迹深度共同构成的圆柱体（如下图右图所示），它们分别构成圆柱体的底面和高度，圆柱体的体积即为三维生态足迹总量，计算公式为：

$$EF_{3D} = EF_{size} \times EF_{depth} \tag{5}$$

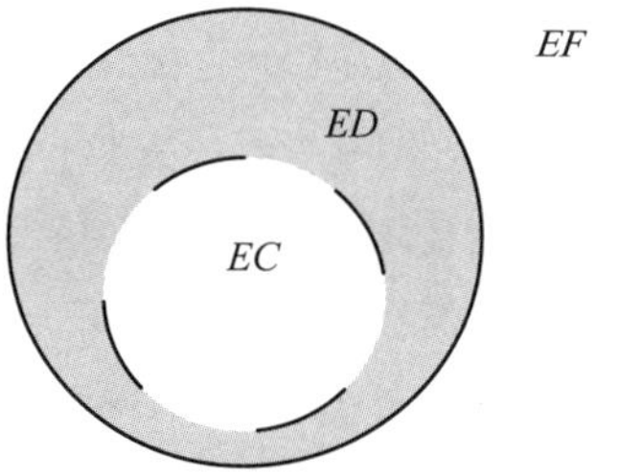

Wackernagel 等人提出的生态足迹图示

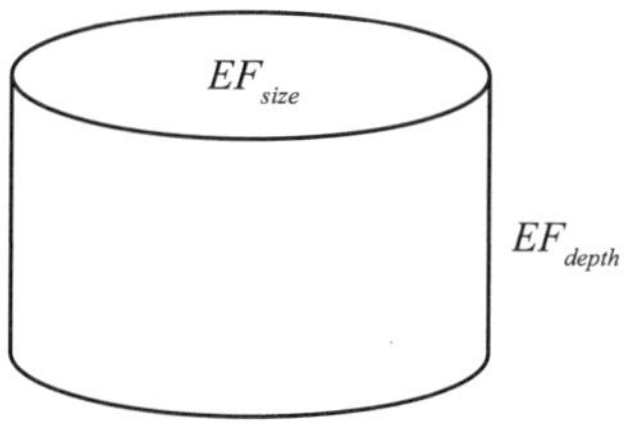

三维生态足迹图示

二、研究区域概况

焦作市1953年建市，地处河南省西北部，北依太行与产煤大省山西省接壤，南临黄河与河南省省会城市郑州隔河相望，东西分别于新乡和济源相连。经纬度范围在34° 49′ 03″ — 35° 29′ 45″ N，112° 43′ 31″ —113° 38′ 35″ E之间，东西宽为120公里，南北长约77公里。截至2014年，焦作市总人口368.49万人，土地总面积4071平方公里，现辖解放区、山阳区、马村区、中站区、城乡一体化示范区、孟州市、沁阳市、温县、博爱县、武陟县、修武县共五区两市四县，58个乡镇、44个办事处，1814个行政村。该区域地处太行山脉与豫北平原的过渡地带，过渡性地域特征明显，呈现“北山、中川、南滩”的地貌特征；在气候上，属于温带大陆性季风气候，四季分明，冬冷夏热，年平均气温12.8℃—14.8℃，年平均降水量600—700毫米；在经济活动上，由于地理位置优越，矿产资源品种较多，储量较大，品质较好，尤其是煤炭资源，所产的无烟煤是化工和钢铁的理想原材料，和煤炭有关的产业的增加值的比重很长一段时间都在90%以上。焦作市的煤炭开采历史长达百年，曾是全国五大煤炭基地之一，是典型的煤炭资源型城市，为国家经济建设做出过重要贡献。对煤炭产业的过度依赖和超常规利用，曾经给焦作市的生态安全造成较大的影响，曾沦为全国十大污染城市之一。焦作市的发展历程是全国众多资源型城市的缩影。20世纪末，面对资源枯竭的客观现实，焦作市开始经济结构调整，通过实施一系列的政策措施，经济实现成功转型，并形成“焦作现象”。焦作市从一个生态安全问题比较突出的资源型城市发展成一个生态环境逐步好转的优秀旅游城市，是资源型城市发展的典范。

三、焦作市三维生态足迹分析

（一）生态足迹、生态承载力和生态赤字（盈余）总体趋势

2000 至 2014 年，焦作市人均生态足迹呈现先上升后下降趋势，由 2000 年的 1.6559 公顷增加到 2009 年的 3.5827 公顷，之后又下降到 2014 年的 2.2673 公顷（下图），2011 年较之 2010 年有所增加，但 2012 出现了大幅下降，是研究期间变化幅度最大的一年，达到了 25.77%。期间，人均生态承载力变化不大，基本保持在 1.5 至 2 公顷之间。人均生态赤字的变化趋势基本与人均生态足迹一致，原因在于人均生态承载力变化不大，人均生态足迹变化较为明显。从 2000 年的 0.2139 公顷增加到 2008 年的 3.3511 公顷，期间人均 GDP 也在逐步增加，从一定程度上可以说焦作市虽在转型，但由于新发展或引入的产业多为重工业。重工业的发展对焦作经济社会发展带来推动力的同时，增加了对资源、生物生产量的需求，仍是高污染、高消耗的经济增长方

焦作市 2000—2014 年人均生态承载力、人均生态足迹、人均生态赤字、人均 GDP 的变化情况

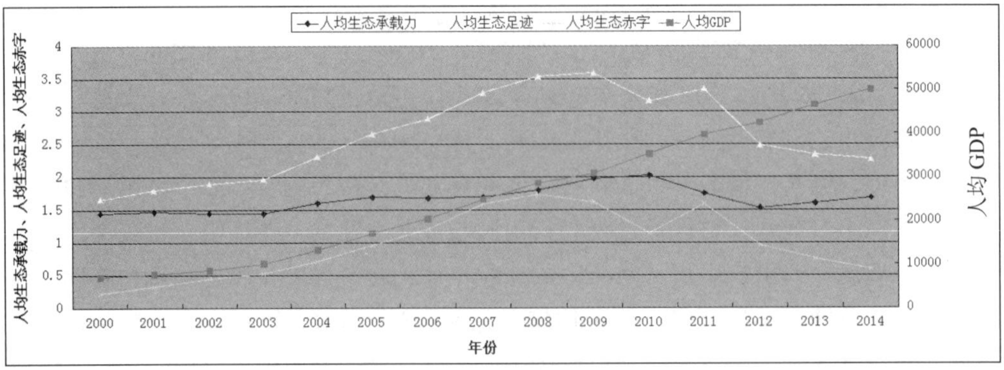

式。从 2009 年到 2014 年，人均生态足迹总体呈现下降趋势，而此时人均 GDP 仍保持持续增长，说明焦作市的转型正在逐步摆脱高污染、高消耗的经济增长方式。

（二）生态足迹、生态承载力结构

下图表明，随着转型的逐步推进，焦作市经济水平不断提高，人们消费结构不断变化，也引起了焦作市土地结构模式的变化，林地和建筑用地保持不变，水域和草地整体不断增加，耕地逐渐减少，化石能源地先增加后减少。2000 至 2009 年化石能源地生态足迹逐渐增大，从 2000 年的 1.3809 公顷增加到 2009 年的 3.2399 公顷，增长 2.346 倍，年均增长率为 9.938%，说明焦作市 20 世纪末煤炭枯竭，煤矿关闭后，重工业急剧增加，进一步加大了对矿产资源的需求，经济发展以消耗大量化石能源地为代价，仍高度依赖资源，2000 至 2009 年的转型延续的是资源消耗型发展方式，并没有真正转型升级，从 2010 年开始这种趋势逐渐扭转。耕地生态足迹之所以呈现减少趋势，是因为从 2011 年开始，焦作市总人口数趋于稳定，粮食的消费量也趋于稳定；更多新的科学技术在农业中的应用，提高了焦作市农业土地生产力。

焦作市 2000—2014 年人均生态足迹变化中各地类变化情况

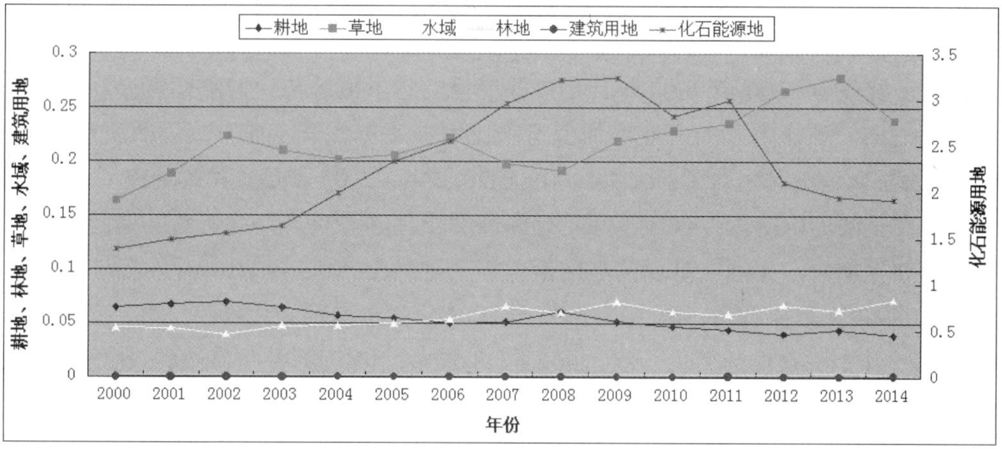

从下图人均生态承载力变化中各地类变化情况来看，耕地和化石能源用地所占比重大，且变化较大，草地、水域、林地和建筑用地所占比重较小，且变化较小。2000 至 2003 年耕地的人均生态承载力持续下降，由 0.7866 公顷降到 0.667 公顷，下降 15.46%。2004 至 2007 年逐年攀升，2007 年的水平是 2003 年的 1.346 倍。2008 年之后基本保持在 0.9 公顷左右。化石能源地的人均承载力除了 2005 至 2007 年出现微幅下降外，2000 至 2010 年整体保持上升趋势，由 0.5578 公顷增加到 0.9573 公顷，增长 1.716 倍。自 2010 年之后，耕地、草地、水域、林地和建筑用地人均承载力趋于稳定，焦作市整体的人均生态承载力趋势与化石能源地的趋势相同。因此，

焦作市 2000—2014 年人均生态承载力变化中各地类变化情况

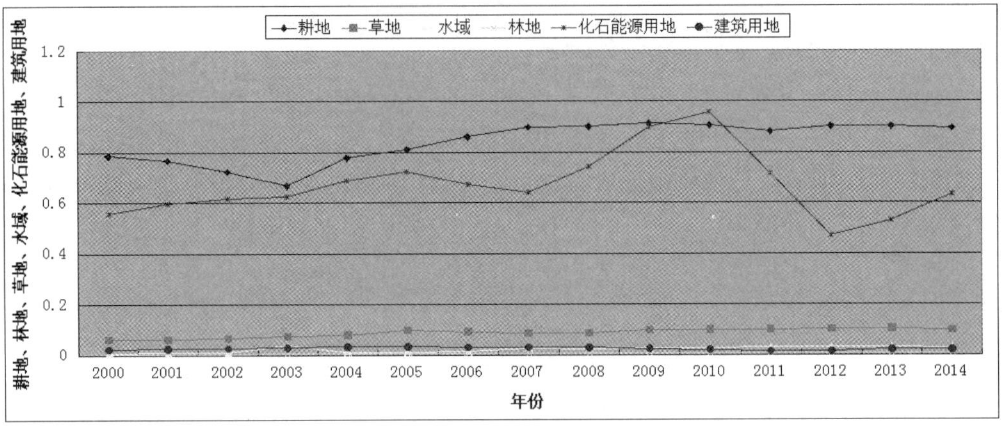

提升化石能源地的人均生态承载力是提升焦作市人均生态承载力的关键，提高焦作市的工业科技含量，发展生态工业势在必行。

（三）生态足迹广度和足迹深度

由下页上图可知，2000 至 2014 年焦作市的足迹深度变化趋势可以分为 3 个阶段：第一阶段为 2000 至 2004 年，足迹深度呈逐年上涨趋势，但涨幅缓慢，徘徊在 1—1.5 之间，焦作市第二产业增加值所占比例在逐年提升（如下页下图所示），由 50.6% 增加到 59.84%；第二阶段为 2005 至 2012 年，2005 年足迹深度突破了 1.5，进入更为严重的赤字阶段，这 8 年间足迹深度的变化趋势呈现两起两落，期间焦作市第二产业增加所占比例也呈现两起两落；第三阶段为 2013 至 2014 年，足迹深度回落到 1.5 以内。整体看来，焦作市 2000 至 2004 年足迹深度变化趋势与第二产业增加值在 GDP 中所占比例的变化一致。从 2011 年开始，焦作市第二产业所占比例开始下降，第三产业比例开始增加，其足迹深度也开始下降。因此，第二产业是决定焦作市足迹深度的决定性因素，焦作市应进一步加大产业调整力度，减低第二产业比重。

由于 2000 至 2014 年焦作市足迹深度大于 1，其人均足迹广度等于当年的人均生态承载力，因此，两者的变化趋势图相同。

四、结论与建议

（一）结论

1. 焦作市的转型能耗较高，经济增长的环境代价大。2000 至 2014 年焦作市 GDP 不断增长，表明焦作市走出了由于资源储量降低、经济发展低迷的困境，逐步

焦作市 2000—2014 年足迹深度、人均足迹广度、三维生态足迹变化情况

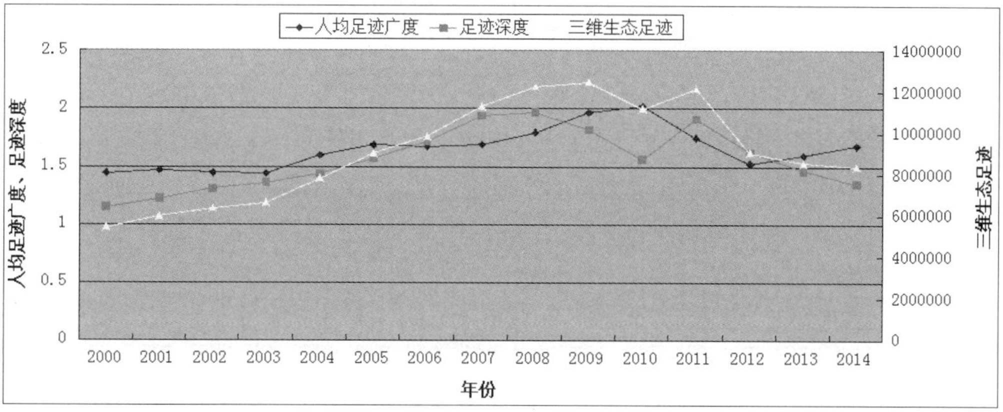

焦作市 2000—2014 年三次产业结构变化情况

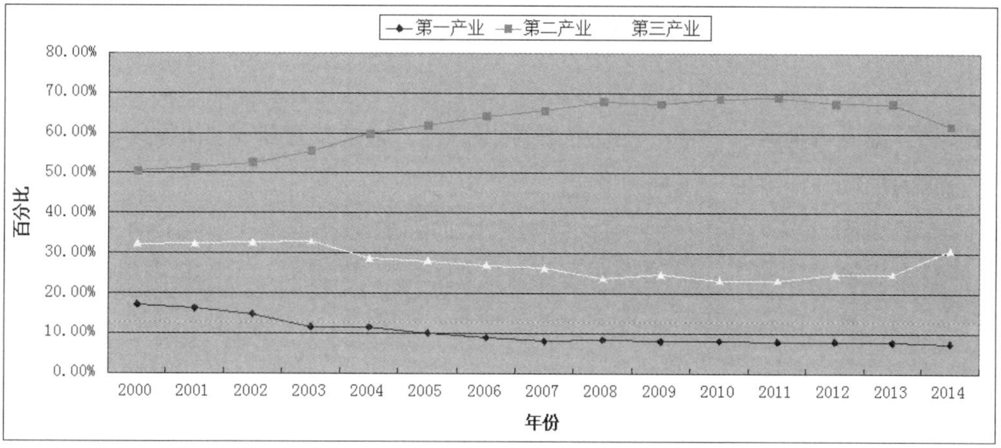

摆脱了对资源和资源产业的依赖。期间第二产业所占比重不断增长，2007 至 2013 年连续 7 年占到 65% 以上，说明焦作市的转型过度依赖第二产业的发展，导致人均生态足迹逐年攀升，生态始终处于赤字状态，单位工业增加值能耗高于全国和河南省的平均水平，说明此阶段的转型是以消耗自身的资源为代价的。

2. 焦作市转型生态是不可持续的，但正逐步走出以消耗资源为代价的转型困境。2000 至 2014 年，焦作市的足迹深度始终大于 1，表明焦作市资源消耗量超出自然系统年再生产能力，转型生态是不可持续的。2008 年足迹深度达到了最高值 1.969，表示需要花费焦作市自然系统 1.969 年才能生产出当年经济社会发展所需的资源。虽然 2014 年焦作市的足迹深度依然大于 1，但已经表现出逐步降低，并接近

1 的趋势，表现出逐步走出以消耗资源为代价的转型困境的态势。

3. 化石能源地生态足迹是影响焦作市转型生态可持续性的关键因素。5 类生物生产性土地中，化石能源地的生态足迹一直占到焦作市人均生态足迹的 80% 以上，2008 年一度达到 91.1%，表明其转型生态的可持续性主要受化石能源地生态足迹影响，且第二产业严重依赖能源工业。从 2005 年开始焦作市第二产业增加值连续 10 年占到当年 GDP 的 60% 以上，但产业链级低，生产效率低。由于自然系统资源储量将会逐渐减少，焦作市需要再次转型①，同时需加快生态治理和生态修复，否则环境会进一步恶化。

（二）建议

焦作市的转型是由于煤炭资源枯竭引起系列经济社会和生态问题而不得不转，属于“被动转型”。利用三维生态足迹法衡量焦作市转型过程中对资源的依赖和利用程度，定量分析转型过程中生态的可持续性，发现其转型取得良好成绩的同时，依然掩盖着一些问题。作为中原经济区的核心城市和经济转型示范市，焦作市在区域经济发展中扮演着越来越重要的角色。综合上述对焦作市三维生态足迹的核算与分析，焦作市可以从以下 3 个方面努力，以缓解转型给生态可持续性带来的压力。

1. 积极保护现有生物生产性土地，维护现有土地生态承载力水平。积极开展植树造林，提升农业科技水平，提高粮食作物产量，增加流量资本的供给，减少对存量资本的消耗，保障生态承载力。

2. 改变社会生产和消费模式，降低生产活动生态足迹水平。生态足迹考察了经济社会发展过程中，人的消费对生态系统的需求。焦作市转型过程中对生态系统的需求已经超过系统的可再生能力，政府应该利用政策引导人们改变生产和消费模式，减少不必要及过度消费。调整以重工业为支撑的转型道路，重点发展第三产业，深挖旅游资源，推进旅游产业融合发展。

3. 提高能源利用效率，加强贸易交流。2014 年焦作市单位 GDP 能耗虽然比 2013 年下降了 5.3%，为 0.928 吨标准煤 / 万元，但依然分别高出河南省和全国平均水平 21.22% 和 32.27%，存在较大改进空间。焦作市可以利用已有交通优势，加强与生态安全压力小的地区之间的贸易交流，在更大的区域释放焦作市的生态压力。

（作者：曾旗，河南理工大学经济管理学院院长、教授
王冠，河南理工大学经济管理学院）

① 谢正观、孙永辉：《资源型城市的再次转型研究——以焦作市为例》，《安徽农业科学》2014 年第 1 期。

基于 SPA 的资源型城市敏感—适应—脆弱性分析
——以焦作市为例

焦作市是一个开放的复杂巨系统，可分为经济、社会、生态子系统等，其脆弱性通过其子系统的脆弱性及子系统间的耦合关联作用体现出来。[①]鉴此，本文从经济、社会、生态子系统分析其脆弱性特征。

一、焦作市脆弱性特征

经济子系统脆弱性特征。第一，产业层次低，经济增长方式亟待改善。新中国成立以来，焦作市煤化工产业的支柱地位依旧突出，产业结构层次水平总体不高。2000 至 2014 年间，焦作市第一产业比重由 2000 年的 17.1% 下降至 2014 年的 7.6%，虽然农业发展得到了长足的进步，但农业现代化、自动化水平较低；第三产业由 31.7% 下降至 25.1%，服务业总量偏少，旅游业发展水平有待提高；以重化工为主的第二产业则由 51.2% 上升至 67.3%，但重化工产业存在企业规模小、产业链条短，企业自主创新能力和技术水平不高，矿产资源综合利用水平和深加工能力低，产品附加值低等问题。第二，财政收支失衡，税收体制有待改革。焦作市财政收支长期入不敷出，税收体制不能很好地协调解决政府与企业，企业与企业之间的利益冲突。第三，金融市场活力不足，外贸经济发展缓慢。

社会子系统脆弱性特征。第一，就业、再就业形势严峻。焦作市城镇登记失业率由 2000 年的 2.9% 上升到 2014 年的 4.1%，虽然一直坚持实施“工业强市”战略，但体制改革和产业结构调整矛盾的遗留问题还没有得到充分解决。第二，社会固定资产投资不足。财政自给率长期处于小于 1 的水平，科教支出、社会福利保障、城市公共设施建设资金虽然在逐年增加但总额不足，居民受教育水平、医疗卫生保障水平、城市整体发展水平不高。第三，历史遗留问题有待解决。截至 2013 年底，焦作市共有城市工矿棚户区 40 个，共 18855 户，棚户区改造和贫困问题任重道远。

生态子系统脆弱性特征。第一，环境污染治理难度大。2013 年底焦作市工业固废煤矸石已超过 2600 万吨，遭受破坏的耕地、林地等生态环境面积达 120 平方公

---

① 徐君、高厚宾、王育红：《生态文明视域下资源型城市低碳转型战略框架及路径设计》，《管理世界》2014 年第 6 期。Bates S，Angeon V，Ainouche A. The pentagon of vulnerability and resilience：A methodological proposal in development economics by using graph theory［J］. Economic Modelling，2014，42：445—453.

里，生态环境修复任务艰巨。第二，地质灾害及安全事故频发。人们采矿活动导致的采矿区地下掏空区塌陷、矿震、崩塌和滑坡等地质灾害发生频率不断上升，土地流失、荒漠化问题凸显。第三，新能源产业发展缓慢。

二、模型构建及数据处理

（一）指标体系及权重确定

指标体系。本文遵循科学性、系统性、客观性等原则，从经济、社会、生态子系统 3 个方面建立脆弱性评价指标，其中每个子系统又包含敏感性和适应性指标 2 个次级指标，基于脆弱性与敏感性成正比，与适应性呈反比的关系，对评价指标进行反复对比，最终确定焦作市脆弱性评价指标体系（见下表）①。

权重确定。本文采用熵值法进行客观赋权。即在对原始数据进行充分挖掘的基础上，根据各指标原始数据提供的信息量对其赋权，一般认为信息熵越小，信息的无序度越低，信息的效用值越大，反之亦然。该方法在很大程度上克服了主观赋权法易受主观随意性影响的弊端，使结果更加客观科学②。

焦作市脆弱性评价指标体系及权重

目标层	准则层	评价指标及单位	指标属性	W^*_j	W_j
焦作市脆弱性（A）	经济子系统脆弱性（B_1）	矿业依存度（E_{11}）	敏感性指标（C_1）	0.1707	0.0680
		外贸依存度（%）（E_{12}）		0.1201	0.0479
		国有经济占 GDP 比重（E_{13}）		0.4373	0.1742
		单位 GDP 能耗（吨标准煤/万元）（E_{14}）		0.2720	0.1084
		人均 GDP（元）（R_{11}）	适应性指标（C_2）	0.1649	0.0745
		财政自给率（%）（R_{12}）		0.1227	0.0651
		百元固定资产实现工业总产值（R_{13}）		0.1739	0.0551
		第三产业产业化系数（R_{14}）		0.1726	0.0773
		外企工业产值比重（R_{15}）		0.1116	0.0638
		职工平均工资（元）（R_{16}）		0.1525	0.0759
		保有煤炭资源储量（亿吨）（R_{17}）		0.1018	0.1898

① 方创琳、王岩：《中国城市脆弱性的综合测度与空间分异特征》，《地理学报》2015 年第 2 期。

② 陈明星、陆大道、张华：《中国城市化水平的综合测度及其动力因子分析》，《地理学报》2009 年第 4 期。

续表

目标层	准则层	评价指标及单位	指标属性	W^*_j	W_j
焦作市脆弱性（A）	社会子系统脆弱性（B_2）	矿业从业率（%）（E_{21}）	敏感性指标（C_3）	0.2529	0.1153
		城镇失业率（%）（E_{22}）		0.1177	0.0537
		城镇居民恩格尔系数（%）（E_{23}）		0.1931	0.0881
		亿元 GDP 各类事故死亡率（人）（E_{24}）		0.4362	0.1989
		城市居民可支配收入（元）（R_{21}）	适应性指标（C_4）	0.1480	0.0934
		万人拥有床位数（张 / 万人）（R_{22}）		0.2567	0.0707
		人口增长率与 GDP 增长率之比（R_{23}）		0.1344	0.0449
		科教支出占财政支出比例（%）（R_{24}）		0.0945	0.1100
		社会福利占财政支出比例（%）（R_{25}）		0.1799	0.0410
		城市基础设施建设支出占比（%）（R_{26}）		0.0740	0.0642
		城镇化率（%）（R_{27}）		0.1125	0.1199
	生态子系统脆弱性（B_3）	工业废水排放量（万吨）（E_{31}）	敏感性指标（C_5）	0.2897	0.1033
		工业二氧化硫排放量（吨）（E_{32}）		0.2037	0.0726
		工业烟尘排放量（吨）（E_{33}）		0.1670	0.0596
		人均生活用水量（吨 / 人）（E_{34}）		0.3396	0.1211
		森林覆盖率（%）（R_{31}）	适应性指标（C_6）	0.1371	0.0706
		建成区绿化覆盖率（%）（R_{32}）		0.2056	0.1158
		工业固体废物综合利用率（%）（R_{33}）		0.1637	0.0934
		三废综合利用产值（万元）（R_{34}）		0.3390	0.0927
		生活污水处理率（%）（R_{35}）		0.1281	0.1211
		生活垃圾无害化处理率（%）（R_{36}）		0.0266	0.1498

注：数据来源：2001—2014 年的《焦作市统计年鉴》、《中国城市统计年鉴》、焦作市国民经济和社会发展统计公报

焦作市政府工作报告、焦作市环境公报、焦作市档案信息和《中国矿业年鉴2013》等。

（二）评价模型构建

1. 集对分析法。集对分析法（SPA）是赵克勤提出的一种新型的处理确定和不确定性问题的数学工具，能有效地分析和处理不精确、不一致、不完整等各种不确定信息，并从中发现隐含的知识，解释潜在的规律，有评价过程更具有辩证性、研究结果更贴近问题的实际情况的优点①，能够对资源型城市脆弱性问题涉及的复杂的众多确定和不确定性因素进行全面深入的研究。具体建模过程如下：

① 赵克勤：《集对分析及其初步应用》，《大自然探索》1994 年第 1 期。

将研究对象中涉及的确定性和不确定性因素作为一个系统，在某种问题（如M）的背景下，将两个具有某种联系的集合A、B看成是一个集对H，按照集对H的某一特性建立集合A和集合B的同一、差异、对立的联系度表达式，对集对H的特性展开分析，共得到N个特性。其中，集合A、B共有的特性有S个，对立的特性有P个，剩余的F=N−S−P个特性就是集合A、B既不同一又不对立的特性。那么，集合A、B在具体问题M下的关联度μ可表示为：

$$\mu(M)=\frac{S}{N}+\frac{F}{N}\alpha+\frac{P}{N}\beta=a+b\alpha+c\beta \qquad (a+b+c=1;\ \alpha\in[-1,1];\ \beta=-1) \tag{1}$$

a、b、c分别称为集合A、B在问题M下的同一度、差异度和对立度。

对于多属性评价问题[①]，记$Q=\{F,X,E,W\}$。其中，$F=\{f_1,f_2\cdots\cdots f_m\}$是评价方案集，$X=\{x_1,x_2\cdots\cdots x_n\}$是评价指标集，$E=\{e_1,e_2\cdots\cdots e_k\}$是评价对象集，$W=\{w_1,w_2\cdots\cdots w_n\}$是评价指标权重集。在同一空间内对各评价方案进行对比，确定出评价方案中的最优评价指标构成最优评价集，$U=\{u_1,u_2\cdots\cdots u_n\}$各指标的最劣评价值构成最劣评价集$V=\{v_1,v_2\cdots\cdots v_n\}$。$\{F_m,U\}$集对在（$U$，$V$）上的联系度为：

$$\begin{cases}\mu(f_m,U)=a_m+b_m\alpha+c_m\beta\\ a_m=\sum w_p a_{pk}\\ c_m=\sum w_p c_{pk}\end{cases} \qquad p=(1,2,\cdots\cdots n) \tag{2}$$

其中a_{pk}和c_{pk}分别为评价指标x_{pk}与集合$[v_p,u_p]$的同一度和对立度；w_p为第p项权重。

当x_{pk}对评价结果起正向作用时：

$$\begin{cases}a_{pk}=\dfrac{x_{pk}}{u_p+v_p}\\ c_{pk}=\dfrac{u_p v_p}{x_{pk}(u_p+v_p)}\end{cases} \tag{3}$$

当x_{pk}对评价结果起负向作用时：

$$\begin{cases}a_{pk}=\dfrac{u_p v_p}{x_{pk}(u_p+v_p)}\\ c_{pk}=\dfrac{x_{pk}}{u_p+v_p}\end{cases} \tag{4}$$

方案ρ_m与最优方案集U的相对贴近度r_m定义为：

$$r_m=\frac{a_m}{a_m+c_m} \tag{5}$$

r_m反应了被评价方案f_m与最优方案集U的关联度，r_m值越大表示被评价对象越接近最优方案。

① MeiRong S, ZhiFeng Y, Bin C. Set pair analysis for urban ecosystem health assessment based on emergy-vitality index [J]. China Environmental Science, 2009, 29 (8): 892—896.

本文按照经济子系统敏感性状况（集对 $H^{经济敏感}$）、经济子系统适应性状况（集对 $H^{经济适应}$）、经济子系统脆弱状况（集对 $H^{经济脆弱}$）的特性对经济子系统展开分析，并用相对贴近度 $r_{m经济敏感}$、$r_{m经济脆弱}$、$r_{m经济适应}$分别表示经济子系统的敏感性、适应性和脆弱性指数。依次类推，对社会和生态子系统进行分析，并用相对贴近度 $r_{m社会敏感}$、$r_{m社会适应}$、$r_{m社会脆弱}$表示社会子系统的敏感性、适应性和脆弱性指数；用相对贴近度 $r_{m生态敏感}$、$r_{m生态适应}$、$r_{m生态脆弱}$表示生态子系统的敏感性、适应性和脆弱性指数。

2. 综合指数法。本文运用层次分析法（AHP）对焦作市经济、社会、生态子系统脆弱性分别赋予 0.5、0.25、0.25 的权重，运用状态空间法计算出焦作市脆弱性[①]，公式如下：

$$r_{m焦作脆弱} = \sqrt{W_1 r_{m经济脆弱}^2 + W_2 r_{m社会脆弱}^2 + W_3 r_{m生态脆弱}^2} \quad (6)$$

其中，$r_{m焦作脆弱}$为焦作市脆弱性指数；W_1、W_2、W_3 分别是经济、社会和生态子系统的权重。可以用同样的方法求得焦作市敏感性指数值 $r_{m焦作敏感}$和适应性指数值 $r_{m焦作适应}$。

（三）等级划分

通过对相关文献进行整理[②]，发现具有代表性的脆弱性等级划分有自然断点、百分位数、等间隔以及标准差分级法。基于等间隔分级法比较适合分布均匀、连续性较好的数据系列，以及实证数据特征，本文选择等间隔分级法，对焦作市不同年份的脆弱性进行对比分析，见下表。

焦作市脆弱性评价等级划分

脆弱性指数（r_m）	$0 < r_m \leq 0.2$	$0.2 < r_m \leq 0.4$	$0.4 < r_m \leq 0.6$	$0.6 < r_m \leq 0.8$	$0.8 < r_m \leq 1.0$
脆弱性等级	低	较低	中等	较高	高

三、结果说明

运用 SPA 法，对焦作市经济、社会、生态子系统各评价指标的原始数据和权重值进行处理，得到 3 个子系统 2000 至 2014 年的敏感性、适应性及脆弱性指数［见 263 页表（上）］。依据此表，运用综合指数法，求得焦作市 2000 至 2014 年的敏感性、适应性和脆弱性指数［见 263 页表（下）］。

① 苏飞、张平宇：《基于集对分析的大庆市经济系统脆弱性评价》，《地理学报》2010 年第 4 期。

② 全占军、李远、李俊生等：《采煤矿区的生态脆弱性——以内蒙古锡林郭勒草原胜利煤田为例》，《应用生态学报》2013 年第 6 期。

2000—2014 年焦作市经济、社会、生态子系统敏感—适应—脆弱性实证结果

系统	指数类型	2000	2001	2002	2003	2004	2005	2006	2007	2008	2009	2010	2011	2012	2013	2014
经济子系统	敏感	0.5415	0.6120	0.6519	0.6588	0.6044	0.5356	0.5080	0.4929	0.5215	0.4872	0.5093	0.4226	0.4128	0.4145	0.4392
	适应	0.3980	0.4073	0.4131	0.4389	0.4522	0.4650	0.4918	0.5178	0.5277	0.5307	0.5610	0.5989	0.5976	0.5980	0.5952
	脆弱	0.5678	0.5891	0.6040	0.5910	0.5581	0.5237	0.4985	0.4821	0.4969	0.4759	0.4737	0.4189	0.4158	0.4163	0.4262
社会子系统	敏感	0.7318	0.7177	0.7073	0.6793	0.6637	0.6452	0.6251	0.5723	0.5234	0.4973	0.4473	0.4741	0.4565	0.3156	0.4197
	适应	0.3585	0.3407	0.3329	0.3765	0.3659	0.3961	0.4103	0.4671	0.5357	0.5682	0.5591	0.5566	0.5684	0.6014	0.7122
	脆弱	0.6838	0.6835	0.6799	0.6220	0.6177	0.6014	0.5739	0.5122	0.4563	0.4382	0.4271	0.4308	0.4230	0.3490	0.3487
生态子系统	敏感	0.4715	0.4624	0.4778	0.5782	0.5542	0.6172	0.5122	0.5245	0.5208	0.5167	0.5308	0.3911	0.4121	0.4038	0.3875
	适应	0.4102	0.4374	0.4555	0.4641	0.4737	0.4687	0.4896	0.4846	0.5563	0.6050	0.6382	0.6113	0.6316	0.6363	0.6468
	脆弱	0.5897	0.5252	0.4872	0.4796	0.4664	0.4834	0.4482	0.4547	0.4317	0.4057	0.3845	0.3536	0.3509	0.3411	0.3312

2000—2014 年焦作市敏感—适应—脆弱性实证结果

焦作市	2000	2001	2002	2003	2004	2005	2006	2007	2008	2009	2010	2011	2012	2013	2014
敏感	0.5797	0.6079	0.6282	0.6450	0.6079	0.5854	0.5407	0.5216	0.5218	0.4973	0.5002	0.4286	0.4239	0.3894	0.4219
适应	0.3917	0.3998	0.4061	0.4308	0.4380	0.4497	0.4722	0.4973	0.5370	0.5595	0.5808	0.5918	0.5992	0.6087	0.6392
脆弱	0.6042	0.5994	0.5978	0.5735	0.5527	0.5348	0.5068	0.4832	0.4713	0.4499	0.4413	0.4067	0.4024	0.3824	0.3855

（一）敏感性分析

焦作市敏感性指数与最优值的相对贴近度由 2000 年的 0.5797 下降到 2014 年的 0.4219，说明焦作市敏感性指数总体呈下降趋势，但有波动（见下图）：（1）2001 至 2003 年，敏感性指数呈直线上升趋势，2003 年为 0.6450 创近 15 年最高纪录。原因是国企现代企业制度改革矛盾突出，产业结构亟待调整，财政收支不平衡，工业“三废”排放量剧增，对生态环境、土地和水资源造成严重破坏。经济和生态子系统敏感性指数上升对焦作市敏感性指数起拉动作用，使焦作市脆弱性指数呈上升趋势。（2）2004 至 2011 年，焦作市敏感性指数呈现波动下降趋势，2011 年敏感性降

2000—2014 年焦作市敏感—适应—脆弱性指数分析图

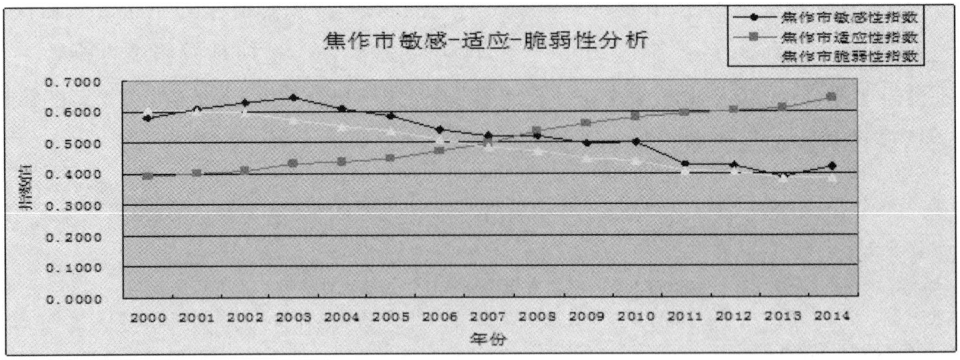

至 0.4286。原因是在中部崛起、新型城镇化建设的背景下，焦作市政府坚持“工业强市”的经济发展战略和“以民为本”的社会发展宗旨，积极应对金融危机，培育并发展了六大战略支撑产业和四大新兴产业，并对一系列中小、民营和个体工商企业给予政策支持，一定程度上缓解了社会就业和再就业问题，完善了社会保障体系，加上政府对生态环境建设的重视程度和投资额度的逐渐增加，使生态子系统敏感性下降。经济、社会、生态子系统敏感性的下降趋势使得焦作市敏感性指数呈下降趋势。（3）2012 至 2014 年，焦作市敏感性指数呈波动下降趋势。居民生活水平的提升，社会安全程度的提高，使 2013 年的敏感性指数降至 0.3894。2014 年，由于南水北调、郑焦城际铁路等项目圆满竣工，使区域经济发展竞争加剧，焦作市面临着经济下滑、物价上涨的多重压力；且经济快速发展遗留的棚户区改造、城中村建设、贫困、社会安全稳定性下降等问题，制约着其发展。经济子系统和社会子系统敏感性上升对焦作市敏感性指数其拉动作用，使城市敏感性指数上升至 0.4219。可见，焦作市敏感性指数的波动变化是由 3 个子系统敏感性指数值的变化决定的（见下图）。

2000—2014 年焦作市敏感性指数及各子系统敏感性指数图

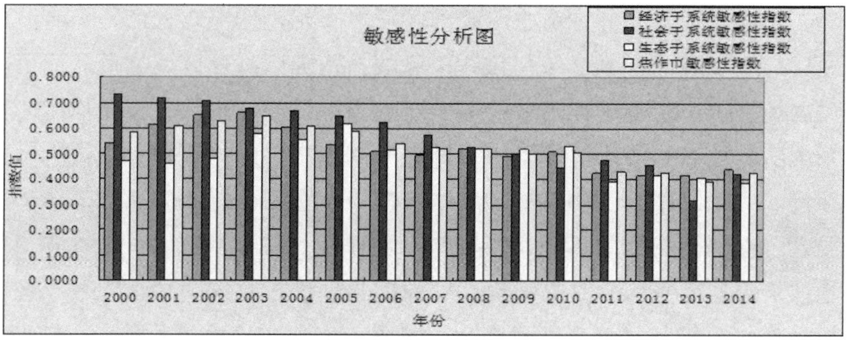

（二）适应性分析

焦作市适应性指数与最优值的相对贴近度由 2000 年的 0.3917 上升到 2014 年的 0.6392，说明焦作市适应性指数总体呈上升趋势，但其适应性指数大于 0.5000 的年份不到 50%，说明其适应能力水平一般，且在不同时段上升速度不同（见 263 页图）：（1）2000 至 2002 年，焦作市适应性指数值上升速度较慢。原因与这一时期敏感性指数上升一致，不做赘述。（2）2003 至 2014 年，焦作市适应性指数呈持续波动快速上升趋势。原因是经济的快速发展、区域经济竞争带来的社会问题备受政府重视，棚户区改造逐渐提上工作日程，医疗卫生、科学教育、城市基础设施建设投入进一步加大，社会保障体系和法制建设进一步完善；南水北调等十大建设项目竣工投运，南水北调总干渠全线通水，引黄入焦干渠、大沙河带状湿地主体工程完工，新增水面 7000 亩，使城市生态环境得到明显改善。经济、社会、生态子系统适应性指数均呈现上升趋势，对焦作市适应性指数的上升起拉动作用。可见，焦作市适应性指数值的变化是由 3 个子系统适应性指数值的变化决定的（见下图）。

2000—2014 年焦作市适应性指数及各子系统脆弱性指数图

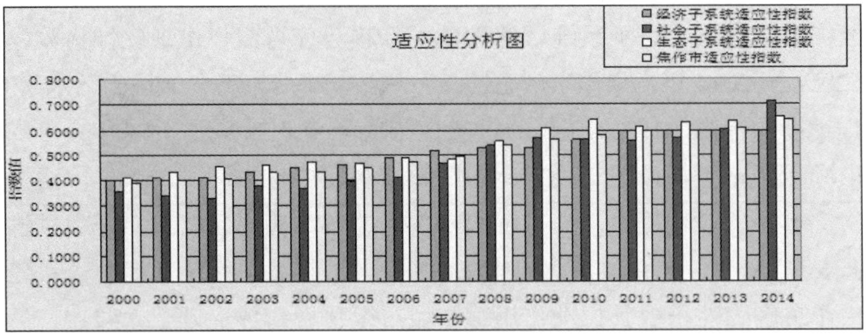

（三）脆弱性分析

焦作市脆弱性指数与最优值的相对贴近度由 2000 年的 0.6042 下降到 2014 年的 0.3855，总体呈下降趋势，由中等程度脆弱下降到较低脆弱程度，但有波动（见 263 页图）:（1）2001 至 2002 年，焦作市脆弱性指数下降速度较缓慢。原因是所占比例较大的经济子系统脆弱性指数的上升对焦作市脆弱性指数起拉动作用，社会和生态子系统脆弱性指数的小幅度下降对其起压制作用，总体压力大于拉力，使下降速度较缓慢。（2）2003 至 2011 年，焦作市脆弱性指数呈持续匀速下降趋势。原因是 3 个子系统脆弱性指数的下降均对其起抑制作用。（3）2012 至 2014 年，焦作市脆弱性指数下降速度减缓，具有波动性。原因是经济子系统脆弱性指数小幅度上升对其起拉动作用，使其呈现出波动变化。可见，焦作市脆弱性指数值的变化是由 3 个子系统脆弱性指数值的变化决定的（见下图）。

2000—2014 年焦作市脆弱性指数及各子系统脆弱性指数图

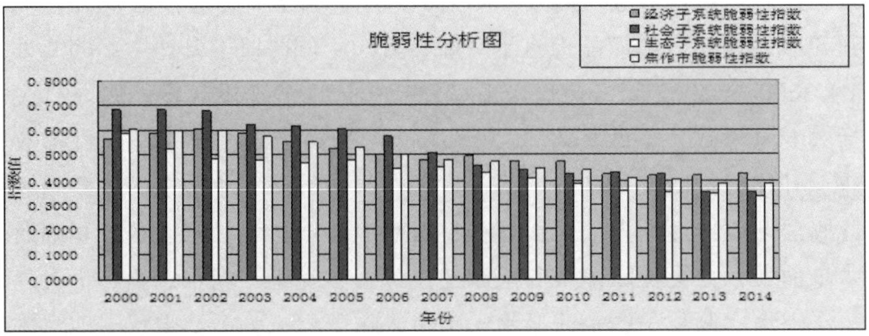

四、结论与调控对策

（一）主要结论

第一，焦作市整体脆弱性水平有待提高。2000 至 2014 年间，经济子系统敏感性和脆弱性指数分别下降了 0.1024、0.1417，适应性指数上升了 0.1972；社会子系统敏感性和脆弱性指数分别下降了 0.3121、0.3351，适应性指数上升了 0.3537；生态子系统敏感性和脆弱性指数分别下降了 0.0840、0.2585，适应性指数上升了 0.2367；焦作市整体敏感性和脆弱性指数分别下降了 0.1578、0.2187，适应性指数上升了 0.2475。可见，在经济、社会、生态 3 个子系统的相互作用下，焦作市敏感性和适应性得到一定改善，脆弱性指数由较高脆弱水平下降至较低脆弱水平，说明城市抵御城市内外部影响因素扰动的能力在逐渐提高；敏感性在逐渐降低，但目前仍处于一般水平，特别是近年经济下滑趋势日益凸显，对城市发展不利，综合实力有待进一步提高。

第二，3 类指数均呈现出波动式变化。波动特征总体遵循：2000 至 2002 年，敏感性和脆弱性指数波动上升，适应性指数小幅上升或缓慢下降；2003 至 2010 年，敏感性和脆弱性指数呈现持续小幅波动下降趋势，适应性指数以较快速度持续上升；2011 至 2014 年敏感性和脆弱性指数均呈现 2013 年最低，2014 年小幅度回升趋势，而适应性指数在经历了 2011 至 2013 年的平稳发展后，2014 年呈现上升趋势。

（二）调控对策

1. 经济子系统脆弱性调控对策。第一，推进经济结构持续优化升级，加快转变经济发展方式。坚持以项目带动并支撑经济发展，改造升级传统支柱产业，扩大和延伸煤化工企业的产业链条和生产效益；大力培育发展战略型新兴产业，促进经济增长方式由“粗放型”向“集约型”转变；注重扶持小微型企业自主创业，增加县域经济发展后劲。第二，调节地区财政收支现状，深化财税体制改革。协调统一政府和企业、企业和地方的利益矛盾，使政府“城矿一体化”管理模式顺利推进，提高城市经营能力；优化资源价值补偿体系，规范资源税现行办法。第三，激发金融市场活力，创新招商引资模式。进一步开放市场，支持各类金融机构和非金融机构入驻焦作，鼓励境内外投资者投资，大力吸进境内外资金进入城建、农业、教育、医疗卫生等领域，注重科技、集群、以商招商等招商模式的创新，激发金融市场活力。

2. 社会子系统脆弱性调控对策。第一，促进就业和再就业，增加财政投入，完善社会保障体系。抓住国家给予衰竭期资源型城市的扶持政策，通过实施国家项目并吸纳能够带动地区就业的第三产业；增加医疗卫生、科学教育支出，提高居民最低生活保障和综合文化素质；完善社会保障体系，健全保险制度，以实现社会保险全面覆盖。第二，优化城市结构，加快棚户区改造、城中村建设，切实提高居民生活水平。城市结构和城市景观外貌直接关系到城市基础设施建设和财政资金投入，加大财政投入、规范土地供给、疏通融资渠道等措施，建设一批适合居民居住的、社会保障体系健全的、道路设置合理的，电、暖、水、教育、医疗等条件一应俱全的居民区，并通过为其提供就业机会和社会补助以解决贫困问题。

3. 生态子系统脆弱性调控对策。第一，加强生态环境保护治理，加快恢复矿山地质环境。坚持“谁污染，谁治理”的原则，对“三高”的企业排放的废弃物，进行脱硫脱硝处理，严格控制排放量，由企业承担外部负效应责任；提高工业固体废弃物综合利用率，增加建成区绿化面积和人均绿地面积；积极寻找新的矿产资源后备基地，提高自然灾害的预警防范和应对能力。第二，推进节能减排产业发展，降低脆弱性。大力发展清洁能源和节能环保产业，严格限制高能耗产业增长；引进并应用先进低碳技术，倡导低碳生活，推行循环经济发展模式，使城市实现安全、可持续发展。

（作者：徐　君，河南理工大学经济管理学院教授
李贵芳，河南理工大学经济管理学院）

转变经济发展方式中政府和市场的作用

转变经济发展方式是经济社会可持续发展、绿色发展的可靠保障。中共十八届三中全会指出："经济体制改革是全面深化改革的重点，核心问题是处理好政府和市场的关系，使市场在资源配置中起决定性作用和更好发挥政府作用。"①按照这一决定正确处理政府和市场在经济发展方式转变中的作用十分重要。

一、转变经济发展方式是国家发展战略的需要

经济发展方式是指推动经济发展的各种生产要素投入、组合和使用的方式，它决定着生产力的整体效能和发展情况，可以较为准确地反映出经济发展的实质内涵。经济发展分粗放型和集约型两种不同方式，粗放型经济发展方式主要依靠物质要素的投入增加产品数量，集约型经济发展方式主要依靠技术创新和管理水平的提升改进优化要素配置和提升产出质量。剔除劳动要素和资本要素之外的综合要素产出率是衡量经济集约化程度的一个重要指标，它以 50% 为界，在 50% ± 10% 内为半集约，40% 以下为粗放，60% 以上为集约。中国转变经济发展方式就是由粗放型经济发展方式转变为集约型的经济发展方式。

中国是发展中国家，与世界经济发达国家相比差距很大。新中国成立后面临百废待兴的局面，为了尽快把一个贫穷落后的农业国建设成繁荣富强的工业国，实行"赶超式"的经济发展战略，与之相适应选择了粗放型的经济发展方式。改革开放后，缩小与世界经济发达国家的差距，制定了"跨越式"经济发展战略，但受科学技术条件的制约，延续了粗放型经济发展方式。所以，在经济发展方式上两个时期具有共同的特征：在生产目标的制定上高指标、高速度，在生产过程中高投入、低效益、高国民生产总值，在组织形式上偏好运动式的全民总动员，在经营管理上粗枝大叶、缺少精细，在战略方针上不惜代价实现既定高目标。这些共同的特征说明中国长期以来实行的是粗放型的经济发展方式。

粗放型发展方式可以推进经济快速增长，较快地增加国民生产总值。改革开放以来，中国经济出现高速增长的态势，长期保持在两位数以上。国内生产总值由

---

① 《十八大以来重要文献选编》(上)，中央文献出版社 2014 年版，第 513 页。

1978年的3645.2亿元增加到2012年的518942.1亿元[①]，成为世界第二经济大国，取得世界瞩目的成就。但与此同时，也产生许多新的问题。如国民经济质量下降，国有企业效益差，盲目投资、重复建设和产能过剩，管理粗放造成大量浪费，资源被大量消耗，生态遭到严重破坏等。事实证明，粗放型的经济发展方式是不可持续的，转变经济发展方式势在必行。

中共中央、国务院十分重视转变经济发展方式，并将其作为重要的战略目标。早在中共十四届五中全会就提出，从“九五”到2010年经济社会发展的主要任务，是积极推进经济增长方式从粗放型向集约型转变。十七大指出，要着力把握发展规律，创新发展理念，转变发展方式，破解发展难题，提高发展质量和效益，实现又好又快的发展。十八大指出，以加快转变经济发展方式为主线，是关系中国发展全局的战略抉择，加快形成新的经济发展方式，把推动发展的立足点转到提高质量和效益上来。由此可知，转变经济发展方式不仅仅是发展理念的变化，更是可持续发展的需要，是全面实现小康社会的需要，是国家发展战略转型的需要。

二、经济发展方式转变中政府与市场的关系

在市场经济体制下，市场失灵的范围，一是公共产品和公共服务。由于这类产品具有非竞争性和非排他性，导致市场供给失效。二是具有外部性的产品和劳务。个人或企业的行为和活动虽然给其他人和企业带来好处，但他们不承担应有的成本费用，企业得不到应有的报酬，也导致市场难以提供，即使提供也不能达到资源配置的最佳状态。三是竞争失灵。由于垄断行业高价出售产品，具有规模越大经济效益越好的优势，造成市场竞争失灵。市场失灵除此而外，还包括市场不完全、信息不对称、非价值性物品的存在、失业与通货膨胀、分配不公等，这些领域都需要政府的介入和干预。针对市场失灵进行分工，市场能够办得好、办得了的由市场负责，市场办不好、办不了的由政府负责，政府的主要任务是弥补市场失灵。

转变经济发展方式由于存在外部性，需要政府介入和干预。由粗放型经济发展方式转变为集约型经济发展方式，核心是技术改造和科技创新，依靠先进的科学技术和先进的管理手段优化要素配置，从而达到用较低的成本得到最大化的高质量的产出。但科技创新企业的新成果和新技术势必在社会上、产业间扩散，造成自己投资别人享用的结果。科技创新企业正外部性的溢出，首先是落后企业的模仿。很多企业特别是小企业由于无力承担技术创新的巨额费用，往往在技术应用阶段集中

① 《中国财政年鉴·2013》，中国财政杂志社2013年版，第496页。

投入增强模仿能力，使技术水平得以提高，扩大产品销路，使自主创新企业失去优势。其次是产业间的溢出效应。在信息网络时代，技术创新企业在重组兼并中，为了整合上下游企业的供给和需求能力，往往要主动地对上下游企业进行技术培训，从而提升关联企业技术能力和创新水平。在行业之间的战略技术联盟中，自发性的创新往往会主动地进行技术交流和协调，使其创新成果在联盟各企业间得到扩散，促使整个行业的技术水平都得到提高。再次是人力资本流动产生的溢出效应。进入知识经济时代，劳动者技术、知识、素质的提高成为经济发展的核心动力，但人力资本的配置是通过市场进行的，如公司高薪聘用具有较高知识技术的人才，与掌握技术的人交往，都可使一般和落后企业提高竞争能力。在外部性存在的情况下，企业通过创新来转变经济发展方式的动力不足，靠市场是难以解决或者是解决不好的，需要政府进行干预。

外部性除正效应外还存在负效应。企业粗放型生产所产生的高耗资、高耗能、高污染等负外部效应由社会承担，由于外部成本不能内部化，也影响企业科技创新的积极性。尤其是中小型的“三高一低”企业，收益独自占有，消耗资源、污染环境全由社会承担，他们更没有转变经济发展方式的积极性。中国虽然采取了征收排污费等措施，但由于收费标准比较低，企业宁可缴纳排污费也不愿投资技术改造和更新设备。加之中国资源、能源价格低廉，企业高消耗不会增加太多的成本，而且这类企业大都具有短、频、快的特点，看重的是眼前利益而不是长远利益，往往利用政策的时间差牺牲社会成本换取有限利润。对于这种现象市场也是无能为力的，也需要政府进行干预。

由此可知，政府与市场的关系不是对立的，政府需要市场，市场离不开政府，二者是对立统一的，相互制约又互为补充，既分工明确又相互配合。市场失灵是政府与市场发挥作用的“分界线”，也是政府干预的“底线”，越过这条分界线就会破坏二者的关系，产生不良影响和效果。转变经济发展方式，应充分发挥市场配置资源的决定性作用，政府主要发挥弥补市场失灵的作用。

不过，政府与市场的关系也不是静止的，而是动态的，在适应经济社会发展的需要中不断变化。西方中世纪的政府职能与现代发达的资本主义时期就发生了变化，中国古代的政府职能与现代社会主义时期也不一样。从西方历史发展来看，政府干预的作用越来越增强，到 19 世纪 30 年代，凯恩斯的理论和罗斯福的做法逐渐成为主流。1999 年英国实现复兴时，时任英国首相布莱尔在《现代化政府白皮书》中指出：政府的现代化是英国复兴计划的关键，政府的现代化已经不是关于大政府还是小政府，坚持干预政策的政府还是放任政策的政府问题，而是“现代化的政府、更好的政府、正确的政府”的问题。再从当前国际上政府与市场关系发展趋势看，政府干预的作用仍呈上升的态势，许多发达的市场经济国家都不断增加中央政府的财权财力，增加中央财政的支出比重和转移支付规模，政府建立竞争有序的市场，提供大量公共基础设施，推动科技发展，制定政策规划，稳定社会秩序，保障经济可持续发展，等等，政府要做的事越来越多。刘易斯说：在稳定的社会中，政府干预的事情极少。但是在迅速转变的社会中，政府对任何事情都不能掉以轻心。国家越落后，政府开拓的余地就越大。如果一个落后国家不管是由于懒惰还是由于哲学信念，采取自由放任的态度，那都是不幸的。刘易斯的话，对中国转轨时期的政府来说具有特别的意义。中国还处在社会主义初级阶段，与西方发达国家相比还比较落后，需要吸取刘易斯的告诫，政府对任何事情都不能掉以轻心，采取自由放任的态度是不幸的。

所以，在转变经济发展方式中，既要发挥市场在资源配置中的决定作用，又要发挥政府的干预作用。美国从1776年独立到20世纪50年代初基本完成经济发展方式的转变，日本第二次世界大战后在政府的干预下只用了几十年的时间就实现了经济集约化程度的快速提高，说明国家有效的干预对促进经济增长方式的转变是十分必要的，对于社会主义初级阶段的发展中国家来说更是如此。

三、经济发展方式转变中政府与市场的作用

转变经济发展方式既离不开政府也离不开市场，政府与市场要在各自的领域里发挥作用，同时相互配合，最终取得既弥补市场失灵又防止政府失灵的效果。

首先，明确政府的作用。政府在转变经济发展方式中发挥的作用总的来说是辅助性，目的是为市场和企业转变经济发展方式创造良好的外部环境。具体来看，一是缩减固定资产投资规模。实证分析表明，政府减少投资和行政管理支出，可以削弱资本深化的力量，促进 TFP（全要素生产率）提高，改善经济增长质量，转变粗放型增长模式。二是优化财政支出结构。转变经济发展方式的本质是更加高效地配置各种生产要素，要达到这一目的只有依靠科学技术进步和科技创新，优化财政支出结构应加大对科技进步的投入，使科技进步和科技创新成为中国转变经济发展方式的引擎。三是优化经济结构。改变工业尤其是重工业独重的格局，使工业与其他产业协调发展，大力发展高新技术产业和现代服务业，发展多种经济成分，促进多元混合型的经济发展。四是全面深化体制改革。经济体制改革的重点是逐步取消政府控制价格、批租土地、审批项目等过多的资源配置权，投资体制改革的重点是充分调动市场和社会投资的积极性，价格体制改革主要是生产要素和稀缺资源价格市场化，财税体制改革主要是制定促进经济发展方式转变的财政政策和税收制度，金

融体制改革主要是实现利率市场化，行政管理体制改革重点是把政府从“经济管制型”转变为“公共服务型”。五是加强宏观调控政策引导。利用政策和制度安排引导企业技术创新，提高管理水平。六是为经济发展方式转变完善法律支撑，改革与商品市场、资本市场、金融市场等有关的各种税法、商法、公平交易法和公平竞争法，为转变经济发展方式创造良好的法制环境。七是加强对市场经济的检查监督，坚持严格执法，对违反国家经济发展方式转变有关的法律法规的企业进行监督处罚，对“三高一低”和生产过剩企业勒令整改或停产关闭。

其次，发挥市场的作用。在经济发展方式转变中首先要充分发挥市场的主导作用。一是市场决定资源配置。政府要最大限度地减少以往资源配置权，包括替企业策划、招商引资，控制价格、批租土地、审批项目等。二是市场调节生产要素价格。取消政府对生产要素价格的控制，使生产要素价格市场化，保障企业实际支付的成本价格尽量接近市场要素价格。三是市场决定银行利率。首先实现利率市场化，同时完善股票市场，搞活债券市场，允许大型企业在科技研发中发行企业债券，建立以市场机制为主的金融体制。四是市场优胜劣汰。

第三，发挥企业的作用。企业是市场经济的主体，企业生产方式的转变在很大程度上决定经济发展方式的转变。一是企业自主发展。真正做到政企分开、政资分开、政事分开、政府与市场中介组织分开，按照市场经济规律自我发展。二是明晰企业产权制度。产权制度是企业经济发展方式转变的前提，要明确规范产权界定、产权配置、产权流转、产权保护等现代产权制度，维护投资者的合法权益。三是实行规模化经营。规模经济能够在更大的范围内优化资源配置，从而降低成本，获取规模效益。国有企业要继续进行兼并重组，彻底改变原来“多而散、小而全”的格局和特点，向着跨国公司迈进。四是实施“走出去”战略。在全球经济一体化下，越开放的经济效率越高，全要素生产力对增长的贡献越大。中国企业应积极参与经济全球化进程，与国际市场接轨，在更大的范围内实现资源的优化组合，从开放型经济体系中实现互利多赢的目标。

（作者：赵云旗，财政部财政科学研究所研究员）

凯恩斯主义和供给学派排它式主导政策选择的缺陷

2015年11月中国提出推进供给侧结构性改革起，选择需求管理还是供给管理成为学界讨论的热点，有需求管理是见效快但不能治根本的西药、供给管理是管长远治根本的中药等之说。实践表明，基于需求决定供给而注重实施需求管理政策的凯恩斯主义和基于供给创造需求而主张实施供给管理政策的供给学派，各自都有形成的特定历史条件和适用之时，其理论及政策主张的实施解救了旧有的经济危机，但由于其假设和理论逻辑与现实不一致，导致各自政策主张实施后又衍生出新的经济危机。

一、逻辑起点：凯恩斯主义和供给学派的假设和理论逻辑与现实不一致

随着资本主义革命、发展而成长起来的西方经济学，面对不同历史时期所遇到的问题，发展形成相应的理论及学派。其中，古典经济学及凯恩斯主义和供给学派及其政策主张的实施，对资本主义经济的发展及解救所发生的经济危机，做出过里程碑式的贡献，这种理论演进也被视为革命之革命。西方经济学所形成的边际分析、动态分析、均衡分析、投入产出分析、交易成本分析、机会成本分析、博弈论等是研究和阐释经济现象不可或缺的方法。凯恩斯主义和供给学派排它式在学界和政府施政中占主导地位，争论也没有终结，这种对立、排它式主导政策选择和实践及衍生新的经济危机现象，表明一方面各自有适用之时，另一方面也存在缺陷。

凯恩斯主义的逻辑起点是需求决定供给，即宏观经济的趋向会制约个人的特定行为，生产和就业的水平决定于总需求的水平。凯恩斯主义的贡献在于，揭示了不存在完全的市场自动机制，主张实施需求管理政策，政府应通过扩张投资等干预来刺激消费。这一理论及政策主张，契合了资本主义自由竞争向国家垄断阶段发展的需要。然而，无论是20世纪70年代的通胀，还是2008年国际金融危机爆发后各国政府实施扩张投资干预遗留问题，都表明凯恩斯主义存在缺陷。

第一，关于需求决定供给。凯恩斯主义与古典经济学及供给学派相比，注重需求管理政策而忽视供给管理政策。第二次世界大战后，发达国家宏观经济调控实践在较长时期取得成功，也使重视需求管理而忽视供应管理成为一种传统。① 凯恩斯主义实施扩张投资干预经济的实践成功，是解救需求不足导致20世纪二三十年代美国

① 参见刘伟、苏剑:《供给管理与我国的市场化改革进程》,《北京大学学报（哲学社会科学版）》2007年第5期。

经济萧条危机的成功，即这种成功是当时特定历史条件下解决特定问题的成功。凯恩斯主义针对市场失灵导致经济萧条危机，主张实施需求管理政策，但又忽视乃至回避政府干预对市场信号的扭曲和政府失灵的问题。实践表明，需求的增长并不一定会造成实际产量的增加，政府一味地实施需求管理政策，很可能促成单纯货币数量的增长，无法抵抗报酬递减规律，无补于生产发展，进而引发通货膨胀和债务风险。雅可布·怀纳较早就注意到实施凯恩斯主义政策潜在的危险，指出凯恩斯经济理论的运用会造成印钞机和工会的赛跑。①

第二，关于通货膨胀与失业的替代关系。凯恩斯主义以英国经济学家菲利普斯所揭示的一种统计现象——通货膨胀和失业之间可以相互替代为前提。20 世纪 70 年代美国经济滞胀危机的发生，表明这种替代关系是不能贯穿始终的。弗里德曼分析指出，在现实经济生活中，通货膨胀和失业之间并不是一种简单替换，失业和通货膨胀之间存在 3 个阶段的不同情况，在最初的较短期内失业和物价之间成反比，即呈替代关系，但长期实行投资扩张性政策，这种替代关系就会消失，只能导致经济滞胀。②

供给学派是以萨伊提出的供给创造自己的需求为理论逻辑的起点。斯密的市场无形之手说，标志着现代市场经济理论的开启。然而，选择什么样的市场经济，却有不同的学术主张和实践分野。萨伊提出的供给创造自己的需求与斯密的市场无形之手说在理论上一脉相承，供给学派基于这一论断，面对政府长时期强干预导致的滞胀危机，主张实施供给管理，依靠看不见的市场之手激活供给主体，使经济增长以有动力的微观主体为基础，反对政府干预经济，排斥需求管理。面对 20 世纪 70 年代的滞胀危机，里根政府接受供给学派供给管理的政策主张，在政府财政严重赤字时，反而减税，以激活企业，这种减税主张及其逻辑推演，遭受众多政界和多学派的质疑。这一政策的实施，在经历阵痛期后，企业开始增加投资，经济开始复苏，税收也随之增加。里根政府在实践上取得的这些成效，使供给学派在学界和政府施政中上升至主导地位。供给学派因里根政府实践的成效而光耀，但并没能独享尊誉，反而有“里根经济学”之美誉。可见，供给学派是解救实施投资扩张政策导致滞胀危机的特定问题的药方。然而，这并不表示其理论没有缺陷。

第一，关于市场自动机制。供给创造自己的需求所暗含的前提假设是，市场经济有自我调节的作用，社会生产使总需求等于总供给，不可能产生包括国民经济所有部门的普遍性生产过剩，而只会在国民经济的个别部门出现暂时的供求失衡现

① ［美］赫伯特·斯坦：《美国总统经济史——从罗斯福到克林顿》，金清、郝藜莉译，吉林人民出版社 2011 年版，第 27 页。

② 参见李义平：《凯恩斯革命之革命》，《读书》2011 年第 4 期。

象。凯恩斯在分析 20 世纪二三十年代那场经济萧条危机原因后，得出结论，认为市场经济中不存在向完全就业发展的自动机制，缺乏政府宏观调控的市场，总是会出现失灵，导致生产与需求脱节，生产过剩是因为有效需求不足。2001 年诺贝尔经济学奖获得主约瑟夫·斯蒂格利茨在 2016 年 3 月召开的中国发展高层论坛上，针对中国关于供给侧改革和需求侧改革的讨论说，供应并不能够提升需求，需求如果结构合理的话，可以对供应侧产生积极的影响；在没有充足需求的时候，供给侧改革反而会增加失业，不会促进经济增长。他还进一步分析指出，从整体看，全球市场已经失去“方向感”，在很多情况下，更多的是意识形态战略的务实主义，在讲到供给和需求的时候，就更应该在公共和私营部门之间取得平衡。市场不能按照自己的速度来修复这种平衡，需要做出一系列的机制性安排和政策调整。①

第二，关于货币仅仅在瞬间起交易媒介作用。供给创造自己的需求暗含的另一个假设是，货币在以产品换钱、钱换产品的交换过程中，只是一瞬间起交易媒介的作用。萨缪尔森指出萨伊定律的理论基础是货币经济，与物物交换经济之间不存在本质区别②。这种没有将货币经济与物物交换经济区别开来是萨伊定律的缺陷。在现代经济生活中，货币不仅在瞬间起交易媒介的作用。美国依靠综合国力第一，通过采用包括非经济的多种手段，实施和维护美元霸权，试图把全球财富尽可能多地收于其中。现今，各国在全球经济一体化和市场竞争日益激烈的情况下，面临严峻的经济下行压力，为提升本国的竞争力，实施竞争性贬值，日本甚至实施负利率政策。可见，在现代经济生活中，货币不只是在瞬间起交易媒介作用，而是实现国家竞争力提升、经济霸权、敛财的工具，这也是国际经济秩序遭受极大地冲击的原因之一。

上述对凯恩斯主义和供给学派的假设和理论逻辑的回顾和分析表明，两个学派把需求管理与供给管理对立起来，也在政府和市场手段的使用上有着分歧，互不相容，是由于假设和理论逻辑的对立，即凯恩斯主义认为需求决定供给，供给学派反而认为供给创造需求。两个学派都有自己形成的特定历史条件，是应运而生，各自有适用之时，其理论和政策主张的实施解救了旧有的经济危机。两个学派假设和理论逻辑也都有与现实不一致之处，其政策主张的实施又衍生出新的经济危机。然而，由于意识形态的原因，对凯恩斯主义和供给学派导致的经济危机被忽视，或被淡化，加之各自在历史上的成效所形成的光环，以及形成革命之革命等思维定式，这些都在一定程度上屏蔽了其理论缺陷。解决现实问题，应从现实出发，不能不顾

---

① 《约瑟夫·斯蒂格利茨：警惕 80 年代美国供给侧改革的失败》，http：//finance.sina.com.cn/roll/2016-03-19/doc-ifxqnsty4613963.shtml。

② 参见［美］保罗·萨缪尔森、威廉·诺德豪斯：《宏观经济学》第 17 版，萧琛主译，人民邮电出版社 2004 年版，第 289 页。

及现实中的复杂因素，以及凯恩斯主义和供给学派假设和理论逻辑与现实不一致的问题。否则，将误导理论的创新发展，由此形成的理论来左右政策选择，其实践也实现不了预期，甚至还会导致灾难性后果。

二、问题偏向：凯恩斯主义和供给学派回避资本主义生产方式及其矛盾

统一于西方经济学的凯恩斯主义和供给学派存在问题偏向，即都回避资本主义生产方式及其矛盾，都是在既定的资本主义生产方式下讨论需求、供给及相互之间的关系问题，来破解资本主义摆脱经济危机并实现发展的路径或方式，只是不同学派解决问题的路径或方式有差异。凯恩斯主义面对 20 世纪二三十年代的经济萧条危机，认为仅仅依靠企业的力量，不足以应对如此情形，国家必须对经济实施干预，否则会变得更糟，因而主张通过政府扩张投资干预的需求管理解救危机。① 凯恩斯主张通过向富人征税和转移支付制度等实现收入的重新分配，也是从扩大需求出发，即鉴于收入低的群体边际消费倾向高，提高低收入群众的收入，可以提升整个社会的边际消费倾向。供应学派面对滞胀危机，主张放松国家干预，实施供给管理，让企业有较大的发展余地。货币主义者耶格尔认为，通货膨胀、衰退、周期性失业现象和收支差额等缘于不正确的货币政策，并不是资本主义的特点。② 西方经济学不是不涉及生产方式，只是依据自己的理论加以判断，对社会主义国家和资本主义国家应研究和解决的问题选择了差异化的偏向。在古典经济学及供给学派基础上发展起来的新自由主义，要求社会主义国家改变生产方式，实行私有化等。这种问题偏差的发生，主要原因有：

其一，凯恩斯主义和供给学派回避资本主义经济危机的根源在于生产社会化和生产资料私人占有之间的矛盾，都认为资本主义生产方式本身没有缺陷。无论是凯恩斯主义，还是供给学派，都属于西方经济学范畴，都是基于抽象的、孤立的“经济人”假设。斯密所著《国富论》中说：每个人都力图利用好他的资本，使其产出能够实现最大的价值。一般说来，他既不企图增进公共福利，也不知道他能够增进多少，所追求的仅仅是一己的安全或私利。但是，在他这样做的时候，有一只看不见的手，在引导着他去帮助实现另一个目标，尽管这一目标并非是他的本意。追逐个人利益的结果，是他经常地增进社会的利益，其效果要比他真的想要增进社会的利益时

① 参见曹坤华：《关于供给学派的几个理论问题——与杨鲁军同志商榷》，《湖北大学学报（哲学社会科学版）》1990 年第 3 期。

② 参见［美］耶格尔：《货币政策与经济实践》，华盛顿 1972 年版，第 13 页；傅殷才、颜鹏飞：《自由经营还是国家干预——西方两大经济思潮概论》，经济科学出版社 1995 年版，第 304 页。

更好。[①]凯恩斯主义和供给学派都是以生产资料私人占有的资本主义制度最优为前提，也就围绕实施需求管理还是供给管理来实现供需均衡发展、采用政府还是市场手段来优化资源配置进行讨论。萨伊基于单单一种产品的生产，就为其他产品开辟了出路，演绎出生产者越多和产品越多样化那产品的销售就越多和越快、一个企业办得成功就可以帮助别的企业也达到成功等[②]与资本主义现实不符的推论。实践表明，在萨伊经济理论基础上发展起来的供给学派及其政策主张的实施，反而使资本主义固有矛盾加剧。马克思批判过萨伊经济学，称其为庸俗经济学。凯恩斯主义尽管从需求方面寻找解救经济萧条危机的办法，但回避了资本主义经济有效需求不足、不能充分就业的根本原因，在于生产资料私有制和雇用劳动制度，因而其政策主张的实施，只是在一定程度上缓解资本主义的矛盾，只是延长了危机爆发的周期跨度时间。

其二，凯恩斯主义和供给学派作为西方经济学体系中的学派，依然是在割裂商品价值和生产劳动、将价值与价格混为一谈的前提下讨论问题，视价格为价值，也就认为价值取决于供求关系，而不是由劳动决定。如此，抹杀了资本对劳动的剥削，就可以美化资本主义制度和市场机制，也就可以在既定的资本主义生产方式下，研究解决资本主义经济危机的具体举措。

正因为凯恩斯主义和供给学派研究问题的偏向，以及由于假设和理论逻辑与现实的不一致，使其在分析资本主义经济危机及度过危机原因时，也忽视和回避相关问题。里根政府接受供给学派供给管理政策，核心是在滞胀的情况下，通过降低企业成本激活企业，即通过改革官僚体制大幅度减少企业税赋成本，通过放开金融和允许“高利贷”治理通胀降低企业资金成本，通过石油公司开采本国石油降低企业能源成本。撒切尔夫人在英国也采取多种方式激活企业，大规模推进国有企业私有化只是激活企业的方式之一。萨缪尔森等在所著的《宏观经济学》中说，供给学派认为，凯恩斯主义过分强调需求管理，忽视了税率和激励对总供给的影响。供给学派强调激励，主张大幅度削减税收，以促进经济增长。供给学派第一个主题是强调激励所起的关键作用，激励意味着对工作、储蓄和企业家才能给予足够的报酬；另一个主题是主张大幅度削减税收。供给学派强调不受约束的自由市场所创造出的奇迹，并力求避免由于高税率而产生的负面激励。[③]然而，有人却把里根和撒切尔夫人实施供给学派主张的通过激活微观主体取得成效，简单地概括为归结于私有化、市

① 参见［美］保罗·萨缪尔森、威廉·诺德豪斯:《宏观经济学》第 17 版，萧琛主译，人民邮电出版社 2004 年版，第 20 页；［英］亚当·斯密:《国富论》，商务印书馆 2015 年版，第 428 页。

② 参见［法］让·巴蒂斯特·萨伊:《政治经济学概论》，陈福生、陈振骅译，商务印书馆 1963 年版第 144、147 页。

③ 参见［美］保罗·萨缪尔森、威廉·诺德豪斯:《宏观经济学》第 17 版，萧琛主译，人民邮电出版社 2004 年版，第 300 页。

场化、自由化的成功。这种对 20 世纪 80 年代起美国、英国走出困境并实现新发展原因的分析，还忽视了这一时期科技进步快速提升对经济增长的贡献、在经济全球化进程中其跨国资本优势、社会主义国家尤其是中国改革开放和快速发展为其提供产品和资本市场等因素。如此解读，会错乱人们的视听。

三、实践验证：凯恩斯主义和供给学派理论及其政策主张的实施与旧有危机的解救和新危机的衍生

凯恩斯主义和供给学派主导一国经济政策选择及其实践，解救了旧有的经济危机，但又衍生出新的经济危机。

凯恩斯主义极其注重需求管理政策的实施，解救了 20 世纪二三十年代美国经济萧条危机，又导致 20 世纪 70 年代经济滞胀危机。古典经济学及其政策主张，为自由竞争资本主义经济发展提供了理论支撑。但是，在自由竞争资本主义经济发展进程中，由于市场失灵，资本主义固有矛盾日益积累，到 20 世纪二三十年代爆发了严重的经济萧条危机。凯恩斯分析这次经济危机的原因后，对古典经济学关于市场自动机制失灵的问题，从理论上予以否定，主张国家通过投资等对经济实施干预，刺激消费。这一注重需求管理政策主张的实施，缓解了资本主义社会的矛盾，解救了 20 世纪二三十年代资本主义经济萧条危机，也使资本主义经济再次步入快速发展的轨道。凯恩斯主义因为这种成功，被誉为凯恩斯革命，在 20 世纪 30 年代至 60 年代，成为西方经济学的主流，成为资本主义国家政府施政的主导理论，使基于市场自动机制而只使用市场这只看不见的手的古典经济学受挫。然而，凯恩斯主义注重需求管理政策的长期实施，形成经济增长对政府投资等干预的依赖，政府干预也趋向过度，投资的边际效益递减。因为经济增长对政府投资的依赖，使得政府对这种经济增长方式的修正也缺乏动力，政府也不愿放弃对经济干预。凯恩斯主义注重需求管理政策的长期实施，导致通胀，导致企业税赋高、成本高、盈余低下，企业缺乏扩大投资的动能，也就导致了前所未遇的通胀和失业并存的滞胀危机。20 世纪 70 年代滞胀这一新的经济危机，使凯恩斯主义受到多方置疑。

供给学派供给管理政策的实施，解救了长期实施凯恩斯主义需求管理政策所导致的经济滞胀危机，又加剧财富占有分化和市场失灵风险，2008 年国际金融危机是其问题积累的集中爆发。面对 20 世纪 70 年代经济滞胀危机，西方经济学各学派涌现，再次重视萨伊关于市场自动机制的论断，形成主张供给管理的供给学派。美国总统里根执政后，排除多种置疑和政治阻挠，摒弃注重需求管理的政策，选择实施了供给学派关于供给管理的政策，采取措施激活供给主体，解救了美国经济滞胀危

机。撒切尔夫人在英国也采取类似政策，取得成效。实际上，供给学派供给管理政策主张的实施，带来了矛盾更为激化的经济社会问题。

一是供给学派供给管理政策的实施，加剧了财富占有的分化。据国际货币基金组织报告，美国占人口10%的最富裕阶层，控制了71%的财富。1980—2012年，美国占人口10%的最富裕阶层收入占国民总收入的份额，由30%上升为48%；占人口0.1%的顶级富翁占有财富的份额，由2.6%上升为10.4%。据美国统计局的数据，美国的基尼系数，1947—1981年徘徊在0.36左右，但1981年里根就任美国总统采纳供给学派政策主张后，开始稳步上升，1990年上升为0.396，2000年上升为0.433，2012年突破0.45，达到0.451。美国经济学家保罗·克鲁格曼指出，20世纪70年代后期以来，美国半数底层劳工的工资停滞或下降，占1%的顶端人群收入几乎翻番，收入不平等扩大的状况，令人瞠目结舌。[①]马斯·皮凯蒂所著的《21世纪资本论》一书指出，不加制约的资本主义生产方式，必然产生财富分化和不平等现象。耶鲁大学政治学家雅各布·哈克说，美国发展成为了赢家通吃的经济体，一直在向资本主义寡头政治国家滑落。正如西斯蒙第针对萨伊曾阐述的“干涉本身就是坏事，纵使有其利益”[②]这一关于国家财富顺其自然的价值观所指出的，为“个人利益乃是一种强取的利益，个人利益常常促使它追求违反最大多数人的利益，甚至归根到底可以说是违反全人类的利益”[③]，自由放任的竞争会导致最终财富极度不公的恶果[④]。财富占有差距的进一步拉大，激化了资本主义社会固有的矛盾。2011年美国民众以反抗资本寡头的贪婪不公和社会的不平等为目标，占领纽约市金融中心区的华尔街，正是社会中1%的人掌握经济和政治权力，导致绝大多数人在就业及住房、教育、医疗保险、老人保健等生活方面发生危机的反映。这些危机的漫延，使世界经济社会动荡进一步加剧。2008年国际金融危机实质是资本主义社会固有矛盾的再次集中爆发，次贷危机仅仅是导火索。

二是在经济全球化的格局下，供给学派和新自由主义强调的不受约束的自由市场，成为美国及其一体化的跨国资本实现利益最大化的工具，使发展中国家难以摆脱弱势或附庸位势。美国学者诺姆·乔姆斯基所著的《新自由主义和全球秩序》一书指出，新自由主义的“华盛顿共识”是以市场经济为导向的一系列理论，由美国政

① 参见廖政军：《两极分化动摇美国人逐梦信心》，《人民日报》2014年6月17日第3版。
② ［法］让·巴蒂斯特·萨伊：《政治经济学概论》，陈福生、陈振骅译，商务印书馆1963年版，第199页。
③ ［瑞士］西斯蒙第：《政治经济学新原理》，何钦译，商务印书馆1964年版，第243页。
④ 参见贾康、苏京春：《探析“供给侧”经济学派所经历的两轮“否定之否定”——对“供给侧”学派的评价、学理启示及立足于中国的研讨展望》，《财政研究》2014年第8期。

府及其控制的国际经济组织制定，并由它们通过各种方式实施。[①]该书对美国如何通过新自由主义的实施，将国家和垄断企业一体化，进而成为一种剥夺多数人利益的机构予以揭示。结果日益清晰，俄罗斯以新自由主义的“华盛顿共识”为改革路线图，推倒重来，采取迅即的“休克疗法”，推行私有化、市场化、自由化，社会主义变成了资本主义，但这并没有使其真正摆脱困境。美国并没有因为俄罗斯转变为资本主义国家，而将其视为盟友，相反，基于自身利益的战略意图，采取多种方式应对俄罗斯，包括在经济上控制打压国际石油价格走低，使依赖石油、天然气出口的俄罗斯的货币大幅贬值和财富缩水。“华盛顿共识”的实践也没有改变东欧和拉美国家的困境。实践已经表明，“华盛顿共识”并不是解救俄罗斯等国的良药，其隐藏的服务于美国及其跨国资本的目的已显露无遗。

三是国际经济秩序混乱。随着全球经济一体化的发展，国际规则越来越细化，由此国际经济社会理应越来越有序。然而，由于深层次的国家经济利益驱动，货币战争持续展开，对国际经济秩序造成极大冲击。加之一些国家的政府对市场监管不到位，导致金融秩序混乱。2008 年美国次贷危机爆发后，国际社会一致呼吁美国政府加大对其金融市场的监管。

随着时间的推移和实践的推进，学界对供给学派进行反思。2007 年刘伟认为，里根政府接受供给学派的政策实验并未取得成功。由于供给管理政策实验失败和随着经济学对滞胀认识的深化，需求管理政策在宏观经济政策运用中又重新占据主导地位。[②] 2014 年贾康等认为，美国政府实施供给学派的政策主张后，宏观经济结构在很大程度上得以优化，但直到里根总统第二任期结束时，没有兑现促进宏观经济高速增长的承诺，还出现极为严重的财政赤字和外贸赤字。里根政府时期，预算赤字依旧庞大，偏离里根竞选所许诺言，最高时达 2210 亿美元，在供给学派的减税法案颁布起的 5 年中，联邦债务也增长 1 倍多，约为 1.2 万亿美元。[③]约瑟夫·斯蒂格利茨在 2016 年 3 月召开的中国发展高层论坛上也指出，20 世纪 80 年代美国的供给侧改革就是失败的。[④]

还需要注意的是，美国、英国政府在采用凯恩斯主义和供给学派政策主张的实践中，并不是非此即彼。英国经济学家 M·马歇尔、P·阿里斯蒂斯在分析供给学派

---

① 参见［美］诺姆·乔姆斯基：《新自由主义和全球秩序》，徐海铭、季海宏译，江苏人民出版社 2000 年版，第 4 页。

② 参见刘伟、苏剑：《供给管理与我国的市场化改革进程》，《北京大学学报（哲学社会科学版）》2007 年第 5 期。

③ 参见［美］小阿尔弗雷德·马拉伯：《迷惘的预言家——当代经济学家的历史》，高德步等译，海南出版社 1997 年版，第 240 页。

④ 参见《约瑟夫·斯蒂格利茨：警惕 80 年代美国供给侧改革的失败》，http：//finance.sina.com.cn/roll/2016-03-19/doc-ifxqnsty4613963.shtml。

在美国实践取得成效的原因时指出，种种迹象表明，里根政府经济上是实用主义，政治上则是教条主义。[①]在2008年国际金融危机中，美国调控当局初期没有对雷曼兄弟公司施以援手，但随着势态的恶化和漫延，开始动用大量公共资金有选择地对房利美、房地美、花旗、通用等特定主体实施以援助。这也表明经济学主流教科书和实践之间存在言行不一现象。[②]

凯恩斯主义和供给学派在假设、理论逻辑的对立及其与现实不一致的问题，不可忽视，不能以两个学派解救危机成效的光环及革命之革命的理论演进思维定式对其假设、理论逻辑与现实不一致及导致新危机的问题加以屏蔽，对此应还其本来，不能只顾及两个学派成功或缺陷的一个方面，更不能以其中之一的学派，作为排他式单一主导一国经济政策选择的理论依据。一些人套用基于特定历史条件和特定假设形成的凯恩斯主义和供给学派，将需求管理比喻为见效快但不能治根本的西药，将供给管理美誉为管长远治根本的中药，对中国的改革发展开所谓的“良方”，而不是基于中国现实状况，也是不顾马克思主义政治经济学在中国的新发展而促进经济实现跨越发展的事实。主张中国实行私有化和自由化的人，因为新自由主义在中国受阻，又试图以供给学派名义，来渗透私有化和去政府作用的自由化之主张。厘清凯恩斯主义和供给学派理论及其政策主张所解决的问题和局限，厘清凯恩斯主义和供给学派的理论缺陷，厘清凯恩斯主义和供给学派与马克思主义政治经济学的区别[③]，有助于防止借鉴西方经济学中科学因素而对马克思主义政治经济学原则的否定和替代，有助于防止新自由主义以供给学派的名义在实施供给侧结构性改革中渗透私有化和自由化的主张，有助于增强按照马克思主义政治经济学立场和原则创新性地推进供给侧结构性改革的定力。

（作者：郑有贵）

① 参见〔英〕M·马歇尔、P·阿里斯蒂斯：《供给学派与里根经济学》，《世界经济文汇》1991年第2期。周军译自美《经济问题》1989年12月号。

② 参见贾康：《从“新供给”研究的视角看供给侧改革》，《光明日报》2016年1月6日第15版。

③ 参见周文：《警惕借供给侧结构性改革兜售西方理论》，《红旗文稿》2016年第10期；刘元春：《论供给侧结构性改革的理论基础》，《人民日报》2016年2月25日第7版；刘凤义：《推进供给侧改革要抓住深层关系》，《中国社会科学报》2016年3月24日；郭杰、于泽、张杰：《供给侧结构性改革的理论逻辑及实施路径》，中国社会科学出版社2016年版。

新四军精神为转型发展提供动力

——淮南新四军纪念林建设的启示

淮河南岸，连绵起伏的山丘，曾经是新四军二师、四师将士奋勇抗敌的热土。70多年前，年轻的战士们用自己的热血，谱写了中华民族不屈不挠的伟大精神。在新四军老战士、老同志的倡议推动下，淮南市探索了一种纪念革命英烈的好形式，建设成一处鲜活的、林碑结合的、自然风光与人文景观、树木与树人融为一体的爱国主义教育基地——新四军纪念林。调研组在淮南市的调研中，深切地感受到新四军精神的弘扬为转型发展提供的强大精神动力。

一、建林：在思想战线上争夺下一代

兴建新四军纪念林，旨在弘扬新四军精神，缅怀革命先烈，营造革命传统和爱国主义教育基地。一位新四军老同志很动情地介绍说，在青少年中，淡化政治现象较为普遍，对历史不感兴趣，或是知之甚少。社会上修庙造神、毁林造坟、求神拜佛等现象时有发生。对此，引起400多名新四军老战士和一大批老八路、离退休老同志的警惕和思考。他们认为，作为新四军的老同志不能等闲视之、视而不见，在思想领域要抢占制高点，占领这一无形的阵地。新四军的老同志是历史的见证人，是幸存者，从缅怀牺牲的战友出发，兴建新四军纪念林，让新四军精神传给后人，是活着的人对死者最好的怀念和敬重，这也是历史的责任。经历了战争的人们，更加懂得和平的宝贵，兴建新四军纪念林，就是要铭记历史、缅怀先烈、珍爱和平、开创未来。

淮南市一批新四军老战士、老同志认为，应该为新四军建一片纪念林，在记载历史、缅怀先烈、教育后代的同时，为这座城市添绿加彩。大家觉得，“不能老是靠开座谈会、念文章纪念新四军，得有点更加开放的办法，扩大新四军精神的宣传影响，才能在思想战线上争夺下一代”。怀着对新四军的崇敬之情和时代责任感，2002年10月15日，正值新四军成立65周年，淮南市新四军历史研究会向全市发出兴建纪念林的倡议。一是为了铭记新四军的丰功伟绩，弘扬新四军精神；二是为了教育后代，为青年一代建一处进行党史、军史教育的基地；三是为响应淮南市委、市政府提出的“绿化淮南”“建设山水园林城市”的号召，添点绿、增点彩、出点力。

倡议建林时，钱无一文，地无一分。他们庄严承诺："兴建新四军纪念林所需资金，采取自筹解决，不给市财政增加负担。"兴建纪念林的倡议发出去了，可建林的钱从哪儿来，地址选在哪里，都还是问题。老同志坚信，只要"想尽千方百计、不惜千言万语、不辞千辛万苦"，纪念林一定能"又快又好又省"地建起来。倡议一发出，就迅速形成纷纷捐款捐物建林的热潮。经过 8 个多月的艰苦努力，65 亩的新四军纪念林在荒冈秃岭上诞生了。

如今的上窑山上，林涛阵阵，花香四季，忠魂巍巍，千秋永祀。

一花独放不是春，百花齐放春满园。13 年来，在老同志的感召下，淮南市机关单位和社会各界纷纷加入造林行列，如雨后春笋般建起记者林、夕阳林、学子林等 30 多个绿化区，市政府在上窑山下建起新四军历史陈列馆。纪念林从无到有，从小到大，在淮河之滨记载着先辈们浴血奋战的历史，讲述着新四军精神代代传承的故事。迄今，纪念林已扩大至 30 多个绿化区，面积 3120 余亩，各类树木达 4 万多棵；纪念林成为聚树、碑、路、桥、池、亭、廊、馆、阁、楼于一体的综合性园林，成为集国防教育、廉政教育、生态文明教育于一身的多功能教育基地，成为传承革命精神和爱国主义教育的重要场所。

二、铸魂：林为体，碑为魂

建纪念林的宗旨是什么？就是让人们铭记新四军艰苦卓绝抗战的不朽功勋，从而传承革命的光荣事业，弘扬新四军的伟大精神，不忘过去，珍惜现在，开创未来，实现中华民族伟大复兴的中国梦。

中国人民抗日战争和世界反法西斯战争，是正义和邪恶、光明和黑暗、进步和反动的大决战。新四军的抗战历史，是近代中国革命斗争历史非常重要的一页，是一部丰富生动的教科书。在那场惨烈的战争中，淮河岸边涌现出彪炳史册的著名抗日英烈，也有无数不为人知的普通士兵，还有死于侵略者屠刀下难以计数的平民牺牲。"身既死兮神以灵，魂魄毅兮为鬼雄。"革命烈士的奉献精神是我们伟大民族精神的重要内容，烈士的崇高思想境界、坚定的理想信念、巨大的人格力量和浩然的革命正气，成了中国人民奋斗历程的写照。

新四军纪念林依山傍水，气势壮观，以《新四军军歌》为序曲，以树为主，树碑结合，林为体，碑为魂，精心打造寓教于乐、寓教于游、生态文明的红色园区。

以树为体。纪念林中的万棵长生树——银杏、苍松、翠柏、桂花、香樟、腊梅等，象征着新四军的丰功伟绩名垂千古，万世流芳。纪念园中央平台周围栽 24 株银杏，寓意淮南及周边地区当年是新四军二师、四师战斗过的地方，24 株银杏分为3组，每组8株，寓意新四军由8省健儿组成、坚持抗战8年、创建8块抗日根据地；林中的红枫和周边的火棘，寓意新四军经历了血与火的考验，披荆斩棘，披荆斩棘，铸成铁军；林中10株桂花，寓意新四军战斗10年，香留人间；苍松翠柏栽满山坡，象征着烈士们的革命精神万古长青。为叶挺、项英、刘少奇、陈毅等新四军主要领导人和淮南当地辞世的老红军等植纪念树180棵，表达“拳拳之心敬功臣”“殷殷之情献亲人”的深厚感情。新四军将领的子女来到纪念林时，看到父辈的纪念树，激动不已，培土、浇水，拍照留念。他们动情地说：“没想到淮南人民对新四军的感情这么深，建了纪念林，还专门为我们的父辈栽了纪念树，我们除了感动还是感动，除了感谢还是感谢。”为记忆植上绿色，为了让珍贵的往事充满活力。铁军精神塑造了新四军纪念林，新四军纪念林激活了70多年前凝成的铁军精神。

以碑为魂，纪念林的中央平台为400平方米，中间耸立着一座主碑，正面镌刻着“新四军精神永放光芒”。主碑是用造林打穴时挖出的巨石制成，朴拙自然，浑然天成。道路两侧、中央平台四周置奇石碑刻200多块，掩映在万木丛中，镌刻着伟人的题词、诗篇，讴歌新四军在战斗中发展壮大的“新四军简介”和高度概括的“新四军精神”“新四军颂”，以及镌刻着新四军八年抗战发生的重要战役、重大事件的碑石，成为纪念林之魂。每一块碑刻，都承载着一段厚重的历史；汇成碑廊，就是一部不朽的军史教科书。纪念林成为一座露天的军史大课堂，一处鲜活的弘扬英烈精神的永久阵地。供人们观瞻、缅怀、思索。

中国人民的抗日战争经历了一个曲折而又艰难的过程。随着时间的流逝，抗战对普通民众的影响越来越淡，似乎只停留在了历史课本上。由于对历史的苦难没有了刻骨的印记，纪念抗战对他们来说似乎也没有预想中的那么重要了。而传统的纪念抗战只是停留在观看抗战电影、表彰抗战老兵、参观红色教育基地等方面。这些纪念抗战的形式虽然多样，但难以起到很好地教育、引导青少年的作用。新四军纪念林采取林碑结合的模式，记载着革命历史，传承着“铁军精神”，发挥着知识化、大众化、通俗化教育功能，一目了然，老少喜爱。新四军纪念林这一道红色的风景线伫立在淮水之滨，将永远屹立在人们心中，为进一步加强革命传统教育、弘扬新四军精神提供一个有意义的阵地。

纪念林碑林结合，集新四军伟大抗战留下的“事、物、人、魂”于一体，载体新，形式新，构思新。建设新四军纪念林，“以红带绿、以绿映红、红绿辉映”，比拍一部电影、出一本书的作用大，效果好。以绿色的树林为体，生机和希望寄托于年轻一代；碑为魂，把谆谆告诫后来人的话，镌刻在石碑上。任光阴流逝、岁月荏苒，青松翠柏不倒，石碑石刻不烂，革命精神同林木和石碑一起经住时光的打磨。绿树婆娑，形象生动地述说着新四军的丰功伟绩；石碑静默，永恒不变地传承着革命先烈的不朽精神。树林因石碑的厚重而根基牢固，石碑因树林的吐芳而有润有色。

三、传承：老兵新传育后人

今天的幸福生活，是无数烈士用生命和鲜血换来的。英雄们用鲜血和生命铸就了辉煌历史，谱写了可歌可泣的壮丽诗篇，为我们创造了美好的生活和发展环境。在整个建林过程中，在新四军精神的老战士、老同志个个身体力行，一心扑在建林上，传承着革命英烈不朽的精神。

单星是1940年14岁参加新四军的老同志，对新四军有着深厚的感情。他说："新四军是我的第二家庭，是我成长的学校，弘扬新四军精神是时代对我们的要求。"建林紧张之际，单星因癌症赴上海治疗，临行前，生死未卜的他写下几句话，说"纪念林是我难丢难舍的一件事"，"若能健康归来，将立即归队，投入建林工作中去"。说到做到，从上海出院回淮南的第二天，70多岁的老人，又出现在林地上。

淮南市原市长宋长汉是新中国成立前参加工作的老同志、老党员，在工作中常常冲到第一线，被称为"领头雁"。建林期间，他的老伴身患胆管癌，他既要忙纪念林，又要去医院护理，两年多时间，一天也没放松对纪念林的建设；2011年下半年，他又患病，三次住院、两次手术，仍日夜为纪念林操劳。

曾任市政府秘书长的丁朝群，白天跑工地，晚上查材料，为新四军纪念林起草了20多万字的文稿。如今的纪念林中，不仅树的品种、数量蕴含着丰富文史内涵，镌刻着领袖题词、将军诗词、《新四军军歌》和重要战例的碑刻，也在述说着永远需要铭记的血染的厚重的新四军历史。

光有树木，并不能弘扬新四军革命精神。"树不会讲话，也不能自动传播新四军的革命精神。"几位老人决定以石头为纸，以铁钎为笔，用碑刻的形式，述说新四军的光辉历史。曾做过文秘工作的丁朝群，参与建林后又重操文秘旧业，查阅浩瀚的资料为纪念林撰写碑文，经常是白天跑工地，晚上写材料，起草了倡议书、解说词、情况汇报、总结材料等逾20万字。老伴莫瑞华写诗称他"虽已近暮年，仍与时赛跑"。83岁的他赋诗抒怀："铁军精神受熏染，参与建林十一年。名利抛至云霄外，老有所为笑开颜。"这里有老人们难以割舍的奋斗岁月，也有他们对于红色传承的无尽寄托。

这批新四军老战士、老同志十几年如一日，不仅没有拿过补助，而且带头捐款。怀着对历史负责、对后代负责的责任感，硬是用一双老手，两条老腿，不惜老命，在淮南市委市政府和社会各界的支持下，把一处荒岗秃岭建设成为有相当品位、相当规模的革命传统与爱国主义教育基地和人民群众陶冶情操、休闲娱乐的园林——新四军纪念林。正是他们的悉心坚守，为淮南营造了一片绿色的海洋，辟建了一处寓教于游的红色纪念圣地。

“先烈开道为后人，后人继业慰忠魂”，新四军纪念林在传承历史，也在创造新的历史。造林的老战士、老同志单星和魏耀民 2009 年和 2014 年先后两次出席全国离退休老干部先进个人和先进集体表彰大会，两次受到习近平总书记的接见。“老兵写新传，营造纪念林，弘扬铁军史，重在育后人。”他们艰苦奋斗的创业精神，改革创新的时代精神，真抓实干的钉子精神，爱国爱民的民族精神，为民造福的奉献精神，团结共建的协作精神，红色基因的传承精神，是新四军精神在新时期的再现。新四军精神永不凋零，新四军老兵的生命依然怒放，激励后人。

纪念林开建以来，前来参观学习的人数逐年增加，由开始的每年数千人次，增加到数万人次、十多万人次，现总数已达到百万人次以上。特别是每逢重要节日和大中学校开学，前来纪念林的老同志、机关干部、党团员和青年学生，更是一批接着一批。参观一次，受教育一次，灵魂受洗礼一次。大家表示，每次参观新四军纪念林都是一次坚定理想信念的洗礼，都能切身感受到新四军精神的巨大力量，像春雨一样润物无声，起到潜移默化的作用。

四、凝识：露天的爱国主义大课堂

近年来，社会上出现了一股诋毁英雄人物的思潮，有人打着寻找“真相”的幌子，对英雄人物及其事迹恶意调侃和质疑，对英雄特别是革命战争年代的革命英烈进行所谓的“探秘”“还原”和“戏说”①。诋毁英雄特别是革命英烈的思潮假借“求真”的幌子，混淆视听，甚嚣尘上，蒙蔽和误导了善良的人民大众，特别是正值价值观形成阶段的青少年。诋毁革命英烈一方面是由经济全球化和市场扩大化所包含的负面影响所致，另一方面则是一些别有用心的人出于某种不可告人的政治目的而进行的蓄意图谋和策划。蓄意诋毁革命英烈的真正目的是通过“毁人之史”来解构和抹黑中国共产党和国家的形象，歪曲事实以“败人之纲纪”，“湮塞人之教”，乃至于“灭人之国”。

中华民族是一个英雄辈出的民族，在长期的历史发展中，中华民族形成了学

① 从人体生理机能的角度提出“邱少云忍受火烧是不可能的”，打着所谓某战友私底下传言的名号抹黑“董存瑞炸碉堡”，从莫须有的材料捏造“刘胡兰有精神病”，质疑“狼牙山五壮士”的英雄事迹是否真实，等等。

习英雄、敬仰英雄的优良传统。正是由于这种优良传统的存在，中华民族的英雄身上所反映出来的、通过其行为所展现的价值观念，才能够在大范围内发挥作用，也才能够在更大程度上引领社会民众朝着向上的、光明的、进步的方向迈进。可以说，英雄实际上就是一个国家和民族在既定时代、既定社会进程中的价值观符号，而由一系列英雄所参与创造与书写的历史也就代表了国家和民族的历史。因此，能否正确地看待英雄、客观准确地评价英雄，不仅可以成为个体能够辨清各种善恶美丑和是非曲直的衡器，而且也关系到对一个国家、民族的历史乃至其未来的判断。

新四军用鲜血和生命浇铸出的伟大抗战精神①，是中华民族赢得抗日战争胜利的精神主脉和强大动力，是中国人民弥足珍贵的精神财富。树立社会主义核心价值观，凝聚共识，需要有内容、有抓手。建好新四军纪念林，纪念革命英烈，讲好革命故事，继承革命道路，学习、宣传和弘扬革命精神和优良传统，在应对意识形态领域挑战中凝聚共识，发挥社会引领作用，抵制西化、分化的政治图谋，在唱响主旋律、凝聚正能量中走前列、作表率。

建设新四军纪念林靠的是新四军的旗帜，在新四军精神的感召下，进行广泛动员。“建了一个林，上了一堂课。”建林的过程变成学习新四军历史，弘扬新四军精神，宣传群众、教育群众的过程，而且宣传力度最大、宣传内容最全面、受教育的人数最多、取得的效果最好，也是理想信念的一次洗礼、心灵的一次净化。

纪念林碑林结合，系统、全面地记录新四军的战斗历程、光辉业绩和革命精神，对凝聚历史共识，增强道路自信、理论自信、制度自信，不断巩固全党全国各族人民团结奋斗的共同思想基础，为实现中华民族伟大复兴中国梦提供正能量。走进新四军纪念林，接受红色教育，传承红色文化，增强对红色精神的历史认同、情感认同和价值认同，促进形成向上向善、诚信互助的社会风尚，对人民有着建立文化身份，对社会有着修正落后，对国家有着壮大文化软实力的重要功能。

淮南新四军纪念林开展多种形式的宣传阐释和主题教育活动，把弘扬革命先烈精神融入社会生活中。淮南新四军研究会加强文献史料、烈士英雄事迹的搜集整理和研究编纂，全面整理新四军抗战档案、照片、资料、实物等，面向社会广泛征集影像资料、图书报刊、日记信件、实物等，深入挖掘不同历史时期烈士精神的实质内涵，增强教育宣传的针对性和时效性。建立健全凭吊瞻仰、祭扫等制度规定，明确相关礼仪规范标准。积极配合机关、团体、企事业单位和部队开展经常性的烈士

① 习近平总书记概括为：“天下兴亡、匹夫有责的爱国情怀，视死如归、宁死不屈的民族气节，不畏强暴、血战到底的英雄气概，百折不挠、坚韧不拔的必胜信念。”

纪念和主题教育实践活动，精心组织烈属和社会公众日常祭扫和瞻仰活动。抓住节假日、重要纪念日等参观、祭扫人员集中的有利时机，开展形式多样的专项烈士纪念活动，采取专题展览、烈士英雄事迹宣讲、红色经典影视展播等多种形式，广泛宣扬烈士精神和优良传统。动员和引导社会力量支持烈士纪念活动，研究制定社会捐赠、志愿服务、义务劳动等方面的制度规定。积极开展共建活动，有计划地组织人员深入机关、企事业单位、社区、农村、学校、驻军等，宣传烈士英雄事迹。在适当区域，设置以弘扬烈士精神为主题的展板、海报等，配备必要的休闲设施，为群众提供独具特色的红色文化活动场所，将弘扬烈士精神融入群众性文化活动中。

五、聚力：为转型发展提供精神动力

今天，中国正在发生日新月异的变化，比历史上任何时期都更加接近实现中华民族伟大复兴的目标。实现我们的目标，需要英雄，需要英雄精神，需要最大限度地凝聚共识、汇聚力量，为实现民族复兴汇聚起不可战胜的磅礴力量。

“名将以身殉国家，愿拼热血卫吾华。”用鲜血和生命浇铸出的伟大抗战精神，是中华民族赢得抗日战争胜利的精神主脉和强大动力，是中国人民弥足珍贵的精神财富。新四军的铁军精神，同井冈山精神、长征精神、延安精神、西柏坡精神等一道，因其固有的先进性而共同构成中国共产党在前进道路上战胜各种困难和风险、不断夺取新胜利的强大力量。

多年来，淮南市坚持大力弘扬新四军精神，积极打造红色文化，为实现科学发展提供强大的精神动力和文化支撑。淮南新四军纪念林为新四军精神注入新的活力、新的生命力。最伟大的力量是同心合力，新四军精神为建设纪念林凝聚社会各界力量，为淮南社会经济发展增添了新动力。

兴建新四军纪念林所需的资金采用自筹解决。2002 年倡议建林时，钱无一文，地无一寸，两手空空。在新四军精神的感召下，在老战士、老同志带头捐款的影响下，出现了“一纸倡议，万众呼应，三家操办，社会共建”的局面。为避免捐款中出现攀比，老同志们用心良苦，给个人捐款划定每人 200 元的上限。“上有封顶，下不保底，捐 1 角、2 角也是心意。”许多小学生捐出了零花钱，仅 1 元、5 角和 1 角的硬币，就有 2 公斤。在捐资建林的登记本上，记录着 100 多个单位和千余名新四军老战士老同志以及干部职工、数万名大中小学师生的名字。聚沙成塔，共筹集捐款 100 多万元，顺利解决了纪念林主林建设资金。

纪念林的建设和发展，是举全市之力，采取群办公助的模式，吃群众的百家饭建设起来的。具体说来就是“百千万”，即全市共有上百家机关、学校、企事业单

2015 年 8 月 1 日，调研组在淮南新四军林调研

位、合资和民营企业，上千名干部、职工，以及数以万计的学生、群众捐款捐物，共集资 2000 多万元。开始建林时身无分文，现在连植树加各项设施的投入约在 1 亿元左右。随着纪念林的扩大和项目的增多，单纯依靠捐款，不是长久之计，采取了社会捐资，政府投入和争取外援三结合的方式。正是“众人拾柴火焰高”，“聚沙成塔万人功”。

三家操办。淮南市新四军研究会、党史研究室和林业部门三家具体操办，各有分工，各有侧重，各司其职，三位一体共建共管，共同肩负弘扬新四军精神、造林育人的任务。由新四军老战士组成的淮南市新四军研究会是建林的倡议者、领导者、策划者，负责谋划、规划、筹款、组织，协调社会各方面的力量。淮南市党史研究室除参与建林的规划外，还负责新四军史料的征集、整理和文稿的撰写。淮南市林业局和上窑林场则负责树木、花卉的栽植、管护，景区设施的管理和环境的整洁，以及全方位服务。

团队运作。这个团体中有新四军老战士，有对新四军敬仰的离退休老同志，大家怀着深厚的感情来建林，事无巨细，亲力亲为。“咬定青山不放松，矢志建好纪念林”，大家齐心协力，心往一处想，劲往一处使，才使纪念林能够建成、建大、建好。

纪念林建设还带动了淮南市和周边地区革命纪念设施的建设。如凤台县抗日民主政府纪念园、凤台板张集革命烈士陵园的建设，以及程东方革命烈士墓的重修、定远县朱湾镇东圩烈士陵园的迁建、“革命母亲”陈姚氏烈士墓的修建和淮南市烈士陵园的迁址等。

“天地英雄气，千秋尚凛然。”习近平总书记指出：“一个没有精神力量的民族难以自立自强。”一个有希望的民族不能没有英雄，一个有前途的国家不能没有先锋。他们的事迹和精神都是激励我们前行的强大力量。[①]新四军用鲜血和生命浇铸出的伟大抗战精神，是中华民族赢得抗日战争胜利的精神主脉和强大动力，是中国人民弥足珍贵的精神财富。在新的历史起点上实现中华民族伟大复兴的中国梦，新四军伟大的抗战精神依然是凝聚中华儿女紧密团结、共同奋斗的精神旗帜，仍然是不断增强团结一心的精神纽带、自强不息的精神动力。

六、绿城：为五彩淮南添绿增彩

淮南缺少红色教育基地，恰逢市委、市政府提出建设“山水园林城市”和“绿色淮南”的构想，如果为新四军建一片纪念林，既能缅怀先烈、教育后代，又能为城市添绿加彩，岂不是一举两得！淮南人民弘扬“红色精神”、掀起“绿色革命”，造就了生态淮南，让能源之城又添绿色名片。

一花独放不是春，百花齐放春满园。纪念林从诞生之日起，就具有强大的生命力和影响力，在4位老同志带动下，淮南市机关单位和社会各界自筹资金，纪念林周围如雨后春笋般建起记者林、夕阳林、学子林等30多个绿化区，市政府在上窑山下建起新四军历史陈列馆。目前，整个纪念林景区面积3000余亩。用林碑结合的形式建纪念林，宣传新四军的丰功伟绩，弘扬新四军经精神，既调动了各单位植树造林的积极性，强化了管理的责任心，还增强了荣誉感；而且做到一园一品（如千棵桂园，两千棵梅园、红枫园、石楠园等）、一品一景，四季常青，四季花香。纪念林区与绿化区融为一体，纪念林位于中央，绿化区分布四周，绿叶红花，犹如众星捧月、百鸟朝凤，正是“一花引来百花开，万紫千红春满园”。

随着纪念林和周围30多个绿化区的建设，使五山（花果山、小黄山、扁担山、西山和魏山）一海（林海）一洼（西大洼），发生天翻地覆的变化。昔日的荒岗秃岭，现在是树木茂盛，郁郁葱葱。昔日开山、炸石、办厂破坏的山林和植被，正在逐步修复。昔日足迹难进的竹海，现在是曲径通幽。昔日穷山恶水的西大洼，如今渠通、路通大变样。现在的上窑山天更蓝了，水更清了，山更绿了，让前来参观游览的人们，既受到革命传统的教育，又欣赏了绿色生态的优美，陶冶了情操，愉悦了身心。

---

① 习近平：在颁发“中国人民抗日战争胜利70周年”纪念章仪式上的讲话（2015年9月2日）。

淮南新四军纪念林是用新四军精神建起来，是群策群力，社会共建的成果。新四军纪念林的建设改变了林业建设项目主要由政府投资建设的方式，提高了社会爱绿、植绿、护绿意识，使淮南市的全民义务植树活动在思想观念、绿化功能、营林技术、发展模式和建设规模上都有创新和突破，并在全省的义务植树工作中起到了示范带动作用，被安徽省绿化委、林业厅命名为全省义务植树示范基地。在其引领下，极大地加快了“绿色淮南”的全面推进，绿色富民、绿色惠民，为人民提供优美生态环境，推动形成绿色发展方式和生活方式。据统计，全市共兴建义务植树基地 86 处，面积达 4.2 万亩。①

绿色是永续发展的必要条件和人民对美好生活追求的重要体现。“十三五”时期，中国可持续发展的紧迫性将进一步凸显，经济社会永续发展、人民生活质量、社会福利和生态资本的要求越来越高。弘扬革命先烈精神，大力推进绿色革命，加强绿色宣传，弘扬绿色理念，形成生态文明建设的文化风尚是时代的要求。让富裕与和谐同行，让红色与绿色同在，以红色文化托起“绿色发展”，推进区域的全面发展、优化发展、和谐发展，新四军纪念林是倡导者、示范者、推动者。

七、惠民：用新四军精神发展生产，改造家园

中共十八届五中全会指出，共享是中国特色社会主义的本质要求。人民是推动发展的根本力量，实现好、维护好、发展好最广大人民根本利益是发展的根本目的。习近平总书记指出，“让老百姓过上好日子是我们一切工作的出发点和落脚点”，“人民对美好生活的向往，就是我们的奋斗目标”。淮南市新四军老战士、老同志牢记党为人民服务的宗旨，无论干革命、搞建设、抓改革，都是为了让人民过上幸福生活。兴建新四军纪念林，把传承和弘扬新四军精神，见诸行动，落到实处，不能“灯下黑”。

新四军纪念林兴建后，给上窑林场带来新的发展机遇，推动上窑林场的第二次创业，探索、创新了一条研究军史与服务现实相结合，精神变物质，教育出成果，为群众办实事的发展道路。上窑林场是成立于 20 世纪 60 年代的国营林场，由于体制制约和经营管理不善而导致长期亏损。“那时候没人愿意在这里干下去，平时在外面都不好意思跟人家说自己的单位。”林场副场长凌刚介绍，2002 年新四军纪念林兴建以后，直接带动了林场的二次创业。在建林过程中，引导林场职工，以纪念林建设为动力，继承和发扬新四军精神，围绕专业，服务旅游，发展三产，自力

① 淮南市新四军研究会、中共淮南市委研究室：《林涛军魂》，当代中国出版社 2012 年版，第 156 页。

更生，创收致富奔小康。随着新四军纪念林 2005 年 12 月升格为国家级森林公园、2009 年成为国家 4A 级旅游景区，林场职工的生活也是芝麻开花节节高。

林场职工的住宿条件问题，一直牵动着老战士、老同志们的心。当时，林场职工住的大都是 20 世纪 60 年代建造的简陋平房，每户仅三四十平方米，有的还老少三代同居，90% 已经属于危房。从 2007 年开始，由市新四军研究会牵头，在市林业局的支持下，上窑林场启动了棚户区改造工程。采取统一规划、统一设计、统一施工、自筹资金的方法，改造旧危房、建设新家园，兴建了 106 幢小康型住宅楼和两幢多层住宅楼，取名“思源新村”，圆了林场职工几代人的梦。林场职工说：呼吸的是新鲜空气，吃的是绿色食品，住的是自家楼房，这都是托新四军纪念林的福。

2008 年 11 月，中国新四军研究会会长周克玉上将看后，赞赏“淮南模式好”。他说：“我们宣传新四军，弘扬新四军精神，就是要为现实服务，为老百姓办实事，为群众谋福利。你们用新四军精神发展生产，改造家园，做得好！”

在淮河岸边保留下来的革命遗址和事迹历史，不仅是一种历史文化资源，既是珍贵的精神和思想财富，更是一种重要的经济资源。红色文化具有鲜明的经济价值。在经济结构中，文化产业已成为新的经济增长点，红色文化就是文化产业的重要构成。文化本身就是提高经济竞争力的核心，为经济发展提供强大的精神动力。发展为了人民、发展依靠人民、发展成果由人民共享，全体人民在共建共享发展中有了更多的获得感。建了一个林，救活一个场，新四军纪念林在惠及林场职工的同时，也改变了周边农民的生存状况，形成连带效应。

八、圆梦：实现人们对美好生活的向往

实现民族振兴、国家富强，让人民过上幸福美好的生活，是中国共产党成立之初就确定的奋斗目标。英烈们虽打下了江山，但他们的事业还没有完成。搞革命是为了这个目标，搞建设和改革同样是为了这个目标。在新四军纪念林的感召下，绿化河山、美化家园成为淮南全市人民自觉行动，对于建设美好淮南，促进淮南经济社会和谐发展具有很好的示范意义。

“靡不有初，鲜克有终。”实现中华民族伟大复兴，需要一代又一代人为之努力。2014 年 2 月 25 日，习近平总书记在北京市视察工作时指出：“把历史智慧告诉人们，激发我们民族自豪感和自信心，坚定全体人民振兴中华，实现中国梦的信心和决心”。纵观世界发展史，世界上没有哪个国家、哪个民族是不靠尊崇自己民族的英雄推动历史向前发展的，缅怀革命英烈，继承英烈遗志，目的是更好前进。缅怀

先烈、警示后人、铭记历史，珍爱和平，是我们每个人的神圣使命。

建林 13 年来，淮南新四军纪念林的规模不断扩大，内涵不断丰富，赢得社会广泛赞誉，先后被命名为“爱国主义教育基地”“国防教育基地”“领导干部党史教育基地”“廉政教育基地”“国家生态文明教育基地”等。这片矗立在淮河之滨的翠绿的树林，记载着火红的历史，也传承着火红的精神。新四军纪念林已成为全市人民心目中的一座丰碑，成为淮南的一张红色名片。

淮南新四军纪念林将自然与社会、文化与生活、观览与体验、传承与弘扬、传统与现代结合起来，把新四军精神转化成大力推动淮南经济社会发展转型的动力和源泉。走英雄路，承先烈志，解百姓难，谋发展事，圆中国梦，新四军纪念林激励人们继承先烈遗志、发扬革命传统，凝聚共识、汇聚力量、造福人民、美化家园，协同推进人民富裕、国家富强、中国美丽。

（作者：吴超）

推动工业经济增长动力机制转换

工业部门是中国经济的核心引擎，对于经济增长、劳动力转移和劳动生产率的提高具有不可替代的作用。推进工业经济增长动力机制的有序转换，是打造中国经济升级版的关键所在。当前中国工业已经进入新的发展阶段，面临的内、外部条件已发生根本性变化，结构失衡成为制约工业经济可持续发展的核心障碍。有序推动工业经济增长动力机制转换，实现新型驱动增长，已经成为中国经济稳中求进、持续健康发展的根本途径。

一、中国工业经济增长动力机制

动力机制是某一子系统与其所处的环境系统中的其他要素相互关系、相互作用而产生的使自身发生某种行为的内在驱动力的方式、方法的总和。工业经济增长动力机制主要是推动工业经济增长的各种驱动因素及其关系。从需求层面来看，工业经济增长动力机制的研究主要是体现在三大需求对工业增长的拉动分析；从供给层面来看，工业增长动力机制的研究主要体现在资本、劳动、全要素生产率等不同生产要素对工业增长的贡献分析；从行业层面看，工业经济增长动力机制的研究主要是体现在对不同阶段、不同行业对工业经济增长的贡献分析。

（一）三大需求对工业经济增长的拉动分析

最终消费、投资（资本形成）、净出口从需求方面共同拉动国民经济发展，被称为三大需求。三大需求对于中国工业经济增长的拉动作用并不平衡，而是在不同的历史阶段、不同的年份，有着不同的地位（见下表）。

2000—2010 年三大需求对 GDP 增长的贡献率和拉动率　　（单位：%）

年份	最终消费		资本形成		货物和服务净出口	
	贡献率	拉动率	贡献率	拉动率	贡献率	拉动率
2001	50.24	4.17	49.86	4.14	–0.10	–0.01
2002	43.91	4.00	48.51	4.41	7.57	0.69
2003	35.85	3.58	63.30	6.33	0.95	0.09
2004	39.05	3.94	53.98	5.45	6.98	0.70
2005	39.00	4.41	38.78	4.38	22.22	2.51
2006	40.33	5.12	43.61	5.54	16.06	2.14

续表

年份	最终消费		资本形成		货物和服务净出口	
	贡献率	拉动率	贡献率	拉动率	贡献率	拉动率
2007	39.55	5.62	42.41	6.02	18.03	2.56
2008	44.21	4.24	46.98	4.51	8.82	0.95
2009	49.80	4.58	87.58	8.06	–37.38	–3.54
2010	43.14	4.49	52.91	5.50	4.05	0.42
2011	56.52	5.26	47.70	4.44	–4.22	–0.39
2012	55.00	4.24	47.12	3.63	–2.12	–0.06
2013	50.00	3.90	54.40	4.20	–4.40	–0.30
平均	45.12	4.43	52.09	5.12	2.80	0.44

资料来源：根据国家统计局数据整理计算

1. 投资是中国工业经济增长的主导拉动力量，尤其是 2000 年以来形成以投资驱动为主要特征的工业经济增长方式。改革开放以来，资本形成对 GDP 增长的贡献率出现逐步上升的过程，2000 年以后超过最终消费，成为经济增长的第一拉动力量。据测算，1978 至 1990 年中国的经济增长中，资本形成贡献率均值为 30.38%，比最终消费贡献率均值低 32.53 个百分点；1991 至 2000 年资本形成贡献率均值上升到 36.24%，比最终消费贡献率均值低 20.57 个百分点；2001 至 2013 年资本形成贡献率均值进一步上升到 52.09%，比最终消费贡献率均值高 6.97 个百分点。从国际比较来看，中国的投资率高于各种分类的“国际平均水平”，无论采取怎样的“一致性”（收入、文化传统、地理、发展阶段）分类标准，中国的投资率均远高于各种分类经济体的平均投资率水平，也超过各类经济体的历史最高水平。

高投资率造成中国投资效率的下滑，导致投资所能带来的 GDP 增长越来越有限。从投资效益来看，改革开放以来，中国固定资产投资效益指数出现了明显的下降趋势，1981 至 1990 年期间均值为 0.49，1991 至 2000 年期间均值为 0.46，2001 至 2012 年期间均值为 0.25（见 296 页图）。其中，2009 年和 2012 年固定资产投资效益指数更是下降到历史最低点，低至 0.12，意味着单位固定资产投资仅仅能够带来 0.12 单位的 GDP 增长。这说明中国固定资产投资在大幅增长的同时，所能带来的 GDP 增长却迅速减少，反映了固定资产投资的无效率。同时，投资增长过快是也是消费不足、产能过剩，以及高顺差等问题的源头，一方面导致“投资挤了消费”，另一方面导致“产能过剩”，不得不扩大出口，形成高顺差。

2. 消费是工业经济平稳较快增长的根本立足点。消费需求是最终需求，也是一切生产活动的最终目的。工业增长的根本目的，还是为提高居民的福祉水平。2001

中国固定资产投资效益指数

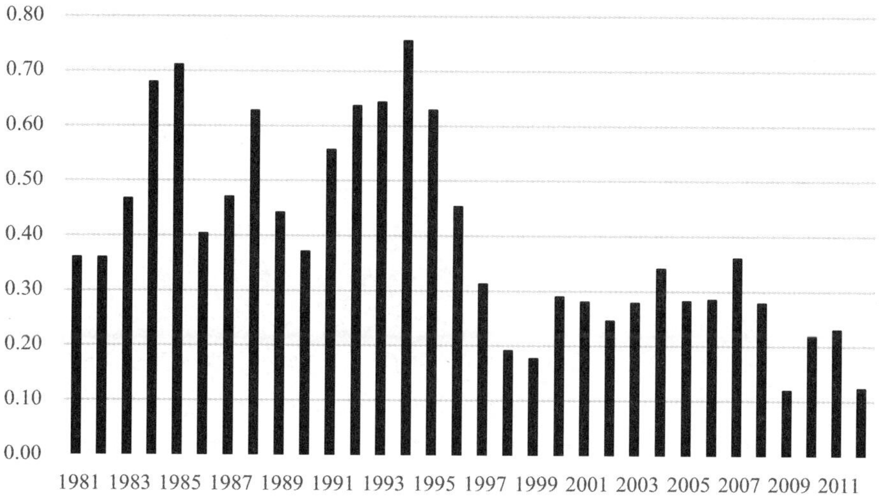

资料来源：根据国家统计局数据整理计算

年以前，消费一直是 GDP 增长的首要拉动力量，但从 2002 年开始被投资超越。2001 年以来，中国内需增长慢于经济总产出增长，国内需求增长贡献率相对下降，2001 至 2013 年阶段性贡献率均值仅为 45.12%，平均每年拉动 GDP 增长 4.43 个百分点。虽然消费对经济增长的贡献率低于投资，但却是维持经济平稳增长的关键力量。2001 至 2013 年，最终消费对 GDP 增长贡献率的方差为 43.3，远低于资本形成对 GDP 增长贡献率的方差 152.1 和货物和服务的净出口对 GDP 增长贡献率的方差 217.9，这说明最终消费对 GDP 增长的拉动作用总体上比较平稳，起到经济增长稳定器的作用。

3. 出口不仅拉动工业经济的增长，而且大幅促进工业经济效率的提高。改革开放以来，中国工业品出口总体上采取了“奖出限进”的贸易政策，通过巨额的贸易顺差，从而利用外需消化本国的过剩产能。在这种思路下，对外贸易对工业增长的作用主要体现在净出口对 GDP 增长的贡献上。当贸易顺差比较大，那么对 GDP 增长的需求拉动就比较大；相反，需求拉动就比较小，甚至负拉动。在 2003 至 2008 年国际金融危机前的一段时间里，中国经历了贸易顺差的快速增长，货物和服务净出口对 GDP 增长的贡献率最高达到 22.22%，拉动 GDP 年度增长 2.52 个百分点。然而，国际金融危机发生以后，中国货物和服务净出口增速大幅下滑，甚至货物和服务净出口对 GDP 增长的贡献率转为负值，达到 –37.38%，造成 GDP 年度增速下滑 3.54 个百分点。在这种情况下，很多人就开始忽略甚至怀疑出口对经济增长的作用，认为“大进大出”但贸易平衡的进出口模式与“不进不出”的进出口模式基本没有区别。

事实上，这种思路并不正确。进出口贸易对一个国家工业增长的拉动绝不仅仅体现在贸易顺差上，而更重要的是体现在一国企业利用全球资源、参与全球分工，从而实现自身效率的提高上。甚至说，进口对一个国家工业增长的促进作用要大于出口。改革开放以来，进出口贸易保障了工业经济增长所需要的资源，促进中国工业更好地参与全球分工体系，从而对于中国工业经济发展成就的取得起到不可或缺的作用。

（二）不同生产要素对工业增长的贡献

建立集约式科布—道格拉斯函数，设资本弹性 =0.6①，可计算获得全要素生产率。从计算结果来看，改革开放以来资本存量、劳动、全要素生产率的提高均对工业经济产出的增长做出了积极贡献。然而，在不同阶段，贡献率和拉动率有着明显差异（见下表）。总体来看，资本存量对工业产出的增长贡献率最大，达到 46.61%；其次是全要素生产率，达到 42.60%；最低为劳动，仅为 9.25%。分阶段来看，1981 至 1992 年资本存量的提高对工业产出增长的贡献最大；1993 至 2007 年全要素生产率的提高对工业产出增长的贡献最大；2008 至 2012 年资本存量的提高对工业产出增长的贡献最大。

1981—2012 年不同生产要素对工业产出增长的贡献率和拉动率 （单位：%）

时期	工业产出	资本存量	劳动	全要素生产率
1981—1985	9.52%	5.84%	1.96%	1.69%
		61.36%	20.59%	17.76%
1986—1992	5.89%	5.50%	1.53%	−0.99%
		93.44%	25.94%	−16.78%
1993—2000	11.82%	4.99%	−0.61%	7.25%
		42.24%	−5.15%	61.39%
2001—2007	20.96%	4.83%	1.83%	13.42%
		23.06%	8.72%	64.05%
2008—2012	13.63%	8.82%	1.69%	3.20%
		64.72%	12.36%	23.50%
1981—2012	12.44%	5.80%	1.15%	5.50%
		46.61%	9.25%	42.60%

注：每个时期资本存量、劳动和全要素生产率的第一行和第二行分别代表各自对工业产出增长的贡献率和拉动率；工业产出、资本存量、劳动的计算参考了陈诗一（2011）的计算方法；总量数据是国家统计局两位数行业分行业数据加总获得的，木材采运、橡胶制品、塑料制品、其他工业等少数行业数据没有计算在内

资料来源：根据国家统计局数据整理计算

① 对资本弹性的设定采取了经验分析的方法，综合了不同学者对中国资本弹性的测算结果。不同学者对中国资本弹性的测算结果基本一致。例如，张军、施少华（2003）的测算结果为 0.6029；郭庆旺、贾俊雪（2004）的测算结果为 0.69；郑京海、胡鞍钢（2005）的测算结果为 0.6；曹吉云（2007）的测算结果为 0.557；李宾、曾志雄（2009）测算结果为 0.6；黄梅波、吕朝凤（2010）的测算结果为 0.6749。

1. 资本存量的提高是工业经济产出增长的首要驱动力，但资本过度深化导致资本边际回报率加速递减。改革开放以来，中国工业的资本存量大幅提升，1980 至 2012 年工业资本存量增长了 18 倍。如果分阶段来看，2003 年以后中国工业资本存量出现加速增长，主要原因是 2000 年以后，中国进入加速重化工业化阶段，工业投资规模增长非常迅速，无论是新增固定资产，还是技术改造投资，均取得很大的成绩。中国在资本存量快速增长的过程中，出现明显的资本深化现象。从资本劳动比和资本产出比来看，从 20 世纪 90 年代中期开始，中国工业资本密度加速上升，而这也正是从这个时期开始，中国工业进入加速重化工业化的阶段。资本深化一方面带来工业经济的加速增长，带来人均产出的迅速提高；另一方面也导致工业经济增长过度依赖于投资，减低了工业经济增长吸纳劳动力的能力，大量资本沉积于生产能力过剩的环节，而用于消费环节的资源过少，以至于导致投资效率的大幅下降。2007 年开始，资本产出比下降速度开始明显放缓，甚至从 2009 年开始资本产出比开始出现上升趋势，这说明从这一阶段开始中国工业资本边际回报率加速递减，投资效率大幅下降。

2. 劳动力数量增长对工业产出增长的直接贡献较小，但对中国工业经济增长产生了重要的间接贡献。从直接贡献来看，1980 至 2012 年劳动力增长平均每年拉动工业经济增长 1.15 个百分点，对工业经济增长的贡献率为 9.25%，远远低于资本

中国工业资本劳动比和资本产出比

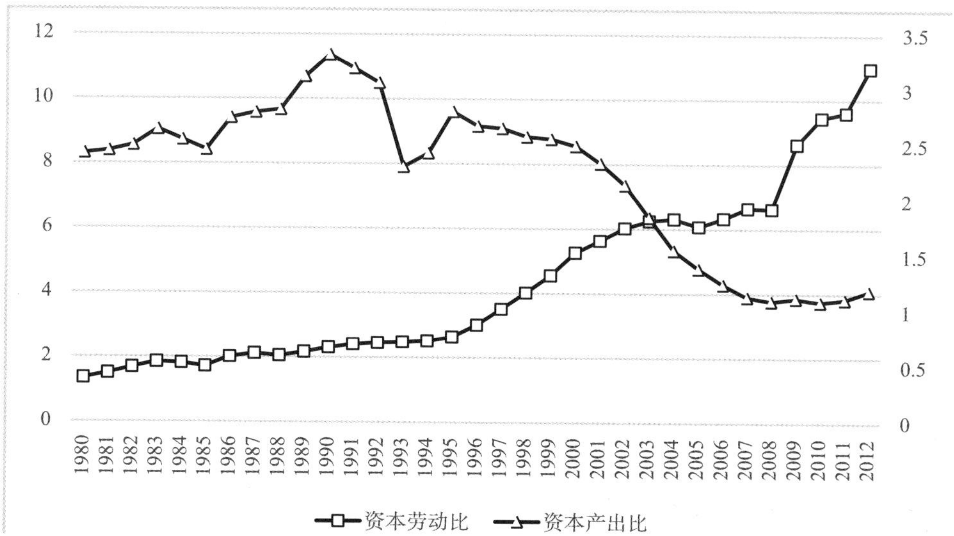

注：资本劳动比对应左侧坐标轴；资本产出比对应右侧坐标轴

资料来源：根据国家统计局数据整理计算

存量和全要素生产率。但从间接贡献来看，劳动力从农村向城市的转移为工业经济的增长起到了不可替代的作用。改革开放以来，很长一段时间里中国工业的竞争力主要体现在充裕劳动力数量带来的低成本优势上，如果没有充足的劳动力数量，中国工业可能很难吸引到外商直接投资，并参与到全球分工体系当中。同时，充足的劳动力数量也是工业经济创新发展的必要条件，只有足够多的人参与到工业活动当中，才可能形成足够多的“草根创新”，从而形成经济增长的内生动力。

3. 全要素生产率的提高对工业经济增长起到重要作用，甚至在一些阶段超过资本存量增长，但近年来对工业经济增长产生负拉动。1993 至 2000 年和 2001 至 2007 年，全要素生产率的提高对工业经济增长的贡献超过资本存量增长的贡献，分别达到 61.39% 和 64.05%，说明在这个阶段中国工业存在着明显效率改善。具体来看，这种效率改善可能主要来源于两个方面。一是资源配置效率的提升带来的效率改善，既包括资源在工业中不同行业间配置效率的提升，也包括资源在行业内配置效率的提升。行业间资源配置效率的提升主要体现为将资源从低效率产业转移到高效率产业，20 世纪 90 年代以来中国工业总体上行业间资本回报率差异和资产偏离度呈降低趋势，对垄断行业的改革取得积极成效，资本在不同行业间的流动更加通畅。二是工业素质提升带来的效率改善，包括工业技术水平提升、产业基础更加扎实，以及基础设施完善等不同方面。从工业技术进步来看，近年来工业企业的研发投入一直保持着较快增长速度，带来工业企业技术水平的快速提高。从产业基础夯实来看，中国工业在发展中十分重视对基础产业的技术改造，包括改进原有产品、改造落后设备、改造传统工艺、改造管理手段等很多方面，从而强化工业发展中的薄弱环节，提高产业综合配套能力。从基础设施完善来看，中国已经建立起门类齐全的工业体系，产业基础更加夯实，基础设施更加完善。2008 年中国基础设施存量达到 192378 亿元（2008 年价格），是价格调整后 1979 年基础设施存量的 34 倍、1953 年基础设施存量的 200 多倍，反映了中国基础设施建设所取得的巨大成就[①]。在肯定全要素生产率在中国工业经济增长中作用的同时，应当指出的一个问题是，中国工业全要素生产率在 2007 年以来出现增速下滑，甚至在 2010 年以来出现负增长，从而造成对工业经济增长出现负拉动。这说明近年来中国工业经济效率非但没有改善，而且出现下滑的趋势。造成这一情况的原因有很多方面，包括大量的产能过剩导致企业新增投资难以形成规模经济、经济体制改革步伐放缓导致制度红利大大降低、与国外企业技术差距缩小导致企业模仿创新空间缩小、企业长期不重视研发投入导致技术创新能力减弱等。

---

① 金戈：《中国基础设施资本存量估算》，《经济研究》2012 年第 4 期。

中国工业全要素生产率和全要素生产率 HP 滤波

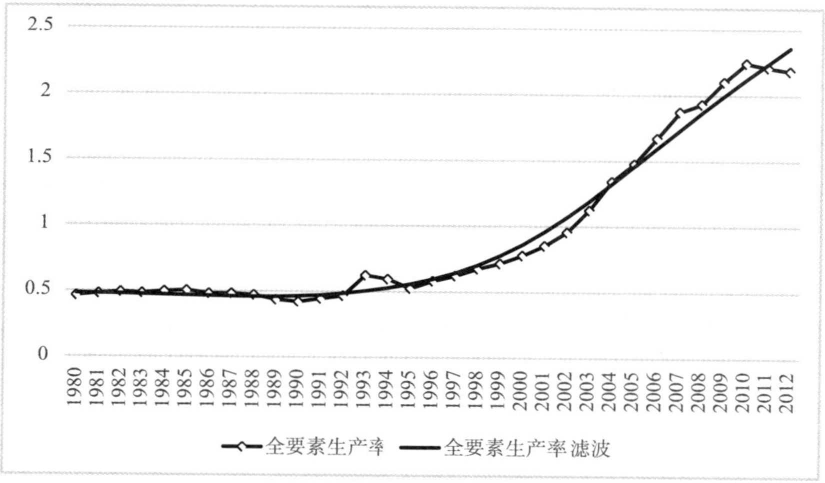

资料来源：根据国家统计局数据整理计算

（三）不同行业对工业经济增长的贡献

1981 至 2012 年期间，中国工业产出持续快速增长，年均增速达到了 12.44%。然而，不同行业之间增长并不平衡，年均增速最快的行业与年均增速最慢的行业相差接近 22 个百分点。从具体产业来看，年均增速最快的行业分别为计算机通信设备、燃气生产供应和交通设备制造；相比之下，年均增速最慢的行业分别为石油开采、石油加工和水的生产与供应。一个行业到底能够为工业经济增长做出多大贡献，既取决于自身的增长速度，也取决于其规模大小。经过计算可获得 1981 至 2012 年期间不同行业对工业经济增长的贡献排序，其中对工业经济增长贡献最大的 5 个行业为计算机通信设备、交通设备制造、电气机械制造、化学原料及制品和通用设备制造（见下表）。如果进一步对不同的行业进行归类，可以获得劳动密集型产业、资本密集型产业、高新技术产业等不同类型产业对工业经济增长的贡献情况。

1981—2012 年不同行业产出增速及对工业增长的贡献率

增长最快的 5 个行业		贡献率最高的 5 个行业	
行业	年均增速	行业	贡献率
计算机通信设备	24.01%	计算机通信设备	20.33%
燃气生产供应	19.71%	交通设备制造	8.56%
交通设备制造	16.99%	电气机械制造	8.04%
医药制造	16.81%	化学原料及制品	5.86%
木材加工	16.03%	通用设备制造	5.42%

注：增速为价格调整后的实际增速

资料来源：根据国家统计局数据整理计算

1. 劳动密集型产业对工业经济的增长起到了重要的作用，且目前地位非但没有降低，反而有所提高。将制造业中 1980 至 2011 年平均资本劳动比最低的 6 个产业归为劳动密集型产业，具体为服装、文体用品、皮羽制品、家具制造、金属制品、电气机械制造。这 6 个产业的发展，无论是对于工业增加值的增长，还是对于就业问题的解决，均做出了巨大的贡献。从就业来看，1980 年这 6 个劳动密集型产业解决就业人数占整个工业的比重为 15% 左右，而到 2009 年以后，上升到 23% 以上；从增加值来看，1980 年这 6 个劳动密集型产业增加值占整个工业增加值的比重不足 8%，而到 2013 年这一比重上升到 11% 以上（见下图）。事实上，劳动密集型产业对于解决就业有着十分重要的意义，而且在未来很长的一段时间里，劳动密集型产业将始终是中国在全球市场中十分具有竞争力的产业。一些低技术，但并非高污染、高耗能的劳动密集型产业的长期存在具有客观必然性，国家应为其发展创造良好外部环境。

劳动密集型产业指标占整个工业的比重（单位：%）

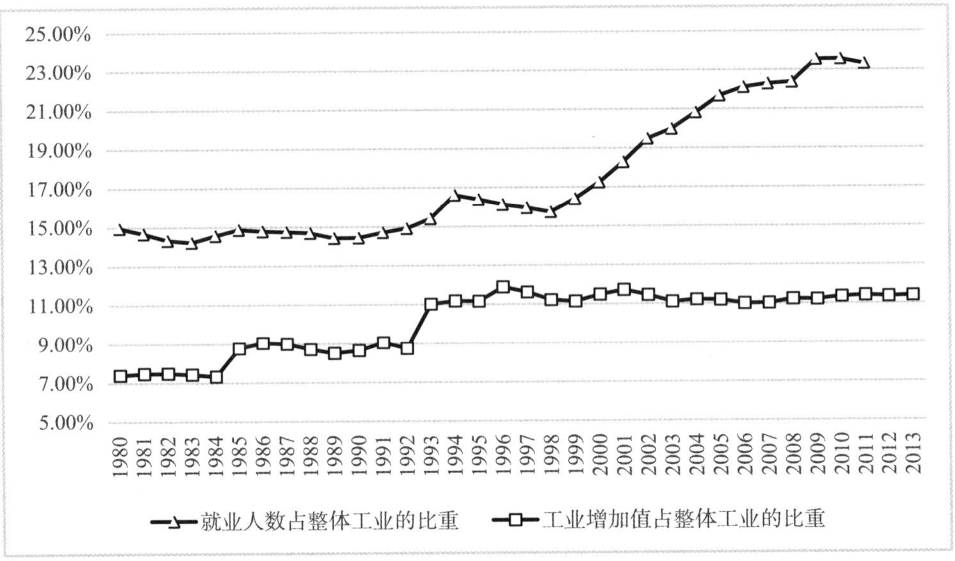

资料来源：根据国家统计局数据整理计算

2. 资本密集型产业对工业经济增长的贡献正逐步减弱，且资本效率下滑的速度快于整个工业。将制造业中 1980 至 2011 年平均资本劳动比最高的 6 个产业归为资本密集型产业，具体为烟草加工、石油加工、化纤制造、黑色金属加工、化学原料及制品、有色金属加工。这 6 个产业工业增加值占整个工业的比重、资本存量占整个工业的比重均出现下降趋势，且工业增加值占整个工业的比重下降速度快于资本存量占整个工业的比重。具体来看，资本存量占整个工业的比重在 1995 年以前基本处于上升趋势，1996 年和 1997 年为最高点，达到 25% 以上，但目前已经降到 18% 左右；工业增加值占整个工业的比重在改革开放初期最高曾经达到 20% 以上，而目前已经降到不足 13%（见下图）。这一方面表明随着这些资本密集型产业达到一定规模以后，其进一步扩张的空间已经有限，因此在中国工业经济增长中的地位逐步下降；另一方面也表明由于这些资本密集型产业中存在严重的产能过剩问题，因此资本效率下滑非常迅速，远远快于整个工业资本效率的下滑速度。总体上看，资本密集型产业曾经是中国工业化推进，实现工业经济快速增长的重要动力，然而目前受产能过剩、资本效率下滑等因素的制约，中国工业要想继续依靠传统的资本密集型产业的大规模扩张实现工业经济增长已经变得越来越困难，新的主导产业的形成是中国工业增长动力机制转换的重要条件。

资本密集型产业指标占整个工业的比重（单位：%）

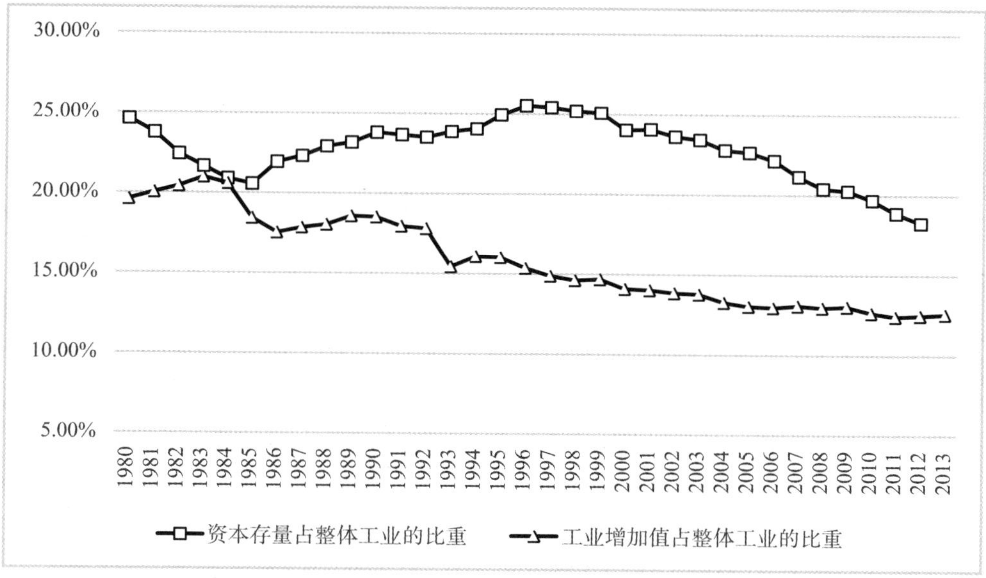

资料来源：根据国家统计局数据整理计算

3. 高新技术产业的发展不仅带来工业经济产出规模的增长，而且带来生产效率的提高。计算机通信设备行业是信息革命以来世界各国重点发展的新兴产业，也是中国出台优惠政策重点扶植的高新技术产业。在政策的扶植下，计算机通信设备行业成为对中国工业经济增长贡献最大的行业，不仅体现在对工业经济增长的直接拉动上，而且体现在对工业经济增长的间接拉动上。从直接拉动来看，1981 至 2012 年计算机通信设备行业对工业经济增长的总体贡献达到了 20% 以上。分阶段来看，计算机通信设备行业对工业经济增长的贡献度在 1980 至 1985 年为 3.6%，1986 至 1992 年提高到 5.9%，1993 至 2000 年和 2001 至 2007 年进一步大幅提高到 27.9% 和 23.4%，2008 至 2012 年有所下降为 19.5%。从间接拉动来看，计算机通信设备行业在快速增长的同时，也伴随生产率的提高。计算机通信设备行业的资本生产率要明显高于其他行业，也正因如此，吸引更多资源进入，资本存量增长幅度也要明显高于整体工业。例如，1980 至 2012 年计算机通信设备资本存量增长 37 倍多，远远高于整个工业资本存量的增长幅度（17 倍多）。同时，计算机通信设备行业的劳动生产率也要明显高于其他行业（见下图）。总之，计算机通信设备行业是信息技术应用的产业基础，而信息技术应用是链接各产业部门与活动，提高经济运行效率的重要手段，中国工业生产效率的提高，在很大程度上是以计算机通信设备行业为基础的信息服务业发展的结果。

计算机通信设备行业与整个工业的生产率比较

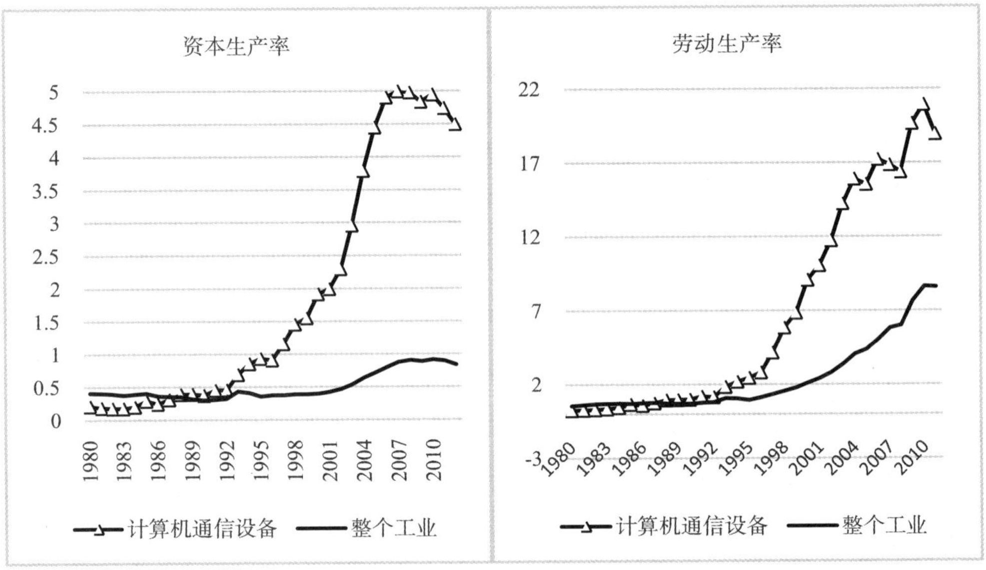

资料来源：根据国家统计局数据整理计算

二、工业经济增长的内外部条件变化

（一）要素禀赋条件变化推动比较优势转换

与改革开放初期相比，中国要素禀赋条件已经发生根本性变化，曾对工业增长起到关键作用的低成本优势正逐步丧失。例如，从以购买力评价计算的工资成本来看，越南工人工资是 85 美元 / 月，印尼是 148 美元 / 月，而 2013 年中国各地月最低工资标准平均值为 1172.4 元 / 月（按当时汇率约合 191.6 美元 / 月）。然而，最终决定一个国家经济增长潜力和产业竞争力的不是资源、气候、地理位置、非技术工人和半技术工人等低级生产要素，而是现代化通信的基础设施、高级人力资本、技术、各大学研究所等高级生产要素。中国在传统比较优势丧失的同时，也积累了一些新的、更加高级的比较优势。一是劳动力受教育程度增加，劳动力质量得到很大提升。劳动力受教育程度的提高对劳动力质量改善起到最重要的作用，而且这种作用呈现加速提升的趋势，1982 至 1987 年劳动力受教育水平提高带来的劳动力质量改善导致了劳动力投入年均增长 0.17%，而 1987 至 1990 年为 0.85%、1990 至 1995 年为 0.71%、1995 至 2000 年为 1.70%[①]。劳动力人口受教育水平的提高，最重要体现在未上过学人数的减少和受过高等教育人数的增加，这对于改善劳动力素质和提高人力资本水平能够起到至关重要的作用。二是基础设施条件大幅改善。中国始终高度重视基础设施投资的建设，在短短的几十年的时间里基础设施建设爆发式成长。三是资本积累取得很大成绩，形成了巨额外汇储备。在多年贸易顺差下，中国的外汇储备快速增长，在 2013 年 3 月达到了 34426.49 亿美元。目前，中国已跻身对外投资大国行列，非金融类对外直接投资从 2007 年的 248 亿美元上升到 2012 年的 772 亿美元，年均增长 25.5%。四是技术水平大幅提升，年度专利申请数量居全球首位。2012 年，中国 3 种专利申请授权量和发明专利申请授权量分别为 125.5 万项和 21.7 万项，分别比 1994 年增长了约 28 倍和 32 倍；发明专利申请授权量占中种专利申请授权量的比重总体上也呈现上升趋势。

（二）中国工业化进入了新的发展阶段

目前中国已经逐步进入工业化后期的前半阶段[②]，与前期和中期相比，工业化后期工业经济的增长趋势和运行机制将发生转变。一是工业规模继续大幅扩张的空间面临制约。一个国家在工业化的初期和中期，通常是工业规模迅速扩张的阶段，而到工业化后期，工业规模的扩张速度会大大放缓。例如，美国建国以后便开始了工业化历程，到 1860 年进入工业化中期，1925 年进入工业化后期，其中不同阶段经济增长速度有着明显不同：GDP 年均复合增长率 1820 至 1870 年为 4.2%，比世界同期快 3.27 个百分点；1870 至 1913 年为 3.94%，比世界同期快 1.83 个百分点；1993 至 1950 年为 2.84，比世界同期快 0.96 个百分点。二是工业对国民经济的作用由增长拉动转向结构升级和效益提高。进入工业化后期的一个重要特征就是技术进步取代要素投

① 岳希明、任若恩：《测量中国经济的劳动投入：1982—2000 年》，《经济研究》2008 年第 3 期。

② 陈佳贵、黄群慧、吕铁、李晓华：《工业化蓝皮书——中国工业化进程报告（1995—2010）》，社科文献出版社 2012 年版，第 11 页。

入成为经济增长的核心动力。工业作为技术进步的基础载体，将不断改造第一产业和第三产业，从而带动整个国民经济的生产组织方式和资源利用方式的改进。例如，美国进入工业化后期以后，吸引了全世界的技术资源，成为世界科学中心。从投入和产出两个角度分析，均可得出20世纪20年代美国逐步进入技术集约化阶段的结论。三是工业对服务业的带动作用大大增强。先进制造业是一个国家进入工业化后期以后工业发展的主要形式，也是当今世界西方国家控制全球分工体系的战略制高点。先进制造业实质上是工业和服务业的融合发展，是将高新技术成果综合应用于产品的研发、设计、制造、检测、销售、服务、回收全过程。下一阶段，随着中国先进制造业的发展，工业企业会越来越多将服务业务外包，逐步形成对生产性服务业发展的巨大需求，从而带动服务业比重和质量提升。例如，美国进入工业化后期以后，服务业占国民经济的比重开始稳步上升，1947年达到53%，目前已经接近80%。

（三）三大结构性失衡成为制约工业经济可持续发展的核心障碍

经过多年发展，中国工业已建立起竞争力较强，门类齐全的产业体系，且2010年超越美国成为世界第一制造业大国。然而，中国工业规模快速增长的同时，也积累很多结构性矛盾，对未来工业经济发展造成严峻挑战。一是产业结构失衡。产业结构失衡主要体现在很多行业中普遍存在的产能过剩与产能不足并存。一方面，社会资本大量向一些行业集中，造成严重的产能过剩问题，很多产业的产能利用率都低于70%，在经济不景气的时候，甚至不足50%。例如，目前受出口受阻等因素影响，58家多晶硅生产企业开工的不足10家。另一方面，由于技术水平落后、体制机制不顺等原因，很多行业存在严重的产能不足，甚至很多产能过剩产业的高端环节，同样依赖于大量进口。例如，虽然中国已经成为光伏组件的第一生产大国，但多晶硅一直需要大量进口，2010年中国多晶硅的进口比例占需求量的48.9%。二是需求结构失衡。2002年开始，资本形成代替最终消费，成为中国工业经济增长的主导拉动力量，形成了以投资驱动为主要特征的工业经济增长模式，然而这种模式到现在已经难以持续。高投资率造成中国投资效率的下滑，同时也带来一系列的问题。2012年投资效果系数为7.31%，处于有历史数据的最低水平，而这一数据1994年为22.64%，2000年为21.77%，2005年为20.15%。这表明在投资规模增大的同时，资本投入的生产效率却在加速降低。三是财富创造机制失衡。长期以来，中国工业在快速发展的同时创造了劳动财富，但却损耗了大量的自然财富和人文财富，以至于大量生产行为徒劳无益，效用相互抵消，陷入"有增长无发展"陷阱[①]。目前，中国已经成为世界第二大经济体，但在代表自然财富的环境绩效指数（EPI）和代表人文财富的人文发展指数（HDI）排

① 李海舰、原磊：《三大财富及其关系研究》，《中国工业经济》2008年第12期。

名上，却分别位居全球116位[①]和89位[②]。对一个国家来讲，如果三大财富失衡长期得不到解决，必将走向彻底贫穷，即受自然财富贫穷和人文财富贫穷影响，劳动财富创造能力也逐步减弱，最终处于三大财富全面贫穷的境地。

（四）世界制造业的发展呈现一些新趋势

长期以来，西方国家制造业占整个国民经济的比重出现逐步降低的趋势，呈现一种“去工业化”的发展模式，但这并不意味着“去工业化”是西方国家的真正意愿。事实上，美国、欧洲、日本等西方国家从来没有放弃制造业的发展，而是始终将制造业放到国家战略的核心位置，尤其是在国际金融危机以后，更是提出“再工业化”战略，对制造业发展战略进行了一系列调整。一是加大对新能源产业、低碳产业、生物医药等新兴产业的支持力度，利用绿色技术重塑传统产业的竞争优势。过去西方发达国家已经失去竞争优势的夕阳产业在植入新能源技术后有可能变成朝阳产业，重新具有竞争优势，参与国际竞争。在新的节能环保标准下，国家之间、企业之间旧的“游戏规则”有可能得到根本性的重塑，当前的全球分工体系也将有可能出现根本性的调整。二是加大制造业出口推动“全球经济再平衡”。西方一直盛行一种观点，即全球经济失衡是引发危机的原因之一，这主要表现为出口型经济体对美国保持大量贸易顺差，这部分顺差再回流到美国金融市场，从而助推了金融泡沫的形成。为改变这种状况，西方国家着力改变自身经济政策，积极推动制造业的出口，利用绿色标准、反倾销等手段削弱中国等发展中经济体的贸易竞争力。三是积极推行以互联网技术和可再生能源结合为标志的“第三次工业革命”。“第三次工业革命”在短期之内难以真正实现。然而目前来看，“第三次工业革命”中孕育的新技术对世界制造业的影响却已经逐步显现，世界上很多跨国公司也纷纷在信息技术、新能源技术、新材料技术、先进制造技术进行技术储备，并积极推动制造业生产组织模式的重大变革。四是德国提出了“Industry 4.0 战略”。“Industry 4.0 战略”的核心是将物联网、服务网以及信息物理系统融入制造环境，打造“智慧工厂”。“Industry 4.0 战略”将对整个世界工业的发展方式产生重要影响，也将为中国工业经济增长方式转变创造机遇。

三、工业经济增长动力机制的转换思路

（一）“低级红利”转向“高级红利”

一国的要素禀赋在任意特定时刻是给定的，但随着时间推移是可变的，决定了

① 数据来源于2012年耶鲁大学研究成果，采用2010年数据，共132个国家参与排名。

② 数据来源于联合国开发计划署研究成果《人文发展报告》，采用2010年数据，共169个国家参与排名。

一国的比较优势，从而决定了该国的最优产业结构。一国禀赋升级的最佳方法是在任意特定时刻根据当时的要素禀赋结构决定的比较优势发展自身的产业。比较优势的变化，意味着中国应当对自身的产业结构进行调整，由建立在劳动力、资源、区位等低级生产要素基础上的产业结构，转向建立在技术、文化、品牌等高级生产要素基础上的产业结构。只要能够建立起与这种新的要素资源禀赋结构相适应的产业结构，那么将能够产生新的“高级红利”，从而推动中国工业实现长期平稳较快增长。现阶段建立与新的要素资源禀赋结构相适应的产业体系，可以主要从3个方面着手。一是嫁接改造劳动密集型产业。长期以来，劳动密集型产业往往被等同于低附加值产业，事实上如果采用人文因素和工业文明对其进行嫁接，劳动密集型产业同样也可以成为高附加值产业。例如，欧洲高档皮具等一些附加价值最高的奢侈品产业均属于劳动密集型产业。中国有着悠久的历史文化，如果能够与现代工业文明结合起来，利用人文因素改造传统产业，那么能够大大提升劳动密集型产业的附加价值。二是优化升级资本密集型产业。目前中国资本密集型产业的发展已经取得巨大成就，冶金、石油加工、机械制造等很多产业规模已经达到全球领先。然而，很多资本密集型产业在发展中还存在产能过剩、技术落后、处于全球分工体系低端等一系列结构性问题，影响产业的效率提高和可持续发展。为此，对资本密集型产业的发展应以优化升级为主。优化升级资本的产业方向，避免资本密集型产业的盲目扩张加剧产能过剩，以及由此带来的资源环境压力，推动垄断行业改革，理顺体制机制，引导资本流入能够带来经济效益和社会效益共同提高的产业。优化升级资本的利用方式，推动信息技术和绿色技术与企业生产方式的全面融合，改变现有工业生产的组织方式，强化工业发展中的薄弱环节，提高企业经营水平，促进其向先进制造业转变。三是加强培育知识密集型产业。知识密集型产业能够对其他产业的发展产生乘数效应，其发展水平往往最终决定一个国家在全球分工体系中的地位，从而决定了企业所能获得的附加值高低，中国要想成功实现产业升级，加强培育知识密集型产业是必然选择。对现阶段的中国来讲，加强培育知识密集型产业并不意味着一定要追求技术最高端的产业，而是应从要素禀赋结构升级的现实出发，积极承接跨国公司知识密集型产业的转移，发展自身最具竞争力的中端，甚至低端的知识密集型产业。目前，相比于东南亚等很多国家，中国劳动密集型产业已经不具成本优势，但相对于西方国家，在中、低端的知识密集型产业上成本优势却十分明显，因此应是工业发展重点支持的领域。

（二）“平推式工业化”转向“立体式工业化”

过去中国在工业发展技术十分薄弱、产业门类尚不齐全的情况下，主要采取在众多空白领域迅速扩大规模的方式来发展工业，实施“平推式工业化”的发展战略，实现了工业规模的迅速扩张。然而到了今天，这种道路已经难以持续，而且中国已进入工业化后期，工业门类已十分齐全，很多产业规模位居世界前列。在这种情况下，中国继续实施“平推式工业化”的空间已经有限，必须要对工业化战略进行根本性调整，使工业化的推动力量由低级生产要素驱动转为高级生产要素驱动，在现有工业门类体系基础上“向上抢占产业制高点”，实现从“平推式工业化”向“立体式工业化”转变[①]。相比于“平推式工业化”，“立体式工业化”是一种工业带动经济社会全方位发展的工业化，其内涵更为丰富，涉及的问题更为复杂。“立体工业化”的实现绝不是工业部门单独可以完成，而是不同产业、科技文化、生产组织方式融合发展的结果。为促进“立体式工业化”的实现，具体可从 4 个方面着手。

一是促进工业和现代服务业的融合发展，提升工业化广度。当工业发展到一定程度之后，已经难以继续通过规模经济实现效率的提高，工业效率提高将更多依赖于金融、物流、信息服务等现代服务业的发展来实现。在“平推工业化”下，工业企业中很多服务性业务更多是在企业内部，采取非专业化的方式完成，而在“立体工业化”下，越来越多的服务性业务将被分离出来，由专业的生产性服务企业以社会化的方式组织完成，从而大大提高资源利用效率，促进工业效率的提高。在这种机制的作用下，“立体式工业化”不是带来工业部门比重的继续提高，而是导致第三产业比重的提升，推动了产业结构的演变。

二是增加工业企业的制造精度，提升工业化的深度。工业发展水平不仅在于整机，更在于基础零部件。长期以来，中国很多产业，尤其是装备制造等产业一直呈现“强整机、弱部件”格局，如工程机械在整机方面国内企业已做到世界领先，但在关键的零部件如发动机、液压件方面，还需要从国外大量进口。造成基础零部件环节薄弱的原因，往往不在于技术本身的高低，而是在于企业长期发展中积累的工艺经验，由此造成的制造精度不同。下一阶段，中国工业企业应加大对制造精度的追求，向精致化方向发展。

三是推动企业技术创新和商业模式创新，提升工业化的高度。中国工业在国际分工体系中的地位不仅取决于制造技术的先进性，而且取决于商业模式的先进性。技术创新往往表现在某个环节上的突破，而商业模式创新却是先进技术和先进经营方法的综合体，能够直接提高中国工业的国际竞争力。

四是统筹三大财富平衡发展，提升工业化的质度。从财富创造机制来看，“平推式工业化”主要体现为忽略自然财富和人文财富，片面追求劳动财富；而“立体式工业化”主要体现为追求三大财富的平衡发展。在“立体工业化”下，工业文明、生态文明和传统文明将全面融合提升，使工业化的推进能够带来经济效益、自然效

① 金碚：《全球竞争新格局与中国产业发展趋势》,《中国工业经济》2012 年第 5 期。

益和社会效益全面提高。

（三）投资驱动转向三大需求协调拉动

三大需求的不平衡是工业经济粗放式增长的重要原因，下一阶段应合理配置三大需求，由投资驱动增长模式向三大需求协调拉动转变。

一是摒弃投资驱动的工业经济增长模式。由于中国经济发展存在着产业不平衡和区域不平衡的问题，产业结构调整和区域协调发展均需要依赖于投资增长来实现，因此未来中国的固定资产投资增长还有较大空间，在很长一段时间里中国的投资率仍将处于较高水平。然而，与过去那种投资驱动的工业经济发展模式不同，在新的发展阶段下，投资增长应是市场需求拉动的结果，且投资质量稳步提升，而非政府为刺激经济主动推动的结果。

二是将扩大消费需求作为工业经济长期平稳较快增长的根本立足点。造成中国消费率较低的原因既有收入层面因素，如居民收入水平整体较低、城乡收入差距大、居民可支配性收入低等，但更重要的是产业层面因素，尤其是产业结构与消费结构的不适应导致了居民消费的有效供给不足。目前，用于满足人民基本生活需求的工业品已经远远过剩，甚至家电、汽车等高级产品都出现严重的产能过剩问题，然而对于一些将工业品和服务业结合的环节，如交通、休闲、医疗、教育等却非但不存在产能过剩，反而存在严重产能不足问题，制约了广大城乡居民消费水平的提高，因此为推动中国消费需求扩张，必须要实施立体式工业化发展战略，推动工业和服务业的融合。

三是实施进出口平衡的外贸战略。为促进自身结构调整和发展方式转变，合理的贸易政策应当是追求贸易平衡，而不是盲目追求顺差。进出口对工业经济的作用将逐步由为工业生产带来需求转向促进工业生产效率提高，进出口战略应以更好地满足内需为基石。对中国工业来讲，实施进出口平衡的发展战略，意味着改变过去的追求顺差的思维，大幅增加进口，利用进口资源和技术促进中国产业发展，利用进口更好地满足消费者的消费需求。从消费需求来看，由于很多消费品之间并不是替代关系，而是互补关系，因此很多情况下，扩大进口并不会导致消费者对国内消费品需求的减少，反而会增加对国内产品的消费需求，从而扩大了内需。

（四）生产要素扩张驱动转向全要素生产率提升驱动

由生产要素扩张驱动转向全要素生产率提升驱动，是中国工业经济增长动力机制转换的动力源泉。西方发达经济体在达到一定的经济规模以后，基本上都经历了全要素生产率提高的过程，而且全要素生产率提高成为经济增长的主导驱动力。随着中国工业经济进入新的发展阶段，推动增长动力机制由生产要素扩张驱动型转向全要素生产率驱动型，已经成为工业经济发展的关键任务。全要素生产率的提高可主要从两个思路来实现。

一是提升现有资源的配置效率，既包括提升资源在工业中不同行业间的配置效率，也包括提升资源在行业内的配置效率。从行业间资源配置效率来看，配置优化型工业经济增长主要体现为将资源从低效率产业转移到高效率产业，具体主要包括通过垄断行业改革等手段将资源从产能过剩产业转移到产能不足的产业；从行业内资源配置效率来看，配置优化型工业经济增长主要体现在将资源从低效率企业转移到高效率企业，具体主要包括通过推动国有企业改革，利用市场机制的作用，提高企业效率。

二是提升工业素质，促进效率提高，包括提升工业技术水平，使产业基础更加扎实、基础设施完善等。从工业技术进步来看，近年来工业企业的研发投入一直保持着较快增长速度，由此带来工业企业技术水平的快速提高。从夯实产业基础来看，一个国家产业国际竞争力的提升不仅体现在整机的生产与安装，更体现在基础零部件等工业基础环节的生产能力。中国工业在发展中十分重视对基础产业的技术改造，包括改进原有产品、改造落后设备、改造传统工艺、改造管理手段等很多方面，从而强化工业发展中的薄弱环节，提高产业综合配套能力。从基础设施完善来看，经过改革开放30多年的发展，中国产业基础更加夯实，基础设施更加完善。基础设施和产业基础的完善是中国工业能够始终保持强大的国际竞争力，维持持续较快增长的根本条件。近年来单从劳动力成本来看，中国工业的低成本优势正在逐步丧失，但如果考虑到产业的综合配套能力，那么无论是东南亚国家，还是拉美、非洲国家，当今世界上还没有任何一个国家能够真正取代中国成为“世界工厂”。

四、推动工业经济增长动力机制转换的政策建议

当前是中国工业经济的发展转折期，也是关键期。改革开放30多年以来中国工业取得巨大成就，但也积累了很多问题。在这种情况下，做出什么样的政策选择，将会决定下一阶段工业经济增长的速度和质量。

（一）由关注整体工业增速转向关注一些特定产业

长期以来，工业部门一直是中国经济增长的核心引擎，对于拉动GDP增长起到了关键作用，1992至2011年期间，工业平均每年拉动GDP增长5.35个百分点，相比之下，第三产业平均每年拉动GDP增长3.88个百分点。在这种情况下，很多人已经习惯于工业经济的高速增长，而对工业经济增速放缓似乎难以接受。事实上，工业带动的中国经济高速增长已经持续30多年，这在世界大国当中是绝无仅有的。从世界上其他国家发展历程来看，一个国家在经过3个十年的高速发展以后，通常

第 4 个十年经济增速都会明显下一个台阶[①]。目前，中国正处于第 4 个十年，正是这种阶段转换的过渡期。目前，中国工业经济潜在产出增速的下滑已经成为普遍接受的事实，而且工业经济发展中也积累了大量的结构性问题。在这种情况下，如果继续对工业经济增速抱有不合理预期，则会影响政策的合理性。因此，国家在实施工业政策时，应转变政策目标。在不造成大量失业的情况下，不再过度关注整体工业增速的变化，而是更多关注一些特定产业的增速变化和增长质量，用这些产业的发展情况来衡量工业发展的好坏。一是关注装备、电子等代表国家工业整体竞争力水平的产业，这些产业往往是整个工业技术进步的来源和国家经济安全的保障；二是关注能够解决大量就业的产业；三是关注那些能够引领未来工业增长的战略性新兴产业。国家通过为这些产业的发展创造良好的环境，促进这些产业竞争力的提升，从而带动整个工业经济在新的平台上实现更好的发展。

（二）加快推动经济体制改革

市场机制不完善，尤其是生产要素价格扭曲，是中国工业发展中很多结构性问题产生的根本原因。体制性障碍导致配置优化型工业经济增长难以实现，同时也不利于工业素质的提高。目前，体制改革已经成为迫在眉睫的突出问题，必须加快着力推进，否则就会导致产业结构调整等其他政策难以有效发挥作用。一是理顺生产要素价格机制。由市场机制形成土地、能源、资源、劳动力等生产要素价格，保证生产要素价格对不同企业的“非歧视性”，尤其避免政府为吸引投资而对部分企业生产要素价格进行“补贴”。二是推动垄断行业改革和国有企业改革。加强国有企业重组，对于一些非自然垄断的行业，或者是自然垄断行业中可以市场化经营的环节，要彻底放开，尤其是要对民营资本放开，对不同类型企业一视同仁，从而维持良好的市场竞争秩序。三是推动财税体制改革。目前中国 70% 的税收均是从生产环节征收，其结果就是各地政府为提高财税收入千方百计地补贴生产，从而造成了生产要素市场机制的扭曲，下一阶段应考虑将税收的重点从生产环节转为消费环节，从总额上降低税负，同时保障地方事权与财权的平衡，建立阳光融资体系，推进地方自主发债试点，进一步规范转移支付制度。

（三）积极推进产业结构调整

产业结构政策的根本目的应在于提高市场配置资源的有效性，从而利用市场机制作用促进生产要素由低效益产业向高效益产业转移，从低效率生产方式向高效率生产方式转移。衡量一个国家产业结构调整效果时，不应看第三产业比重的高低，而是要看资源利用效率是否因为配置优化而得到了有效提高。目前，中国服务业劳

---

① 张晓晶：《增长放缓不是“狼来了”：中国未来增长前景展望》，《国际经济评论》2012 年第 12 期。

动生产率低于工业，如果国家不顾这种客观的效率差异，而是利用补贴等手段，盲目将生产要素更多吸引到服务业，那么将会削弱整体经济效率提升的空间，同时也会导致低素质劳动力大量涌入服务业部门，甚至导致大量非正规就业出现，进一步削弱服务业部门效率的提升。下一阶段，国家可以从 4 个方面促进产业结构调整。一是充分发挥市场机制作用，促进资源由低效率产业向高效率产业转移，而非仅仅致力于提高第三产业比重。二是促进产业结构高级化，提高产业技术水平，增加产品附加价值，鼓励企业在现有产业基础上抢占产业制高点，增强企业国际竞争力。三是建立并严格执行更为严格的节能环保标准，对不符合绿色标准的落后产能要坚决淘汰，利用绿色技术改造现有产业，提高工业发展的资源环境效益。四是清除生产要素流动的体制机制性障碍，鼓励企业进行跨地区、跨部门、跨所有制的资产重组，完善社会保障体系，对失业人员进行国家援助。

（四）大力发展县域经济

县域经济的发展是推动中国城镇化、促进民生改善的根本支撑点。县域经济的发展，一方面能够带来消费需求的大幅增长，促进内、外需结构的平衡，基础设施建设也将带来投资的增长，为工业经济的增长带来巨大动力；另一方面也有利于夯实工业发展的基础，提高中国工业的国际竞争力。然而，县域经济的发展不能重复过去的老路，而是要在更高层次上，实现高质量增长。一是将县域经济的发展与民生结合起来。县域范围的人口占全国总人口的比重接近 70%。这些人口中绝大部分人无法转移到大型城市，而只能通过发展县域经济，稳步推进城镇化，从而实现民生改善。县域经济的工业化推进有利于解决农村转移人口就业，促进基础设施的完善，从而大幅度的改善民生。二是将县域经济的发展与环境保护结合起来。县域经济在发展中相比于城市而言，具有更加粗放的特点，生产技术和工艺落后导致县域工业发展中往往需要比城市工业耗费更多的资源，产生更多的排放。县域经济发展中，应加强环境保护，推动生态园区建设，发展循环经济，使不同类型企业在生态产业链中相互依存、相互协作，减少或消除工业活动对环境的影响。三是将县域经济发展与产业升级结合起来。“低、小、散”是县域经济产业发展中面临的突出问题，很多企业被锁定在价值链低端，消耗了大量资源却仅仅获得微薄的加工费。下一阶段县域经济的发展中，应推动产业整合，建设产业集群，鼓励技术改造，引导企业规模化和集约化发展。

（作者：原磊，中国社会科学院工业经济研究所工业运行研究室主任、副研究员）

后　记

本书是中国社会科学院当代中国研究所2015年度课题《转变经济发展方式中的问题与对策》的最终成果。2015年，课题组赴内蒙古、安徽、黑龙江、河南、四川、贵州、湖南、新疆等省（自治区）对有代表性的资源型城市和企业进行调研，以此为基础，12月中旬当代中国研究所、河南理工大学在资源型城市焦作市联合召开了有课题组调研过的资源型城市和企业有关负责人、科研院校专家学者参加的“新常态下资源型城市转型发展研讨会”，就调研成果进行了交流研讨，深化了认识。

本书没有采用章、节、目的形式，而是以调研中遇到的问题为题，有针对性地对新常态下促进资源型城市推进供给侧结构性改革和转型发展进行了探讨，有以下特点：

第一，在研究内容上，基于资源型城市转型发展为重点的调研，从历史、现实、理论等多个维度，宏观分析与案例分析结合，探讨了产业转型升级、地区转型发展、转型动力机制完善等方面的问题。

第二，在成果形式上，既注重形成所到调研地、企业转型发展的实践进程、经验、面临问题及探索创新之举等第一手调研报告，又注重形成理论与实践结合，并把现实问题纳入长时段历史考察的对策研究和学术研究成果。

第三，在研究团队上，科研、教学、政府、企业合作，因而有了较强的基于实践的问题意识和理论思考，并在这种合作中通过交流讨论拓展和深化研究。

对于新常态下转型发展这一重大问题，即便是以资源型城市转型发展为重点，也难以很好把握，加之调研时间仅有1年，研究的广度和深度都有需要改进和完善之处，敬请读者指正。

内蒙古自治区乌海市，安徽省淮南市，黑龙江省鸡西市，河南省焦作市，四川省攀枝花市和德阳市，贵州省六盘水市、黔东南苗族侗族自治州、遵义市，湖南省株洲市，新疆维吾尔自治区乌鲁木齐市和喀什市的有关领导、部门和企业，以及贵州省社会科学院、淮南师范学院、河南理工大学、湖南工业大学等单位，都对调研给予了热情的支持，帮助安排个案调研、座谈，提供了大量的第一手资料，在此一并表示衷心感谢。

实践和理论都在发展，我们将继续跟踪研究。

课题组

2017年6月